世界史

一本就通：

馬世力 陳光裕◎編著

目次

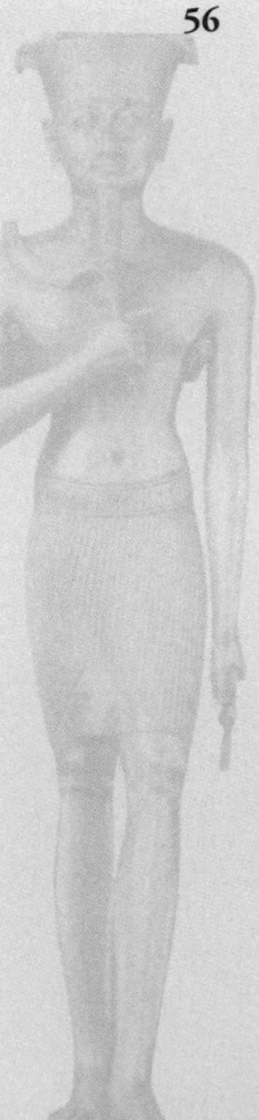

目次

目次

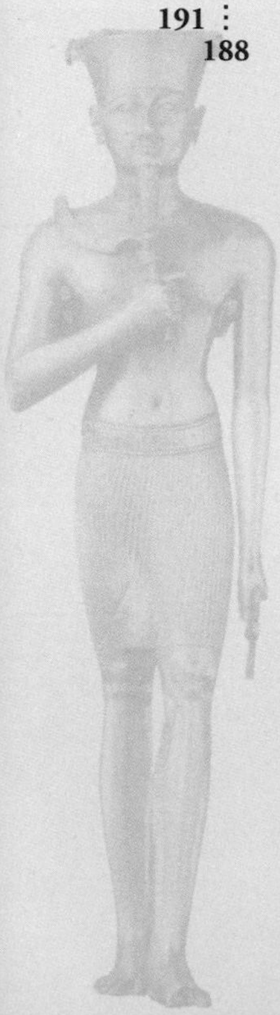

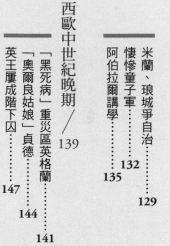

目次

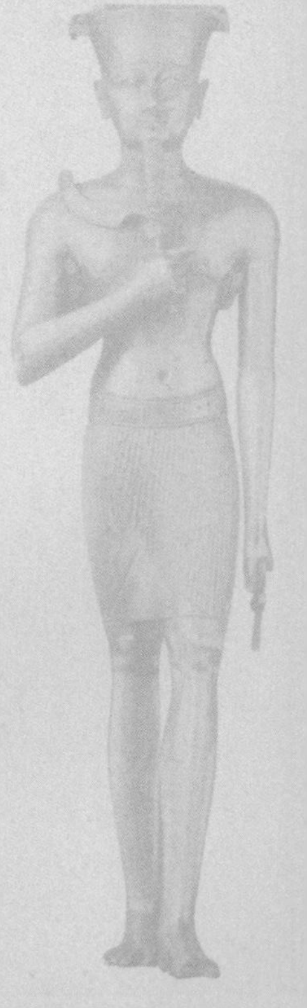

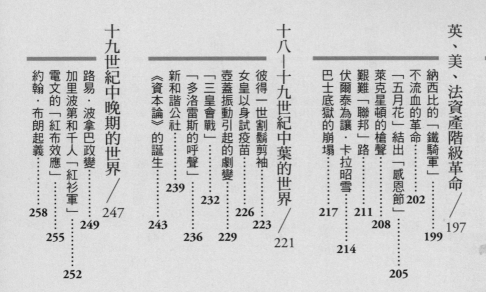

目次

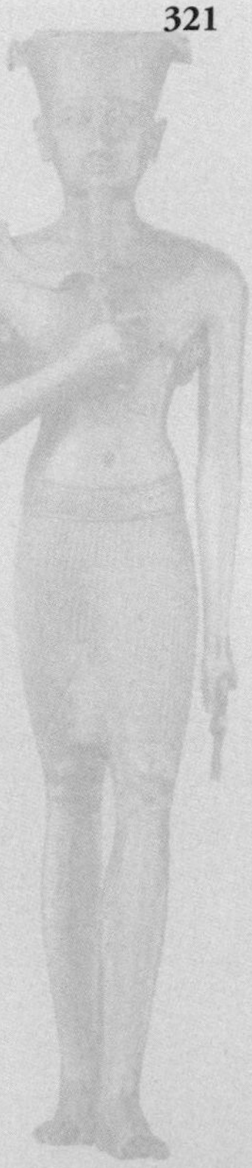

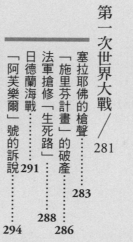

目次

尼羅河文明

尼羅河文明即古埃及文明，是世界四大古代文明之一。古埃及文明地域範圍一般指在尼羅河第一瀑布至三角洲地區，時間斷限大體起於西元前四〇〇〇年代以前的塔薩文化到西元前三三二年馬其頓亞歷山大征服之前。學術界一般將古埃及歷史劃分為古王國、中王國、新王國、後王國等若干時期。

西元前三五〇〇年左右，在尼羅河畔存在著眾多的「諾姆」，即由鄰近若干氏族組成的州，各個諾姆之間常年征戰不斷。經過長期的兼併戰爭，逐漸形成了南北兩個大的王國，南部的稱為上埃及，北部的稱為下埃及。西元前三一〇〇年，上埃及國王美尼斯征服下埃及，實現了埃及的統一，從此埃及跨入以「法老」為標誌的文明時代。在新王國的圖特摩斯三世統治時期，中央集權強大，通過多次擴張戰爭，版圖空前擴大，古埃及歷史進入最為興盛輝煌的時期。新王國末期，外族勢力不斷入侵並實行統治，古埃及逐漸走向衰落。西元前五二五年，波斯帝國征服埃及。西元前三三二年，馬其頓亞歷山大征服埃及，埃及歷史轉入希臘、羅馬統治時期。

金字塔與獅身人面像

在埃及金字塔中，最著名的是胡夫金字塔、哈夫拉金字塔和麥考拉金字塔。圖為哈夫拉金字塔及附近的獅身人面像，獅身人面像雕刻著哈夫拉的頭像，身體卻是獅子的形象。雕像長約**57**公尺，高約**20**公尺，僅一隻耳朵就有**2**公尺高。除獅爪外，雕像由一塊天然岩石雕成。由於石質疏鬆，歷經四千多年的歲月，整個雕像風化嚴重。

尼羅河的「贈禮」

說起古埃及的故事，「尼羅河」是永恆的話題。古希臘歷史學家希羅多德到古埃及探訪歷史遺跡和風土人情時，曾深深感歎：「埃及是尼羅河的贈禮。」

尼羅河縱貫埃及全境，由發源於非洲中部維多利亞湖的白尼羅河與發源於蘇丹境內的青尼羅河匯合而成，向北蜿蜒注入地中海。在臨近入海口的地方，尼羅河分出許多條支流，形成扇狀，沖積成了土壤肥沃、綠草如茵的三角洲。這裡便成為沙漠中充滿生機的綠洲。古埃及文明就誕生在這裡。

遠古時代，非洲北部曾是一片水草豐美的曠野。那時，尼羅河不過是一條無名的小河，靜靜地流淌在北非大地上。大約在西元前一萬年，這裡開始有了原始人的足跡，他們以狩獵為生，出沒於茫茫草原。然而歲月流逝，氣候變遷，無情的乾熱風慢慢地吞蝕了綠色的草場，這裡逐漸變成了浩瀚無垠的沙漠。茂密的植物枯乾、消失，動物們也都漸漸逃到了有水源的遠方。此時的尼羅河也已成為一條洶湧的大河。

日復一日，年復一年，遠古的埃及人用自己勤勞的雙手，在與大自然「艱險」又「親密」的接觸過程中，終於逐漸摸清了尼羅河的脾性。

每到春末夏初，氣候炎熱乾旱，從浩瀚的撒哈拉沙漠吹來的熱風，像火一樣烘烤著大地上的一切。漫天如雲的黃沙，似乎要吞沒一切。這種令人窒息的日子主要集中在每年的五、六月間，大約要五十多天才能過去。在這個季節裡，人們每天都在默默祈禱，盼望著尼羅河水氾濫的汛期早些來臨。

七月，雨季開始了，從北方吹來清涼的風，炎熱逐漸散去，大地上的萬物都從喧囂的塵沙中解脫出來。這時，尼羅河上游的山區暴雨傾盆，山洪奔湧，水量急劇增

約前三五〇〇年
埃及氏族制度解體，出現奴隸制國家。

約前三一〇〇年
上埃及美尼斯征服下埃及，建立初步統一的奴隸制國家。美尼斯成為第一王朝的第一個法老。

加。尼羅河水奔騰咆哮，挾帶著含有大量礦物質和腐質植物的泥沙傾瀉而下。氾濫的河水為大地覆蓋了一層厚厚的淤泥，使得土地變得非常肥沃。

在尼羅河水氾濫的最初數日內，河水幾乎完全成了混濁的「綠色」洪流。這種黏稠的綠水，不但不能解渴，而且有害健康。

「綠尼羅河」終於過去了，河水繼續上漲，水色也逐漸轉清。又過了一、二十天，水色又開始變為赤紅色。

九月，是尼羅河水勢最大的時候，河水幾乎吞沒全部谷地，使這裡變成一片水鄉澤國。人們只能憑藉小舟來往於各高地之間。

十月底至十一月上旬，河水氾濫期逐漸結束，河水下落，河床漸漸露出水面。這時的河水變為清澈的淺藍色。

埃及人把尼羅河氾濫的第一夜稱為「第一滴水之夜」。這一夜，人們划著小舟，舉著火把，齊集尼羅河中，慶祝哈辟神（尼羅河神）的節日。

十一月中旬起，人們開始在退去洪水的河谷土地上耕耘，用石製農具，開鑿溝渠，翻鬆

相關連結

古埃及的統一

早在氏族社會末期，古埃及就出現了城市。以這些城市為中心，加上附近的若干村落，逐漸形成一個個「小王國」，古埃及人稱作「斯派特」，希臘人稱為「諾姆」。到了西元前3500年左右，尼羅河沿岸形成了幾十個以原始城市為中心的小王國。各王國之間為了爭奪土地、水源、奴隸和財富，有的還因為宗教信仰上的矛盾，經常進行戰爭。這種局面長達數百年之久。

經過長期的戰爭和兼併，到西元前3200年左右，古埃及形成了兩個霸主王國。它們以尼羅河的天然劃分為分界線：孟斐斯以南的尼羅河谷為上埃及，尼羅河下游的三角洲沼澤地區為下埃及。上埃及國王以白色百合花為標誌，頭戴白色王冠，以神鷹為保護神；下埃及國王以蜜蜂為標誌，頭戴紅色王冠，以蛇為保護神。在很長一段時期內，上、下埃及之間進行著極其殘酷的鬥爭。

到西元前3100年左右，上埃及的國王美尼斯親率大軍向下埃及發動了大規模的征服戰爭。結果，美尼斯征服了下埃及，成為第一個得到「上下埃及之王」稱號的君主，實現了埃及的統一。埃及統一後，形成了一套專制統治的國家體制，使古埃及文明得到迅速發展並超過同期紛爭不已的兩河流域文明。

土壤，播撒種子，然後把豬、羊放到田中去任由其踐踏，把種子踩到泥土中，完成最原始的耕種。

次年的三月到六月是收穫季節。

古埃及人就是這樣，按照尼羅河每年定期的氾濫規律與週期，辛勤地耕耘著、播種著、收穫著，並依此孕育了燦爛的古埃及文明。

胡夫的「太陽舟」

自古就有很多關於古埃及法老篤信太陽神，自比太陽神之子，並渴望與嚮往神秘的太陽神生活的故事（尤其是盛傳的關於法老胡夫製造「太陽舟」，準備遨遊太陽神界的故事）。然而，古埃及法老嚮往的太陽神界是怎樣的一番景色？胡夫是否真的造了「太陽舟」，那大舟又是什麼樣子？一直都是神秘莫測的謎。直到上世紀五〇年代，這個謎終於隨著埃及的考古大發現而告破解了。

一九五〇年春，埃及考古學家、時任《金字塔報》副刊主編的卡瑪爾．馬拉赫在開羅以西的西吉薩地區做考古發掘和古蹟護理，在清理胡夫大金字塔南側的沙石時，無意間發現一段有些異樣的土牆。考古工作者的職業敏感使馬拉赫感到，那牆體之內應該有不同尋常的東西。他異常興奮地拆除那段土牆，東西位置排列的兩個石坑赫然出現在人們眼前。

兩坑呈長方形，寬各一公尺，長各二．六公尺，深約三．五公尺，兩者間隔約三公尺，每個坑上平鋪著四十一塊經精緻打鑿磨光的白色石灰岩石板，應該代表著當時全埃及的四十一個州；每塊石板長四．五公尺，寬〇．八公尺，厚一．八公尺，平均重約一．八噸。石板上還清晰地刻著胡夫兒子哈夫拉的名字。

同年秋天，在做好發掘準備並報請發掘獲得批覆之後，壓在東坑上的石板被吊起。隨著石板的緩緩上升，一股股異樣的香氣從坑內嫋嫋飄出，坑內的一塊塊大小不一、長短不齊的杉木塊以及蘆葦和繩索等物品映入人們的眼簾。只見那木塊雖時隔數千年，但仍然完好如初。

石坑內的木塊從何而來？作何之用？經考古學家反覆考證，得出基本結論：這

前二六八六—前二六一三年
第三王朝時期。中央集權君主制得以發展，開始修建金字塔。最大、最恢宏的金字塔也修建於這個時期。

前二六一三—前二四九四年
第四王朝時期。法老斯奈夫魯、胡夫和哈夫拉等統治，奴隸制經濟繁榮。

前二四九四—前二三四五年
第五王朝時期。「拉神（太陽神）崇拜」流行，在沙卡拉的烏尼斯金字塔牆上刻有著名的金字塔銘文。

前二三四五—前二一八一年
第六王朝時期。文治武功顯赫一時，曾組

就是傳說中的古埃及第四王朝第二代法老胡夫生前設計建造和使用的那艘龐大古船——「太陽舟」。

西元前二五六〇年，胡夫死後，其子哈夫拉即位，用此船將胡夫的木乃伊從當時的首都孟斐斯運至吉薩，葬入胡夫金字塔。隨後，將大船拆散，與胡夫隨葬，埋放於預設的石坑之內。經現場考證，人們驚異地發現，全船沒用一顆鐵釘，六百五十個部件、一千二百二十四塊船板是用約五千公尺長的棕繩縫製連接起來的。船板上約四千個洞眼則是巧妙利用木材遇水膨脹、棕繩收縮的原理來彌補堵塞的。

據考古資料，古埃及人很早就尊太陽為創造萬物、主宰世界的神「拉」。大約從埃及第三王朝開始，對太陽神「拉」的信奉已經非常普遍。他們生活在尼羅河畔，河水兩側是廣袤無垠的沙地，因而船隻成為古埃及對外溝通、南北交往的主要交通工具。人們每天看到太陽東升西落，周而復始。於是，就想像太陽神在浩瀚無際的天空裡，每天乘坐著兩隻太陽舟在他創造的世界中巡遊，白天坐的是「馬梯特」，晚上坐的是「塞姆基特」。在眾神的守護下，每天晚上，太陽舟由西往東從馬努山進入冥府；而到清晨，甲蟲神附在「拉」神的身上，使其復活由東向西繼續第二天的巡遊。這就是太陽舟的來歷。

胡夫統治埃及時期，在先輩南北遠征的基礎上，繼續遠征西奈半島，鞏固了從尼羅河三角洲到努比亞這樣一個統一大國。為實現埃及古王國時代的盛世，實現中央集權的專制主義統治，他加強了王權統治。他認為自己是太陽神之子，是「拉」神的化身，因而渴望享受太陽神的永恆生活，便參照人們對太陽神的崇拜和幻想，仿製了太陽舟。那大舟在他生前曾供他巡遊使用，並決定在死後置於他的金字塔內，以便身後也像太陽神那樣生活。

胡夫「太陽舟」的出土及其考證，是二十世紀中葉埃及考古界最偉大的發現，也

織過遠至非洲南端的遠征。王朝末期，地方貴族勢力膨脹，中央集權受到威脅。

前二一八一—前二〇四〇年
第一中間期。埃及陷入分裂混亂。此後，小國林立，每個「諾姆」（州）就是一個國家，彼此征戰不已。

前一九九一—前一七八六年
孟圖霍特普法老統一埃及。之後，王權再度強化，國家實力逐漸增強，並發動了對南方努比亞和西亞的戰爭。

前一七八六—前一五六七年
王權趨於瓦解，爆發了第二次奴隸、貧民大起義。之後，處於喜克索斯人控制之下。

是迄今挖掘到的最完整的古代船隻，它對於研究古代埃及歷史與社會，具有十分重要的價值。神秘的「太陽舟」如同一塊晶瑩的瑰寶，與巍峨的金字塔交相映襯，為燦爛的古埃及文明增添了新的光輝。

相關連結

埃及金字塔的修建

金字塔是古代埃及國王的陵墓，因其形似漢字的「金」字，中國人稱之為「金字塔」。它是埃及國王企圖永遠保護自己屍體的地方，是國王權力的象徵、王權神話的體現，也是古埃及人智慧的結晶。

金字塔始建於埃及第三王朝國王喬賽爾時期，由著名建築設計師伊蒙霍特普設計，高61.2公尺，底邊東西長123.3公尺，南北長107.4公尺；在塔的底下建有走廊和墓室，塔旁建有祭廟等。第四王朝第一個國王斯奈夫魯時，曾先後建造了三個金字塔，使金字塔的設計建造由層級式向角錐體轉變。最大的金字塔是第四王朝法老胡夫時修建的，塔高146.5公尺，每邊長約230公尺。據說，該金字塔用了大約230萬塊石頭，平均每塊重2.5噸，修建時間用了30年，每年用工10萬人。古埃及的金字塔現存約80座，分布於孟斐斯附近的尼羅河西岸。

古埃及國王為什麼要將陵墓修建成金字塔形狀呢？傳統說法認為，這種陵墓形式是埃及王陵形式自然發展的結果；還有學者認為與古埃及的宗教崇拜有關。古埃及人相信人死後靈魂會升天，而層級金字塔的階梯就是國王靈魂上天的天梯。

埃及金字塔是聞名世界的七大奇蹟之一，它們經歷數千年風風雨雨、人間滄桑，至今屹立於尼羅河畔。正如埃及人所說：「人類害怕時間，而時間害怕金字塔。」

金字塔

古埃及的「拿破崙」

在伊斯坦堡有一塊花崗岩石碑，碑上刻有古埃及國王圖特摩斯三世自詡為「勝利之王」、「諸國之王」的字樣。現代的歷史學者們也曾高度評價圖特摩斯三世在歷史上的地位，認為他是「歷史上第一個偉大的征服者」、「古埃及的拿破崙」。

圖特摩斯一世時，埃及在不斷抗擊異族入侵的同時，還遠征西亞，征服了敘利亞。到圖特摩斯一世統治後期，他把國事大半交給愛女執掌。圖特摩斯一世死後，其女婿以圖特摩斯二世之名，統治了一段時間。西元前一五〇四年，圖特摩斯二世去世。王后哈特舍普蘇特有女無子，因而王妃伊西絲的兒子、大約十歲的圖特摩斯在阿蒙神廟僧侶的支持下，繼承了王位，稱圖特摩斯三世，王朝排序為古代埃及第十八王朝的第五位國王。

圖特摩斯三世與哈特舍普蘇特王后之女、他的同父異母姊妹涅菲魯勒訂婚，哈特舍普蘇特王后則成為王朝的攝政者。

不久，野心勃勃的哈特舍普蘇特僭取了王國的一切大權，代替年幼的圖特摩斯三世，成為埃及女王。為了鞏固政權，她曾一度將自己神化，並按照埃及的傳統習慣，把自己打扮成男性，著男裝，戴假鬍鬚，她的雕像也是男性形象，還被稱為「太陽之子」。

哈特舍普蘇特獨攬大權，但還是對小圖特摩斯進行了培養，使他受到了一個國王應該受到的教育。小圖特摩斯也非常要強。為了使自己成為一名未來的統帥和真正的戰士，他曾長期與軍隊的將士們生活在一起，參加一切艱苦的軍事訓練。他尤其熱愛射箭和騎馬，掌握了精湛的馬術和箭術。這些養成了他堅韌不拔、不畏艱難的性格，

前一五六七年
第十七王朝雅赫摩斯一世將喜克索斯人逐出埃及，建立第十八王朝。新王國時期開始。

前一五四五年
阿蒙霍特普一世即位。埃及邊疆鞏固，中央集權得到加強，並開始向外擴張。

前一五〇四年
圖特摩斯三世即位，建立起地跨西亞、北非的大帝國。

成為他以後執政時不斷獲得成功的重要條件。

圖特摩斯成年之後，被任命為統帥，遠征過努比亞。西元前一四八二年，哈特舍普蘇特突然死亡，敘利亞人企圖趁此時機脫離埃及的統治，但他們萬萬沒有想到，剛剛起事，便被年僅二十二歲的圖特摩斯三世徹底擊敗了。圖特摩斯三世在女王未死之前，就已預料到這一切，並做好了戰爭的準備。在軍隊的支持下，圖特摩斯三世僅用了短短幾個月的時間就穩定了國內局勢，隨後他率領軍隊向敘利亞和巴勒斯坦進軍。

圖特摩斯三世第一次遠征的戰役發生在巴勒斯坦的美吉多附近。據那帕多石碑的記載，在這次戰役中，圖特摩斯三世駕著金銀戰車，配備著戰鬥武器，像常勝之神荷魯斯一般出發了。敵軍被圖特摩斯的軍隊擊敗了，潰不成軍，拋棄了戰馬和戰車。初戰告捷，圖特摩斯三世在勝利之餘，只顧收斂敵軍拋下的金銀財物，沒有窮追到底及時拿下城堡，致使敘利亞人得以喘息，逃進了美吉多城堡要塞。埃及軍隊圍攻了七個月之久，才最後攻下美吉多。

之後，圖特摩斯三世又進行了十餘次遠征，幾乎屢戰屢勝，連奏凱歌，使埃及成為整個地中海世界的霸主。在最初幾次遠征中，占領了敘利亞、巴勒斯坦的一些沿海城市。在第六次遠征時，他攻陷了卡疊石。在第八次東征時，他實現了飲馬幼發拉底河的宿願。

圖特摩斯三世執政期間，帝國疆域橫跨亞、非，極盛時曾到達尼羅河的第四瀑布。他建立的龐大帝國在埃及歷史上可謂空前絕後，後來任何一個埃及國王都沒能超出他的帝國範圍。

在長期的對外征戰中，圖特摩斯三世的大軍所到之處，破壞城鎮鄉村，屠殺人口，每次遠征都要帶回數以千計的牲畜和俘虜。遠征的勝利為埃及輸入了無可估量的財富和源源不斷的奴隸，使埃及的奴隸制空前繁榮。

古埃及的君主專制

埃及在古王國時期開始確立君主專制。國王成為國家權力的象徵和代表。國王之下設有宰相，但決策權握在國王手中；國王控制著國家的財政，不僅直接占有大量土地、勞動力以及其他財富，而且還控制了國家的土地、灌溉系統和對外貿易，一切戰利品也都歸屬國王；軍隊由國王直接統帥，戰時國王常常御駕親征；國王控制司法權力，在古埃及，國王的話就是法律；王室家族控制朝政，高官顯宦多為王室家族成員；國王凌駕於國家之上，一切臣民都是他的奴僕；古埃及國王還極力利用神權強化王權，強化奴隸主階級的統治。

圖特摩斯三世不但長於征戰，而且善於統治和管理。他每征服一個地方，都要留精兵把守。對最重要的城區、地區，他必選擇最賢能的人出任地方長官。有史以來，他第一個看出海洋權力的重要性。他為埃及建立了一支強大的海軍。靠著這支海軍，埃及牢牢控制了地中海地區。

西元前一四五〇年，圖特摩斯三世在選定好他的繼承人——阿蒙霍特普之後，在太平盛世的年代裡去世，被葬於底比斯西部「王陵之谷」的偏僻處。

「太陽之子」的宗教改革

第十八王朝時期，是古埃及歷史上最為強盛的時期。經過長期的對外戰爭，埃及建立起了一個地連西亞、北非的大帝國，戰爭又帶來了大量的戰俘、奴隸以及巨額財富，大大刺激了國內奴隸制的發展。

為了加強專制主義統治，證明自己統治的合法性，埃及法老們通常借助阿蒙神廟的力量，虛構自己是阿蒙神的後裔，並宣稱他對國家的統治是秉承了阿蒙神的旨意。因此，以神廟和僧侶集團為代表的宗教勢力非常強大。首都底比斯阿蒙神廟的祭司們擁有大量土地、牲畜、奴隸，不僅壟斷精神的統治權，而且在許多領域專橫跋扈，甚至假借神的旨意，直接、間接地干預國家政務，以至干預法老的廢立，形成威脅王權的嚴重局面。於是，以法老為代表的中央政府與以阿蒙神廟僧侶集團為代表的世襲貴族之間的矛盾，構成當時統治階級內部鬥爭的一個重要方面。

西元前一三七九年，古埃及著名法老埃赫那吞即位。埃赫那吞原名阿蒙霍特普四世，是法老阿蒙霍特普三世的小兒子，他自幼博覽群書，滿腹經綸，但性格倔強、剛愎自用。為了擺脫王權對阿蒙神廟的依賴，削弱和打擊嚴重威脅王權的僧侶集團以及舊貴族勢力，他即位之後便發動了一場「宗教改革」。

首先，埃赫那吞從貶低、否定阿蒙神的地位入手，起用埃及古老的太陽神「拉」來與阿蒙神對峙，進而達到削弱阿蒙神的目的。他命人在首都底比斯為「拉」神建造神廟，並公開宣稱自己是「拉」神的最高僧侶。他的這一做法很快便遭到了阿蒙神廟僧侶們的強烈反對。面對這種狀況，埃赫那吞採取堅決措施，與阿蒙神廟的僧侶集團徹底決裂。他下令廢止對阿蒙神和任何地方神的崇拜，還查封阿蒙神廟和其他的神

前一三七九年
阿蒙霍特普四世（埃赫那吞）即位。實行打擊僧侶集團勢力的宗教改革。

前一三二〇—前一二〇〇年
拉美西斯一世建立第十九王朝。拉美西斯二世時，與赫梯帝國進行爭霸戰爭，完成底比斯阿蒙神廟的修建。

前一二〇〇—前一〇八五年
拉美西斯四世即位。之後，再度陷入衰落，亞洲領土大部分喪失；阿蒙神廟祭司權勢日增。

前一〇八五—前五二五年
第二十一至二十四王朝，國家分裂，權力分

廟，驅逐那裡的僧侶。

與此同時，他把埃及古老的太陽神「拉」尊為全國唯一崇拜的神，稱作「阿吞」。在埃及控制的廣大區域內大肆興建阿吞神廟，要人們尊敬阿吞，崇拜阿吞，並準備為阿吞獻出一切。他還宣稱自己是阿吞的兒子，並得到了阿吞所給予的力量。他要求人們徹底忘掉阿蒙神，在任何地方，任何人都不准以阿蒙為名。他率先改了自己的名字，把阿蒙霍特普改為「埃赫那吞」，意思是「阿吞之光輝」。

為了徹底擺脫阿蒙神及其祭司們的束縛和影響，埃赫那吞還做出了遷都的重大決定。他在底比斯以北三百公里的希爾摩城附近另建新都，並進行了大規模的建設。除了王宮和貴族大臣們的官邸外，他特意建造了宏偉的阿吞神廟。新都面積達一百八十平方公里，埃赫那吞將它命名為「埃赫塔吞」，即「阿吞的視界」的意思。

為了與舊勢力鬥爭，埃赫那吞有意從中等的自由民階層中提拔和重用人才，逐漸在自己周圍形成了一個新的宮廷官吏集團，成了他進行改革、實施統治所依靠的重要力量。同時，埃赫那吞還將軍權牢牢地抓在自己的手中，使改革政令得以實施。

為了使改革更徹底，埃赫那吞還在文學、藝術方面進行了變革。他提倡真實地描寫世界以及他周圍的事物，反對舊傳統的模式，尤其大力鼓勵人們創作讚美阿吞神和表現埃赫那吞光輝形象的作品。

但是，埃赫那吞的「改革」遭到阿蒙神祭司等守舊勢力的激烈抵抗，特別是遭到了他最親近的人的反對。老國王阿蒙霍特普三世和太后提伊仍留在原首都底比斯。阿蒙霍特普三世逝世後，提伊太后決定採取措施緩和這場鬥爭，並試圖說服兒子放棄他的新政。另外，遷都後，埃赫那吞陶醉於宗教生活，疏於政事，導致社會矛盾逐漸激化，新官僚集團中飽私囊，守舊貴族勢力、僧侶集團暗中作祟，王朝逐漸孕育危機。

埃赫那吞去世後，守舊勢力發起反攻，「宗教改革」失敗。他的繼承人（駙馬）

散，統治衰落。

努比亞人入侵，建立第二十五王朝。

舍易斯地方統治者薩姆提克一世重新統一埃及，建立第二十六王朝。這個時期被稱為埃及復興時代。

前五二五年
波斯帝國侵占埃及，建立第二十七王朝。

前四〇四年
波斯王朝被推翻，埃及獲得獨立，相繼建立了第二十八至三十王朝。

前三四三年
波斯帝國再征服埃及，建立第三十一王朝。

前三三二年
希臘馬其頓王亞歷山大大帝侵入埃及，滅波斯王朝。延續三千年的法老時代結束。

圖坦哈吞繼位不久，便向阿蒙僧侶集團妥協。各地神廟中的阿吞神像被鑿毀，重建了阿蒙神廟，並歸還了神廟的土地和財產，完全恢復了對阿蒙神的崇拜。首都重新遷回底比斯，曾繁華一時的首都埃赫塔吞完全荒廢了。阿蒙僧侶集團的勢力在幾乎滅亡後再次復活。這場掩蓋在宗教外衣下的政治鬥爭，以阿蒙僧侶集團的完全勝利告終。

埃赫那吞的宗教改革，不僅是古代埃及歷史上的重大事件，也是古代世界史上一次著名的改革事件。改革沉重打擊了阿蒙僧侶集團和地方世襲顯貴勢力，提高了自由民的地位；同時，在文學藝術等領域，也產生很大影響。

相關連結

阿蒙神與阿蒙神廟

阿蒙神原為上埃及底比斯城的守護神。古埃及中王國時期，以底比斯為中心統一埃及，阿蒙就被尊為全埃及的最高神——「太陽神」，法老自稱「阿蒙之子」。阿蒙神常與埃及另一太陽神「拉」神視為一體，合稱「阿蒙—拉神」。隨著古埃及中央集權的加強，特別是在第十八王朝時期，阿蒙—拉神被宣布為一切神中最偉大的神。據古埃及神話，阿蒙—拉每天乘坐金船在天空中航行，把自己的光芒灑遍大地，夜裡降到地下世界，清晨又回到白晝王國，它是上下兩個世界的統治者。

阿蒙神廟因位於卡爾納克村，所以，也稱「卡爾納克神廟」，是古埃及最大的神廟。古埃及每次對外戰爭的勝利，都被認為是阿蒙神保佑的結果，戰事結束後，要將大批戰利品包括土地、奴隸、金銀、珠寶獻給阿蒙神廟。經過數百年的不斷營造，阿蒙神廟形成了一個龐大的寺廟建築群，占地18萬平方公尺，宏偉壯觀，擁有數不盡的土地和財富，阿蒙僧侶也隨之具備了與法老相抗衡的力量。

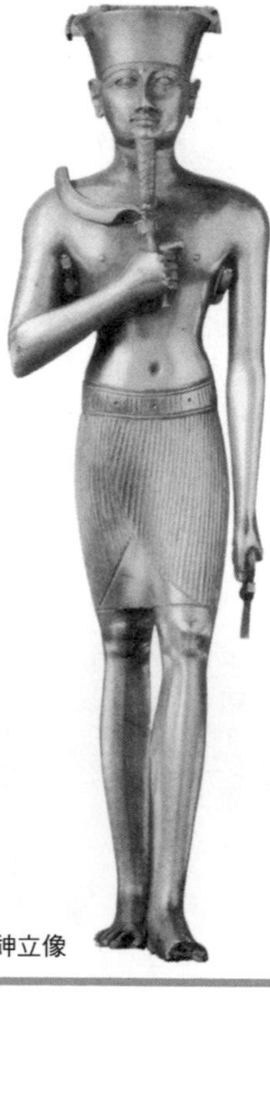

阿蒙神立像

兩河流域文明

兩河流域語出希臘語「美索不達米亞」，意為「兩河之間的地區」，通常指底格里斯與幼發拉底兩河的中下游地區。這裡是人類最古老的文明搖籃之一，早在西元前四〇〇〇年已有較發達的文化。蘇美爾人是兩河流域文明的先驅，他們在西元前三五〇〇年前後，在這裡建立起數十個城邦，創造了以楔形文字為代表的早期文化。

蘇美爾人之後，兩河流域的文明古國更興迭起，分別創造出燦爛的文化。在南部蘇美爾早期王朝之後，經歷了阿卡德王國、烏爾第三王朝等。到西元前二〇〇〇年左右，進入兩河流域的阿摩利人，建立起巴比倫王國。到西元前十八世紀前期，在國王漢摩拉比統治時期，巴比倫國勢強盛，統一整個兩河流域。漢摩拉比之後，巴比倫王國逐步走向衰落。

西元前八世紀至前七世紀，地跨西亞、北非的亞述帝國推翻了古巴比倫。隨後，迦勒底人聯合米底人攻滅亞述帝國，建立起新巴比倫王國。新巴比倫在尼布甲尼撒二世在位期間國勢一度較強，續寫了古巴比倫文化的輝煌。

《漢摩拉比法典》石柱上的浮雕（局部）

《漢摩拉比法典》刻在一個黑色玄武岩石柱上，岩柱高**2.25**公尺，上部周長**1.65**公尺，底部周長**1.90**公尺。岩柱上部是太陽神、正義神沙馬什授予漢摩拉比權杖的浮雕。浮雕下面是用楔形文字鐫刻的銘文。法典由前言、正文和結語三部分組成。前言主要宣揚王權神授，頌揚漢摩拉比的功績。

亞當、夏娃和諾亞方舟

《聖經．創世紀》中關於亞當、夏娃與諾亞方舟的故事，源自遠古兩河流域文明。

據說，上帝用七天的時間，改變了空虛混沌、茫茫黑暗的最初世界，使整個世界充滿了光明、生機和色彩。在第六天，上帝按照自己的形狀，用地上的塵土捏成一個泥人，然後將生氣吹在他的鼻孔裡，使這個名叫亞當的泥人瞬間就有了生命，並使他成為世間萬物的主宰。

上帝對亞當關愛有加，把他安置在一個花團錦簇、果香四溢、河水潺潺的幸福樂園——伊甸園裡。但是，上帝特別囑咐道：「你可以隨意吃園中各種樹上的果子，但生命樹和善惡樹的果子，不可吃，也不可摸，免得死去！」

亞當一個人在園中快活了沒多久就開始煩躁起來，因為他實在太孤單了。於是上帝又施催眠之術麻醉了亞當，取其一根肋骨，造成一個名叫夏娃的女人。兩個人赤身裸體，在園中過著天堂般的生活。

雖然有上帝的禁令，但是夏娃仍然經常好奇地打量著這些色澤鮮豔誘人的禁果，心裡想：它們的味道一定非常好！園中所有動物中最邪惡的是蛇，它對夏娃說：「上帝不讓你們吃禁果，是因為吃了智慧果，你們就可以聰明如上帝；吃了生命果，就可以長生如上帝。」夏娃終於沒有禁得住誘惑，便從智慧樹上摘了個果子來吃，然後也讓亞當吃了。之後，他們彼此對望，意識到自己是裸體的，也明白男女身體有別，就急忙摘下無花果的葉子遮蓋住身體。

天色漸漸暗了下來，上帝在園中行走的聲音，使亞當和夏娃第一次感到了恐懼，

前三五〇〇年以後
蘇美爾人在兩河流域南部建立奴隸制城邦小國。

前二七〇〇年
蘇美爾奴隸制城邦進入全盛時代。

趕忙躲藏在園中的樹木中。上帝呼喚亞當，亞當不得不應答，並說他很害怕聽到上帝的聲音。上帝說：「那你一定是吃了我禁止你們吃的果子吧？」

亞當指著夏娃說：「是這女人讓我吃的。」

夏娃說：「是那蛇欺騙和誘惑了我。」

於是，上帝砍掉了蛇的腿，詛咒它用肚子行走，終身吃土，而且代代終身與女人為敵，見到女人就咬其腳後跟。又把亞當和夏娃趕出了伊甸園，說：「亞當偷吃聖果，所以無論春夏秋冬，都必須終身在田間艱苦勞作，才能免除飢餓之苦。夏娃輕信讒言，故要一生飽受生育之苦，還要受男人奴役。」

被逐出伊甸園後，亞當、夏娃的後代遍布各地。由於上帝的詛咒，人們不得不付出艱辛的勞動才能果腹，因此怨恨和邪念與日俱增，人世間充滿了無休止的掠奪和爭鬥。上帝非常後悔，便決定毀滅已有的人類世界。但又捨不得把他的造物全部毀掉，希望有所保留，使新一代的人和動物能夠悔過自新，建立一個理想的世界。

上帝在罪惡深重的人群中，選擇諾亞一家作為人世間生命的延續。因為諾亞是一個追隨上帝的本分人，他的三個兒子也接受了父親的嚴格教育。上帝讓他們用歌斐木建造一隻用來避難躲險的大方舟，方舟分上中下三層，裡外用松香塗抹密封，四周牆壁上留有透光的窗戶，一側牆壁上開出一道門。他們遵從上帝的安排，一一落實了。

方舟造好後，上帝對諾亞說：「我要讓洪水氾濫全世界，消滅地上的所有生命。但我要與你立約，洪水來臨之際，你帶著你的家人一起進入方舟，同時，還要把各種飛禽、走獸、爬蟲，每樣兩隻、雌雄各一帶上，和你一道登舟。此外還要帶上各種吃的東西，儲存在船上，作為你們和動物的食糧。」諾亞遵照上帝的話，一一辦到了。

七天後，海洋的源泉突然崩裂，巨大的水柱從地下噴射而出；天上的窗戶也同時敞開了，傾盆大雨日夜不停，降了整整四十天。洶湧的洪水迅速上漲，很快淹沒了

伊甸園

伊甸園在《聖經》的原文中含有樂園的意思。《聖經》記載伊甸園在東方，有四條河從伊甸流出滋潤園子。這四條河分別是幼發拉底河、底格里斯河、基訓河和比遜河。現存的只有前兩條。

天下所有的高山。一切有氣息的生物，所有生活在陸地上的東西，轉瞬之間都被吞噬了。只有那方舟裡的人和動物安然無恙。方舟載著上帝的厚望，在無邊無際的汪洋上緩緩漂泊著。

上帝念及諾亞一家以及方舟中的動物，便下令興風止雨。在風的吹動下，洪水水勢漸漸消退了。諾亞方舟慢慢停靠在阿拉臘山邊。幾十天後，諾亞打開了方舟上的一扇天窗，放出一隻烏鴉去探查陸上洪水的情況，但烏鴉出去後就沒有再回來。諾亞又等了七天，從舟上放出一隻鴿子。傍晚時分，鴿子回來了，嘴裡銜著一片剛啄下的橄欖葉。諾亞興奮異常，知道地面上的洪水退得差不多了。這樣，在諾亞六〇一歲那年，洪水終於消退了，他與家人平安上岸。他們把動物放出方舟，將作物的種子撒到山上。大地上的生命重新煥發了生機。

相關連結

蘇美爾人的統一

兩河流域最早的居民叫蘇美爾人，他們是人類社會最早進入文明、最早建立城市國家的居民之一。早在西元前5000年前後，蘇美爾人就開始遷入兩河流域謀生。他們利用定期氾濫的河水和沼澤地豐盛的水草及黏土，從事農業、畜牧業和手工業生產，逐漸開發了兩河流域南部地區，建立起世界上最早的城市。

西元前3000年左右，蘇美爾出現了十幾個以城市為中心的奴隸制小國，人們稱之為城邦（城市）國家。最重要的有烏魯克、烏爾、拉迦什、基什等。它們大多由一個中心小城聯合周邊若干村鎮組成，面積幾十或上百平方公里，人口多則幾萬人，少則幾千人。

隨著歷史發展，分散割據的蘇美爾城邦國家開始出現統一的趨勢。各城邦為爭奪土地、勞動力和水利工程控制權而長期進行戰爭，眾多弱小城邦被兼併，逐漸形成烏爾—烏魯克和基什南北兩個軍事聯盟南北對峙局面。之後，在爭霸過程中，南方聯盟逐漸占據上風，並在盧伽爾·扎吉西的率領下征服基什，初步實現了蘇美爾地區的統一。

西元前2300年左右，兩河流域北部的阿卡德人逐漸強大，在國王薩爾貢時期，南下征服蘇美爾各城邦，建立了南部兩河流域歷史上第一個統一的國家。

蘇美爾人創造了燦爛的遠古文化。他們發明了著名的楔形文字，根據月亮的盈虧變化制訂了太陰曆，採用十進位法和六十進位法，製造出青銅器，發明了車輪，還為後人留下了神學、天文學和敘事文學等珍貴文化遺產。

從棄嬰到國王

相傳，在西元前二十四世紀中期某年的一天，在兩河流域的幼發拉底河岸邊，一個名叫阿奇的園丁正在提水。忽然，不遠處漂來一隻封著口的陶罐，罐子裡不時傳出陣陣嬰兒的啼哭聲。阿奇覺得新奇，便順手攔住陶罐，提上岸來。打開陶罐封口，只見一個小男孩正在揮手蹬腿，哇哇哭叫著。阿奇不禁大喜過望。原來，園丁阿奇手藝好，人緣好，吃喝不愁，唯有一事不順心，就是膝下無子。現在從天上掉下來個大胖小子，這真是神的恩典啊！於是，阿奇高高興興地將孩子抱回家，並起名叫薩爾貢。

誰也想不到的是，這個被園丁撿到的名叫薩爾貢的棄嬰，日後竟成為兩河流域阿卡德王國的國王，並完成了歷史上第一次統一兩河流域的偉業。

時光如梭，轉眼間薩爾貢長大了。由於氣度不凡，身體魁梧健壯，薩爾貢應徵入宮，先成為國王的侍童，後又憑著聰明和善解人意，成為基什國王的侍臣。其間，他耳濡目染了國家和宮廷的政事，以及其中紛繁的關係、複雜的鬥爭和種種權術，他暗暗立志，有朝一日要出人頭地，奪取王位。

不久，基什國王在與烏爾的戰爭中失敗，出征者幾乎全軍覆沒。基什王國幾乎家家戴孝、戶戶悲啼，國王的威信一落千丈。薩爾貢看到奪權的時機成熟了。於是，他在一個深夜，帶領自己的支持者闖進王宮，殺死國王，宣布自己為新國王（即阿卡德王國薩爾貢一世）。

薩爾貢僭位稱王後，以自己的聰明才智，採取了一系列軍政措施，以鞏固自己的地位。其中，最核心的是大力加強軍事力量。他親自帶人到各地招募壯丁，訓練了一支由五千多強悍兵丁組成的常備軍。隨後，他聯合閃族游牧民族，先後東征西討，對

前二三七一年
薩爾貢建立阿卡德王國。

前二二九一年
納拉姆新即位，阿卡德王國進入極盛時期。

周邊部落、王國發動幾十次大規模戰爭，迅速擴展了阿卡德王國的版圖。

在此基礎上，經過積極準備，薩爾貢和當時唯一能與他抗衡的南部烏爾國決一死戰。戰鬥中，薩爾貢靠箭術準確的弓箭隊打敗了烏爾的軍隊，俘虜了君臨蘇美爾數十年的盧伽爾．扎吉西。

之後，薩爾貢又一鼓作氣，揮師南下。昔日的蘇美爾各城邦被一一摧毀，靠近河口的城市，先後歸順於薩爾貢。在南部，他「洗劍於波斯灣」，奪取了波斯灣中的底爾蒙島，控制了從美索不達米亞向南通往印度和阿拉伯的海上商路。至此，薩爾貢完成了兩河流域的第一次統一。

薩爾貢統一南部兩河流域後，建立起中央集權的君主專制政權。他在起用阿卡德土著人的同時，也起用了一批蘇美爾人及北方被征服城邦國家的代表人物參與政權管理。薩爾貢重視灌溉農業，修築了許多新的水渠，大大擴充了灌溉網，並使用較先進的吊桿汲水設備。為了便利國內的貿易，他統一了度量衡，規定了以十計算的度量衡制度。經過簡單改動，借用楔形文字為自己的文字。他採用蘇美爾人的天文曆法、數字、文學和宗教等，並且把有關方面的著作編目，收藏於書庫，成為兩河流域最早的書林。

從一個棄嬰到阿卡德王國的國王，並且在歷史上第一次統一兩河流域，薩爾貢的文治武功，彪炳史冊。

相關連結

阿卡德王國興衰

阿卡德人是兩河流域南部（今伊拉克境內）的遠古居民，屬於塞姆（閃）族的一支。最初為西亞游牧民族，大約西元前3000年左右，從敘利亞草原進入兩河流域中南部。阿卡德人身軀高大，長臉鷲鼻，長髮多鬚，與蘇美爾人迥異。西元前24世紀中期，國王薩爾貢一世統兵向南推進，征服一些衰落中的蘇美爾人城邦，統一兩河流域中下游，以阿卡德城為中心，建立阿卡德王國。大約西元前2230年左右，阿卡德王國被東北山區的庫提人所滅。

阿卡德人原來在文化上落後於蘇美爾人，但在薩爾貢統治時期，阿卡德人與蘇美爾人逐漸融合，接受了被征服地區的先進文化，並在繼承之中創新，發展了原有文化，使之成為兩河流域古代文明的重要組成部分。

「四方之王」漢摩拉比

在幾千年文明發展過程中，兩河流域長期戰亂頻仍，沒有出現過較為長久統一的王朝，但在西元前十八世紀，這裡卻出現了一個稱雄一時的王國——古巴比倫王國，極盛時期是其第六代國王——漢摩拉比在位期間。

西元前二〇〇〇年前後，閃族的一支阿摩利人進入兩河流域，他們很快接受了蘇美爾人、阿卡德人文化，進入階級社會。兩河流域興起了阿摩利人的國家，主要有蘇美爾地區的拉爾薩、阿卡德地區的伊新等。這些國家為爭奪兩河流域的統治權展開長期混戰，最後完成兩河流域統一的是古巴比倫王國（巴比倫第一王朝）。

「巴比倫」一詞是「神之門」（眾神相會之地）的意思。巴比倫位於幼發拉底河中游，扼西亞貿易交通要衝，戰略和地理位置十分重要。巴比倫作為一個城邦，大約是在西元前一八九四年由阿摩利人建立的。立國之初，巴比倫只是一個依附鄰國的彈丸之邦。到第六代國王漢摩拉比（約西元前一七九二—前一七五〇年）在位時，巴比倫逐漸強大起來。

據史料記載，漢摩拉比聰明絕頂，脾性火爆。即位伊始，他就立下遠大志向，不僅要使巴比倫成為強國，還要實現兩河流域的統一，建立大巴比倫王國。漢摩拉比深知，國家要強盛，首先必須鞏固內部，積聚力量。因此，在他當政的頭幾年裡，他藏而不露，積極擴充軍備，周密準備統一戰爭。

西元前十八世紀初期，兩河流域出現對漢摩拉比實施統一極為有利的形勢。當時，在阿摩利人的主要國家中，馬里、埃什努那受控於強盛起來的亞述，拉爾薩一度被埃蘭人征服，伊新也衰弱了。漢摩拉比抓住有利時機，採取機動靈活的外交政策，

前一八九四年
阿摩利人在幼發拉底河岸建國，史稱巴比倫第一王朝。之後約三百年間，巴比倫成為兩河流域最主要的國家。

前一七九二年
巴比倫第一王朝第六代國王漢摩拉比即位。期間，古巴比倫王國達到極盛。

前一七五〇年
漢摩拉比之子薩姆蘇伊魯那即位，巴比倫第一王朝漸趨衰落。

前一五九五年
赫梯人入侵，巴比倫第一王朝告終。之後，加喜特人建立起

在一個時期內集中力量打擊一個主要敵人。他首先與拉爾薩結盟，一舉征服了南方的主要敵國伊新。接著，又與馬里聯盟，幫助馬里擺脫亞述的控制，在馬里支持下又轉而征服了拉爾薩。西元前一七五九年，漢摩拉比揮師北上，直逼曾經的盟友馬里城下。經過近一年的對峙苦戰，迫使馬里國王吉姆裡利姆屈膝臣服。至此，漢摩拉比歷時三十五年，終於完成兩河流域的統一，締造了一個從波斯灣至地中海沿岸的中央集權奴隸制大帝國，使巴比倫成為西亞政治、經濟、文化的中心。

漢摩拉比統一兩河流域之後，自詡為「世界四方之王」。為鞏固和加強巴比倫的統治，漢摩拉比採取了一系列措施：宣揚王權神授，自稱「眾神之王」，使專制王權和神權趨於統一；建立起龐大的官僚機構，加強對中央和地方的監督與控制；建立了一支常備軍作為專制統治的支柱，並獨攬軍事大權；加強對社會經濟的控制，對地方徵收各種賦稅，並將水利系統置於統一管理之下。這樣，漢摩拉比時期，古巴比倫王國的君主專制中央集權大大加強了。

加喜特巴比倫王朝。

前一一五六年
南部兩河流域建立起伊新第二王朝。

相關連結

頒布《漢摩拉比法典》

漢摩拉比即位後，為了加強統治和維護奴隸制度，吸取以前各城邦的立法成果，結合阿摩利人的氏族部落習慣法，制定了一部曠世法典，即以他自己名字命名的《漢摩拉比法典》。法典幾經修改，在漢摩拉比在位的第30年後，鐫刻於黑色玄武岩石柱之上頒布於世。

《漢摩拉比法典》由前言、正文和結語三部分組成。前言主要宣揚王權神授，頌揚漢摩拉比的功績；結語則表示漢摩拉比遵奉神意，保護黎民，創立公正的法典，以垂久遠；後世有敢不遵守法典之王，必因違背神意而遭神罰。正文共282條，內容包括訴訟程式、盜竊、軍人份地、租佃、雇傭、商業、高利貸、婚姻、繼承、傷害、債務、奴隸等方面，比較全面地反映了古巴比倫時期的社會發展狀況。《漢摩拉比法典》是世界古代第一部比較完備的成文法典，對後世奴隸制國家的立法產生了重要影響。

漢摩拉比頭像

「空中花園」

說起古巴比倫文明，人們通常會想到聞名遐邇的「空中花園」。「空中花園」不但享有「世界七大奇觀」之一的盛譽，而且有一個十分美麗動人的傳說。

據說，新巴比倫國王尼布甲尼撒二世娶了米底國（今伊朗高原西部）公主阿米蒂斯為王后。阿米蒂斯花容月貌，深為國王寵愛。為了討得阿米蒂斯的歡心，國王曾對她誇下海口，說他擁有天下最華麗的宮殿、最巨大的財富，你想要什麼，就可以得到什麼。

新婚燕爾的國王夫婦過著快樂幸福的日子。可是過了一段時間後，王后的臉上開始漸露愁容，鬱鬱寡歡，有時甚至還情不自禁地傷心落淚。尼布甲尼撒二世不知其中原委，問了幾次，王后也沒有說出所以然，國王心中著急，可又一籌莫展。

一天，王后在宮廷後花園散步，國王悄悄跟在後面要探個究竟。不久，只聽王后一邊歎息著，一邊自言自語：「唉，這裡的景色實在太平淡了，到處是乾涸的平原，連個小山丘也找不到，簡直快要讓人憋死啦！哪如我那可愛的家鄉：山巒起伏疊翠，到處花草叢生，真是美不勝收啊！要是這個後花園再大一些，能懸在空中，起伏錯落一點就好了！……」

國王聽罷，恍然大悟，原來王后是懷念家鄉的山水，害了思鄉病啊！便對王后說：「你為什麼不對我說呢？我答應過你，只要你想要什麼，我就會給你什麼。你不是想要看到你家鄉米底那樣的山光水色嗎？我會給你一個具有那種景致的空中花園的。」

第二天，尼布甲尼撒二世就下令調集全國的能工巧匠，按照米底山區的景色特

前六二六年

迦勒底人乘亞述勢衰，占領巴比倫，建立新巴比倫王國。

前六一二年

新巴比倫與米底王阿克撒列斯聯合進攻亞述，攻陷其都城尼尼微。

亞述帝國

西元前三〇〇〇年代末，塞姆人的一支在底格里斯河中游建立亞述爾城，是為亞述的起源。西元前二〇〇〇年代初，形成奴隸制社會和國家。西元前十六到前十五世紀，處於米坦尼國統治之下。後恢復獨立，並成為兩河流域北部的強國。西元前

徵，在他的宮苑內，精心設計建造了一座龐大的御花園。只見那花園呈層層疊疊、高低錯落的階梯形，上面栽滿了各種名貴樹木和奇花異草，還在園中開闢了幽靜蜿蜒的山間小道，小道兩側是潺潺流水。工匠們還在花園中央修建了一座城樓，高高矗立在空中。

巧奪天工的園林景色，終於博得了王后的歡心。

由於這座花園高懸空中，局部甚至比宮牆還要高，便被稱為「空中花園」，又叫做「懸苑」。來巴比倫城朝拜、經商或旅遊的人們，從很遠處就可以看到高懸空中的城樓、鬱鬱蔥蔥的花草樹木和在陽光下熠熠生輝的金色屋頂。因而，巴比倫的空中花園很快成為遠近聞名的美景。西元二世紀，希臘學者在品評世界各地著名建築和雕塑品時，把巴比倫的「空中花園」列為「世界七大奇觀」之一。從此，「空中花園」便聞名於世了。

令人遺憾的是，由於戰亂，「空中花園」和巴比倫文明其他的著名建築一樣，早已湮沒於滾滾黃沙之中。那麼，「空中花園」究竟在巴比倫的什麼地方呢？

在十九世紀末的考古發掘中，人們在巴比倫城南宮苑的東北部挖掘出一個規模龐大、半陷地下的長方形建築物，面積約一千二百六十平方公尺。建築物由兩排小屋組成，並由一走廊分開，布局對稱，周圍被高而寬厚的圍牆所環繞。在西邊一側的小屋中還發現了一口開有三個水槽的水井。人們推斷，這些小屋應該是空中花園的水房，當時的人通過水車將地下井水提升到上面，用以澆灌花木。考古學家還在遺址裡發現了大量種植花木的痕跡。據此，人們認定，這裡就是傳說中的「空中花園」的遺址。

然而，到目前為止，在所發現的巴比倫楔形文字的泥版文書中，還沒有找到關於「空中花園」的確切文獻記載。因此，考古學家的解釋是否正確，仍需進一步研究；傳說中的「空中花園」的真實面目，還有待於人們繼續深入地進行探索與發現。

十世紀末逐步向南擴張。西元前八世紀後半葉，提格拉特帕拉薩爾三世和薩爾貢二世統治時期，帝國疆域東起伊朗高原、西臨地中海沿岸，建成龐大軍事帝國。西元前七世紀上半葉，一度占領埃及。西元前七世紀後半葉，國勢轉衰。西元前六一二年，米底和迦勒底聯軍攻陷其首都尼尼微。西元前六〇五年滅亡。

前五八六年

新巴比倫王尼布甲尼撒二世統兵攻下耶路撒冷，大肆劫掠，猶太亡。大批猶太人被擄往巴比倫，猶太歷史稱之為「巴比倫之囚」。

相關連結

新巴比倫王國的興衰

新巴比倫王國由塞姆人的一支——迦勒底人建立。迦勒底人於西元前1000年代初來到兩河流域南部定居，並逐漸吸收了這裡的先進文化。

西元前1000年代前期，亞述帝國征服並統治了兩河流域南部，迦勒底人曾多次起義，反抗亞述的統治。西元前626年，亞述人派迦勒底人領袖那波帕拉沙爾率軍駐守巴比倫。他到達巴比倫後，即發動了反抗亞述統治的起義，建立了新巴比倫王國，並與伊朗高原西北部的米底王國聯合，共同反對亞述。亞述帝國滅亡後，其領土被新巴比倫王國和米底王國瓜分，其中新巴比倫王國分取了亞述帝國的西半壁河山，即兩河流域南部、敘利亞、巴勒斯坦和腓尼基等地。

新巴比倫王國在尼布甲尼撒二世統治期間，進入強盛時期。對外，新巴比倫與埃及長期征戰，爭奪西亞霸權。尼布甲尼撒二世與米底王國結盟，娶其公主阿米蒂斯為王后，鞏固了自己的後方。爾後，多次出兵巴勒斯坦、腓尼基等地區。西元前586年，新巴比倫軍隊攻破並洗劫了猶太聖城耶路撒冷，大部分居民被擄往巴比倫尼亞，史稱「巴比倫之囚」。對內，尼布甲尼撒二世對巴比倫城進行了大規模擴建，使巴比倫城成為當時世界上最繁華的城市之一。

尼布甲尼撒二世死後，新巴比倫國勢衰落。國內階級矛盾和民族矛盾都十分尖銳，最後一個國王那波尼達統治時期，國王同神廟祭司之間的矛盾日益激化。

西元前539年，波斯人入侵巴比倫尼亞，巴比倫城內祭司打開城門放波斯軍隊入城，不戰而降，國王成了波斯人的俘虜，新巴比倫王國滅亡。

前五六七年
尼布甲尼撒二世率兵侵入埃及。之後，大規模擴建巴比倫城。「空中花園」在此期間建成。

前五三九年
波斯軍攻占巴比倫城，新巴比倫滅亡。古代兩河流域文明作為一個獨立的整體宣告結束。

印度河流域文明

古代印度，是指喜馬拉雅山以南以印度河與恆河流域為中心的南亞次大陸地區，包括今天的印度、巴基斯坦和孟加拉。二十世紀初，經過考古學家的長期勘察發掘，燦爛的古代「印度河文明」公布於世。

古代印度文明可以追溯到西元前四〇〇〇年代末。西元前二五〇〇年左右，生活在印度河流域的土著達羅毗荼人，創造了印度河的早期文明。西元前二三〇〇年至西元前一七五〇年左右，印度河流域文明進入比較發達的哈拉巴文化時期，出現了上百個城市國家，其代表是摩亨佐．達羅和哈拉巴。哈拉巴文化衰落之後，來自中亞的雅利安人（印度．雅利安人）部落進入印度河和恆河流域，創造了「種姓制度」和婆羅門教等遠古印度文化。在隨後的列國時期，摩揭陀國逐漸發展壯大，並在阿育王時期發展成為空前統一強盛的大帝國，創造出以佛教為代表的燦爛文化。

阿育王四獅柱頭

這是阿育王時代作為佛教標誌的獨立圓形石柱，現存14座，這座四獅石柱保留最完整。石柱分柱頭和柱身兩部分。柱頭上端雕刻著四隻背對背蹲踞著的半身雄獅，它們站立在刻有象、馬、牛、虎的飾帶盤上，盤下是吊鐘狀的蓮花。整個柱頭用灰色岩石雕刻而成，高約2.08公尺，打磨得很光潤，顯得十分精美細膩。

「死者之丘」下的古城之謎

在奔湧不息的印度河右岸，在印度信德省荒涼的沙漠邊緣，有一座已被風沙吞沒殆盡的古佛塔廢墟，人稱「摩亨佐．達羅」，意為「死者之丘」。

上個世紀二〇年代的一天，印度考古學家拉．巴涅爾吉到這座廢墟附近進行佛教遺物的考古搜尋。結果讓他始料不及的事情發生了：他在「無意」的「搜尋」中，竟然發現了沉睡地下數千年的摩亨佐．達羅古城遺址，從而揭開了兩座地下古城的千年遺夢，一舉將古代印度文明向前推進了一千三百餘年。

隨後，其他考古學家在印度河上游沿岸，又陸續發現了與摩亨佐．達羅城屬於同一時代的哈拉巴古城遺址，以及一批城鎮和村落的遺址。經過考古專家判定，這是大約存在於西元前三〇〇〇年至西元前一七五〇年的一個不為人知的古代印度文明時代。長期以來，人們普遍認為古代印度文明始於西元前一〇〇〇年前後，摩亨佐．達羅和哈拉巴古城從睡夢中醒來，證實了這個觀點是完全錯誤的。

兩座古城的建築遺址、遺存表明，早在西元前三〇〇〇年到西元前一七五〇年前後，印度已經進入青銅時代，當時摩亨佐．達羅已經是一座世界名城。生活在這裡的遠古居民，創造了獨特的文字，發明了很精密的度量衡，已經掌握了冶銅、熔鐵、鑄造和焊接技術，熱加工和冷加工技術水平很高。

這時的社會經濟有了很大發展。居民主要從事農業，使用青銅製的農具，學會了築壩和引水灌溉。不僅種植大麥、小麥、豆類、芝麻和蔬菜，而且最早掌握了種植棉花的技術。畜牧業也很興旺，不僅養牛、豬、狗、驢等家畜，家禽和魚也是他們餐桌上常見的食物。在手工業方面，除了冶金、糧食加工外，還有棉毛紡織、刺繡、染

約前四〇〇〇年—前三〇〇〇年

出現遠古文明。來自印度西北部的部落開始在印度河流域定居，並建立農業村社。

約前二五〇〇年

土著達羅毗荼人開始創造印度河流域文明，發明棉花的種植。

約前二三〇〇年—前一七五〇年

哈拉巴文化時期。農業、手工業和商業有一定發展，銅器和青銅器已經廣泛使用。城市是該文化的重要特色，主要代表是哈拉巴和摩亨佐．達羅等。

色、製陶、珠寶製造和象牙工藝等。

隨著物質財富的增多，商業也發展起來。印度河流域本地出產的棉布、香料、木材、珠寶等輸出到西亞等地；他們製造的工藝品原料很多來自南亞次大陸以外的地區。

摩亨佐．達羅古城遺址

隨著人們交往的增加，出現了記載語言的文字，大多刻在石頭或陶土製成的印章上。當時使用的文字符號屬於象形文字，到後期，文字符號簡化到二十二個。

經濟的發展，促進了交通中心地區人口的聚集，逐漸形成了城市。哈拉巴和摩亨佐．達羅是當時兩個最大的城市。它們各占地達八十五萬平方公尺，人口也達到三十四萬人。城市的建設有一定的規劃，設有完善的供水、排水系統。

這一時期已經出現了貧富分化和階級對立現象，出現了統治機構，產生了國家。當時的貧富差距十分懸殊。上層人物住的是庭院寬

約前一七五〇年前後
哈拉巴文化突然消失。

敞、設備完善的高樓大廈；窮人則只能住矮小、簡陋、擁擠不堪的茅舍。富人使用的物品甚至小孩兒的玩具都鑲有珠寶；而窮人只能使用由泥土和貝殼製的粗劣物品。

所有這些都表明當時印度文明已經進入高度發展時期。然而，從西元前十八世紀開始，這一燦爛輝煌的文明急劇走向衰落，更在西元前一七五〇年前後戛然而止，徹底消失了。

「死者之丘」下的古城為什麼會寂然長眠於印度河流域的黃沙之下？這一盛極一時的印度文化的真正締造者是什麼人？它的主人是什麼時候、因為什麼棄城而去？又去往何方？沉睡於「死者之丘」下的古城一覺醒來，在給世人送來驚喜的同時，也帶給人們更多的疑問與懸念。

相關連結

哈拉巴文化

在1920年代之前，印度的歷史上並沒有「哈拉巴文化」的概念，那時的古代印度歷史是從《吠陀》經中記載的傳說開始的，最早可以追溯到約西元前15世紀，即雅利安人進入印度的時代。1922年，考古學家在印度河流域的信德、旁遮普地區先後發現了摩亨佐．達羅和哈拉巴兩個大規模城市文化遺址，使印度河流域的上古文明大白於天下。從那以後，考古學者在印度河流域各地發現了許多屬於同一文化系統的遺址，共有城市、村落二百餘處，被統稱為「哈拉巴文化」。

摩亨佐．達羅和哈拉巴兩座城市都由衛城和下城兩部分組成，衛城圍以高厚的磚牆，是統治者居住的城堡；下城為普通居民區。據考古學家判定，古城約存在於西元前2500至西元前1750年之間，是一種獨特的青銅時代的文化，發掘出燒磚建築、各類工具、陶器、各類藝術品、刻有文字的圖章等。出土文物表明，兩座城市遺址是當時比較發達的兩個彼此獨立的城市國家。一般認為土著達羅毗荼人和原始澳語人是該文化的創造者；約在前1750年左右被毀，其被毀原因眾說不一。

摩亨佐．達羅古城遺址出土的印章

「賤民」飯的傳說

古代印度盛行等級森嚴的種姓制度和賤民歧視，給古代印度的民族歷史打上了深刻的烙印，並影響至今。

種姓制度將印度社會各類人等劃分為四大種姓：第一種姓是婆羅門，社會地位最高，主要是祭祀貴族階層，主掌宗教神權，壟斷文化教育。第二種姓是剎帝利，是軍事貴族階層，包括國王和各級官吏，掌握國家的軍政大權，地位僅次於婆羅門。第三種姓是吠舍，屬於平民階層，包括農牧民、手工業者和商人，是國家賦稅的主要承擔者。第四種姓是首陀羅，包括被征服者、貧困破產失去土地的人和奴隸等，社會地位低下。各種姓職業世代相承，永不改變；種姓實行內婚，種姓之間互不混雜。各種姓在法律地位上不平等，在宗教和社會生活各方面也有著嚴格的區分。特別是前三者與首陀羅之間的界限最為嚴格，甚至不能並坐、不能共食等等。

在「種姓」等級之外，印度社會地位最低下的是「賤民」。「賤民」意為「不可接觸的人」。他們通常只能做社會上最為低賤的事，只能居住在村子邊緣以外的地方，絕對不能與其他人混住；他們要穿著死人的衣服。一般情況下，不允許他們進城，如果必須進城，他們也必須一邊行走一邊敲打木棒或者其他帶聲響的東西，以提醒人們注意早些避開。在社會地位高的人們看來，凡是看到或者碰到賤民，都被認為是污濁、晦氣和不吉利的事，並要及時採取相應措施來「排毒」、「解晦」。

有這樣一個傳說。一天，有一個賤民外出旅行，由於忌諱與高等級的其他人共餐共飲帶來諸多不便，他就隨身準備好了一些食物。在路上，他也盡量迴避與其他種姓的人們見面，有時，見到其他種姓的人，離著很遠的時候，他就趕緊閃路、躲讓，唯

約前二〇〇〇年代
印度．雅利安人開始入侵。

約前一五〇〇—前九〇〇年
雅利安人部落進入古印度的最初階段，也是他們的氏族部落組織開始解體的階段。

約前一〇〇〇—前五〇〇年前後
印度種姓制度和印度教確立時期。

恐避之不及。

這天，他正在一段人煙稀少的路上走著。突然，從一個岔路口上走過來一個屬於婆羅門等級的青年人。同向同路，一時躲避不及，而這青年人也耐不住寂寞，默認與他就伴而行。

兩人同路走了許久，快到吃飯的時候了，兩人停下來分坐休息。賤民一邊休息，一邊順手取出一些食物慢慢吃起來。這時，賤民發現那婆羅門青年沒帶任何食物，心想，自己能不能勻給他一點食物吃呢？但他沒說出來，只好接著吃東西。一會兒，那青年看到賤民在吃東西，表現出了一點飢渴的樣子。賤民忍不住，就分出一些食物，請婆羅門青年同吃。那青年雖然已經飢腸轆轆了，但想到諸多忌諱和限制，還是拒絕了。

賤民吃完了東西，又休息了一會兒，起身繼續與婆羅門青年一起趕路。又走了許久，那婆羅門青年因為又飢、又渴、又累，有些支持不住了，雖然又咬牙堅持著走了一段，最後終於堅持不住，躺倒在路邊。

賤民看到婆羅門青年飢餓難耐的樣子，猶豫了一下，還是拿出自己的食物遞給他。婆羅門青年接過食物，沉吟著看了許久，最後忍不住狼吞虎嚥般大咬大嚼起來。轉眼間，賤民所帶的食物，被他吃了個精光。

之後，兩人又繼續一起趕了一段路後，就分手各自回家了。

那婆羅門青年靠賤民的食物充飢，渡過難關，回到家中。然而，到家後不久，他就展開了尖銳的思想鬥爭。他想，自己屬於高級種姓，與其他低等種姓的人有著忌諱差別，特別是不能與賤民同行、同坐、交談、同食……可是，今天自己怎麼如此違忌違禁了呢？不僅同行、同坐、同談，還禁不住吃了賤民的食物。是可忍孰不可忍啊！婆羅門青年越想越後悔，越想越噁心，禁不住捶胸頓足，倒地翻滾，而後大口大口地

不可接觸者

印度種姓制度的最低階層，印度文作「帕里阿」，泰米爾文作「帕雷揚」、「賤民」，是被擯斥於種姓之外的人。社會地位最低，受壓迫、剝削最深。絕大多數人沒有土地、沒有權利，只能在農村當佃、雇農，或在城市從事「不潔」行業（如洗衣、製革、屠宰、清掃等）。他們的人身和用過的東西都被認為是「齷齪」的，不得同其他種姓的人接觸，也不許他們進入寺廟、學校等公共場所。一九五〇年，印度憲法雖規定給以公民權利，但賤民的無權地位仍無大改變。

翻胃嘔吐，腹中的食物吐完了，最後竟然口吐鮮血而斃命。

相關連結

雅利安人入侵

雅利安人也稱「印度．雅利安人」，是古代印度的主要居民。他們屬於印歐語系，其故鄉在中亞及高加索一帶。西元前2000年代中期，其中的一支進入印度河上游，逐步征服了當地的土著居民達羅毗荼人，進而征服了整個北印度。最初過著以畜牧業為主的生活，後來他們才逐漸學會了農業，手工業也有了一定的發展。到西元前1000年左右，雅利安人逐步占領了整個恆河流域和南印度。

雅利安人初到印度時，處於氏族部落階段。每個部落包括幾個村社，部落的首領由民眾大會選出。在向外擴展和頻繁的征服戰爭中，雅利安部落中軍事首領的權力越來越大，同時部落中出現專門的祭司階層，雅利安人的社會內部，開始孕育著階級和階級矛盾，並向奴隸社會過渡。最早的奴隸是被征服的土著人，之後，隨著原始社會的解體，在雅利安社會中形成了婆羅門、剎帝利、吠舍和首陀羅四個地位完全不同的種姓和等級。

隨著階級矛盾日益尖銳，原來的部落機構成了階級鬥爭的工具——國家，原來的部落和軍事首領則成了世襲國王。大約西元前1000年，恆河上游出現奴隸制城市國家。至西元前7世紀，在恆河、印度河流域又出現了十多個城市國家，印度歷史進入列國時代。

佛祖釋迦牟尼

釋迦牟尼，是佛教的創始人，姓喬達摩，名悉達多，是南亞次大陸北部迦毗羅衛城（今尼泊爾境內）國王淨飯王的兒子。「釋迦」是其族名，意為「能仁」，「牟尼」意為「寂默」，合起來意為「能仁寂默」，就是釋迦族的寂默賢人。關於釋迦牟尼的身世和他創立佛教的情形，有很多傳說。

據佛教傳說，釋迦牟尼的母親摩耶夫人直到四十五歲時才第一次懷孕，這次懷孕是由於摩耶夫人做了一個夢，夢見她被天神帶著飛向巍峨的群山，被放在晶瑩碧透的湖中洗澡，結果一頭六牙銀白色大象，幻化成雲朵和蒸汽從右脇進入她的腹中。

按照古印度的民族風俗，婦女頭胎孕育必須回娘家分娩，而後母

悉達多降生人間（印度繪畫）

前六世紀—前二世紀

出現許多大小不等且發展程度不同的國家，佛教文獻中記有「十六大國」，主要有摩揭陀、迦尼、居薩羅等。隨著恆河流域的開發，古印度的政治中心逐漸向東轉移。佛教產生並開始傳播。

子再回到婆家。摩耶夫人回娘家途中路過蘭毗尼園時，突然生下了釋迦牟尼，時間是西元前五六六年，中國舊曆的四月初八日。據說，釋迦牟尼降生的時候，天空仙樂鳴奏、花雨繽紛，諸天神拱衛。一時間，宇宙大放光明，萬物欣欣向榮。太子生下來就能自己行走七步。太子每走一步，他的腳下就湧現出一朵蓮花；只見他右手指天，左手指地，大聲宣稱：「天上天下，唯我獨尊。」

太子誕生後的第五天，淨飯王請來許多有名望的學者為其取名字。經過一番討論，大家一致同意太子名叫喬達摩．悉達多。悉達多的意思是「吉祥」和「成就一切」。

釋迦牟尼誕生七天後，母親摩耶王后就因病去世了，他由姨母波波提王妃撫養長大。

悉達多出生不久，一位仙人來到王宮給太子占相。仙人非常驚喜地說：太子的相貌太好了！將來如果繼承王位，一定是位「轉輪王」（印度古代稱能以威望統一天下的君主）。但據我觀察，太子必定要出家學道，並得到最高成就，成為人天至尊的導師，拯救世人脫離苦海。

淨飯王聽了仙人的話，又喜又憂。他希望兒子能夠繼承王位，血脈相承，但仙人所說的話，又常使他充滿疑惑。為了防止太子出家修道，國王採取了很多措施：為王子修建了華麗的宮殿和花園，又選來上百名美麗的侍女，隨時為太子歌舞；在悉達多太子十六歲的時候，為他娶了耶輸陀羅公主為妃，企圖以安逸享樂的生活束縛太子，從而使他放棄厭世出家的念頭。但是這一切都未能引起悉達多太子的興趣，反而使他感到騷擾和厭煩。長年在宮廷中過著與世隔絕的生活，使他渴望了解王宮外的世界。

一天，悉達多出城遊玩，沿途清澈的河水泛著粼粼的波光，田野裡稻浪滾滾，花香撲鼻，蝴蝶在空中飛舞，自然清新的空氣令王子神往，陶醉其間。但是不久，他見

約前五四四—前四九三年

摩揭陀國頻毗沙羅王朝，建都王舍城；用通婚的方法和居薩羅、拔袛等國建立友好關係，穩定西部和北部邊界的局面，集中全力征服東方的鄰國鴦伽；加強摩揭陀的經濟實力，加強國

到了一位頭髮花白的老人，拄著拐杖，艱難地移動著腳步，隨時都有跌倒的危險。一會兒，又見到一個臉色蠟黃的病人躺在路邊，不時地大聲呻吟，發出陣陣哀傷而無奈的哭聲。王子的心情頓時黯淡下來，沒有了玩的情趣，於是往回走。可巧，他又見到一群烏鴉在啄食一具屍體。

第二天，悉達多出了城門，碰到一個信奉古婆羅門教出家修行的人。那人衣冠不整，手裡捧著一個瓦缽，卻是一種輕鬆自在的樣子。他問隨從：「這是什麼人？」隨從說：「這是出家修道的人。」悉達多急忙下車向修行者行禮，並問他為什麼這樣快樂。修道者說：「世事無常，只有出家人可以解脫。」

回宮後，悉達多思考：人生皆苦，怎麼能擺脫這些痛苦呢？他從那位出家人那裡找到了答案，決定出家修道。

於是，在悉達多二十九歲那年的一個夜晚，他在車夫的幫助下偷偷離家而去。他先是跟兩位「仙人」學禪定，感到不滿足，便轉而修苦行，一修就是六年。後來他乾脆絕食，身體瘦成了一副骨頭架子，但還是一無所獲。他覺得苦行也不是辦法，便在尼連禪河水中沐浴，用河水洗淨身上的積垢，又接受了牧女獻給他的乳糜，使身體和精神得到了恢復。然後，悉達多來到尼連禪河畔的森林中，在一棵菩提樹下打坐，發誓要從中尋找解脫苦難的辦法。經過整整四十九天的冥思苦想，終於大徹大悟，覺悟成佛，隨之創立了佛教的基本教義。

釋迦牟尼成佛後，就在恆河流域宣講佛法，開始了長達四十五年的傳教生涯。他不分貴賤貧富，廣收信徒。據說他的弟子約有一千多人，著名的有「十大弟子」。

西元前四八六年，釋迦牟尼八十歲的時候，在傳道的途中因病圓寂。釋迦牟尼的遺體火化後，骨灰結成許多五光十色的顆粒，佛教把這種顆粒叫做「舍利」，被分散到世界各地的佛教寺塔裡珍藏。

家機構的控制，實行嚴刑峻法，支持佛教的傳播，收攬人心。

約前四九三—前四六二年
摩揭陀國阿闍世時期。兼併了拔祇國等，成為恆河流域的霸國。

前四三〇年
摩揭陀國征服阿般提，國勢進一步發展。

相關連結

佛教的誕生

佛教是世界三大宗教之一，起源於古代印度，相傳為西元前6世紀時釋迦牟尼所創立。興起時反對婆羅門種姓的優越地位，力圖在宗教領域內破除各種姓間的嚴格界限，提出「眾生平等」。早期佛教基本教義為「四諦」說，即疾苦諦、集諦、滅諦、道諦，把人生看作一個因果輪迴的苦海。為了擺脫此苦海，斷欲愛、求解脫，通過自我的修道進入涅槃境界（不生、不滅、永遠超脫）。

釋迦牟尼去世後，佛教在印度本土日益發展。到西元前3世紀孔雀王朝阿育王統治時，被定為國教。約西元1世紀，大乘佛教興起，發展了早期的學說；而堅持釋迦牟尼思想的一派佛教，被稱為小乘佛教。從阿育王開始，佛教開始向印度之外不斷傳播，成為世界性宗教。西漢到東漢之際，佛教傳入中國。13世紀，佛教在印度本土趨於消亡。

佛陀坐像

黑、白阿育王

阿育王，是古代印度歷史上著名的帝王。他性格複雜，向惡與向善兼有，殘忍與慈悲共融。通過大開殺戒坐穩王位，通過血腥戰爭統一了印度，因而他被稱為「黑阿育王」；後來慈悲發現，皈依佛教，在全國廣修佛塔，施捨僧團，廣泛傳播佛教，因此，人們稱他「白阿育王」，人們又稱他為「善、惡阿育王」。

阿育王從小就特別崇敬佛教始祖釋迦牟尼，喜歡聽佛祖如何經過許多肉體和內心的痛苦終於成佛的故事。他曾對他的兄弟們說：佛教可以教人消滅個人欲望，使人安分守己，這對治理國家很有用處。然而，即位之前的阿育王卻在很長時間內與殘忍、殺戮相伴。

阿育王僅僅是其父賓頭沙羅王眾多兒子中的一個，而且因為皮膚粗糙、相貌平平，一直不被父王喜愛，更談不上繼承王位大統的事了。於是，具備聰明才智的阿育王想要得到王位，歷經殘忍與血腥的爭奪在所難免。

西元前二七三年，賓頭沙羅王病逝。為奪取王位，諸王子、公主們便展開了空前殘酷的內戰，其中最為激烈的是阿育王和長兄大太子之間的戰爭。結果，阿育王不僅殺掉大太子，乘勢奪得王位，而且一連殺掉同父異母兄弟姊妹九十九人，還有五百個大臣、五百個妃子。

奪取王位後，阿育王繼承祖父旃陀羅笈多的事業，立即開始向外擴張，發動了一系列大規模戰爭。其中規模最大的是西元前二六二年遠征孟加拉灣沿岸強國羯陵伽國的戰爭。結果，俘獲羯陵伽人十五萬之眾，被殺的超過十萬人，阿育王一舉征服了羯陵伽國。

約前三六四—前三二四年
摩揭陀國難陀王朝。恆河流域逐漸走向統一，為孔雀帝國建立打下基礎。

前三二七年
馬其頓亞歷山大滅亡波斯後，侵入印度西北部。印度人民開始反對馬其頓人的起義。

約前三二四—前三〇〇年
旃陀羅笈多乘北部政局動盪之機，推翻難陀王朝的統治，自立為王，建立孔雀王朝。

然而，爭奪王位的骨肉相殘，殺人如麻的對外征服戰爭，一幕幕血腥的場景使當事者阿育王一再深受震撼。特別是對羯陵伽國的戰爭，使自幼埋藏在阿育王心底的佛性被慢慢喚醒。不久，在高僧優波毱多的指教下，他終於被徹底感召，皈依佛門，棄惡從善，成為一名虔誠的教徒。

皈依佛門之後，阿育王對發動戰爭給人民所造成的災難進行了深刻的反思和悔悟，特別是對羯陵伽人民在戰爭中所遭受的苦難，「感到深深的憂慮與悔恨」。為此，戰後不久，他就下令釋放羯陵伽全部戰俘，退還占領的羯陵伽人的土地，還發出敕令，向羯陵伽人表示歉疚。與此同時，阿育王宣布以後不再向鄰國派遣軍隊，不再主動發動對外戰爭，即使不得已的戰爭也要盡力減少人民的傷亡。他決心要用「佛法的聲音」取代「戰鼓的響聲」，要以不遺餘力地宣揚佛法代替暴力統治和侵略戰爭。

為了弘揚佛法，阿育王宣布佛教為印度的國教，大力促進佛教事業的發展。他向佛教團體捐贈了大量的財物和土地，召集全國一大批佛教高僧，編纂整理佛教經典，在全國各地大力興建佛教寺院和佛塔，其中，先後興建奉祀佛骨的佛舍利塔八萬四千座。他宣布在全國廢除鬥獸之類的血腥娛樂，不允許用動物做殺生祭禮，在宮廷裡對王公大臣們喜歡的狩獵遊戲也加以限制。阿育王本人就是恪守佛教信條的榜樣。在日常生活中，他堅持穿佛教袍服，誦經吃素，放棄一切打獵活動。

為了消弭佛教教派之間的矛盾與爭議，阿育王還召集全國佛教僧侶，舉行大規模的集會。其中，在他即位的第十七年，在華氏城舉行第三次佛教集會，促進了佛教的統一發展，使佛教影響日深，信教者日眾。他還派出了包括王子和公主在內的大批使者和僧侶，到周邊國家和中國等地傳教。他的兒子是被派往錫蘭的傳教士，王子帶去許多佛教經典，還帶去菩提樹枝，在錫蘭種植，這些樹一直生長到今天。

由於阿育王的大力宣傳倡導，作為國教的佛教不僅在印度、錫蘭廣泛傳播，而且

前三一七年
馬其頓軍隊全部撤離印度，整個北印度統一於孔雀王朝。

約前二七三－前二三六年
阿育王統治。期間，孔雀王朝進入極盛時期。

約前一八七年
阿育王死後不久，帝國分裂。末王被大臣普沙密多羅．巽伽所殺，孔雀帝國覆亡。

很快傳到了埃及、敘利亞、緬甸、中國和世界其他地區，成為世界性的宗教。

相關連結

孔雀王朝的建立與擴張

約西元前4世紀後期，出身於一個飼養孔雀家族的旃陀羅笈多，在印度西北地方稱王，之後，向東發展，於西元前324年推翻當時印度最大的王國難陀王朝，建立起新王朝，並依據其家族名稱命名為孔雀王朝（約西元前324—前187年），定都華氏城。該王朝統治時期，古印度進入帝國時代。

孔雀王朝在旃陀羅笈多統治時期，軍事力量逐漸強大。西元前300年，旃陀羅笈多逝世，傳位於賓頭沙羅（阿育王之父），繼續對外擴張，版圖不斷擴大。

阿育王統治時期，王朝國勢強盛。他對南印度發動了大規模的征服戰爭，印度版圖達到最大，北起喜馬拉雅山南麓，南至邁索爾，東臨阿薩姆西界，西抵興都庫什山，囊括除半島南端邁索爾以外的整個次大陸，還領有今阿富汗的一部分，成為古代印度歷史上空前統一的大帝國。期間，將佛教定為國教。

孔雀帝國的統一並不鞏固，各地區在經濟、政治上仍保有相當大的獨立性，阿育王死後不久即告分裂。約西元前187年，末王布利哈德羅陀為其將軍所殺，王朝告終。

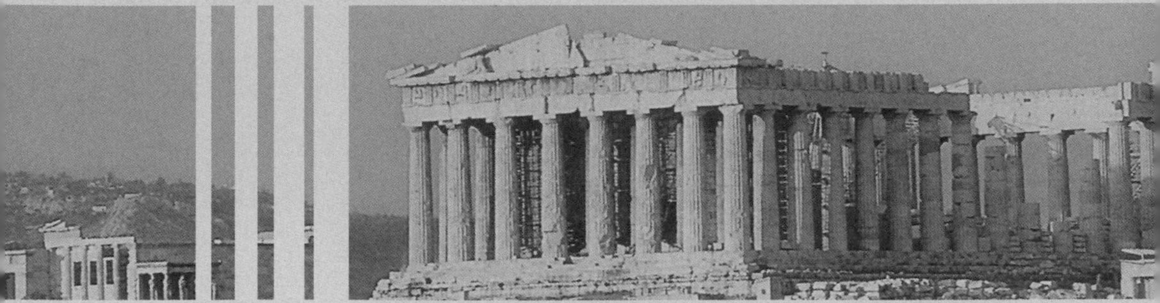

古希臘文明

古希臘是歐洲文明的發祥地。其地理範圍包括巴爾幹半島南部、愛琴海諸島及小亞細亞沿岸一帶。西元前三〇〇〇年代至西元前二〇〇〇年代，出現愛琴文明，包括克里特文明和邁錫尼文明，後被毀。西元前十一至西元前九世紀，進入荷馬時代，氏族制度解體。西元前八至西元前六世紀，出現許多奴隸制城邦國家。其中，最為強大的是南希臘的斯巴達和中希臘的雅典，它們分別形成了各具特色的政治、經濟制度和文化。

西元前五世紀，以雅典為代表的希臘城邦在取得希波戰爭的勝利後，進入政治、經濟和文化全面繁榮的歷史時期，創造了燦爛輝煌的希臘文化。西元前五世紀末期，隨著斯巴達與雅典爭奪希臘霸權的伯羅奔尼薩斯戰爭爆發，希臘各城邦普遍陷入危機，開始走向衰落。期間，興起於希臘北方的馬其頓王國趁機南下，古希臘的城邦時代結束，進入希臘化時代。西元前二世紀中期，希臘被併入羅馬版圖。

帕特農神廟

伯里克利時期重建的雅典衛城，建在一百五十多公尺高的陡峭山崖上，是一個全部用大理石修建起來的建築群。城中心有世界聞名的帕特農神廟，長約76公尺，寬約33公尺。東西各有大理石石柱8根、南北各有17根，柱高約11公尺多。神殿分為前殿、正殿和後殿，由白色大理石砌成92堵殿牆隔開，牆上雕刻著各種神像和神禽神獸。東西兩面的三角形山牆上，裝飾著以希臘神話為題材的大理石浮雕。

「木馬計」的傳說

西元前十三世紀，希臘聯軍在小亞細亞半島的特洛伊城進行了一場長達十年的戰爭，史稱「特洛伊戰爭」。關於這場戰爭，留下了許多故事和傳說，內容曲折，情節離奇，引人入勝，其中的「木馬計」更是令人稱奇。

傳說，在很久以前，有一個叫珀琉斯的希臘國王和海洋女神忒提斯舉行婚禮。他們邀請了奧林匹斯山上的眾神赴宴，唯獨忘記邀請不和女神厄里斯。這惹惱了厄里斯，她決定讓這次宴會不歡而散。

婚禮這天，厄里斯不請自到。她在筵席上偷偷地丟下一個金蘋果，上面寫著「送給最美麗的女人」幾個字。這一下，在宴會上引起了軒然大波。參加宴會的天神的妻子赫拉、智慧女神雅典娜、愛神阿弗洛狄忒，都認為自己最美麗，應得到這個金蘋果，為此吵得不可開交。最後，她們找到眾神之王宙斯來裁判，宙斯也沒有辦法，就讓她們到特洛伊去，找特洛伊王子帕里斯為她們裁判。

三個女神來到帕里斯面前。赫拉說：「帕里斯，你如果讓我得到這只金蘋果，我願意給你天下最高的權力和最多的財寶。」雅典娜許諾可以讓帕里斯成為「最智慧、最剛毅的人」。阿弗洛狄忒對王子說：「你若讓我得到金蘋果，我會送世界上最美麗的女人與你為妻，她會給你帶來無盡的歡樂。」帕里斯被阿弗洛狄忒的話打動了，於是就把金蘋果判給了她。

這可把赫拉和雅典娜氣壞了。她們對帕里斯懷恨在心，發誓要進行報復。

一天，帕里斯奉老國王之命，出使希臘著名城邦斯巴達。正值斯巴達國王出訪在外，王后海倫接見了他。海倫是當時希臘最美麗的女人。帕里斯一見貌若天仙的海

前三〇〇〇年代
克里特進入早期青銅時代。

前二〇〇〇年代
在克里特、希臘半島，出現早期國家，以克諾索斯為代表。

前一四五〇年左右
克里特文明衰落，愛琴文明轉至邁錫尼地區。

前一四〇〇—前一二〇〇年
邁錫尼文明進入盛期。邁錫尼城是邁錫尼文明的中心，附近還有梯林斯城，構成邁錫尼王國，在希臘諸國中最強大。

倫，便如醉如癡，愛神對他的許諾迴響在耳邊：這不正是愛神答應給他的世上最美麗的女人嗎？一時間，昏了頭的帕里斯早把自己身負的使命忘到腦後，他竟然指揮手下，將宮中的財物和美麗的海倫一起劫掠而去。

斯巴達國王麥尼勞斯聞訊，大發雷霆，發誓要報仇雪恥。他馬上去找他的哥哥、邁錫尼國王阿伽門農商議，並奔走聯絡希臘各邦王公貴族。結果，組織了十萬大軍，千艘戰艦，以阿伽門農為統帥，浩浩蕩蕩渡海殺向特洛伊。

然而，特洛伊城池十分堅固，它背靠山陵，面向平原，城厚牆高，堡壘森嚴，希臘人久攻不克。戰爭持續了十年，雙方都付出沉重代價，損失慘重，連帕里斯也戰死了。面對殘酷的戰事，在特洛伊城內，有人主張把海倫交出去講和。但這是不可能的，海倫已經有了第三位丈夫，他是特洛伊的一位將領。在希臘那邊，也有人主張撤軍，但因為復仇的火種早已燃燒在絕大多數將領的胸中，所以也行不通。

就在這時，希臘軍中有一位叫奧德修斯的將領想出一條妙計。

這天早晨，長久喧囂不已的戰場，突然變得異常寧靜。特洛伊人從堡壘裡向外眺望，只見希臘聯軍的營帳已經拆毀，大批戰艦已行駛到了很遠的大海裡。戰場上空無一人。

特洛伊士兵們小心翼翼出了城，警惕地搜索著附近山林，但是，什麼也沒有找到。他們確信希臘聯軍已經撤退了。「希臘人逃回去啦！我們勝利啦！」特洛伊人狂呼著擁出城來。

突然，有人在海灘上發現了一匹巨型木馬。木馬比兩個人還要高，身軀龐大，高昂著頭顱，還有四條粗壯的腿。

特洛伊人圍住木馬，議論紛紛。有人說：「這恐怕是希臘人祭祀天神的木馬，體積太大，他們無法帶走。我們把它拖回城，讓城裡的百姓也瞧一瞧。」於是，興高采

前一二〇〇年代中期
希臘各邦以邁錫尼王阿伽門農為統帥，遠征小亞特洛伊城。希臘聯軍圍城十年不下，後以「木馬計」攻陷特洛伊城。

前一一〇〇年後
邁錫尼文明漸呈衰敗之勢，多利安人乘機入侵。之後，希臘的文明傳統斷絕兩三百年。

前一〇〇〇—前八〇〇年
希臘各地退回到氏族制度解體階段。其歷史情況主要記載於《荷馬史詩》之中，因而被稱為「荷馬時代」。

烈的特洛伊人把木馬拉進城裡。

當天晚上，為慶祝勝利，特洛伊人舉行盛大晚會，全城沉浸在歡樂之中。夜深了，人們懷著勝利的喜悅紛紛進入夢鄉。

然而，正當人們熟睡之時，從木馬中悄悄鑽出數十個全副武裝的希臘勇士，他們殺掉守城的士兵，迅速打開城門。假裝退卻而埋伏在城外的希臘大軍一湧而入，開始了一場殘酷的大屠殺。從深夜到天明，城裡到處充滿了哭號聲。男人大多都被殺死；婦女和兒童成為俘虜，海倫也被抓住帶到船上。希臘人把特洛伊洗劫一空，然後又點燃大火，將整個城市燒成灰燼。

三千多年過去了，「木馬計」的故事一直流傳至今，並成為「打入敵人心臟」的代名詞。

《荷馬史詩》中的《伊利亞特》敘述了希臘軍隊圍困特洛伊第十年的一段故事。十九世紀後期，德國考古學家施里曼和多普菲德發掘特洛伊遺址，獲得大批古蹟和金銀製品，不僅發現了愛琴文明遺址，而且證實了關於特洛伊戰爭的神話傳說具有某種真實的歷史成分。

荷馬時代

也叫「英雄時代」，是希臘氏族制度解體的時代，約從西元前十一世紀到前九世紀。形成於此時的《荷馬史詩》，反映了當時（甚至更早的邁錫尼時代）的社會和經濟制度。其間，鐵器開始使用，土地仍為公有，畜牧業、農業和手工業初步發展。氏族部落制度雖然占統治地位，但正趨於解體，私有制、奴隸制開始出現，氏族成員逐漸分化為貴族和平民兩個階級。國家機構尚未產生，實行軍事民主制。西元前八世紀，第一批希臘城市國家（城邦）產生，荷馬時代結束。

相關連結

愛琴文明的興衰

愛琴文明又稱「克里特—邁錫尼文明」。大約於西元前2000年至西元前1000年，先後出現於愛琴海南端的克里特島和希臘半島南部的邁錫尼地區，其青銅文明曾輝煌一時，並為古希臘文明奠定了基礎。

愛琴文明由先後相連的「克里特文明」和「邁錫尼文明」構成。西元前2000年代初，在愛琴海南端的克里特島上，出現了以克諾索斯為中心的克里特文明。其典型標誌是以克諾索斯宮為代表的宮殿建築群和象形文字。克諾索斯宮規模龐大，宮殿以及周圍建築物約可容納八萬居民。西元前1600年左右，克里特文明進入繁榮期。青銅器、陶器、金銀製作技術取得明顯進步；宮殿規模宏大，設計奇巧，如克諾索斯宮占地二萬多平方公尺，依山而建，宮室環抱，有「迷宮」之稱。許多屋壁還飾有充滿自然祥和氣息的壁畫。這一時期，克里特還與希臘半島、埃及、小亞細亞等地有廣泛的商業聯繫。西元前1450年至西元前1400年左右，克里特的宮殿相繼遭到人為破壞而衰敗。之後，愛琴文明的中心轉移到希臘半島南部的邁錫尼。

邁錫尼的獅子門

邁錫尼文明形成於西元前16世紀上半期，與同時代的克里特文明水平相似，但風格較為粗獷。其特點是一系列奴隸制國家的興起，伴之以宮殿、衛城和宏大的王室陵墓、眾多線形文字泥版文書等附屬物。其標誌性建築的標誌是豎井墓與圓頂墓。豎井墓裡藏有許多工藝精緻的金銀製品；而圓頂墓則建在地面上，鑿岩壘石，砌成圓頂，具有較高的建築技術水平。約西元前12至西元前11世紀，隨著多利安人南下，邁錫尼文明迅即衰敗下去。

「瘋子」梭倫請戰

如果將「瘋子」與雅典著名政治家、改革家梭倫聯繫在一起，人們幾乎都會認為兩者風馬牛不相及。然而，西元前七世紀，這兩者還真就聯繫在了一起。

西元前七世紀的時候，雅典與鄰邦麥加拉為爭奪薩拉米斯島發生了一場戰爭。最初，雅典連續幾次派兵進攻，結果都遭到失敗，薩拉米斯島自然也就掌握在麥加拉人手裡。因為戰敗，在雅典人中開始蔓延著一股厭戰情緒。而腐朽無能的雅典當局不僅不積極領導人民挽回敗局，反而發布了一條屈辱的法令，規定：任何人不得以任何方式再提議去爭奪薩拉米斯島，包括提議繼續與麥加拉作戰，違者一律處以死刑。

薩拉米斯島地處雅典的西海岸，是重要出海口，對其海外貿易的發展有著至關重要的作用。這個島嶼到底屬於哪個國家呢？梭倫進行了專門研究。他從大量文獻資料、歷史傳統和風俗習慣等方面進行多角度考證，得出結論：薩拉米斯島肯定屬於雅典而不是麥加拉。為此，梭倫曾積極倡議打敗麥加拉，收回薩拉米斯島。當初期戰爭失利、雅典當局懦弱妥協，並嚴厲禁止人民再議薩拉米斯島之後，梭倫深為不滿，以至義憤填膺。他下定決心要與雅典當局「鬥法」。

懂法又懂得政治鬥爭策略的梭倫深知，既要宣傳、喚醒雅典人的愛國熱情，又要防止過激行為、避開不公正的法律的殘酷制裁。用什麼辦法才能達到這樣的目的呢？冥思苦想之際，無意間，「瘋子」的形象在眼前一閃而過。他突然想出了一個辦法：裝瘋。

不久，一個「瘋子」經常出沒於雅典的中心廣場，他就是梭倫。只見他蓬頭垢面、臉色蒼白、呼吸急促，有時不住地高聲喊叫，有時雙手不停地擂打自己的胸部，

前八〇〇年
希臘地區重新出現國家。多以一個城市或市鎮為中心，結合周圍的農村而成，一城一邦，獨立自主，故稱希臘城邦。

前八世紀
雅典出現執政官。

前五九四年
梭倫任雅典首席執政官，實行改革。

以此招來許多圍觀的百姓。

當「瘋子」的舉動引起人們關注之後，梭倫就會對著人群大聲朗讀他寫作的詩篇：「啊，我們的薩拉米斯，她是多麼美麗，又多麼使我們留戀，讓我們向薩拉米斯進軍，我們要為收復這座海島而戰，我們要雪洗雅典人身上的奇恥大辱……。」圍觀「瘋子」的人越聚越多。在圍觀人們的驚歎與惋惜聲中，梭倫用滔滔不絕的演講和富於激情的朗誦，激勵著雅典人民。

終於，梭倫激越的演講和詩篇重新燃起了雅典人的愛國熱情和民族尊嚴。在廣大公民的響應和支持下，雅典政府被迫取消了喪權辱國的法令。戰爭禁令被廢除，雅典與麥加拉的戰事再起。

由於具有卓越的才能和別出心裁的「瘋子」效應，西元前六〇〇年，梭倫被任命為雅典指揮官，統帥部隊與麥加拉作戰。結果，一舉戰敗麥加拉，奪回了薩拉米斯島。赫赫軍功使梭倫聲望大增，成為雅典最負影響的人物，也為他日後實施改革奠定了堅實的基礎。

相關連結

梭倫改革

梭倫是古希臘著名政治家和詩人，出身於雅典一個沒落貴族家庭，早年曾經商和服兵役，以同情平民處境而享有聲望。西元前594年，他出任雅典首席執政官，隨即制定法律，實行了一系列政治改革。

首先，廢除了農民的債務，並頒行「解負令」：禁止債務奴役，即借貸禁止以人身作擔保，規定凡已被賣到國外為奴者，由國家出資贖回。

其次，按財產（收入）的多寡將全體公民劃分為四個等級，不同等級的公民享有不同的政治權利；享受權利的大小不再按其出身的高低，而是依據其財力的多寡而定，即誰的財產多，等級就高，誰就享有更高的政治權利。

第三，恢復了公民大會，並使它成為最高權力機關，決定城邦大事，選舉行政官。

第四，創設了管理國家的新機構「四百人會議」和「陪審法庭」，作為國家最高行政和司法機構。四百人會議由雅典的四個部落各選一百人組成，前三等級的公民均可當選；每個公民都可被選為陪審員，參與案件的審理。

此外，梭倫還推行了禁止穀物外銷、改革幣制、統一度量衡、獎勵工商業、吸引外邦能工巧匠等等改革措施。

梭倫的政治改革，打擊和削弱了貴族勢力，改善了平民的社會地位，緩和了階級矛盾，奠定了雅典民主政治的基礎，對雅典經濟、政治與文化的發展產生巨大影響。因此，梭倫在古希臘享有雅典「民主之父」的美譽。

罕見的尚武國度

在古希臘，有數以百計的城邦。其中雅典與斯巴達最為強大。雅典以經濟文化發達著稱，而斯巴達則以罕見的尚武精神和訓練有素的軍隊稱雄於古希臘。

斯巴達位於伯羅奔尼薩斯半島的東南部拉哥尼亞平原，「斯巴達」的意思就是「可以耕種的平原」。早在西元前八世紀，來自北方的多利亞人征服了這個地區，建立了斯巴達城。為了鎮壓奴隸的反抗，鞏固與加強奴隸制國家的統治，同時滿足斯巴達貴族對外征戰、擴張的需要，斯巴達建立「全民皆兵」的社會機制，國家力圖把每個男子訓練成為強健的武士，以備戰爭之需。為此，斯巴達把國民教育的宗旨確定為鍛鍊強健的體魄、堅韌的毅力和頑強的精神，培養合格的軍人。斯巴達的男性公民從小就受到尚武的教育，接受不近人情的體育和軍事訓練，過嚴格的軍事生活。

據說，斯巴達實行嚴酷的人種淘汰。男孩子在嬰兒的時候，要用烈酒洗澡，以此觀察嬰兒的體質，如果嬰兒承受不了烈酒的刺激，禁不起考驗，就任他死去；另外，每個初生男嬰還要接受長老的檢查，不合格的就被拋到山谷，只有被認為是強壯的嬰兒，才准許父母撫養。

少年時代，要經歷必要的磨難和艱苦生活的考驗。七歲之前，孩子由父母撫養，但父母對孩子從不嬌生慣養，要從小培養孩子心情愉快、不計較食物、不吵不鬧、不怕黑暗和孤獨的性格。

到孩子長到七歲以後，就得離開家庭，進入國家組織的少年團，過集體的軍事生活。期間，也教兒童閱讀和書寫，但只要能讀能寫就足夠了，而主要是對他們進行能吃苦、能戰鬥、能服從的訓練。

前六一〇年
斯巴達實行新法：男孩自七歲起開始過集體生活，二十—三十歲的男子參加軍訓，三十—六十歲的男子服常備兵役。

前五六〇年
斯巴達大敗阿卡地亞的城市忒革亞，並與其結成同盟，伯羅奔尼薩斯同盟逐步形成。

為了培養吃苦精神，要讓孩子們光頭、赤腳、單衣、洗冷水澡、睡粗葦席；為了訓練他們的敏捷與機智，甚至鼓勵他們出去行竊，如果行竊時沒有被抓住，還會受到讚揚和獎勵。

據說，有一個男孩偷了一隻狐狸，為了不讓人發現，他將狐狸藏在胸前衣服內。結果，狐狸在衣服內又啃又咬，他卻始終不動聲色，最後竟被狐狸咬死。

為了訓練和考驗孩子們的肉體忍受能力，斯巴達還實行殘酷的鞭打制度，男孩要定期在神殿前接受鞭笞，孩子們裸體跪在神像前，任火辣辣的皮鞭雨點般地抽打在他們身上，直到皮開肉綻，卻不許哭喊、不許呻吟、不許求饒。

到十八—二十歲時，斯巴達男青年就要進入軍營，接受正規的軍事訓練，參加實戰演習。從二十歲起，成為正式軍人，開始軍事生活，一直到六十歲。期間，要服常備兵役。除了行軍作戰，就是反覆的軍事訓練。他們平時都住在兵營裡，在集體食堂吃飯。回家探望親人，通常只能偶爾抽空、偷偷地進行。

斯巴達也很重視對女孩子的培養和訓練。他們認為，只有剛強的母親，才能生出剛強的戰士。因此，未婚女子雖然留在家裡，但她們也要接受類似的教育，如賽跑，格鬥，投擲鐵餅、標槍的訓練，以此保證她們體魄的強健，將來出嫁後能生育出強壯的孩子。

斯巴達婦女的勇敢堅強在古希臘也是很出名的。她們鼓勵自己的親人勇敢上陣，不怕犧牲，她們把斯巴達的榮辱看得比親人的生命還重要。她們的兒子出征打仗時，她們從來不會嘮嘮叨叨地祝福什麼，而是毅然將作戰用的盾牌遞到兒子手中，叮囑說：「要麼你把它帶回來，要麼它把你帶回來。」意思是讓兒子或者拿著盾牌勝利歸來；或者英勇陣亡，其遺體用盾牌抬回來。

這樣的一套制度及其影響下形成的社會風尚，使整個斯巴達國家，就如同一座大

伯羅奔尼薩斯同盟

以斯巴達為首的伯羅奔尼薩斯半島大部分城邦結成的軍事、政治同盟。建於西元前六世紀後半葉，旨在鞏固同盟者主要是斯巴達的權力。一切重大問題，名義上由同盟者代表會議處理，實際上完全取決於斯巴達。西元前五世紀，範圍又有擴大，最終成為斯巴達對抗雅典勢力（提洛同盟）、爭奪希臘霸權和鎮壓人民起義的工具。後斯巴達勢衰，同盟於約西元前三七〇年瓦解。

軍營。而就是靠著這樣的制度與風尚，培養出了大批英勇善戰、吃苦耐勞的戰士，使斯巴達擁有了一支希臘實力最強、紀律最嚴的軍隊，因而也使斯巴達一度成為希臘半島上最為強大的城邦國家。

作風民主的伯里克利

伯里克利是希臘著名的民主派政治家，他出身貴族，但同情和熟悉民眾疾苦，廉潔奉公，剛正不阿，並極富於耐心，深得雅典人民的信任與愛戴。在希臘歷史上流傳著許多關於他的故事。

伯里克利為人寬容、儒雅。為了廣泛接近與了解民眾，經常來到下層公眾場所和普通百姓交談，聽取他們的意見。為此，他常常遭到反對他的人的當面辱罵，但他從不動怒，更不隨意下令抓人治罪。

一天晚上，伯里克利處理完公務後，步行回家。路上，突然碰到一個貴族緊緊跟在他身後，並破口辱罵：「你簡直就是一個無恥的瘋子！你是出身高貴的貴族，竟然忘掉了貴族朋友，而去結交那些下賤的百姓！成何體統！」

就這樣，那個貴族根本不管別人的感受，也不聽伯里克利的勸解，一路上高聲謾罵不止，一直尾隨著來到伯里克利的家門口。面對如此「放肆」無理的人，伯里克利完全可以行使權力，派人把他趕走或逮捕。然而，伯里克利卻始終不急不火，和顏悅色。特別是當他看到天色已晚，擔心路上不好走，竟然派僕人點起火把，把痛罵他的那個貴族送回家。

由於伯里克利密切聯繫百姓，執政作風民主，特別是寬宏大量、善待反對派，因而得到雅典公民的交口稱讚，並給予他極大的支持。許多公然反對伯里克利、公然與他唱對臺戲的大貴族，都遭到雅典公民的唾棄，要麼被趕下臺，要麼被放逐到國外。而伯里克利在公民的一致擁戴下，連續十五年當選雅典首席將軍。

伯里克利執政期間，還以自我要求嚴格、廉潔執政著稱於雅典。在他掌權的十幾

前五〇九年
雅典執政官克利斯提尼實行改革，把雅典民主政治推向高峰。

前四八七年
雅典創立貝殼放逐法。

前四六〇年
雅典執政官伯里克利改陪審員為薪給制。

前四五一年
雅典城開始擴建。

前四四三年
是年起，伯里克利連任十將軍委員會的首席將軍十五年，史稱該時期為「伯里克利時代」。伯里克利實行擴大民主的政策。

年中，從未接受過別人的任何錢物賄賂，從未參加過別人舉行的宴會。據說，伯里克利唯一一次接受的邀請是參加他侄子的婚禮，而且僅僅是參加了婚禮儀式，儀式結束、婚宴尚未開始，他就離開了。

伯里克利的行為深得公眾的敬佩與讚歎。雅典老百姓常常形象地稱讚說：伯里克利在雅典只熟悉一條路，那就是通向能和普通公民接觸的廣場和五百人會議的路。

相關連結

伯里克利時代

西元前443年，伯里克利當選為雅典首席將軍，並從這一年開始，連續十五年當選，成為這一時期雅典的實際執政者。期間，由於他的改革，雅典民主政治和社會文明發展到了最高峰，被稱為希臘歷史上的「伯里克利時代」。

伯里克利執政期間，為了促進雅典的富強，努力推進和完善民主政治。他在克利斯提尼改革的基礎上，實行了多項重要的改革：剝奪和削減了貴族會議和執政官的權力，擴大和提高公民大會的作用，使之成為雅典最高立法和監督機構；廢除了當選官員的財產限制，並實行公職津貼制，除了將軍之外，政府為各類公職人員支付職務報酬。這樣，就使每一個具有公民權的人都有機會擔任政府公職，就是平民和普通農民也可以擔任公職甚至當選執政官；執政官一律由公民大會抽籤選舉產生，任期一年，且不得連任。另外，伯里克利還積極推進文化藝術事業的發展，為一般公民發放觀劇津貼等。

伯里克利像

經過伯里克利改革，雅典的民主政治得到迅速發展，民主觀念深入人心。民主政治的發展，又帶來了雅典經濟的空前繁榮和科學文化與藝術的鼎盛。希臘史學家修昔底德在評價伯里克利時寫道：「在他主持國政的整個和平時期內，他英明地領導國家，保護它的安全，雅典全盛時代正是他統治的時期。」

馬拉松大戰

馬拉松本是古希臘雅典城邦的一個普通地名。西元前四九〇年，波斯帝國與雅典在這裡曾進行了一場影響深遠的戰役，馬拉松也因此揚名天下。

西元前六世紀的時候，希臘奴隸制城邦正在走向繁榮和富強，而西亞的波斯在君主大流士一世的統治下，迅速發展成為一個疆域遼闊、軍力強大的帝國。大流士一世是一個野心勃勃的征服者，他把帝國的疆域向東推進到印度河邊，然後又揮師西進，奪取了愛琴海北岸的色雷斯，控制了雅典通往黑海的商路。於是兩國間的衝突就不可避免了。

西元前五〇〇年，米利都爆發了反波斯的起義，波斯派大軍前去鎮壓。米利都人民頑強抵抗，堅守城池，並派使者向雅典和斯巴達求援。小亞細亞沿岸希臘城邦的命運直接關係到雅典的海外貿易。因此雅典立即回應，派出幾十艘戰艦前往支援。

米利都人民頑強抵抗了幾年，但由於與波斯實力對比懸殊，最終還是失敗了。米利都被攻下後，大流士一世便以雅典曾支持米利都為由，發動了侵略希臘的希波戰爭。

西元前四九二年，大流士一世命令波斯軍隊分水陸兩路向希臘進軍。結果，波斯海軍在希臘半島的阿陀斯海角遭到颶風襲擊，三百艘戰艦全部沉入海底，二萬多士兵也葬身魚腹。波斯艦隊未經交戰就這樣覆滅了。

第二年，大流士派使者到希臘各城邦，要各城邦獻出「土和水」，意思是要他們臣服。面對波斯咄咄逼人的囂張氣焰，希臘的一些城邦害怕了，紛紛表示屈從。但是希臘的兩個最大城邦——雅典和斯巴達卻堅決反抗。他們分別將前來要「土和水」的

前五〇〇年
小亞細亞的希臘城邦米利都發動起義，反抗波斯對小亞細亞沿岸希臘城邦的統治，成為希波戰爭的導火線。

前四九二年
波斯大流士一世派遣海、陸軍遠征希臘，希波戰爭開始。

前四九〇年
波斯大流士發動對希臘的第二次進攻。雅典人在將軍米太亞得指揮下，以少勝多，取得馬拉松戰役的勝利。

波斯使者扔下懸崖，推到井下。大流士以此為藉口，派最有戰爭經驗的老將達提斯統率大軍，第二次遠征希臘。

西元前四九〇年夏，波斯艦隊橫渡愛琴海，不久，在雅典城東北六十公里的馬拉松附近登陸。

當時，雅典派人到斯巴達求援，但斯巴達以傳統風俗為藉口，拒絕出兵。於是，面對波斯大兵壓境，雅典單槍匹馬地擔當起了抵抗侵略的任務。

參加這次戰事的波斯遠征軍有十萬人，而雅典軍隊卻僅一萬人。在敵強我弱的形勢下，雅典統帥米太亞得作臨戰動員，對戰士們說：「雅典是戴上奴隸的枷鎖，還是永保其自由，關鍵在你們身上！」米太亞得的話，鼓舞了雅典將士們的鬥志。

九月十二日，米太亞得統率雅典軍隊，開赴馬拉松地區與波斯展開決戰。雅典軍隊迅速占據了馬拉松山坡高地。馬拉松是一個三面環山的河谷，高地向下是一個大斜坡，可以一眼望到駐紮在平原上的波斯軍營。久經沙場的米太亞得深知波斯軍隊善於平地作戰，慣用中央突破的戰術。針對敵人的特點，他決定採用兩翼埋伏、正面佯攻的戰術。

這天清晨，米太亞得命令一支雅典軍隊從中央發起佯攻，直衝山下敵營。波斯軍立刻發起反攻，很快突破了雅典軍的陣線。雅典軍邊戰邊退，佯裝敗下陣來。

波斯軍不知是計，步步進逼，但隊伍越拉越長。就在波斯軍自以為得手之際，兩側設伏的雅典軍突然殺出，迅猛夾攻波斯軍。波斯軍雖然人數占優，但在雅典軍隊三面夾擊之下，頓時首尾不能相顧，陣營大亂。他們慌忙向海邊撤退，一路上士兵互相踐踏，死傷累累。雅典軍隊同仇敵愾，乘勝追擊，奮勇衝殺，大獲全勝。

馬拉松大戰，雅典人斃敵六千四百多人，俘獲七艘戰艦，而陣亡不到二百人，成為世界戰爭史上一次以少勝多、出奇制勝的經典戰役。

前四八〇年

九月，波斯軍進抵雅典，在薩拉米海灣戰役中被擊敗，是為著名的薩拉米海戰。

前四七八年

雅典、愛琴海諸島和小亞各城邦組成海上同盟，稱「提洛同盟」。

提洛同盟

也稱「第一次雅典海上同盟」，以雅典為首的古希臘部分城邦結成的同盟。在希波戰爭中為了反對波斯侵略，西元前四七八年建立。因同盟會址和金庫曾設於愛琴海上的提洛島，故名。同盟盛時約有大小城邦近兩百。雅典勢力不斷擴大，強迫各加盟小邦納貢，動輒施以武力；同盟漸成雅典對抗斯巴達

馬拉松大戰，驚心動魄，關係著雅典的生死存亡，因此，戰事進行之際，後方的雅典人也集中在雅典中央廣場，懷著忐忑不安的心情等待著戰鬥的消息。

為了把勝利的消息迅速傳送到雅典，米太亞得派以善跑著稱的斐力庇第斯跑回雅典報信。這位快跑能手雖因大戰已耗費了很多體力，但還是接受了任務。精疲力竭的斐力庇第斯跑進雅典中央廣場時，激動地向人們高喊：「大家歡樂吧，我們勝利了！」隨即便倒地犧牲。

馬拉松一戰，雅典以弱勝強，成功擊退了強敵波斯人的進攻。此後，希臘各城邦聯合起來，終於打敗了波斯。為了紀念馬拉松戰役和斐力庇第斯，在一八九六年舉行的第一屆奧林匹克運動會上，便設立了一個新的競賽項目——馬拉松長跑。

和推行海上霸權的工具。西元前四五四年，同盟金庫遷至雅典。伯羅奔尼薩斯戰爭中雅典失敗（前四〇四年），同盟被解散。

前四四九年
希臘同波斯訂立「卡里阿斯和約」。希波戰爭結束。

相關連結

希波戰爭

西元前492年，波斯王大流士一世遣陸、海軍遠征希臘，希波戰爭爆發。西元前490年，大流士再派十萬軍隊、六百艘艦船，橫渡愛琴海，在雅典東北部的馬拉松地方登陸。雅典軍隊在將軍米太亞得指揮下，大敗波斯軍。

馬拉松之戰增強了希臘人的勝利信心。此後希臘三十多個城邦在科林斯召開大會，以斯巴達為首結成反波斯同盟。雅典人採納泰米斯托克利的建議，建成強大海軍。西元前480年，大流士的繼承者薛西斯一世率軍約五十萬、戰艦千艘，循第一次進軍路線侵入希臘。陸上奪取德摩比利隘口，斯巴達國王李奧尼達及三百名勇士犧牲；波斯軍開入中希臘，占領並破壞了雅典城。波斯艦隊繞過蘇尼昂海角，駛入薩拉米灣，與雅典海軍遭遇。雙方展開激戰，波斯軍徹底失敗。薛西斯一世率海軍殘部倉皇退卻。次年，波斯被逐出希臘半島，希臘開始轉守為攻。西元前478年，雅典海上同盟（提洛同盟）建立，希臘日益強盛。波斯漸失其優勢。

西元前449年，希臘人在賽浦路斯島打敗波斯，取得戰爭的最後勝利。同年雙方簽訂「卡里阿斯和約」，波斯人放棄對愛琴海及赫勒斯滂海峽的控制權，承認小亞細亞各希臘城的獨立地位；雅典應諾不再進攻波斯。這次戰爭使波斯帝國遭受重大挫折。希臘人捍衛了國家的獨立，為各城邦的進一步發展創造了條件。

斯巴達偷襲羊河口

西元前四〇五年一天的上午，雅典赫勒斯滂海峽的羊河口外，一艘小船上突然高高舉起一支盾牌，盾牌在陽光的反射下，向海口外發出一閃一閃的光輝。稍傾，海口外的一支斯巴達海軍艦隊在嘹亮的號角聲中，迅速衝入羊河口岸，向停泊在那裡的雅典艦隊發起猛烈進攻。轉眼之間，那些幾乎空無一人的雅典軍艦一一落入斯巴達人手中，少數倉促抵抗的雅典士兵也被迅速擊潰。這就是伯羅奔尼薩斯戰爭中雅典與斯巴達的最後決戰——羊河口之戰。

西元前五世紀末的十年，伯羅奔尼薩斯戰爭進入最後階段。雅典人在遠征西西里的戰事中，慘遭失敗，軍力元氣大傷，特別是海軍損失慘重，從此失去海上優勢；同時，雅典上層貴族寡頭勢力之間的矛盾與鬥爭，更使國力內耗殆盡。而此時的斯巴達則越戰越強。在陸上，他們不斷侵入雅典，大舉進攻阿提卡，占領了雅典城北部的德凱利亞等地；在海上，斯巴達得到波斯的援助，逐漸轉守為攻。局勢對雅典日益不利。

西元前四〇五年，經過充分準備，斯巴達決定尋機與雅典進行最後的海上決戰，徹底摧毀雅典的軍事力量。斯巴達海軍集中主力艦隻，在來山得的指揮下開入赫勒斯滂海峽，在拉姆普薩卡斯駐屯，並開始對海峽實施嚴密封鎖。

面對斯巴達海軍的封鎖與挑戰，在內耗中喪失優秀指揮力量的雅典海軍，也不得不硬撐著，組織最後的抵抗。他們集中剩餘的一百八十艘船艦，開到赫勒斯滂海峽，在塞斯多斯補充了糧食，駛入羊河口拋錨備戰待命。

羊河口是色雷斯刻索尼蘇斯半島一條小河的入海口，它與對面斯巴達海軍駐紮的

前四三一年
伯羅奔尼薩斯戰爭開始。

前四二一年
斯巴達與雅典訂立五十年和約（亦稱「尼西亞和約」），伯羅奔尼薩斯戰爭第一階段結束。

前四一四年
雅典派遣艦隊攻擊斯巴達海岸，斯巴達宣布和約破裂。

前四〇五年
羊河口之役，雅典艦隊全軍覆沒。

前四〇四年
雅典戰敗，同斯巴達締結和約，伯羅奔尼

拉姆普薩卡斯遙遙相對。當雅典海軍進入河口之後，雙方便一面進行隨時交戰的準備，一面進行對峙，尋找開戰的時機。

不久，雅典海軍憑藉「地主」的方便條件和一貫的「海上」強勢的餘威，率先發動了進攻。然而，來山得指揮的斯巴達海軍卻採取了保守的應對策略，始終保持艦隊的編隊隊形，遲遲不與雅典海軍接戰。

第一天，雅典的進攻挑釁遭到了斯巴達的「冷遇」；第二天，雅典的挑釁還是沒有得到斯巴達的回應；第三天，依然如故。雅典海軍連續幾天向斯巴達海軍挑戰，而斯巴達海軍始終按兵不動。於是雅典海軍上下開始滋長了輕敵情緒，以為斯巴達海軍還沒有強大到逢戰必打、逢戰必勝的程度，他們仍然害怕與雅典海軍交戰。

到了第五天，雅典艦隊照舊「例行公事」般地對斯巴達艦隊發起了「攻勢」，引誘敵人開戰。但是，他們看到斯巴達海軍依然呈「龜縮避戰」態勢，毫無應對交手的跡象，於是，他們便「掃興」地紛紛返回羊河口海岸。雅典軍隊徹底地放鬆了。當返航的軍艦駛入羊河口後，雅典海軍官兵們就紛紛離船登岸，有的跑到街上逛街景，有的紮進營房裡聊天、睡覺，或準備午飯。羊河口岸一時幾乎成了有軍艦而無軍人的「空港」。

斯巴達人的機會來了。連續數天被來山得派去羊河口偵察雅典艦隊活動的人員，終於看到了雅典海軍大部分將士輕鬆離船登岸去「休閒」的情況，立即駕駛小船去通報訊息。當來山得遠遠望到發自報信小船上盾牌的閃閃光輝後，立即吹響了攻擊的號角。斯巴達艦隊迅速起錨，按編隊駛入羊河口，包圍了靠岸的雅典艦隊，並迅速擊潰了企圖登船抵抗的少數雅典士兵，繳獲了絕大部分空船。隨即，斯巴達海軍又登上陸地，俘虜了來不及武裝的雅典士兵。只有一艘快速戰艦「巴拉米」號逃回雅典，將艦隊全軍覆滅的消息帶了回去。

薩斯戰爭結束。之後，希臘古典文明由全盛走向衰落。

前三九五年

歷史家修昔底德去世。修昔底德著有《伯羅奔尼薩斯戰爭史》。

羊河口之戰，斯巴達偷襲得手，雅典最後的軍事力量被徹底毀滅。不久，在斯巴達的重兵圍困之下，雅典最終屈膝投降。

相關連結

伯羅奔尼薩斯戰爭

古希臘斯巴達為首的伯羅奔尼薩斯同盟與以雅典為首的提洛同盟之間爭奪霸權的戰爭，分兩個階段。

第一階段（前431—前421年）：斯巴達陸軍在國王阿爾奇丹率領下攻入阿提卡，逼近雅典，並離間提洛同盟各盟國和雅典的關係。西元前430至前429年，雅典城發生瘟疫，死亡枕藉（雅典統治者伯里克利也染疫而死）。但雅典海軍在南希臘沿海一帶進行襲擊，希洛人乘勢發動起義，斯巴達亦受挫。西元前421年，雙方簽訂「尼西亞和約」，停戰。

第二階段（前415—前404年）：雅典派遣亞西比得、尼西亞斯等帶兵遠征西西里。出發後，前者被控犯有瀆神罪，畏罪叛逃斯巴達。尼西亞斯指揮軍隊攻打敘拉古，初得勝，隨之斯巴達援軍開到，雅典慘敗，全軍覆沒。與此同時，斯巴達陸軍大舉侵入阿提卡，圍攻雅典城，羅立昂銀礦兩萬名奴隸逃亡，提洛同盟中許多城市內部發生貴族政變，紛紛擺脫雅典的控制。西元前411年，雅典國內也一度發生政變，建立寡頭政權。力量對比越來越不利於雅典。最後幾年雅典海軍打過幾次勝仗，但斯巴達又得波斯援助建設海軍。西元前405年，在赫勒斯滂附近的羊河口戰役中，雅典海軍大敗，損失大部分戰艦，將士被殺、被俘者數千人，其海上優勢已不復存在。斯巴達統帥來山得乘勝攻陷雅典城。西元前404年，雅典被迫投降：艦船除保留十二艘外，全部交出；拆除雅典城通往比里尤斯港的「長牆」；解散提洛同盟，放棄海外領屬。

戰爭使希臘經濟遭到嚴重破壞，希臘霸權也暫時轉入斯巴達手中。

亞歷山大巧布戰陣

西元前三三一年，在底格里斯河左岸高格米拉平原的阿貝拉城附近，亞歷山大大帝智勇雙全、巧布戰陣，以數萬軍隊大破號稱百萬的波斯大軍，取得古代戰爭史上著名的以少勝多的阿貝拉會戰的勝利。

西元前三三六年，馬其頓王國年僅二十歲的亞歷山大即位，開始執行父輩制定的遠征波斯的計畫。在接連取得格拉尼卡河、伊蘇斯兩次會戰勝利後，亞歷山大統兵進入埃及。西元前三三一年春，渡過尼羅河，向兩河流域進軍。九月底，與波斯軍隊對峙於底格里斯河左岸的阿貝拉城附近的高格米拉平原。

波斯王大流士三世在伊沙斯戰敗後，就開始精心準備與亞歷山大的決戰。他除了招兵買馬，擴充軍隊之外，還特別選擇阿貝拉城附近的高格米拉平原作為決戰戰場，移走地面障礙物，並將地面鏟平，以便於使用他的大批騎兵和對地面要求很高的鐮刀戰車。

當時，波斯軍隊有數十萬步兵、四萬騎兵和二百輛裝有鐮刀的戰車以及數十頭戰象，實力異常強大。大流士三世精心設計了一個大的方形戰陣，以重騎兵和鐮刀戰車為基礎，將軍隊分別排成橫行、縱列組成的若干小方陣。騎兵部署在第一線，步兵分列於第二線。主力縱向排列為左、中、右三路，大流士三世隨御林軍騎兵、數十輛戰車和戰象排在最前列的中央，可謂壁壘森嚴，嚴陣以待。

抵達高格米拉平原前線的馬其頓軍隊只有四萬步兵和七千騎兵，與大流士三世的兵強馬壯相比，眾寡懸殊，明顯處於劣勢。年輕聰穎、精於謀略的亞歷山大針對波斯軍的部署，對作戰陣形進行了巧妙的安排。在距離波斯軍陣數公里的地方，亞歷山大

前三九九年
斯巴達與波斯之間爆發戰爭。

前三五九年
馬其頓腓力二世廢其侄自立。實施改革，使馬其頓成為希臘北部的強國。

前三三七年
腓力二世在科林斯城召開全希臘會議，成立希臘聯盟（又稱科林斯聯盟），選舉腓力二世為同盟最高領袖。希臘落入馬其頓之手。

將軍隊分布成一個「冂」型方陣，並使方陣的前、左、右三面均可迎敵作戰。在陣形的正前面，亞歷山大部署了重裝步兵，右翼主要部署了騎兵和輕裝步兵，而左翼則全部為步兵。同時，在三面部隊的後面，亞歷山大又布置了兩個機動縱隊，分列左右兩翼之後，以備開戰後依據戰況，隨機調動，增援和加強相應方面的作戰力量，或者抵禦從側後進攻之敵。

西元前三三一年十月一日，阿貝拉會戰打響了。亞歷山大下令部隊按既定作戰陣形向前推進，當逐漸接近波斯軍陣前之際，亞歷山大又下令，軍陣整體轉向，向波斯軍陣的左翼斜向行進。大流士三世觀望片刻，弄不清馬其頓軍的進攻意圖，便也命軍陣沿馬其頓軍陣平行方向試探著跟進。不久，波斯軍陣前列左方的騎兵加速向前，率先發起攻擊。而馬其頓軍未作變動，繼續向前推進，並逐漸走出波斯人事先已鏟平的作戰區域。大流士三世見狀，擔心如果不加控制，戰場可能會轉至他預設的區域之外，使他的鐮刀戰車失去作用，便命令左翼前排騎兵立即出擊，從右翼繞過馬其頓軍，強行封堵其前進。

面對波斯軍的攔截，亞歷山大也相機調動騎兵，對波斯軍隊發動反衝擊。於是，兩軍側翼騎兵展開激烈交鋒，儘管遭受重大傷亡，但亞歷山大軍隊憑藉嚴密的作戰紀律和奮勇爭勝的士氣，他們一波又一波地連續衝鋒，終於使波斯騎兵招架不住，不得不退卻。與此同時，馬其頓軍陣又以弓箭和標槍的射殺，擋住了波斯戰車方陣的衝擊。

波斯軍第一輪攻擊被打壓下去之後，亞歷山大立即命令馬其頓軍一部出擊，迂迴攻擊右翼的波斯軍。此時，由於左翼騎兵已經出擊，所以在波斯軍陣的正面就暴露出一個空隙。亞歷山大趁機率騎兵通過這個空隙，向波斯軍的中央方陣發起衝擊。在軍陣右翼騎兵和左翼步兵的策應配合之下，衝擊迅猛異常，聲勢浩大，致使大流士三世

前三三六－前三二三年

亞歷山大三世建立馬其頓亞歷山大帝國。前三三二年滅推羅；前三三〇年滅波斯帝國；前三二七年進入印度西北部；前三二五年回到巴比倫。前三二三年，亞歷山大三世死於瘧疾，之後帝國分裂。

希臘化時代

通常指西元前三二三年馬其頓亞歷山大逝世到西元前三〇年羅馬滅亡托勒密（埃及）之間的一個歷史時代，又稱「希臘主義」或「希臘主義時代」。一般認為

驚駭不已，一時來不及應對，倉皇撤到戰場之外。而處在亞歷山大右側的波斯騎兵，見軍陣中央區域被衝垮，也慌無對策，顧不得陣形，落荒而逃。馬其頓軍乘勢尾隨追擊，殺傷大量敵軍。

在左路、中路發生激烈交鋒的同時，兩軍的左翼也發生了激戰。開戰後，由於亞歷山大軍陣的向左斜進，致使左翼軍落在了右翼的後面，而當亞歷山大相機率軍向敵中央方陣勇猛衝擊後，在軍陣的左翼與右翼之間也出現了一個空檔。而波斯軍的右翼騎兵，也趁機從空檔之處衝擊進來。就在這時，馬其頓軍的機動縱隊發揮功效，他們抓住戰機，迅速運動到波斯軍的後方，發起猛烈攻擊。不久，亞歷山大率領的騎兵也轉過頭來向波斯的右翼軍發起進攻。波斯右翼軍立即陷入馬其頓軍的前後包抄夾擊之中。波斯軍雖苦苦支撐，終因傷亡慘重，大敗而逃。馬其頓軍乘勢全線追擊，大獲全勝。

是奴隸制度在地中海東部和亞洲西部進一步發展的時代，也是希臘與其他各地經濟、文化廣泛交流的時代。希臘化時代的主要國家有托勒密（埃及）、塞琉西（敘利亞）、馬其頓和希臘（巴爾幹半島）、帕加馬（小亞細亞）等。

相關連結

古代馬其頓帝國

西元前5世紀，在巴爾幹半島中北部地方興起了馬其頓王國，最初由上馬其頓和下馬其頓兩部分組成。西元前5世紀中後期，亞歷山大一世完成了馬其頓王國的統一。在阿契拉國王在位時（前413—前399年），國勢開始發展。西元前4世紀中期，腓力二世進行了軍事、財政改革，建成統一的馬其頓國家，國勢日益強盛，並開始對外擴張，占領色雷斯等地。接著，利用希臘城邦紛爭戰亂之機，大舉南下，進攻希臘。西元前338年，在喀羅尼亞一役打敗希臘聯軍，隨後於西元前337年召開科林斯大會，確立了馬其頓對希臘的領導權。

在亞歷山大大帝統治時期，馬其頓大舉遠征東方，於西元前330年滅掉波斯帝國，隨後建立起地跨歐、亞、非三洲的龐大帝國——馬其頓亞歷山大帝國。

亞歷山大大帝死後，帝國逐漸分裂為若干希臘化國家，馬其頓僅據有巴爾幹一隅。西元前276年，安提柯．貢那特在馬其頓建立安提柯王朝。腓力五世時對外擴張，企圖重新君臨希臘，但終無結果。繼而與向東擴張的羅馬進行了三次馬其頓戰爭，最終戰敗，成為羅馬的附屬。

古羅馬文明

古羅馬文明興起於義大利半島的羅馬城。西元前九至前八世紀，形成早期城邦國家。西元前六世紀末，形成羅馬共和國，城邦政治經濟日益發展，隨後開始大規模的擴張戰爭。西元前三世紀中期，統一義大利半島。到西元前二世紀，先後征服並控制北非、希臘等地中海沿岸地區，成為以地中海為內湖，地跨歐、亞、非三洲的龐大帝國。其間，大莊園制形成，商旅輻輳，驛站棋布，「條條大道通向羅馬」，奴隸制經濟文化走向繁榮。

西元二至三世紀，帝國經濟、政治陷入危機。軍隊專橫跋扈，干涉皇帝廢立，政治陷入混亂。君士坦丁時，遷都君士坦丁堡（拜占庭）。帝國統治激起廣泛的人民起義，高盧地區的巴高達運動，北非的亞哥尼斯特運動，給羅馬統治以嚴重打擊。三九五年狄奧多西死後，帝國分裂為東西兩部分。西半部連年戰亂，經濟衰退，統治日趨薄弱。日耳曼「蠻族」源源入境。四世紀後期至五世紀中期，西哥德人、汪達爾人等，屢屢進軍義大利，攻占並擄掠羅馬城。四七六年，羅慕路斯·奧古斯都被日耳曼軍事首領奧多亞克廢黜，西羅馬帝國滅亡。

羅馬鬥獸場遺址全景

羅馬鬥獸場以宏偉、獨特的造型聞名於世，建於西元72至82年間，是古羅馬文明的象徵。遺址位於義大利首都羅馬市中心。從外觀上看，它呈正圓形；俯瞰時，它是橢圓形的。占地面積約二萬平方公尺，可以容納觀眾近五萬人。圍牆共分四層，前三層均有柱式裝飾。

母狼與羅馬的傳說

在義大利羅馬的卡庇托里亞博物館，陳列著一尊母狼哺嬰的青銅雕像。那母狼體魄強壯，昂首佇立，露出尖利的牙齒，圓睜雙眼，警惕地注視著遠方；在母狼的腹下，兩個可愛的男嬰，赤身裸體，正在仰頭吮吸母狼的乳頭。這尊構思奇特的青銅雕像，源自羅馬早期歷史中一段神奇的傳說。

在特洛伊戰爭中，城池被希臘人用木馬計攻陷後，城內的一批難民在王子伊尼亞的率領下，趁著夜色，駕船逃了出來。他們的船隻在大海裡漫無目的地漂泊著。不知過了多少個日夜，最後海風把他們吹到了義大利半島海岸。他們上岸後，發現這裡森林密布，土壤肥沃，景色宜人，於是，就在這裡定居下來，並建立了亞爾巴龍伽國。

過了數十年，當伊尼亞的後代努米托爾成為該城的統治者時，發生了一場驚心動魄的宮廷政變。

努米托爾天性敦厚、懦弱善良，而他的弟弟阿穆留斯卻生性陰險殘暴、野

羅馬的象徵：哺養羅慕路斯和羅姆尼的母狼像

前七五三年

相傳羅慕路斯兄弟建立羅馬城。羅馬人以是年為羅馬史之元年。

心勃勃。他垂涎哥哥的王位已久。經過一番處心積慮的籌畫，他施展陰謀詭計，囚禁了努米托爾，篡奪了王位。為了消除後患，免遭報復，阿穆留斯殘忍地殺死了他的侄子，還逼迫其侄女西里維亞到神廟中做女祭司。而按照習俗，祭司是不能結婚生子的，這就等於斷絕了他哥哥的後代。阿穆留斯自以為得計：亞爾巴龍伽國萬世千秋歸他和他的後人所有了。

然而，沒過多久，意料之外的事情發生了。希臘戰神瑪爾斯與西里維亞邂逅，後來，西里維亞與戰神生下了一對孿生兄弟。阿穆留斯聞訊，氣急敗壞，下令處死了西里維亞，並命女僕用籃子把這對孿生兄弟扔到台伯河淹死。

也許是上天的旨意，當女僕來到台伯河邊時，正值河水上漲，波濤洶湧，女僕不敢走近河水，就把裝著孩子的籃子放在岸邊，想讓上漲的河水將孩子捲走。然而，河水上漲之後，那籃子意外地被岸邊的樹枝掛住，沒有被捲走，這對孿生兄弟奇蹟般地倖存下來。

河水退去後，籃子裡的兩兄弟因飢餓和寒冷而高聲啼哭起來。嬰兒的陣陣哭聲引來了一隻剛剛失去幼仔的母狼。也許是出於憐子的天性，母狼不但沒有傷害他們，反而用自己的乳汁喂飽了這對嬰兒，並把他們叼進森林中。

後來，一個牧人發現了這個奇異的景象，便趁母狼不在時，把兩個「狼孩」抱回家撫養。牧人分別給他們取名叫羅慕路斯和羅姆尼。當牧人聽到女祭司的雙胞胎男嬰被扔到台伯河的事情後，他立即就明白了這對男嬰的身世。為了孩子的安全，牧羊人一直守口如瓶，從未對別人提起此事。

一眨眼，十幾年過去了，兄弟倆在牧羊人的養育下長大成人。他們不僅身懷武藝，健壯勇敢，而且熱情仗義。這時，牧羊人把他們的身世告訴了他們。兄弟倆知道自己的身世後，下定決心要殺掉陰險兇殘的阿穆留斯，為自己的母親和舅舅報仇。

前五七八年
王政時代第六王塞維烏斯．圖里烏斯實行社會改革，羅馬進入階級社會。

前五〇九年
羅馬共和國創立。首腦稱執政官，共二人。

阿穆留斯的黑暗統治本就不得人心，兩兄弟推翻其統治的行動得到人們的回應。經過不懈的努力，他們終於殺死了惡貫滿盈的阿穆留斯，把王位歸還給努米托爾。

國仇家恨已報，兄弟倆來到當年母狼餵養他們的地方。他們懷念撫養他們的母狼和牧人，決定在這裡建一座新城。

然而，當新城建成後，在用誰的名字命名、由誰來當統治者的問題上，兄弟倆發生了激烈的爭執和衝突。由於相持不下，這對患難與共的孿生兄弟終於野性大發，進行了一場野狼般的搏殺。結果，羅慕路斯殺死了羅姆尼，成為新城的最高統治者，並用他的名字來命名這座新城，叫做羅馬。據古羅馬人記載，這件事發生在西元前七五三年四月二十一日，於是，這一天就成為羅馬開國的紀念日。

羅馬建城之初，城裡人丁稀少，羅慕路斯不斷通過征戰捕獲俘虜和收留逃亡者以增加人口。這樣，人口有所增加，但又出現男多女少的問題。而鄰近地區的姑娘又不願意嫁到羅馬來。

無奈之下，羅慕路斯想出一個辦法。他向鄰近的薩賓人等發出來羅馬參加盛大宴會狂歡的邀請。薩賓人及周邊部落不知是計，幾乎傾巢而來。正當眾人狂吃豪飲、開心至極之時，羅慕路斯一聲令下，羅馬男子們立即從四周衝入人群，每人抓住一個薩賓女人帶回家中。薩賓人蒙受如此奇恥大辱，發誓要向羅馬人報復。

一年之後，薩賓人大舉進攻羅馬。正當雙方激戰正酣的時候，一大群被搶到羅馬的薩賓婦女衝到兩軍陣前。她們懷抱嬰兒，跪地哭嚎，苦苦哀求自己的父兄和丈夫們停止互相殘殺，不要使她們成為孤兒和寡婦。

女人們的眼淚和哭訴，終於使男人們感動了，他們不約而同地扔下武器，握手言和。從此，這兩個部落合而為一，世世代代居住在羅馬城了。

相關連結

羅馬的起源與王政時代

羅馬位於義大利半島中部拉丁姆地區台伯河口附近，得名於傳說中的建城者羅慕路斯。西元前2000年代初，拉丁部落的分支移居這裡，隨後來自義大利中部山區的薩賓部落也進駐附近地區。經過長期的原始村社的聯合與兼併，逐漸奠定了以羅馬為核心的城市國家的基礎。大約從西元前8世紀中期，羅馬地區開始砌築城牆，修建廣場，羅馬城逐漸成型。

羅馬建城時期，正是羅馬氏族制度解體的時代，即羅馬的軍事民主制時代。各氏族部落處於分散狀態，各有自己的首領，後來經過聯合與統一，結成公社，部落或部落聯盟首領逐步轉變為王。約西元前753年，羅慕路斯建城起，至西元前510（或前754—前509年），先後有七王統治羅馬，因而這個時期被稱為王政時代。當時以父系氏族為社會基本單位，約有三百個氏族、三十個胞族、三個部落，形成羅馬城市公社，公共權力機關包括軍事首長或王、長老議事會（元老院）和庫里亞大會。王政時代後三王時，鐵器已廣泛使用，土地私有制開始形成，氏族制度趨於瓦解。經第六王塞維烏斯·圖里烏斯的改革，階級社會形成。末王塔克文二世被逐，王政時代終結，羅馬共和國隨之建立。

聖山撤離運動

西元前四九四年的一天，在羅馬城通往郊外的路上，一批批憤怒的羅馬平民高呼口號，成群結隊撤出城內，浩浩蕩蕩開往城郊結合部的「聖山」，準備與羅馬政府決裂。這就是著名的羅馬平民聖山「撤離運動」開始時的一幕，它揭開了羅馬共和國時期平民反對貴族鬥爭的序幕。

羅馬共和國成立初期，貴族與平民的矛盾十分尖銳。廣大平民是羅馬社會生產與戰爭兵役的主要承擔者，然而卻遭受著不堪忍受的債務奴役。因此，廣大平民暗暗準備著，要與貴族和政府展開針鋒相對的鬥爭。

西元前四九四年，羅馬與外敵發生戰爭，前線急需補充兵源，政府緊急徵集平民出征參戰。這天，羅馬執政官塞維利烏斯在羅馬廣場召集平民群眾，進行徵集兵役的動員。執政官的動員演講剛剛開始，只見廣場上群情激憤，人聲鼎沸，執政官的聲音很快就被淹沒了。

一陣嘈雜的喊叫聲過後，人們開始有重點地講話。首先，一個青年向執政官大聲發問：「現在，羅馬的獨立與共和國的存亡需要我們出征作戰了，可是，誰來關心我們的疾苦呢？難道貴族們得到越來越多的土地，而我們就命中註定要承擔沉重的債務、要淪為他們的債務奴隸嗎？」青年說過之後，有人大聲附和著：「讓貴族們自己打仗去吧！我們不願意替他們賣命了！」

接著，一個老人走到廣場中間，只聽他用嘶啞的聲音哭訴著：「羅馬人，你們看吶！」他邊說邊脫下破舊的上衣，袒露著胸前背後的累累傷痕，繼續說：「大家瞧，這些，不是為國家打仗留下的刀痕，就是債主們催債抽打的鞭痕啊！」老人的血淚控

前四九四年
平民反抗貴族鬥爭開始。平民於是年獲得推舉保民官的權利。

前四五〇年
羅馬選出專門委員會，編纂成文法典。將法典刻在十二銅表上，故稱「十二銅表法」。

前三七六年
保民官李錫尼和塞克斯圖都提出限制貴族土地、減輕債務和平民參政法案，經十年鬥爭終獲通過。

前三三九年
獨裁官普布利里烏斯．披羅實行三項法律：平民會議的決定

訴，使廣場上平民的情緒更為激奮。

面對群情激昂的平民和外敵近逼羅馬城的軍情，執政官塞維利烏斯不得不做出讓步：「公民們，請大家趕緊拿起武器，先齊力抗敵吧！我保證，從今以後，任何人不得再拘禁和奴役羅馬公民；士兵服役期內，不允許任何人攫取和出售士兵的財產，不允許傷害他們的子女……」並決定以立法的形式在全國付諸實施。

執政官的承諾，暫時緩解了羅馬平民的激憤，於是，他們紛紛拿起武器，加入抗擊外敵的隊伍。戰爭很快以羅馬人的勝利而告終。然而，新上任的執政官克勞狄卻拒絕執行前任執政的法令，繼續聽任債務人受債主的壓迫擺布。

於是，羅馬平民們被激怒了。他們迅速聚集起來，一邊憤怒聲討羅馬執政官和貴族，一邊紛紛開往安尼奧河對岸、距羅馬城數英里的聖山上，表示要與羅馬脫離關係，而另建平民自己的城市。

羅馬平民開往聖山的撤離運動，立刻引起羅馬貴族們的驚慌，他們害怕由此引起社會動盪，危及自己的統治，特別是當時羅馬周圍強敵如林，對外戰爭此起彼伏，由平民組成的軍事力量是絕對不可或缺的。於是，貴族們不得不做出實質性妥協讓步，派使者到聖山與平民進行談判，最終達成和解。根據達成的協定，每年可以在平民中選出兩位「保民官」；保民官的人身不可侵犯，其職責是保護平民不受貴族官員的專橫暴虐。

聖山撤離運動，是羅馬平民反對貴族鬥爭的第一回合。此後，這種鬥爭不斷深入發展著。

有法律效力；改變元老院批准人民大會決議的程式；兩名監察官之一必須從平民中選出。

前二八七年
出身平民的獨裁官霍騰西阿制定法律，規定特里布斯會議的決議具有法律效力，之後，特里布斯會議成為羅馬共和國的人民會議。標誌著平民爭取政治權利的鬥爭勝利結束。

相關連結

爭取「全權公民」的鬥爭

羅馬王政時代之後出現的共和國實質上是貴族共和國，印有深深的貴族政治的烙印。執政官選自貴族，權力中心的元老院也為貴族把持，貴族和富人在羅馬的政治生活中起著決定作用。平民和貴族在政治、經濟和社會方面的地位與權利嚴重不平等，由此導致諸多社會矛盾。於是，為了解決土地問題、債務問題和政治權利問題，爭做「全權公民」，羅馬平民與貴族進行了長期的鬥爭，並不斷取得勝利。

從西元前494年平民第一次撤離運動到西元前287年最後一次撤離運動，共間歷時二百多年，經過長期而頑強激烈的鬥爭，羅馬平民爭得了一系列政治權利，提高了社會地位。如設立了平民保民官和平民會議（特里布斯會議），頒布成文法（「十二銅表法」等），平民還獲得了擔任高級官職並通過這個途徑進入元老院的權利，與貴族通婚的權利等等。

這些鬥爭成果推進了共和國的民主，擴大了共和國的社會基礎，也改變了羅馬的社會結構，使氏族貴族與上層平民合流形成新貴族。共和國也由初期的貴族共和國轉變為「平民—貴族共和國」。

「聖鵝」救羅馬

在古代羅馬，人們非常崇拜白鵝。據說在某個特定的日子裡，羅馬人要把大白鵝打扮得漂亮異常，並把狗釘死在十字架上，然後列隊抬著它們舉行隆重的遊行活動。這個習俗源自古代聖鵝救羅馬的故事。

西元前五世紀末，原住西歐和中歐的克爾特人越過阿爾卑斯山，進入義大利，占據羅馬西北部的波河地區。克爾特人是一個很大的部落群，羅馬人稱之為「高盧人」，意思是「好鬥者」。他們個子不高，但驍勇善戰，在戰爭中，即使只剩下一個人、只剩下一口氣，他們也絕不離開戰場。

西元前四世紀初，高盧人從波河平原向南推進。西元前三九一年，數萬高盧人在其首領布倫努斯率領下包圍了克魯西烏姆。克魯西烏姆向羅馬求援，羅馬派出使節向高盧人發出警告。但是，高盧人不僅不聽警告，還狂妄地說：「別說克魯西烏姆了，過不了一百天，連羅馬城也是我們的了。快滾吧，羅馬人！」

西元前三九〇年七月，高盧七萬大軍大舉進攻羅馬。在羅馬城附近的阿里亞河與台伯河匯合處同羅馬軍隊展開血戰。高盧人兇猛異常，他們舞動長矛、猛掄板斧，紛紛砍下羅馬士兵的胳膊、頭顱，有的居然如同野獸一般拿起被砍下的羅馬人的胳膊津津有味地啃咬著。羅馬士兵抵擋不住高盧人的兇猛進攻，慘敗而歸。

得知戰事慘敗、高盧人近逼羅馬城的消息，羅馬執政官急忙下令將城內老弱婦孺轉移到城外，而將部分軍隊和年輕的元老撤到城後的卡庇托林山崗，據險堅守，以待援兵。然而，有近百名年長的元老拒不逃避，他們換上華麗的盛裝，齊集羅馬廣場中心，準備以身殉國，和羅馬城共存亡。

前三九〇年
高盧人侵入，焚燒、洗劫羅馬城。

第二天，高盧人沒遇到任何抵抗就進入羅馬城。這時城裡已空無一人，如同一座死城。當他們來到中心廣場時，頓時被眼前的情景驚呆了，只見寬闊的廣場中央，上百名高齡元老，手持聖杖，正襟端坐，表情沉靜安詳，神聖不可侵犯。高盧人以為他們是些雕像。有人走上前去，隨意去揪一老者的鬍鬚、摘老者的帽子。沒想到，那老者竟然舉起聖杖猛擊高盧士兵的頭。高盧人猛然才明白，這些「雕像」都是活生生的人，是寧死不肯撤離羅馬城的羅馬元老。於是高盧人立刻舉起刀劍，大開殺戒，轉瞬之間，羅馬中央廣場便血流成河。然後，高盧人開始在羅馬城中肆無忌憚地劫掠和焚燒。羅馬城轉眼變成了一片廢墟。

高盧人攻進了羅馬城，但卻始終不能全部占領它。因為城中要塞——卡庇托林山崗還在羅馬人的手中。這座山崗陡峭險峻，易守難攻。高盧人連續瘋狂進攻幾天，也沒能攻取下來。

強攻不成，高盧人決定智取。他們發現了一條通往山崗的隱蔽小路。一天晚上，高盧人選派了一支精幹的小分隊，在茫茫夜色的掩護下，悄悄摸到山崗下，他們準備從這裡攀爬懸崖，給羅馬人來個突然襲擊。

山崗上一片寂靜。經過連日激戰的羅馬人，早已精疲力竭，加上食品匱乏，飢寒交迫，此時都已進入夢鄉。值班的衛兵打著盹，連狗也睡得像死了一樣。眼看偷襲的高盧人就要爬到山頂上了，突然，「嘎！嘎——」山崖上響起了一陣陣淒厲的白鵝的叫聲。鵝的叫聲驀然撕破了萬籟俱寂的夜空。這荒蕪的山崗上，哪裡來的白鵝呢？原來，它們是羅馬人奉獻給山上神廟的。鵝是警惕性極高的動物，在靜謐的夜晚，特別容易受驚。當它們聽到偷襲的高盧人逼近的聲音後，便高聲驚叫起來。

白鵝的鳴叫聲，一下驚醒了昏睡中的羅馬人，他們立即跳將起來，拿起武器，趕到山崖邊，與翻越上山崖的高盧人展開肉搏，奮勇地將高盧人一一打下山崖。結果，卡庇托林山崗得救了，羅馬城得救了，羅馬人得救了。

高盧人長期圍攻卡庇托林山崗不成，最後不得不從羅馬人那裡索取了一筆黃金，撤離了羅馬。

白鵝的驚叫聲，使羅馬人免遭一場亡國的厄運。於是，為了答謝白鵝，羅馬人便將白鵝奉為「聖鵝」和「神靈」，每年都定期舉行儀式，以示紀念。

漢尼拔的「坎尼」

在世界軍事史的名詞中，通常把包圍並全殲敵軍的大會戰稱為「坎尼」。它源自古代迦太基著名軍事統帥、天才軍事家漢尼拔指揮的著名戰事——坎尼之戰。

西元前六世紀末，在非洲北部（今突尼斯一帶）出現了一個富強的奴隸制國家——迦太基。它與地中海強國羅馬為爭奪地中海霸權，展開了曠日持久、驚心動魄的激烈爭奪，並引發了長達一百多年的「布匿克戰爭」。漢尼拔就生長於這個血雨腥風的時代。

漢尼拔生於西元前二四七年，他的父親哈米卡爾·巴卡是迦太基的軍隊統帥。他自幼隨父出征，童年就經受了第一次布匿克戰爭的洗禮，並立誓向羅馬「復仇」。

西元前二二一年，年輕的漢尼拔繼任迦太基的軍事統帥。在歷時二十餘年的戎馬征程中，漢尼拔身經百戰，功勳卓著，盡顯軍事才華。特別在義大利，一批批羅馬將軍用一個個無奈的敗績為漢尼拔的桂冠上增添了一道又一道光環，其中坎尼之戰是他軍事生涯的頂點。

西元前二一六年夏，漢尼拔率軍從亞平寧東南的阿普里亞出發，向東南挺進一百公里，占領羅馬的糧倉之一——坎尼。羅馬元老院下令急調八個軍團在坎尼集結，共投入八萬步兵、六千騎兵。而此時的漢尼拔軍隊僅有四萬步兵、一．四萬騎兵，總兵力比羅馬少得多，但騎兵多於羅馬人。

八月二日，漢尼拔率軍與羅馬軍隊在坎尼城附近乾涸的平原上，展開了一場殊死大戰。羅馬軍隊指揮官瓦羅採用固定的方陣布局，將羅馬軍團布置在中央，忠心的盟國步兵在兩側，左右兩翼是騎兵，目的是要以中央步兵的強力衝擊來突破敵人防線。

前二六四年
羅馬人與迦太基進行第一次戰爭，史稱第一次布匿克戰爭。

前二一八年
第二次布匿克戰爭開始。迦太基漢尼拔率大軍進入義大利北部，擊敗羅馬軍隊。

前二一七年
漢尼拔於特拉西美諾湖畔大敗羅馬軍，羅馬執政官陣亡。

前一四九年
羅馬出兵北非，進攻迦太基，第三次布匿克戰爭爆發。

漢尼拔則將軍隊布置成新的陣式——「新月形」，新月突出的部分，以四萬步兵正對羅馬軍團中央，並把較弱的步兵隊伍放在中心位置，而將戰鬥力強大的重裝步兵放在兩邊，兩翼則是強大的騎兵。

戰鬥打響了，羅馬步兵最先發起攻擊。只見羅馬軍團銳不可擋，迅即將漢尼拔軍隊新月陣形最凸端的步兵全部放倒，漢尼拔軍隊很快被整體後壓，新月形的戰陣逐漸向相反的方向彎過去，而且凹陷越來越大，逐步變成了倒新月陣形。隨著戰線推進，羅馬步兵的主力不知不覺中越來越由兩側向中間匯合而來。而其陣線也因此從兩側向內收縮，變得越來越長。從中心位置看，漢尼拔的軍隊似乎危機重重，呈現頹勢。然而，漢尼拔布置在兩側的精銳騎兵部隊卻把目標鎖定在羅馬軍隊逐步分散的兩側防線。於是，羅馬軍隊很快就由主動出擊變成被動抵抗。訓練有素的漢尼拔騎兵迅速擊潰了兩翼的羅馬騎兵，緊接著全部轉向羅馬軍團的後方，迅速完成了對羅馬軍隊的合圍。就這樣，戰役不到半程，羅馬軍隊就陷入了漢尼拔精心設計的包圍圈中，完全失去了有效反擊的空間，七萬人的精銳部隊擠成一團，只能以盾牌勉為自保，而毫無抵抗之力。夜幕降臨之際，戰鬥結束。羅馬軍隊除七千人被俘外，其餘幾乎全部戰死。

著名的坎尼之戰，成為西方軍事史上第一個合圍之戰，顯示了漢尼拔的卓越軍事才能。

前一四六年
羅馬攻克迦太基城，迦太基八萬人戰死，存者盡被賣為奴，其城被夷為平地，其地被劃為羅馬的阿非利加省。

相關連結

布匿克戰爭

古羅馬與迦太基爭奪地中海西部統治權的戰爭。迦太基曾是腓尼基人的殖民地，西元前6世紀至前5世紀已發展成西地中海強國。西元前3世紀初羅馬統一義大利，與迦太基形成對峙，並導致三次大規模戰爭。因羅馬人稱迦太基人為「布匿克」（意為「棕櫚之民」），故稱「布匿克戰爭」。

第一次（前264—前241年）：雙方在西西里島附近交戰，羅馬建造裝有接舷吊橋的新艦，海戰得勝，但進攻迦太基本土失敗。根據和約，羅馬奪取西西里及其附近小島，迦太基賠款3200塔蘭特。

第二次（前218—前201年）：迦太基統帥漢尼拔遠征義大利。在特拉西美諾湖戰役和坎尼戰役中，羅馬接連慘敗，陷於困境。羅馬蓄積力量，於西元前211年轉入反攻。西元前204年，直搗迦太基本土。漢尼拔渡海返國馳援。在扎瑪戰役中迦太基失敗。雙方締結和約：迦太基放棄全部海外領土，向羅馬賠款一萬塔蘭特，迦太基喪失獨立強國地位。

第三次（前149—前146年）：羅馬意在消滅迦太基，唆使西鄰努米底亞尋釁，然後以破壞西元前201年和約為藉口，包圍迦太基城。迦太基城內發生饑饉，終被攻陷，生存者淪為奴隸，迦太基城被徹底毀滅。羅馬在迦太基的廢墟上建立了阿非利加省，並取得西地中海的霸權。

七十八角鬥士出虎口

西元前七三年，羅馬卡普亞城的角鬥士訓練學校發生了一次震驚世界的奴隸暴動，其中七十八名角鬥士成功打碎枷鎖，衝出活地獄般的角鬥士學校。他們不是地位低下的角鬥士，而是羅馬奴隸時代反抗壓迫、爭取解放的勇士。

西元前一世紀中期，建立於對內壓迫剝削、對外擴張掠奪基礎上的羅馬，社會矛盾重重，危機四伏。國內奴隸常常起而暴動反抗，被征服的國家與民族則不斷奮起鬥爭。

當時，在羅馬奴隸主貴族社會上層盛行著一種野蠻的娛樂方式——角鬥奴角鬥。羅馬每年都要舉行角鬥比賽，貴族們將通過專門訓練的角鬥奴帶到大劇場或專門的比賽場，讓他們一對對進行血腥殘忍的格鬥，或者讓他們與野獸搏鬥，以鬥敗一方的當場斃命定勝負。貴族們不僅以此方式尋求娛樂，而且進行輸贏的豪賭。於是，在羅馬奴隸中逐漸形成了一個特殊階層——角鬥士。他們平時被囚在角鬥士學校內進行專門培訓，一舉一動都受到嚴格的限制。為了防止他們逃跑，貴族們還在他們的腳上戴著沉重的枷鎖。他們隨時可能在競技場上喪生，實際上相當於緩期執行的死刑犯。

西元前八〇年，色雷斯人斯巴達克在與羅馬的戰爭中被俘，後因多次逃亡未果而被轉賣為奴。由於他魁梧英俊、臂力過人，被卡普亞的一所角鬥士學校買下做了角鬥士。

在卡普亞訓練學校，角鬥奴遭受的非人待遇、羅馬人以其互相殘殺作為娛樂的暴行，激起斯巴達克及其同伴們的憤慨。斯巴達克決計率領同伴逃出虎口。「與其以生命在角鬥場裡冒險，不如為自由而去擔當哪怕最大的危險！」在斯巴達克的啟發鼓動

前七三年
羅馬歷史上規模最大的奴隸起義——斯巴達克起義爆發。第二年起義軍占據南義大利大部分地區。前七一年，斯巴達克率起義軍渡海去西西里，與克拉蘇軍隊決戰於阿普里亞附近，斯巴達克壯烈犧牲，起義失敗。

之下，卡普亞角鬥士學校的二百名角鬥奴被發動起來，準備舉行暴動。然而，正當準備之際，計畫洩漏。斯巴達克當機立斷，決定提前行動。

西元前七三年春末的一個深夜，卡普亞角鬥士學校囚禁角鬥奴的鐵窗內突然發出一聲恐怖的慘叫。看押角鬥奴的三名衛兵急忙趕了過去，隔著鐵窗惡聲吼道：「不老實睡覺，你們想幹什麼？要找死啊！」一個角鬥奴說：「這兒出事了。高盧人打死了我們的夥伴。他已被我們制伏，你們看該怎麼處理？如果你們不管，我們就勒死他了！」等了一會兒，一個衛兵開門進來，用手提的油燈照了照，果然看到死了一個人，而另一個人正被幾個人反扭著雙手。士兵說：「把他交給我們吧。你們幫忙把死人也抬出來。」士兵一邊說著，一邊把房門完全打開。說時遲，那時快，就在房門完全打開的瞬間，角鬥奴們奮起衝到近前，用鐐銬和刀叉以迅雷不及掩耳之勢，殺死守衛的士兵，然後拔出他們

相關連結

斯巴達克起義

西元前73年春夏之交，為擺脫悲慘命運，角鬥士斯巴達克在卡普亞的角鬥士訓練學校率領七十多名角鬥奴發動武裝暴動，成功逃出卡普亞，逃至附近的維蘇威火山。附近廣大奴隸和貧民聞訊紛紛響應，並以斯巴達克為領袖，與官軍展開鬥爭，屢屢打敗前來鎮壓的官軍，起義隊伍迅速得到壯大。隨後，克里克蘇率領一支隊伍獨自行動，被官軍消滅。斯巴達克率主力沿亞平寧半島東部北上，沿途攻占城市和莊園。

西元前72年，羅馬派兩名執政官率兵進剿，被打敗。起義軍迅速達到十二萬人。斯巴達克率軍直抵波河，而後準備翻越阿爾卑斯山，中途停止。隨後，起義軍再度揮師南進。羅馬城中貴族們驚慌失措，元老院任命克拉蘇為司令官，授以獨裁官的權力，傾力鎮壓。斯巴達克帶領軍隊至半島南端，準備渡海去西西里，但沒能成功。克拉蘇在起義軍的背後挖掘大壕溝，企圖切斷起義軍的退路。斯巴達克衝破敵人的封鎖，但因勞師疲憊，陷入困境。不久，又有一支隊伍分離出去，被克拉蘇消滅。西元前71年春，在阿普里亞決戰中，克拉蘇得到龐培的增援，起義軍奮起抵抗，最終失敗，斯巴達克英勇犧牲。

起義沉重打擊了羅馬奴隸主的統治，斯巴達克和奴隸們的鬥爭精神，鼓舞和激勵了被壓迫人民。馬克思曾稱讚斯巴達克「具有高貴的品格，為古代無產階級的真正代表」。

身上的短劍，迅速衝出囚室。轉眼之間，一扇扇囚禁角鬥奴的鐵門被打開，角鬥奴們紛紛衝出囚室和學校。

不久，經過激烈搏鬥，七十八名角鬥奴成功逃離卡普亞，並在斯巴達克的率領下，乘著茫茫夜色，迅速登上附近的維蘇威火山。以此為標誌，羅馬歷史上著名的奴隸大起義——斯巴達克起義爆發了。

無冕之君「凱撒大帝」

西元前一世紀中期的一天，地中海的一夥強盜抓住了一個年輕的男子。這個年輕人衣著華麗，舉止優雅。強盜們向他索要二十塔蘭特（古羅馬貨幣）贖金後將他釋放。年輕人離開時告訴強盜，他的身價應值五十塔蘭特，並明確告訴他們，很快會逮捕並處死他們。強盜們哈哈大笑，不以為然地離去。然而沒過幾天，這夥強盜們就被捉住，並被送上了十字架。強盜們臨死時才恍然認出：站在他們面前下達命令的人，正是不久前他們索要二十塔蘭特的年輕人。這個年輕人，就是古羅馬共和國末期著名的軍事統帥和政治家凱撒（約西元前一〇一—前四四年）。

凱撒出身於羅馬貴族家庭，自幼博學多聞，能言善辯，在政治上是激進民主派。從少年開始，凱撒就渴求政治權力，並為之進行了長期準備。初生牛犢不怕虎，他很早就敢於控告羅馬總督貪污腐敗，並為此贏得了極高的聲譽。為了拉攏人心，他耗費了大量的錢財，以致債臺高築。

羅馬共和時代的後期，元老貴族和民主派之間鬥爭尖銳。當時享有公民權的只有羅馬城內的奴隸主和自由民，而城區以外、義大利各地和海外行省的自由民卻享受不到公民權，卻要擔負著和羅馬自由民一樣的義務。為此，凱撒接近平民，進行反對元老貴族的活動，他在平民中的聲望越來越高。

西元前六〇年，凱撒和羅馬另外兩個統帥龐培和克拉蘇結成反對元老貴族的秘密同盟，這就是羅馬歷史上有名的第一次「三頭執政」。第二年，凱撒當選為年度執政官。西元前五八年，執政官期滿後，凱撒出任山南高盧總督。

在高盧總督任上，凱撒率領軍隊對山北高盧進行征戰，表現出傑出的軍事才能。

前八二年
蘇拉率軍進入羅馬，元老院宣布蘇拉為終身獨裁者。

前七〇年
龐培、克拉蘇當選執政官，廢止蘇拉時期施行的政策。

前六二年
凱撒當選為執政官。第二年出任西班牙總督。

前六〇年
凱撒、龐培和克拉蘇結成反對元老貴族的同盟，史稱「三頭同盟」（前三頭）。

僅僅三年時間，即征服了全部高盧地區，使之成為羅馬的行省。隨後，凱撒率軍渡過萊茵河，擊退日耳曼人的入侵，把羅馬的西北邊界擴展到萊茵河岸邊。不久，他又兩渡英吉利海峽，攻入不列顛島。戰爭中，凱撒掠奪了大量奴隸和財富，並掌握了一支龐大的軍隊。

凱撒的顯赫戰功和卓越的軍事才能，使他在羅馬人中的威望迅速高漲，引起元老院和龐培的擔憂。這時克拉蘇在遠征波斯的戰爭中死去，元老院和龐培便命令凱撒立即解散軍隊，從高盧返回羅馬。

凱撒意識到這是元老院和龐培的陰謀，他知道內戰是不可避免了。經過深思熟慮，他決定帶領軍隊打回羅馬，趁機奪取羅馬的最高權力。西元前四九年一月，凱撒率軍渡過盧比康河，以迅雷不及掩耳之勢返回羅馬。龐培和元老院貴族們毫無準備，倉皇逃往巴爾幹半島。凱撒兵不血刃進入羅馬，一舉奪取了政權，成為羅馬的「獨裁者」。隨後，凱撒追擊龐培，在希臘北部的法薩盧戰役中，一舉打敗龐培的軍隊。龐培逃往埃及，不久被人殺死。隨後，凱撒又用三年的時間先後征服了小亞細亞，並平定了龐培之子在西班牙發動的叛亂。

西元前四五年，凱撒班師凱旋，回到羅馬。羅馬為他舉行了隆重的歡迎儀式。不久，凱撒被推舉為終身獨裁官、終身保民官，元老院還授予他「大元帥」和「祖國之父」的榮譽稱號。

凱撒當政期間，針對羅馬的社會狀況實行了一系列改革，如改組元老院，把元老人數增加到九百人；擴大羅馬公民權；提高各行省和城市的地位；給予受迫害的猶太教以合法地位；還鑄造金幣、制訂新曆法等。

凱撒日益膨脹的權力和獨裁統治，引起元老貴族共和派的不滿與仇視，他們秘密組織了陰謀集團，準備刺殺凱撒。

前五九年
凱撒出任執政官，隨即出任高盧總督，出征高盧。

前五一年
前「三頭同盟」破裂。

前四九年
凱撒占領羅馬，宣布為獨裁者。

前四四年
凱撒被反對派刺殺。

西元前四四年三月十五日，在羅馬元老院議事大廳內，一群元老們假借與凱撒商議事情，突然對凱撒行刺。凱撒身中二十三刀，倒在他舊敵龐培的雕像前。

相關連結

前三頭同盟

西元前60年，凱撒、龐培和克拉蘇秘密結成政治同盟，稱「前三頭同盟」。為鞏固這一同盟，凱撒把14歲的女兒嫁給50歲的龐培。在同盟支持下，凱撒擔任西元前59年的執政官。西元前58年，凱撒出任山南高盧總督，竭力推行征服全高盧計畫。西元前56年，為了彌補「三頭」之間出現的裂痕，在伊特魯里亞北部的路卡舉行會議，達成凱撒續任高盧總督五年，龐培與克拉蘇任西元前55年執政官，任滿後龐培出掌西班牙、克拉蘇出掌敘利亞各五年的協議。西元前53年，克拉蘇出征安息（帕提亞）敗亡。龐培與元老院合謀解除凱撒兵權，西元前49年雙方開戰，凱撒占領羅馬。在西元前48年法薩盧戰役中，龐培失敗，逃至埃及被殺，前三頭同盟最後解體。隨之凱撒建立獨裁統治。

羅馬一帝——奧古斯都·屋大維

「奧古斯都」，在羅馬語中意為「神聖」、「莊嚴」、「偉大」，是對人格褒獎的極致。在古代羅馬，誰擁有如此殊榮呢？他就是古羅馬第一位元首、著名政治家屋大維。

蓋約·屋大維，是凱撒的外甥，又是凱撒的養子，是凱撒生前指定的繼承人。

西元前四四年凱撒被刺後，凱撒黨人安東尼和雷必達掌握了羅馬實權。不久，年僅十九歲的屋大維奉詔趕回羅馬。屋大維是凱撒的直接繼承人，他的出現，對安東尼構成很大威脅。於是，屋大維與安東尼立即展開了一場明爭暗鬥。

當時，安東尼利用手中已有的權勢，對屋大維的行動橫加阻撓。面對險惡的政治局勢，年輕的屋大維充滿自信。他採取機智靈活的策略，調動和積蓄力量，與政敵展開周旋。他在亞德里亞海濱一所軍營鍛鍊，甚至把凱撒的遺產分給士兵，很快在他的周圍就聚集起一支裝備精良的部隊。他利用養父凱撒的名字，贏得凱撒老兵和普通民眾的歡迎。

西元前四三年上半年，在元老院之外，逐漸形成了屋大維、安東尼、雷必達三股政治力量，他們都擁有一定權力，但又誰也不能單獨建立獨裁政權，大致構成三足鼎立的態勢。不久，為了互相牽制與利用，三人走向政治聯合。這年十一月，三人在義大利北部波諾尼亞附近的一個小島上會晤，決定結成同盟，共同執政，歷史上稱之為「後三頭同盟」。

後「三頭」形成後，立即實行白色恐怖。他們在「為凱撒復仇」的口號下，對貴族派發布公敵宣告，實行大屠殺政策，名單上包括殺害凱撒的兇手、「三頭」的私人

前四三年
屋大維進軍羅馬，迫元老院舉行特別選舉。安東尼、屋大維和雷必達結成「三頭同盟」（後三頭）。

前三〇年
屋大維率軍侵入埃及，橫跨歐、亞、非的羅馬帝國確立。羅馬歷史進入帝國時代。

前二七年
屋大維被元老院尊為「奧古斯都」（「神聖」之意）。羅馬從此開始「元首制」統治。

仇敵和普通富豪。結果，先後有三百名元老貴族和二千名騎士被處決，他們的財產也被沒收。

但是，在消滅了共同的敵人之後，三巨頭之間很快就出現了矛盾，並展開了爭鬥。西元前三六年，屋大維首先設法剝奪了雷必達的軍權，並同元老院和好，實力大增。於是，三巨頭變成屋大維與安東尼兩巨頭的對峙。

屋大維像

不久，安東尼的聲望開始下降。他在東羅馬行省總督任上，迷戀上埃及女王克里奧佩特拉，並與她結婚，還把羅馬在東方的領土贈送給埃及女王。消息傳來，立即激起羅馬元老和各階層人士的普遍憤慨。屋大維抓住時機，竭力煽動羅馬人反對安東尼，驅除元老院中擁護安東尼的元老，宣布安東尼為「祖國之敵」，大舉出兵埃及，討伐安東尼。

西元前三一年九月，屋大維率領海陸軍東征。在希臘西北部的亞克興海面，屋大維的艦隊與安東尼、克里奧佩特拉的聯軍展開會戰。雙方勢均力敵，打得難解難分。但正在雙方酣戰的最後關頭，克里奧佩特拉突然帶著埃及戰艦撤出戰場。安東尼見女王離去，也棄戰而逃，尾隨女王而去。失去主帥的安東尼海軍，迅即被屋大維消滅。第二年夏天，屋大維統兵進軍埃及首都，安東尼在絕望中拔劍自刎，埃及女王克里奧佩特拉也以毒蛇咬身而死。至此，埃及併入羅馬版圖。

當屋大維凱旋羅馬時，他已經成為同凱撒一樣的偉大人物。西元前二八年，元老院授予他「元首」稱號。元首意為「第一公民」或「首席元老」。西元前二七年一月，元老院授予他「奧古斯都」的尊號。至此，屋大維集羅馬國家行政、軍事、司法、宗教等大權於一身，事實上就是一個道道地地的皇帝，羅馬共和國也已完全變為羅馬帝國。

屋大維統治羅馬四十三年，是羅馬的「黃金時代」。西元一四年八月，七十六歲的屋大維溘然長逝。

相關連結

後三頭同盟

西元前43年，屋大維、安東尼和雷必達公開結成聯盟，得到元老院及公民大會認可，獲得統治國家五年的權力，史稱「後三頭同盟」。「三頭」實行「公敵宣告」，剪除異己，又在巴爾幹半島打敗刺殺凱撒的共和派，鞏固其統治。西元前40年，「三頭」劃分勢力範圍，安東尼治理東部地區，屋大維治理義大利、高盧和西班牙，雷必達治理非洲。西元前36年，雷必達被剝奪軍權。屋大維與安東尼明爭暗鬥。後者在埃及迷戀聲色，儼然以帝王自居，元老院與屋大維聯合，發兵征討。西元前31，在亞克興戰役中，安東尼失敗逃回埃及，次年自殺，後三頭同盟結束。屋大維隨即建立元首政治，羅馬帝國正式確立。

耶穌的傳說

關於基督教的創始人、基督教徒所信奉的救世主耶穌，有著許多美麗的傳說。

西元前一世紀，在約旦河邊的一個小村莊，一個叫約瑟的青年與美麗的少女瑪利亞相愛並訂婚。然而，不久，瑪利亞未婚先孕。這給約瑟帶來極大的苦惱，他考慮再三，決定解除這個婚約。當天晚上，昏睡中的約瑟夢見一位天神從天而降，來到他的床前，和藹地對他說：「約瑟，我是上帝派來的使者，你放心娶瑪利亞為妻吧，她是受聖神之命懷孕的。她懷的是上帝的兒子，名叫耶穌。他長大成人後，會把人類從罪惡的痛苦中解脫出來，拯救這個苦難的世界。」

第二天清晨，約瑟醒來後，便打消了解除婚約的念頭，遵照天神的旨意，娶了瑪利亞。之後，他們離開家鄉，四處流浪。西元元年的一天，約

逃亡埃及（壁畫）。反映耶穌降生後，因受迫害從巴勒斯坦逃亡埃及的情形

西元一年

西方歷史學家以是年為耶穌（基督）誕生之年；西元紀年以是年為元年。

瑟和瑪利亞來到耶路撒冷城。夜幕降臨，天黑風冷，他們找不到合適的住宿地，只好臨時住在一個破舊的馬棚裡。夜半時分，隨著一聲清脆響亮的嬰兒啼哭聲，瑪利亞在馬棚的馬槽中生下了一個男嬰。「救世主基督降生到人間。」這個男嬰就是耶穌。

傳說，耶穌的童年，是在跟隨父母四處逃亡、顛沛流離之中度過的，曾經輾轉到過埃及，後來又遷到巴勒斯坦，住在拿撒勒城。

時光流逝，轉眼，耶穌漸漸長大成人了。大約到了三十歲的時候，他的命運發生了重大改變。

一天，在約旦河邊，耶穌遇到一個叫約翰的教士。約翰一邊口誦經文，一邊把耶穌浸入河水中，不經意間，進行了一個「洗禮」。洗禮之中，上帝的聖靈悄然降臨在他的身上，耶穌純摯而熱誠地向上帝祈禱。接受洗禮之後，耶穌還被聖靈引導到曠野，接受了魔鬼的幾番試探，在這裡禁食四十晝夜。從此以後，耶穌開始外出傳教，向民眾宣傳神的福音，並廣收門徒，循循勸導人們接受和信仰上帝。他說，世間萬物皆有罪，只有忍受人間疾苦、求得上帝寬恕的人，死後才能升入天國。他教育人們，一定要仁愛、謙遜、和睦、忍耐，不做惡事，多做善事，能做到其中一條的人，就是上帝的兒子。

在傳教的過程中，耶穌熱愛百姓，廣泛行善，做了數不盡的好事，使越來越多的人信仰他，跟隨他，崇拜他，基督的信徒日益增多。耶穌從信仰者中選招了十二個比較中意的門徒，經常給他們講授天國的道理。他教導門徒們：「凡是虛心的人都是有福的，因為天國將屬於他們；凡是和睦的人都是有福的，因為他們將成為上帝的兒子；凡是懦弱的人都是有福的，因為他們將在天上得到賞賜；凡是悲痛的人都是有福的，因為他們將得到聖靈的安慰；凡是渴求正義的人都是有福的，因為他們將得到聖靈的滿足；凡是仁慈的人都是有福的，因為他們將獲得仁慈……」

三三年
傳說耶穌被羅馬駐猶太總督本丟．彼拉多釘死在十字架上。

七〇年
羅馬鎮壓猶太人起義，攻陷耶路撒冷，居民被盡賣為奴。

一三一年
猶太人掀起大規模起義。羅馬派軍隊鎮壓，猶太居民大批流散於帝國各地。

傳說，有一天，一個富翁向耶穌請教如何才能得到永生？耶穌沉吟片刻，冷冷地勸告他說：「請把你的財產賣掉，然後去接濟你身邊的窮人們，這樣，你就可以實現永生了。」那富翁聽後，面露難色，沮喪而忿忿地走開了。耶穌便對身邊的門徒們說：「像這樣的富人，想要進入天國，比駱駝穿進針眼還要難啊！」

耶穌的傳教和善行，在得到勞苦大眾歡迎與敬仰的同時，卻遭到官吏和猶太祭司們的嫉恨，於是，他們勾結當地的羅馬

相關連結

基督教的創立

西元1世紀前後，巴勒斯坦地區的猶太民族為捍衛民族獨立與尊嚴，與羅馬統治者進行了長期鬥爭，但都遭到殘酷鎮壓。在極度無望和苦悶之中，他們只好把自己的願望寄託於宗教，試圖從中尋求解脫。於是，基督教應運而生。

基督教創始人傳說是耶穌。瑪利亞受上帝聖靈感動而懷孕，生下作為上帝兒子的耶穌。耶穌從三十歲開始傳教，並招收了十二名弟子。耶穌傳教的言行觸怒了統治者，他們花錢收買了信徒中的猶大。由於猶大的告密，耶穌被捕，被釘死在十字架上。但是，耶穌死後三天復活並升天。

基督教一開始就反對羅馬統治，仇視富人，因此受到羅馬統治者的迫害和鎮壓。從基督教產生到西元4世紀成為羅馬帝國的國教，前後三百多年間，遭受了羅馬皇帝十次大迫害。

隨著基督教的發展和一些奴隸主貴族、富人和軍官的加入，基督教徒的成分發生變化。同時，在統治階級內部也有一部分人逐漸認識到基督教對爭取民眾和加強統治的重要性。313年，羅馬皇帝君士坦丁頒布「米蘭敕令」，承認基督教的合法地位。392年，狄奧多西一世頒布法律，規定基督教為羅馬帝國唯一合法的宗教。基督教成為羅馬帝國的國教。

釘在十字架上的耶穌

總督百般迫害耶穌。傳說，他們用三十塊銀幣買通了耶穌十二個門徒中的猶大。結果耶穌被捕，並加以「謀叛羅馬」等罪行。在囚禁中，耶穌受盡了侮辱和打罵，最後，被殘忍地釘死在十字架上。這一天，就是耶穌蒙難日。傳說，蒙難三天之後，耶穌復活，然後升天而去。第四十天，耶穌升入天堂。據說，耶穌復活後一天，恰逢春分日，而且是月亮圓後的第一個星期日，因而基督教將這一天命名為「復活節」。之後，又將耶穌的生日、每年的十二月二十五日定為「耶誕節」。

君士坦丁大帝與基督教

西元三一二年一天夜裡，羅馬附近的米爾維亞橋，憂思滿腹的君士坦丁正在對第二天即將到來的大戰發愁。當他眺望星空之際，突然看到蒼茫的天空中出現了四個碩大無比的火紅色的十字架，並伴隨著這樣的字樣：依靠此，你將大獲全勝。這個被後人廣為傳誦的遙遠而虛幻的故事，把羅馬君士坦丁大帝與基督教緊緊地聯繫在一起。

君士坦丁大帝，即君士坦丁一世，二八〇年出生於今塞爾維亞的尼什。他父親君士坦烏斯是戴克里先推行四帝共治制時西部帝國皇帝馬克西米連的副手。年輕的君士坦丁曾在東部帝國皇帝戴克里先軍中服役，並在對埃及和波斯的戰爭中靠自己的勇敢和才幹升任高級軍官。三〇五年，戴克里先和馬克西米連同時退位，君士坦烏斯成為西部帝國的皇帝，君士坦丁回到他的身邊，隨父轉戰不列顛等地。三〇六年，君士坦烏斯病逝，君士坦丁繼位為西部帝國的皇帝。但是，帝國的部分將領不服，於是內戰爆發。經過六年的征戰，三一二年，君士坦丁在米爾維亞橋戰役中，據說在基督的佑護下擊敗了挑戰者馬克森提，統一了西部帝國。

君士坦丁成了羅馬帝國西半部名正言順的統治者，但是東半部卻是由另一位將軍李錫尼統治著。三二三年，君士坦丁主動出擊，打敗了李錫尼，成為羅馬帝國唯一的君主。

在君士坦丁一世統治期間，他圍繞加強中央集權專制統治，進行了一系列的重大改革，其中對基督教的改革是其改革的重要方面。

君士坦丁從何時開始信仰基督教還是個謎。也許是長年征戰耳聞目睹了血腥的疆場，逐漸使他產生了「罪愆」觀念，從精神上投向看來充滿仁愛思想的基督教會的懷

三〇三年
戴克里先發布敕令，禁止基督教徒舉行宗教儀式，沒收教會財產，焚毀教會文件，處死大批基督教徒。基督教遭遇歷史上規模最大的一次迫害。

三一三年
君士坦丁與李錫尼在米蘭聯合發表宗教寬容敕令（「米蘭敕令」），規定基督教同異教崇拜具有同等權利，歸還以前沒收之教產。基督教取得合法地位。

抱；也許是作為極度虔誠信徒的母親和妻子對他產生的潛移默化的影響；也許是他父親早已對基督教採取的寬容政策，對他帶來的某種影響。而流行最廣的說法，則是本文開頭出現的奇異情景，君士坦丁在十字架的啟示下贏得了米爾維亞橋戰役的勝利，並從此皈依了基督教。

西元四世紀，隨著基督教的發展，教徒的成分也發生了變化，許多大地主、富有工商業者和官吏，甚至皇族也加入了基督教。基督教的儀式逐漸變得複雜，教義也更趨向於順從統治階級，而統治階級也開始了解基督教。君士坦丁的改革就在這樣的背景之下發生了。

三一三年，君士坦丁和李錫尼聯合頒布了著名的法令——「米蘭敕令」，法令明確了「宗教信仰自由」，給基督教合法地位，並歸還以前所沒收的基督教堂和財產。這是基督教發展歷程中的重大轉折。君士坦丁雖未將基督教定為國教，但他的政策明顯是鼓勵該教的發展。此後，他還頒布法令賜予基督教諸多特權，如教會有權接受遺產和捐贈，教會神職人員豁免賦稅和徭役等。在他統治時期，信奉基督教成了晉升國家高級職位的一個捷徑。他還建造了多座知名教堂，如耶路撒冷聖墓教堂等。經君士坦丁時代之後，基督教的地位已不可動搖，並於三九二年成為羅馬帝國的國教，開始了在西方文化史上唯我獨尊的時代。

在基督教廣泛傳播的情況下，由於在教義和組織等方面的嚴重不統一，造成了複雜的教派紛爭和宗教矛盾。當時基督教分裂成幾大派系，其中正統教會主張聖父、聖子、聖靈三位一體說，而以亞歷山大里亞主教阿里烏斯為代表的一派則否認三位一體，認為只有聖父才是永恆的，這一派同時還主張教徒安於清貧。基督教的主教們都希望借助皇權來解決這些矛盾和紛爭。君士坦丁也認為，統一的帝國必須要有同它相適應的統一的教會。因此，這期間，教會事務和教義問題被提上國務議事日程。君士

三三〇年
君士坦丁遷都於拜占庭並更名為君士坦丁堡。帝國統治中心移至東方。

坦丁十分積極地參與教會事務，竭力幫助基督教統一教義和組織。

三二五年，君士坦丁在尼西亞召集了全羅馬帝國基督教主教大會，集中討論長期以來分歧很大的教義問題。這是基督教歷史上第一次宗教大集結。與會的三百多名主教，經過激烈辯論，通過了「尼西亞信條」，堅持了正統教會的三位一體說，斥責阿里烏斯派為異端，並將阿里烏斯革除出教會。

三三七年，君士坦丁臨終前正式接受了洗禮，以一個基督徒的真面目升向他夢想中的天國。

相關連結

「米蘭敕令」的頒布

基督教創立後，在二百多年間一直遭到羅馬統治者的激烈反對與禁止，基督徒則遭到殘酷迫害與鎮壓。西元3世紀後期，羅馬皇帝多次發布敕令，大規模鎮壓基督徒，教會、教堂財產被沒收，信徒集會被禁止，大批教會領袖被流放或處死。然而大迫害、大鎮壓不僅沒有消滅基督教，反而擴大了基督教的影響，增強了教會的地位。於是，羅馬統治者不得不改變統治政策。313年，君士坦丁一世在義大利米蘭城正式發布「米蘭敕令」，也稱「寬容敕令」。

「米蘭敕令」規定：各種宗教都享有同樣自由，羅馬原有宗教維持舊制，無償歸還從前沒收的教堂和教會財產。敕令的主旨，在於允許帝國境內有信仰基督教的自由，承認基督教的合法地位，並第一次承認教會擁有財產的合法性。這是早期基督教傳播、演變與不斷擴大影響的結果。它標誌著羅馬統治者由迫害基督教轉為利用基督教。

「永恆之城」的陷落

西元四一〇年盛夏，一個風雨雷電交加的夜晚，西哥德人吹著號角、長驅直入，衝進西羅馬帝國首都羅馬城。此後，發生了三天三夜的大洗劫，羅馬城變成一片廢墟……這就是被稱為「永恆之城」的羅馬首都在帝國滅亡前夕被西哥德人攻陷的一幕。

三七八年，羅馬軍隊在亞德里亞堡戰役中慘敗於西哥德人，皇帝瓦倫斯戰死疆場。此後，羅馬帝國幾乎再無力量組織強有力的抵抗。而西哥德等日耳曼人部落的力量則日益發展壯大。

三九五年，羅馬帝國分裂為東、西兩個部分。這時，西哥德人新任領袖阿拉里克，決定利用羅馬帝國分裂衰敗之機，率軍橫掃東羅馬統轄的馬其頓和希臘地區。東羅馬帝國皇帝對此束手無策，只得作出讓步，於三九七年任命阿拉里克為伊呂里庫姆地區的總督。阿拉里克順勢利導，借用這一合法地位，收繳羅馬人的大批武器、糧食和各種物資，使自己的實力得到迅速增強。

四〇一年，阿拉里克決定率軍進攻西羅馬帝國的腹地義大利，並準備在那裡建立王國。阿拉里克統兵從所在的伊呂里庫姆出發，翻越阿爾卑斯山，並在沿途吸納大批羅馬奴隸、隸農加入自己的隊伍。阿拉里克的軍隊在幾乎未遇到強大阻力的情況下，即進入了義大利北部。昏聵的西羅馬帝國皇帝見情勢危急，驚慌失措地逃進拉溫那。恰逢由汪達爾人充任的西羅馬司令官斯提里科火速救援，義大利方暫時倖免。然而，不久，斯提里科因遭政敵忌恨，被西羅馬皇帝處死。斯提里科之死，激起羅馬數萬名日耳曼官兵的憤慨，他們毅然倒戈投奔阿拉里克，並要求阿拉里克再次進攻義大利。

一六七年
日耳曼人突破多瑙河防線，侵掠羅馬邊境各行省。

二五三年
法蘭克人渡萊茵河，阿雷曼人、哥德人侵入帝國境內。

三七八年
羅馬皇帝瓦倫斯親征西哥德人，在亞德里亞堡大戰中，羅馬敗績，瓦倫斯陣亡。

三九五年
狄奧多西一世去世，遺命長子阿卡狄為東部皇帝，次子荷諾里為西部皇帝，帝國正式分裂為東、西羅馬帝國。

四〇八年秋，阿拉里克統兵再次翻越阿爾卑斯山，沿著亞德里亞海岸南下，直驅羅馬城，並搶占奧斯提亞港，斷絕羅馬城的糧道。羅馬城很快陷入饑饉，羅馬人交出重金才勉強解圍。然而，阿拉里克並沒有退出義大利，而是移師北上，包圍拉溫那，向羅馬皇帝提出割讓威尼西亞等省，建立西哥德人自己統治的國家的要求。這一要求自然被拒絕。於是，阿拉里克決意進攻羅馬城。

四一〇年，經過精心準備，阿拉里克揮師南下，再次包圍羅馬城，並拒絕了羅馬的媾和請求。在西哥德大軍的團團圍困之下，羅馬城內的奴隸和下層自由民紛紛起義。八月二十四日午夜，恰值風雨交加之際，羅馬城內奴隸轟然打開了薩拉里亞城門，於是，西哥德軍隊如潮水般衝入城內，在震天的號角與吶喊聲中，羅馬城轉瞬之間就被西哥德軍隊占領。西哥德人在城內進行數日大肆劫掠之後，引兵出城南下。西哥德人攻

相關連結

西羅馬帝國的滅亡

從西元2、3世紀開始，羅馬帝國內部各種矛盾日益暴露並加劇，奴隸制經濟、政治陷入危機，隸農製作為封建因素日益增長。軍人專橫跋扈，干涉皇帝廢立，混戰不斷，政局動盪；上層貴族、達官驕奢淫逸，揮霍無度，腐敗成風，人們視生產勞動為恥辱，整個社會走向奢靡、沉淪。帝國的壓迫剝削激起廣泛的奴隸和人民起義，給羅馬的統治以沉重的打擊。在政局動盪，爭權混戰之中，帝國分裂的跡象日趨明顯。395年，羅馬帝國最終分裂為東、西兩部分。西部帝國連年戰亂，經濟衰退，統治日趨衰弱。

帝國內部的劇烈動盪，給外族入侵提供了可乘之機。3、4世紀之交，原住多瑙河、萊茵河地區的日耳曼人部落，大批遷入帝國境內，並先後建立王國，大批「蠻族」加入羅馬軍隊，進一步瓦解和削弱了帝國的統治。4世紀後期，西哥德人舉行反羅馬起義，屢敗羅馬官軍，並大舉進軍義大利。410年，圍攻羅馬城，在奴隸策應之下，一度攻占、洗劫羅馬；而後進入高盧、西班牙地區，建立西哥德王國。

476年，日耳曼人出身的羅馬雇傭軍將領奧多亞克在帕維亞舉行兵變，正式廢黜了年僅六歲的西羅馬末代皇帝羅慕路斯·奧古斯都。至此，西羅馬帝國滅亡。

西羅馬帝國的滅亡，標誌著奴隸制在西歐的崩潰，西歐歷史從此揭開了新的一頁。

陷羅馬城，震動了整個帝國。從西元前三九〇年高盧人一度攻陷羅馬以來，在長達八百餘年的歷史中，羅馬首都還不曾為任何外族攻陷過，因而被羅馬譽為「永恆之城」。而此「永恆之城」的陷落，預示著西羅馬帝國的大廈將傾、壽數將盡了。

四七六年

日耳曼人雇傭軍軍官奧多亞克發動政變，廢黜皇帝羅慕路斯·奧古斯都，西羅馬帝國滅亡。

西歐中世紀早期

西元四七六年，西羅馬帝國滅亡後，日耳曼人在羅馬帝國的廢墟上建立起一批新的王國，其中法蘭克王國存在時間最久、國勢最強。查理大帝統治期間，法蘭克王國吞併和控制了西歐大部分土地，並在羅馬教皇的支持下，形成強大的查理曼帝國。查理大帝死後，帝國一分為三，奠定了後來法國、德國和義大利三國疆域的基礎。其中東法蘭克王國在奧托一世時期，建立神聖羅馬帝國。五世紀中期，日耳曼人中的盎格魯人、薩克遜人進入大不列顛群島。九世紀前期，英格蘭國家形成。

這一時期，在羅馬遺產、基督教傳統和日耳曼人社會模式等因素的綜合作用下，西歐封建制度形成，其主要特徵是，封臣制（附庸制）與封土制（采邑制）相結合，土地所有權與政治統治權相結合，大貴族在其世襲領地內具有獨立的政治、經濟權力，而王權相對軟弱。

教皇國

教皇國是當今世界上面積最小的國家，位於義大利首都羅馬西北角呈三角形的高地上。它地處台伯河右岸，以四周城牆為國界。面積0.44平方公里。居民多信奉天主教。

克洛維創建法蘭克王國

西羅馬帝國滅亡後，日耳曼人在廢墟上逐步建立起諸多「蠻族」小王國。其中法蘭克王國在諸王國中實力最為強大、存在時間最長，對西歐歷史與社會影響也最為深遠。這個王國的創建者是法蘭克著名首領克洛維。

西元四八一年，墨洛溫家族的法蘭克人軍事首領希爾德里克去世，他年僅十六歲的兒子克洛維繼承父位。

五年過後，久經沙場考驗的克洛維已經成長為法蘭克人的著名將才。他聯合法蘭克其他部落，從高盧北部向內地發動進攻，在巴黎附近的蘇瓦松擊敗高盧的羅馬軍隊，一舉奪取了塞納河和盧爾瓦河之間的大片土地，為法蘭克王國奠定基礎。

一個二十歲的毛頭小夥子，能有威嚴與膽識執掌法蘭克王國嗎？人們將信將疑，而克洛維用行動做出了回答。

傳說攻占蘇瓦松後，在分戰利品的時候，克洛維想得到屬於基督教聖物的一個廣口花瓶。而在占領教堂中搶到花瓶的一個士兵，不但拒絕了克洛維的要求，還當場用戰斧砍碎了那個花瓶，並說：「除抽籤之外，你什麼也得不到！」克洛維當時沒有做聲。一年之後的一天，克洛維檢閱軍隊，恰巧遇到那個士兵。在檢查軍械時，克洛維藉口那個士兵的戰斧保養不善，將它扔在地上。當那個士兵俯身拾戰斧時，克洛維猛然掄起自己的戰斧，一下劈碎了他的頭顱，並且輕聲而嚴厲地說：「這就是你在蘇瓦松時對待花瓶的行為！」這一突如其來的舉動，令在場的士兵震驚不已，法蘭克人從此對克洛維無不敬而畏之，他在法蘭克的威信牢牢樹立起來。

克洛維在征服高盧的過程中，一方面依靠自己英勇善戰的軍隊，東征西討，幾乎

四八六年
蘇瓦松戰役，法蘭克人打敗西羅馬軍隊。

四九六年
克洛維率法蘭克人皈依基督教（羅馬正教）。

五一一年
克洛維於巴黎去世，四子分治其國。

五一八年
拜占庭帝國元老貴族擁立高級軍事將領查士丁尼為皇帝，稱查士丁尼一世，查士丁尼王朝統治開始，帝國進入全盛期。

戰無不勝；另一方面就是爭取得到教會的支援。他在統兵征戰中，很少侵犯高盧的羅馬大地主和教會大地產，並與高盧北部地方的主教建立了良好關係，這不僅使克洛維減少了進軍的阻力，而且得到了當地教俗勢力的幫助。

克洛維原本信奉多神教。四九三年，克洛維娶勃艮第國王的孫女克洛提爾為妻。克洛提爾是個虔誠的基督教徒。婚後，她一直勸說克洛維信奉基督教，說入教以後，萬能的耶穌基督會在他最危險的時候拯救他。當時，克洛維並沒理會，只是一笑置之。

不久，克洛維在同強大的阿勒曼尼人作戰中遭到慘敗，在即將全軍覆沒的危急時刻，克洛維突然想起妻子的勸說，便默默地向耶穌基督求救。結果，戰場上的局勢急轉直下，他的軍隊很快反敗而勝。據此，克洛維相信這是耶穌拯救了他。

西元四九六年的耶誕節，克洛維率領三千名士兵到教堂接受洗禮，正式皈依了基督教。在羅馬教會和信奉基督教居民的擁護、支持下，克洛維聲望大振。不久，克洛維發動了對西哥德的進攻，很快打敗了西哥德人，並殺死西哥德國王，奪取了西班牙半島和高盧南部的大片領土。以後，他被東羅馬帝國封為執政官，並定都巴黎。

克洛維成了當時法蘭克族中權力最大的人。為了鞏固和加強統治，把整個高盧置於他的統治之下，克洛維不惜採取各種手段，剪除政敵，鎮壓敢於反抗他的軍事首領。史料記載，他曾派人去煽動河濱法蘭克人首領的兒子克洛德里克弒父篡位。結果，克洛德里克聽信教唆，殺害了他的父親，並把這個消息報告克洛維。為了表示對克洛維的謝意，他答應送給克洛維一些財寶。克洛維派使臣去觀看克洛德里克的財寶時，成功刺殺了克洛德里克。這樣，克洛維就成為高盧地區法蘭克人的最高統治者——國王了。

五一一年，克洛維在巴黎去世。他的後代繼續不斷對外擴張，到六世紀中葉時，

五三二年
羅馬基督教僧侶狄奧尼西．埃克西鳩阿斯倡議，以耶穌誕生之年為紀元之始，後漸為世界多數國家所採用。

五五八年
克洛維第四子克洛退爾重新統一全部法蘭克，即位為法蘭克王，稱克洛退爾一世。

六一三年
法蘭克克洛退爾二世成為全法蘭克之王。

法蘭克王國成了西歐最強大的國家。克洛維建立的墨洛溫王朝，一直延續到八世紀中葉。

相關連結

墨洛溫王朝始末

法蘭克人最早居住於萊茵河口以南濱海一帶，首領是墨洛維。西元481年，墨洛維之孫克洛維繼父之位，成為法蘭克人的酋長。486年，克洛維在蘇瓦松消滅了羅馬在高盧的殘餘勢力，正式建立墨洛溫王朝。之後，逐步消滅法蘭克其他酋長的勢力，先後打敗了阿勒曼尼人和西哥德人，並迫使高盧東南部的勃艮第王國臣服，王朝勢力擴展到高盧大部分地區和萊茵河東岸。

511年克洛維死，其四子分別以巴黎、奧爾良、蘇瓦松和梅斯為中心平分法蘭克王國領土，並合力吞併了勃艮第王國。經過長期爭戰，法蘭克人於6世紀中期實現短期統一。克洛退爾一世諸子又將王國分為奧斯特拉西亞、紐斯特里亞與勃艮第三部分。613年再由克洛退爾二世統一。639年王國重陷分裂。在長期混戰中，王權逐步削弱，實權落到掌管宮廷事務和王室地產的宮相手中。687年，奧斯特拉西亞宮相赫里斯托爾的丕平統一全國，751年，其孫宮相丕平（矮子）廢墨洛溫王朝末王希爾德里克三世自立，開創了加洛林王朝。

「丕平獻土」與教皇國

這裡說的丕平，史稱「丕平三世」，綽號「矮子」丕平。八世紀中期，他先為法蘭克王國宮相，繼而即位，成為法國加洛林王朝的開國者。然而他的歷史足跡不僅僅在於做了宮相與國王，他留下的歷史遺產也不僅僅是為兒子查理曼打下了稱霸西歐的基礎，而在於由他的「獻土」，造就了一個延續一千一百多年的教皇國。

丕平三世出身於法蘭克王國顯赫的「宮相」世家，他的作為，與他有能幹的祖輩父輩分不開。他的祖父赫斯塔爾．丕平，排擠了眾多兇狠狡詐的敵手，成為墨洛溫王朝宮廷唯一的宮相；他的父親「鐵錘」查理，更是將墨洛溫王朝的「懶王」玩弄於股掌之上，懾服了地方各大諸侯，並率領最早的十字軍，出擊企圖侵入歐洲腹地的阿拉伯軍隊，因此使他名聲大噪。

七四一年，矮子丕平的父親查理．馬特死，其宮相職位由他的兩個兒子卡羅曼和丕平繼承。這兄弟倆曾一度親密合作，擁立墨洛溫家族後裔（一個隱士）為王，並一同清除了忠於墨洛溫王朝的大貴族。然而不久，由於利益的驅動，使他們背棄了手足之情，在最後的「決鬥」中，弟弟丕平大獲全勝。於是，整個法蘭克王國大權便落到丕平手中。

然而，丕平並不滿足，他還想得到王國最高榮譽——王位。他深知要實現這一步，必須取得基督教會的支持，以使自己的篡位稱王披上合法的外衣。而恰在此時，正遭遇倫巴德人嚴重威脅的羅馬教皇，也迫切希望得到丕平為首的世俗統治者的援助與支持。雙方互有所求，一拍即合。

七五一年，矮子丕平派使臣到羅馬謁見教皇，向教皇提出如下問題：「是聽任徒

六三九年
法蘭克王達哥伯特一世去世，兩子分治其國。此後諸王孱弱無能，故被稱為「懶王」。

七一七年
從是年開始，法蘭克宮相查理．馬特四年間四次廢立國王。

七三四年
法蘭克宮相查理．馬特開始沒收部分教會及叛亂貴族的土地，分配給部屬及作戰有功者為采邑，史稱采邑改革。

七五一年
法蘭克宮相「矮子」丕平加冕稱王。加洛

有虛名的人做國王好，還是讓真有實權的人做國王好？」教皇自然心領神會，聽出了矮子丕平的話外之音，便討好地答覆說：「當然是讓有實權的人當國王更好些啦！誰掌權誰就應為王。」得到教皇的認可，矮子丕平立即召開法蘭克貴族及其附庸的大會，鄭重宣布教皇的決定：根據全體法蘭克人的擁戴，眾主教的奉獻和貴族的宣誓，廢黜墨洛溫王朝，將末代國王希爾德里克三世囚禁到修道院。矮子丕平就此篡位稱王，建立起加洛林王朝。

七五三年，羅馬新教皇斯蒂芬二世為取得法蘭克王國的幫助，頂風冒雪，翻越阿爾卑斯山，親自到高盧為新國王舉行宗教儀式。在這裡，教皇於七五四年親自為丕平塗聖油、加冕，並宣布禁止任何人從別的家族中選立教皇，違者將受到剝奪神職、逐出教門的處罰。

矮子丕平稱王之夢如願以償。為了報答教皇，七五四和七五六年，應羅馬教皇之邀，丕平兩次出兵義大利，打敗並征服侵擾羅馬的倫巴德人，並將從倫巴德人手中奪得的土地——拉溫那到羅馬之間的「五城區」正式劃歸、贈送給教皇。這件事就是基督教會史上被稱頌了千餘年的「丕平獻土」。從此，在義大利的中部，誕生了一個政教合一的教皇國，並存在了一千一百多年。

林王朝統治開始。是年，羅馬教皇遭倫巴德人威脅，乞援於「矮子」丕平，丕平予以援助。

七五四年
羅馬教皇為「矮子」丕平舉行塗油禮。

七五六年
法蘭克「矮子」丕平再度進軍義大利，強迫其將拉溫那總督區、彭塔波利斯等地割讓與教皇，此即教會史上著名的「丕平獻土」。

相關連結

宮相專權與「懶王」統治

宮相最初是法蘭克王國王宮的管家、國王的僕人，但因其地位顯要，漸漸執掌機要，不僅控制內政，也成為軍隊的最高首領。6世紀下半葉，法蘭克王國逐漸封建化，王權衰弱，宮相逐漸成為王國的實際統治者。墨洛溫王朝最後十幾代國王或童稚登基，或愚昧無能，或為大貴族擁立，他們終日乘輿服輦，聲色犬馬，不問政事，被稱為「懶王」。這樣，宮相掌權與「懶王」統治，相輔相成，構成當時法蘭克王國的政治特徵。

自7世紀中葉開始，法蘭克王國分列為奧斯特拉西亞、紐斯特里亞和勃艮第三部分，各地大貴族分別推舉宮相，自行其是。各宮相之間為了爭奪國家最高統治權，混戰不止。687年，奧斯特拉西亞宮相丕平二世最後獲勝，成為全國唯一的宮相。其子查理．馬特任宮相時，實行采邑制改革，加強了中央的權力。751年，丕平二世之孫宮相丕平（矮子）篡位自立，開創加洛林王朝。

查理威懾降「岳丈」

查理大帝的對外擴張，絕大多數是憑藉強大武力、激烈鏖戰、摧城拔寨而實現的，但也不乏憑藉威懾，兵不血刃，不戰而勝的案例。其中，查理擴張之初，強力威懾倫巴德王國、降服其「岳丈」就是代表之一。

倫巴德是日耳曼人在義大利中北部地方建立的王國。從八世紀中期開始，倫巴德王國就不斷南下，企圖奪取教皇駐地羅馬。為此，法蘭克王國在國王矮子丕平統治時期曾兩度出兵援助教皇，擊敗倫巴德人。查理即位後，倫巴德王國繼續威脅羅馬。於是，應羅馬教皇的請求，查理派軍隊出征倫巴德。最初交鋒後，倫巴德人戰敗，作為議和條件之一，倫巴德國王德西迪里將女兒嫁給查理為妻。但查理並不喜歡這個王妃。因此，倫巴德國王不滿法蘭克王國，揚言要尋機報復。為徹底征服倫巴德，將義大利北部併入法蘭克王國版圖，查理決定御駕親征。

七七四年，查理率領一支龐大的法蘭克軍隊，越過冰封的阿爾卑斯山，大舉進軍倫巴德王國。這是查理當上國王後的第一次親自出征。時年三十二歲的查理，身材魁梧，精力充沛，儀態威嚴，頭戴鐵盔，身著鎧甲，騎黑色戰馬，手持長矛，腰挎利劍，催馬跑在隊伍最前邊。而法蘭克出征大軍，裝備精良，訓練有素，軍陣嚴整，跟隨查理，勇往直前，浩浩蕩蕩開向倫巴德。

不久，法蘭克軍隊翻過阿爾卑斯山，進入倫巴德王國境內，並分梯次陸續逼近倫巴德都城帕維亞，形成兵臨城下的包圍態勢。

倫巴德國王德西迪里羸弱無知，從未見過「女婿」查理，也沒見過號稱強大的法蘭克軍隊，聽說查理大軍近逼城下，就在一群貴族大臣的陪同下，登上城牆塔樓「看

七六八年
法蘭克「矮子」丕平去世，二子分治其國：查理統治王國北部，卡羅曼統治南部。

七七一年
統治法蘭克南部的卡羅曼去世，查理遂成為全法蘭克之王，後因征服廣大地區，被稱為查理曼。

七七四年
法蘭克王查理應邀出征義大利，大敗倫巴德王於巴威亞，倫巴德王國亡。查理併義大利北部於法蘭克王國，自稱「法蘭克人與倫巴德人之王」。

新鮮」。

遠處開始出現法蘭克軍隊的車馬了，德西迪里問身邊的貴族：「法蘭克軍隊就是這些車馬吧？」

貴族大臣回答說：「不，這只是查理軍隊的輜重車馬隊，後面還有很多呢。」

一會兒，法蘭克的龐大騎兵隊開過來了。德西迪里驚訝得張大嘴巴，顫聲說：「哎呀！這麼多騎兵啊！後邊大概沒有了吧？」

大臣說：「還有啊！查理所在的隊伍還沒上來呢。」

德西迪里聽了驚恐萬狀：「天啊！法蘭克的軍隊到底還有多少啊！」

正當國王、大臣震驚不已的時候，查理所在的一支龐大隊伍漸漸進入他們的視線。只見這支隊伍兵士密集，隊形嚴整，旌旗獵獵，將士手中的兵刃寒光四射，將本來陰沉昏暗的天空映照得雪亮，令觀者不寒而慄……。

這時，只聽大臣告訴國王：「陛下，您一直等待的查理應該就在這裡。」話未說完，德西迪里與貴族大臣們早已被驚嚇得魂不守舍，一邊慌忙下令緊閉城門，加強防守，一邊趔趄著躲進宮內。

查理大軍完成對帕維亞城的包圍之後，見守軍早早關閉城門，掛起免戰牌，知道他們在法蘭克大軍威懾之下退縮了。查理下令全軍對帕維亞城圍而不攻，迫其投降。隨後，又命令軍隊中的工匠立即動手，在城外建造一間祈禱室，供圍城軍隊禮拜上帝之用。於是，法蘭克軍隊的士兵和工匠們，迅速奔向四方，就地取材，收集石料、木料等建築材料，當天夜裡就修建起一座豪華漂亮的小型禮拜堂。

第二天早晨，當倫巴德國王和貴族大臣們看到，都城外一夜之間，聳立起一座平時需要一年時間也不一定能夠建好的禮拜堂時，感覺這是上帝的旨意，倫巴德壽數已盡，抵抗毫無意義。於是，德西迪里國王只得向「女婿」查理投降，無條件接受了自

七九九年
羅馬發生貴族黨爭，教皇利奧三世被逐。利奧三世遣人向法蘭克王查理乞援，查理遣人護送其返回羅馬。

八〇〇年
耶誕節前夕，查理在羅馬聖彼得教堂由教皇利奧三世加冕稱帝，稱「羅馬人的皇帝」。

八一四年
法蘭克查理大帝逝世。其子「虔誠者」路易即位。

己被終身放逐的條件，並讓查理的兒子充當倫巴德國王的總督。這樣，查理輕而易舉地征服了倫巴德，將其領土納入了法蘭克王國的版圖。

相關連結

查理曼帝國的創建

768年，法蘭克王國加洛林王朝國王矮子丕平之子查理繼承王位。統治期間，他勵精圖治，實行與教皇結盟的政策，強化統治力量，國勢日益強盛。對外推行擴張政策，先後發動了五十多次戰爭，使法蘭克王國版圖急劇擴大。774年，征服倫巴德王國，占據義大利北部和中部；778-801年，越過庇里牛斯山，攻打阿拉伯人，奪得埃布羅河以北的土地；772-804年，征服薩克森人，奪取易北河流域廣大土地；787年，占領巴伐利亞；796年，征服多瑙河中游的潘諾尼亞，占據德意志西部和南部及奧地利等地。至九世紀初，帝國的版圖西臨大西洋，東至易北河及波希米亞，北瀕北海，南抵埃布羅河及義大利中部，占據了西歐大陸的絕大部分地區。西元800年耶誕節，羅馬教皇利奧三世在聖彼得大教堂為查理加冕，號為「羅馬人的皇帝」，法蘭克王國遂成為查理曼帝國。

為統治龐大的帝國，查理極力強化中央集權統治，在內地設若干伯爵區，任命貴族和主教進行治理，在邊境地區設立「馬克」（邊區），委派藩侯統轄。繼續推行采邑分封制度，促進封建土地所有制的發展。帝國還注意發展文化教育事業，興辦學校，聘請知名學者講學，出現了加洛林王朝的文藝復興。但查理曼帝國只是一個軍事行政的聯合體，各地區之間缺少經濟聯繫。到查理晚年，地方割據勢力發展，帝國顯現出解體跡象。

教皇利奧三世為查理大帝加冕

凡爾登三分疆土

西元八四三年，在法國北部的凡爾登，查理大帝的三個孫子召開「分家」會議，將查理曼帝國的疆土一分為三。這個事件宣告了查理曼帝國的正式解體和西歐大陸主要封建國家的基本成形。

八世紀末九世紀初的時候，查理曼帝國盛極一時，成為一個疆土囊括西歐大陸主體的龐大封建國家，帝國境內的民族和部落眾多，除法蘭克人和羅馬人外，還有倫巴德人、巴斯克人、勃艮第人等等。各族語言風俗區別依然很大，也沒能得到更進一步的融合。帝國各地區之間，缺少緊密的經濟文化聯繫，各地各族各自為政的現象十分普遍，整個帝國在某種程度上只是一個軍事征服下暫時的行政聯合體。這種狀況，決定了帝國的統一與統治無法長久，遲早會走向解體。

早在八〇六年，查理就已經留下遺囑：他死後，帝國按日耳曼傳統由他的三個兒子丕平、路易和查理瓜分，但由於丕平和小查理不久相繼去世，這個三分的計畫未能落實。八一四年，統治帝國四十六年的查理大帝去世，路易即位。但路易未執行查理的遺囑，而想繼續保持帝國的統一。他曾經發布法令，聲言要防止帝國的分割，其理由是皇帝的名稱是不可分的，他指定兒子羅退爾為副皇帝，在法令中規定皇帝的長子繼承皇位。

但是隨著地方封建主獨立地位的加強，王權逐漸衰弱，中央政權已無力控制局面。八一七年，路易不得不將帝國疆土分給三個兒子：羅退爾、丕平和路易。但是，沒過多久，在疆土分配問題上，父子、兄弟之間就展開了骨肉相殘的戰爭，法蘭克王國陷入內亂之中。在戰爭中，國王路易及其次子相繼死去，形成了羅退爾、路易、查

八一七年
法蘭克王路易將帝國三分於其子：羅退爾、丕平和日耳曼路易。

八四三年
法蘭克羅退爾與其弟在凡爾登締結條約，查理曼帝國被三分，奠定後來法蘭西、德意志和義大利疆域的基礎。

八七五年
羅退爾之子路易二世去世，禿頭查理繼帝位。同年侵入義大利，奪得王位，並由教皇為之加冕。

理兄弟三人長期激烈爭奪的局面，始終相持不下，最終只好用談判的方式解決。

八四三年，查理大帝的三個孫子在凡爾登舉行談判。經過協商，三方正式簽訂了「凡爾登條約」，決定將帝國分為三部分：帝國東部分給路易（日耳曼人路易），稱東法蘭克王國；帝國的西部歸屬查理（禿頭），稱西法蘭克王國；路易和查理之間加上義大利中、北部地方留給了羅退爾，成為中法蘭克王國。條約還規定，查理的長孫羅退爾承襲皇帝稱號。至此，查理帝國後期激烈爭奪、兄弟相殘的局面才告結束。

然而，「瓜分」到此並未結束。八五五年，羅退爾死後，他的三個兒子又瓜分了他的領土，長子統治義大利，次子統治洛林，小兒子得到普羅旺斯，史稱「普呂姆分割」；八七〇年，小兒子去世，日耳曼路易和法蘭西查理在墨爾森簽訂條約，將其侄的領土瓜分。此後，三個王國在外邦勢力的入侵下，疆域繼續被細分，但變化都不大。

此後，法蘭克帝國再沒有統一過。帝國各個不同的部分發展出了不同的習俗、民風、語言，成為獨立的國家。一段時間裡人們還稱分開的國家為東法蘭克帝國和西法蘭克帝國，但約一百年後這些稱呼也都消失了。只有西部的「法蘭西」繼續沿用法蘭克這個名字，而東法蘭克帝國則演變為神聖羅馬帝國，繼續維持著羅馬皇帝的傳統。

八八二年
路易三世去世，其弟卡羅曼取得全部法蘭西的統治權。小路易去世，其領地薩克森為「肥人」查理占有，全部日耳曼土地皆歸「肥人」查理。

八八八年
「肥人」查理去世，帝國又行分裂。

九一一年
法蘭西查理三世將北部濱海地區讓予諾曼人，此地後稱諾曼地。

相關連結

封建等級制度的形成

西元730年代，法蘭克王國宮相查理．馬特開始實行一種「有償」冊封土地的制度，其主要內容是：封主（領主）分封土地（采邑）給封臣（附庸），所封土地及身而止，不可世襲，封臣或封主死亡，采邑要歸還封主或其繼承人。封臣對封君行臣服禮，宣誓效忠，並為封主盡一定的義務，主要是奉召為封君服軍役（自備馬匹、武器，每年服役期限一般為40天）。通過這種冊封，封建主之間結成君臣關係，在上的稱封君，在下的稱封臣，因而就形成了上下次第的封建等級關係。8、9世紀之際，這種制度在西歐各地逐漸形成。

封君封臣制度促進了西歐封建制的形成和發展。封地通常是連同居住在其上的農民一起封給封臣，因而加速了自由農民的農奴化；大、中、小封建主之間層層分封土地，就形成了以土地關係為紐帶的封建等級制；中、小封建主日益增多，他們一般以戰爭為職業，後來發展成為騎士階層。

9世紀後半葉，隨著封建關係的發展，封地（采邑）逐漸變成了世襲領地，至11世紀，采邑制完全廢弛。13世紀以後封君封臣關係漸趨衰落，但財富、權勢不同的貴族等級仍延續著。

奧托三征義大利

西元九六二年二月二日，羅馬聖彼得大教堂舉行了一次盛大而隆重的皇帝加冕儀式。德意志薩克森王朝第二代君主奧托一世接受羅馬教皇約翰十二世的加冕，稱「羅馬皇帝」。以此為標誌，歐洲中世紀的神聖羅馬帝國宣告誕生了。

那麼，羅馬教皇為什麼要給奧托一世隆重加冕呢？從表面上看，在奧托一世崛起、發展的過程中，曾經多次在羅馬和羅馬教皇生死存亡的危難關頭，挺身「救助」，奧托「有恩」於羅馬教皇。而從本質上看，奧托一世洞悉義大利和羅馬教皇的重要性，很早就以古代羅馬帝國及其皇統合法繼承人自居，醉心於征服義大利以恢復古羅馬帝國的光榮。因而奧托一世與義大利和羅馬教皇結下了不解之緣。

義大利半島地處歐洲中南部，瀕臨地中海，是東西貿易的要衝。十世紀時，這裡經濟繁榮，出現許多非常富庶的工商業城市，然而，在政治上卻長期處於四分五裂之中。北部各個諸侯為爭奪義大利王冠，長期爾虞我詐，相互傾軋；中部教皇國和教皇則常常被強大的世俗封建貴族所操控；南部分裂為倫巴德和東羅馬帝國的領地，並時常遭受來自北部外族勢力的侵擾。這種狀況，恰好為奧托一世的入侵提供了條件和機會。

九五一年，奧托一世第一次進軍義大利。他率軍翻越阿爾卑斯山，一舉占領倫巴德，並在帕維亞接受了義大利（倫巴德）國王的稱號，實際上等於控制了北部義大利。小試牛刀，初戰告捷。本來帶有試探性的這次出征及其成果，為他日後深入義大利半島和羅馬，駕馭教皇，奠定了基礎，做好了鋪墊。

不久，奧托就開始謀劃著要奪取對羅馬教皇的控制權了。機會就是羅馬新教皇的

九三六年
德意志國王「捕鳥者」亨利去世，其子馬提爾達即位，稱奧托一世。

九六一年
應教皇之邀，奧托一世再入義大利，占領羅馬，鞏固了教皇的勢力。

九六二年
教皇約翰十二世為德意志奧托一世加冕稱帝。「神聖羅馬帝國」從此形成，義大利合併於帝國。奧托一世向義大利南部擴張勢力，由此與拜占庭發生長期衝突。

繼位。九五五年，約翰十二世登上羅馬教皇寶座。羅馬貴族們反對新教皇約翰，並聯合起來發動了大規模叛亂。新教皇地位岌岌可危，無奈之下，只得懇請奧托一世速速提供「救援」。於是，九六一年，奧托一世第二次進軍義大利，率大軍再次越過阿爾卑斯山，進入羅馬，迅速平息貴族叛亂，鞏固了約翰的教皇地位。

為了報答奧托的「救駕」之恩，九六二年二月，發生了本文開頭的情景：約翰十二世在羅馬聖彼得大教堂舉行隆重儀式，為奧托加冕，稱奧托為「羅馬皇帝」。從此，奧托成為神聖羅馬帝國的首位皇帝。同時，也以此舉開創了一個傳統，此後每個有作為的德意志國王統治期間，都要進軍義大利，在羅馬重演一次加冕禮，並以此為無上榮耀。

奧托一世屢屢入侵義大利、進入羅馬，都伴隨著擄掠、洗劫，因而常常遭到義大利人的反抗。九六三年，奧托一世廢黜約翰十二世，另立利奧八世為新教皇。此舉開了由德意志皇帝決定教皇人選的先例，也拉開了歐洲歷史上皇帝與教皇長期鬥爭的序幕。九六五年，為加強對教皇的控制，奧托一世推舉約翰十三世為教皇，但遭到羅馬人的激烈反對。於是，奧托一世第三次進軍義大利，攻占羅馬，平定貴族勢力。隨後，奧托一世又馬不停蹄，率軍攻打到義大利南部，向占據那裡的拜占庭帝國發起挑戰。

九六三年
教皇約翰十二世被奧托廢黜，利奧八世當選為教皇。

九六四年
約翰十二世被羅馬貴族復位。為此，奧托再度進入義大利，攻占羅馬，使利奧八世復位。

相關連結

神聖羅馬帝國的興衰

德意志國家立國之初，王權微弱，地方公爵勢力強大，經常興兵作亂，割據一方。為此，從薩克森王朝亨利一世開始，就依靠中小地主和教會力量，打擊公爵貴族，加強王權。936年，奧托一世繼位，採取各種策略，全力平定內亂，掃除割據勢力，不斷加強王權。帝國統治者以西羅馬帝國和查理帝國的繼承者自命。從奧托一世開始，向南經常入侵義大利；向東大肆侵占易北河至奧得河之間屬於波拉勃斯拉夫人的土地，不斷擴大自己的影響。

962年，奧托一世在羅馬由教皇約翰十二世加冕稱帝，建立神聖羅馬帝國。帝國疆域除德意志本土外，還曾包括義大利北部和中部、捷克、勃艮第、尼德蘭、瑞士及奧地利等，由獨立合法的七大選侯、十多個大諸侯、二百多個中小諸侯組成。

帝國存續的大多數時間內，皇權持續衰微，除直轄領地外，皇帝對境內的其他國王、諸侯等無約束權力。帝國沒有全國的經濟中心和統一的國內市場，也不存在統一的政治機構。13世紀下半葉，義大利實際已脫離帝國。15世紀末，瑞士獲得獨立。歐洲宗教改革運動和三十年戰爭（1618-1648）之後，帝國進一步分崩離析。1806年8月，拿破崙一世強迫帝國末代皇帝弗蘭茨二世退位，帝國最終滅亡。

西歐中世紀中期

十一—十四世紀是中世紀西歐的盛期。這一時期，地處亞歐大陸西端的西歐未曾遭受侵略，外患解除，社會安定，擁有社會發展的良好外部條件。以采邑制（封建莊園）為主的自然經濟占據統治地位；農業生產逐步發展，人口逐漸增長。在此基礎上，城市和商業逐漸興起。

這一時期，在政治上表現為兩大類矛盾的對立與較量：一方面是王權與領主貴族的矛盾鬥爭，其結果是促使西歐開始由分裂的、無定形的、封建等級制的國家，向集中的、議會君主制的民族國家轉變；另一方面是教權與王權的尖銳對峙，結果，隨著西歐教階制的完備和各國「異端法庭」的建立，到十三世紀前期，教權達到極盛；進入十四世紀以後，隨著各國王權的加強，教權逐漸衰落下來。這一時期，集中反映西歐歷史發展特徵的重大歷史事件是十字軍東征。

中世紀的法國城堡

城堡是隨著戰爭技術進步和經濟的興盛而發展起來的。歐洲第一座中世紀城堡建於九世紀法國的西北部。中世紀的戰爭是圍繞著城堡和要塞展開的。城堡是典型的防禦工事，外面有厚厚的城牆和角樓。在山嶽地帶的城堡，絕大部分垂直陡峭，巍然聳立在山頂之上。

哈斯丁斯之戰

一〇六六年十月十四日，英國首都倫敦附近的哈斯丁斯西北高地，英軍正與法國諾曼征服軍展開一輪又一輪的鏖戰，一時雙方勝負難以預料……。

一〇六六年九月下旬，挪威國王以幫助英王室調解領地紛爭為名，率軍在英格蘭北部登陸，而後進攻約克鎮。英王哈樂德立即派大軍北上救援。於是，英國首都倫敦和南部地區一時兵力空虛。為征服英國、奪取王位，進行了長期精心準備的法國諾曼地公爵威廉，見時機成熟，立即下令進軍英倫。

一〇六六年九月二十八日，威廉率重裝騎兵和步兵七千多人向英格蘭進發。由於哈樂德軍隊的主力已北上應對入侵的挪威軍隊，威廉的遠征軍順利渡過海峽，未遇任何抵抗就在英國東南的海岸登陸，然後又長驅直入，一直抵達倫敦附近的哈斯丁斯，並縱兵燒殺搶掠，以吸引哈樂德前來決戰。

哈樂德得知威廉大軍登陸的消息後，立即調集正在北方抗擊挪威的軍隊火速南下，抵抗威廉的進攻。有大臣給哈樂德分析敵我雙方軍情，勸哈樂德不能盲動，要三思而後行。但哈樂德對大臣的勸說不予理會，一意孤行，堅持立即迎敵開戰。

十月十四日，英軍五千餘人趕到哈斯丁斯西北部的森拉克高地，哈樂德在兩側山頭設置營寨，將軍隊分別部署在峰頂兩側，構成堅固的方陣，扼守通往倫敦的要道。威廉軍隊則分成三路，排成一線，向森拉克高地發起攻擊。

兩軍相接開戰後，哈樂德率軍利用居高臨下的有利地勢，從兩側山頂上，向衝鋒的諾曼人投擲亂石、標槍，打退了衝上高地的諾曼士兵。激戰中，威廉曾經墜馬落地，但他鎮定自若，立即躍上另一匹戰馬，高呼「衝鋒」。在威廉的帶領下，諾曼人

一〇三五年
威廉即位為諾曼地公爵，在位期間使諾曼地成為極有權力的公國。

一〇五一年
諾曼地公爵威廉來英格蘭，愛德華以其為英王位繼承人。

一〇六六年
英王愛德華去世，哈樂德繼位。諾曼地公爵威廉為奪取繼承權，率兵來犯。哈斯丁斯戰役，英軍失敗，哈樂德被殺，威廉成為英王，稱威廉一世（史稱「征服者」），諾曼地王朝統治開始。

再度發起進攻，然而仍被英國守軍擊退。此時，諾曼軍隊受到重創。英軍初戰得勝。見直接猛攻不能奏效，於是，威廉決定改變進攻戰術。他利用英軍容易輕率出擊的弱點，安排左路進攻軍隊在適當的時候佯裝敗退，將英軍引出陣地，然後圍而殲之。

經過一番準備，諾曼軍隊貌似此前戰法，又一次向英軍高地發起猛攻。但是，交戰不久，只見諾曼軍中突然大亂，騎兵率先「狼狽」撤退，步兵也立即丟盔棄甲，落荒而逃，一直跑下高地，退至山谷，有的甚至「逃」到對面的山上。英軍不知是計，以為諾曼人堅持不住，開始「敗退」了，便紛紛躍出陣地，猛衝下山，追擊「逃敵」。這正中威廉的下懷。結果，衝擊下山的英軍主力，幾乎全部陷入了威廉設好的包圍圈。威廉趁機下令發動反攻。當英軍弄明白是怎麼回事的時候，為時已晚。於是，兩軍只得展開血戰。激戰之中，一支利箭飛馳而來，正中哈樂德右眼，哈樂德倒地身亡。

國王哈樂德戰死，英軍群龍無首，鬥志全無，陣腳大亂，全線潰敗。諾曼軍隊一舉殲滅英軍主力，取得巨大勝利。哈斯丁斯戰役之後，倫敦城無險可守，不戰而降。威廉征服英倫之戰完成大半。

一〇七二年
威廉征服蘇格蘭，使其成為藩屬。

一〇九〇年
英王威廉二世侵入諾曼地。

一一〇四年
英王亨利一世率兵入侵諾曼地，第二年諾曼地公羅伯特兵敗被俘，英王亨利獲得諾曼地。

一一二四年
法國與英國爭奪諾曼地主權，雙方再度交戰。

相關連結

諾曼征服

1066年初，英王愛德華去世，沒有子嗣，英國賢人會議推選哥德溫家族的威塞克斯伯爵哈樂德繼任英王。然而哈樂德的王位尚未坐穩，就受到法國諾曼地公爵威廉的巨大挑戰。

諾曼地公國是中世紀以來法國境內最強大的諸侯。威廉是諾曼地公國的第七位公爵，11世紀中期，他依靠法國國王亨利一世的幫助和與佛蘭德爾的聯盟，樹立起自己的權威，並將英吉利海峽和多佛海峽南岸一線掌握在手中，取得入侵英國、奪取王位的地利條件。

關於英王王位繼承問題，威廉與當時在位的兩個國王曾有成約。1051年，威廉訪問英國，英王愛德華曾許諾在其死後將王位傳給他。1064年，哈樂德乘船巡弋英吉利海峽，在法國海岸失事被扣在諾曼地，哈樂德為了回國，被迫向威廉宣誓，支持他對英國王位的要求。因此，威廉認為，登上英國王位已是指日可期，卻不料英國賢人會議擁戴哈樂德為王。於是，威廉決心以武力奪取王位。

經過軍事上和外交上的充分準備，在羅馬教皇、諾曼貴族和來自法國各地騎士的支持下，1066年9月底，威廉率軍出征英國。在挪威軍隊的策應下，威廉渡過海峽從英國南部的伯文西登陸，然後移往哈斯丁斯。哈樂德聞訊，急忙率軍南返。10月中旬，雙方大軍在哈斯丁斯展開激戰，結果，威廉大敗英軍，隨後乘勢攻占倫敦。當年耶誕節，威廉在倫敦自立為英王，稱威廉一世（史稱「征服者」）。從此，開始了英國歷史上的諾曼王朝（1066-1154）。之後，威廉又先後鎮壓了多次當地貴族和農民起義，到1072年，征服了英國全境。

卡諾莎覲見

西元一〇七七年一月下旬，義大利亞平寧山間的卡諾莎城堡前，在漫天大雪和刺骨寒風中，一個青年男子，身著薄衣，斜披表示懺悔的氈毯，赤腳站在雪地上，一邊捶胸頓足、痛哭流涕，一邊對著城堡沉吟悔罪……這就是歐洲歷史上著名的「卡諾莎覲見」的一個場面。覲見的青年就是德意志國王亨利四世。

十一世紀初開始，在歐洲大陸上，發生了一場激烈的權力糾紛：德意志國王與羅馬教皇爭奪天主教主教授職之權。其實就是世俗君主與羅馬教皇爭奪歐洲最高統治權的較量。

神聖羅馬帝國建立以來，歐洲天主教主教授職權等一直掌握在國王手中，這種情況已經引起羅馬教會勢力的極大不滿。一〇五六年，年僅六歲的國王亨利四世繼位，羅馬教廷見國王年幼、有機可乘，便想奪回主教授職權，並以此來削弱國王的權力和影響。

一〇七三年，格里高利七世就任教皇。他認為教皇權力由上帝所授，高於一切。教皇有權任免主教，甚至可以廢立皇帝、審判和處置國君，但誰也無權廢立和處置教皇。一〇七五年，格里高利七世發布敕令，以「法令」的形式進一步明確規定各地主教任免權的歸屬，強調世俗君主不得插手教會事務。

時年二十多歲的亨利四世，血氣方剛，全然不顧新任教皇的敕令，竟然委派一大批支持者去各地擔任主教。教皇得知這個消息，非常震怒，立即寫信警告亨利四世，命令他馬上懺悔並交出主教任免權。亨利四世還以顏色，於一〇七六年一月召開宗教會議，宣布廢黜教皇。格里高利七世以牙還牙，也迅即召開宗教會議，決定開除亨利

一〇七三年
希爾德布蘭當選教皇，稱格里高利七世。隨後，頒布「教皇敕令」。

一〇七六年
德意志國王亨利四世在沃姆斯召開宗教會議，宣布廢黜教皇格里高利七世；教皇則於羅馬召開宗教會議，宣布剝奪皇帝亨利四世的權力，並開除其教籍。冊封權鬥爭開始。

一〇七七年
德國皇帝亨利四世被迫妥協，偕妻前往義大利北部的卡諾莎，求見教皇。

四世的教籍，同時廢除他的王位。與此同時，教皇還鼓動各地的貴族、封建主紛紛組織叛亂活動，造成反對亨利四世的聲勢。

教籍處罰、諸侯反叛，使亨利陷於「四面楚歌」之中，王位岌岌可危。走投無路之下，亨利四世思慮再三，只得「屈尊」向教皇「請罪」和解。

一〇七七年初，亨利四世素裝簡行，帶著妻兒和少數身邊隨從，頂風冒雪，翻越冰封的阿爾卑斯山，長途跋涉，前往義大利，去當面向教皇祈求赦免。於是，就出現了本文開頭所描述的那一場面。

在中世紀的歐洲，羅馬教會允許被逐出教會或違犯教規的人，用不同形式進行懺悔，以贖取自己的罪過。懺悔的時間長短不等，以教廷、教會的滿意與否為准。

亨利長途跋涉，來卡諾莎覲見、懺悔，卻遭到教皇的極度「冷遇」。一連三天，亨利苦苦哀求，卻遲遲不見教皇的影子。就這樣，教皇以冷遇懲戒著，亨利則一直站在雪地裡懺悔著……。

教皇身邊的一些主教和修道院長們已經被感動，開始為亨利求情了。

直到第四天，格里高利七世才決定傳見。面對狼狽不堪的亨利，教皇冷冷地訓斥說：「我已經以上帝的名義革除了你的教籍、剝奪了你的王權，你還來見我做什麼？」亨利四世誠惶誠恐、聲淚俱下地回答：「教皇陛下，我的主人，我已深深認識到自己的罪過了，這次是特地來向您懺悔、祈求您寬恕的。」教皇不屑地說：「你還拿我當教皇？你不是已經廢黜我了嗎？」亨利連忙解釋，已經撤銷了冒犯教皇的法令，寫好了聽命於教皇的保證書，並繼續伏地痛哭，懺悔不止。這時，教皇身邊的主教們再次紛紛上前為亨利求情。怒氣漸消的教皇陰著臉說：「作為上帝的使徒，我不能拒絕一名真正的懺悔者。為了上帝的慈愛，我決定讓你重新回到教會的懷抱中來。但是，你必須在上帝面前立下誓詞，痛改前非。」

一〇八三年

亨利四世攻入羅馬，格里高利火速召其諾曼同盟來援。教皇克里門為亨利四世加冕。

一〇九二年

德意志康拉德舉兵反對其父亨利四世。教皇為康拉德加冕，並允其稱皇帝。

一一二二年

德意志皇帝與教皇簽訂「沃姆斯宗教協定」，延續近半個世紀之久的冊封權爭端，始得解決。

見已經得到教皇寬恕，亨利急忙進前施大禮謝過恩典，並當場寫下誓詞，表示一定遵循教皇意旨，痛改前非。

獲得教皇赦免之後，亨利四世帶著隨從離開了卡諾莎城堡。「卡諾莎覲見」後來成了忍辱負重、投降改過的同義詞。

其實，卡諾莎覲見對亨利四世來說不過是韜晦之計。他是在以暫時的屈辱妥協，來換取喘息之機。回到德國後，他一邊撲滅反對派的叛亂，一邊恢復實力、重整旗鼓。一〇八四年，亨利四世率領軍隊占領羅馬，第二次廢黜格里高利七世。教皇倉皇逃難，第二年，死於義大利南部。一一〇六年，亨利四世也死去。然而，這場權力之爭還遠未結束。

相關連結

教權與皇權的較量

962年，奧托一世在羅馬接受教皇加冕，成為神聖羅馬帝國皇帝。之後，奧托一世親自任命境內主教，授予伯爵稱號和土地，並交給新任主教象徵權力和地位的權杖和指環，史稱「奧托特權」。一年之後，奧托一世甚至將給他加冕的教皇廢黜。一時之間，皇權超過了教權。

皇權的強大與教廷的「軟弱」，引起教會勢力的不滿。1075年，教皇格里高利七世頒布「教皇敕令」，宣布將主教任命權收歸教廷，世俗君主不得干預神職人員選舉；教皇有權廢黜君主，開除其教籍等。不久，德皇亨利四世迎接挑戰，召開宗教會議，廢黜格里高利七世。而格里高利七世也在羅馬宣布開除亨利教籍，廢黜其帝位。由此一度引發了德國內戰。

陷於困境中的亨利四世，不得不暫時作出讓步。1077年1月，亨利四世屈尊到卡諾莎城堡向教皇「請罪」，得教皇寬容，並恢復了教籍。

亨利四世在獲得教皇原諒後返回德國，積聚並恢復力量，於1080年，大舉出兵義大利，攻陷羅馬城，逼使格里高利七世逃出羅馬。

亨利四世病逝後，教皇與德皇的關係仍勢如水火。直到12世紀初期，雙方才嘗試進行和解。1122年，教皇卡利克特斯二世與德皇和解，簽訂「沃姆斯宗教協定」。協定規定，冊封權分為兩部分，象徵教會土地權力的標誌由皇帝授予，象徵教會宗教權力的指環和權杖由教皇授予。至此，教權與皇權的鬥爭才暫告一段落。

米蘭、琅城爭自治

西元一一二八年的一天，法國琅城市民興高采烈，紛紛走出家門、店鋪，沿街奔走歡慶，全城上下洋溢著節日般的歡樂氣氛。原來，在這一天，由於他們十幾年堅持不懈的努力，法國國王終於作出讓步，特許琅城成立標誌著城市自治的公社，琅城市民爭取城市自治的鬥爭終於獲得了勝利。

中世紀的歐洲城市都是在封建領主的土地上逐漸興起的，最初，封建領主對城市擁有完全的主權。雖然領主們對城市的重視程度遠沒有像對待自己的莊園那麼高，但對蘊涵於城市中的巨大經濟利益，他們是絕不會視而不見、輕易放過的。因此，封建領主本人往往派出他們的親信官吏負責城市的日常行政管理，用各種各樣的辦法，巧立名目，向城市居民攤派勒索，徵收各種賦稅、交易稅，壟斷磨坊和麵包爐，甚至還實行酒肉專賣。此外，領主們還規定城市中的成年居民每年必須為他服一定的勞役。

封建領主對城市經濟的盤剝和控制，既嚴重阻礙了城市的正常發展，也妨礙了市民的經濟生活。於是，陷於領主重壓之下的城市市民們，自城市形成之日開始，就被迫聯合起來開展了反對封建領主的鬥爭。這種鬥爭，除了直接經濟上的因素之外，主要目的還在於爭取政治上的自治。許多城市市民在鬥爭中結成「公社」，開展有組織的鬥爭。市民的鬥爭通常注重一定的策略，一些比較富裕的城市，通過向國王或封建領主繳納錢款，換取城市特權證書，如果雙方達成一致，市民就通過集資籌款贖買城市自治；而如果封建領主頑固不化，拒不讓步，堅持對城市的控制，那麼市民們就採取武裝鬥爭的手段，以強力逼使封建領主讓步。

義大利的米蘭和法國的琅城，是城市爭取自治鬥爭中的兩個典型代表。

一〇四一年
蘭索領導米蘭人民驅逐城市貴族。

一〇七〇年
法國蒙城市民舉行起義，反對封建領主的壓迫，自行組織行政機構，稱「公社」。

一一〇六年
法國琅城向主教領主繳鉅款，並得到國王路易六世批准，獲得組織公社的權利。

一一一一年
義大利米蘭人征服羅提城（米蘭東南），巴威亞同盟被迫屈服於米蘭，承認米蘭的商業優先權。

米蘭，是十一世紀義大利最著名的工商業中心，經濟發達，貿易繁盛。米蘭的領主是當地的大主教阿里貝爾特。米蘭市民曾多次派出代表與他談判，希望通過妥善的辦法，實現城市的自治。然而，大主教始終態度蠻橫，拒不讓步。在此情況下，米蘭市民忍無可忍，就憤而組織市民武裝，與阿里貝爾特展開激烈鬥爭，結果，米蘭市民武裝大敗大主教的軍隊，並把他們完全趕出米蘭。接著，米蘭又爆發了以下層手工業者和商人為主體的「巴塔運動」（米蘭城內織布工人、小呢絨商販和裁縫匠住區的居民），沉重打擊了教會領主勢力。經過多次鬥爭，甚至武裝起義，米蘭取得了完整的自治權，最終建立了米蘭公社。

琅城是興起於法國東北部教會土地上的一個城市，這裡是法國毛紡織業中心，也是法國北方最富庶的城市之一。最初，這裡的土地是無償使用的，隨著城市的擴大和人口的增加，當地主教高德理見有利可圖，便開始以各種藉口進行「管理」，向市民徵收苛捐雜稅，進行敲詐勒索。為了尋求自由發展，十二世紀初年，琅城發起集資贖回自治的活動，市民紛紛響應，很快籌集了一大筆贖金，市民用這筆贖金向主教高德理和法國國王路易六世，一次性贖買了琅城的自治權。然而，時隔不久，當主教高德理把手中的贖金揮霍殆盡之後，就中途變卦，撕毀贖城協約，取消了琅城的自治權，恢復了他的統治。主教的無恥行徑一下激怒了琅城市民。一一一二年，琅城市民發動起義，起義市民高呼「公社」、「自治」等口號，迅速控制了琅城，並攻入高德理的住所，怒殺高德理及其手下的幫兇。隨後，市民們成立了琅城公社。不久，法國國王路易六世命令法國北部的封建領主帶領大批軍隊開進琅城，強令取消了公社。

琅城人民沒有被國王、主教領主和政府軍隊嚇倒，他們以頑強的精神堅持鬥爭，並不斷迫使琅城領主和國王作出讓步。一一二八年，在琅城市民的壓力之下，國王路易六世不得不簽發「特許」證書，公社再度建立起來，琅城最終贏得了自治。

一一一二年
法國北部的琅城市民起義，反對主教撤銷城市自治權。主教被殺，但不久起義為路易六世所鎮壓。

一一二七年
法國北部琅城市民醞釀再度起義。國王路易六世被迫頒發特許狀，准予自治。

一一七五年
法國琅城新主教取消城市自治權，市民以大量金錢賄賂法王路易七世，再度獲得城市特許狀。

一一九〇年
法國琅城市民以鉅款再次賄賂法王腓力。自此，琅城公社存在到十四世紀。

相關連結

西歐城市的興起

11-12世紀，隨著社會秩序的穩定、農業和手工業的發展，城市在西歐各地逐漸興起。它們有的是在原商業貿易繁榮之地興起的，如義大利的威尼斯、熱那亞、米蘭、佛羅倫斯等，而大部分是隨著經濟發展，在城堡、教堂、交通便捷的路口、水陸碼頭等地出現的集市的基礎上發展而成的。

中世紀城市生活圖

西歐城市興起之初規模很小，大多數城市的居民只有五千人左右，有二萬居民的城市可以稱為特大城市。到15世紀，歐洲規模最大的幾個城市也只有五至十萬人，如義大利的威尼斯、熱那亞、佛羅倫斯等。

由於城市大多是在封建領主的土地上興起的，因此，在城市興起發展的過程中，受到封建領主的盤剝和控制。於是，從12世紀，城市開始進行擺脫封建領主、爭取自治的鬥爭，並很快普及至西歐各地。經過長期鬥爭，通過贖買自治權和武裝起義等途徑，西歐大多數城市擺脫了封建領主的直接控制，形成了城市公社和自由城市。

隨著城市的發展和成熟，城市內的手工業者為保護自己的利益，按照行業結成聯盟，即行會。行會有嚴格的行規，對內規定了生產經營者規模、勞動力的數量、勞動時間等；對外則保持本行業在城市中的壟斷地位，嚴格限制或禁止外來人員入會以及外來產品的銷售。到14、15世紀，行會顯示出對經濟發展的阻滯作用。

西歐城市的興起，加快了西歐社會商品經濟的發展，孕育了更新的經濟關係和社會力量，也為日後歐洲的工業化時代奠定了多方面的基礎。

悽慘童子軍

西元一二一二年的一天，法國馬賽港內外，人聲鼎沸，喧鬧吵嚷，一批批稚氣未消、佩戴紅十字布標的兒童「軍人」出現在碼頭。他們衣衫不整，拿著簡陋的兵器和食品，口中呼喊著「收復聖城」、「拯救聖地」的口號，在幾個主教、教士的帶領下，簇擁著分別登船，開往巴勒斯坦……他們就是十字軍東征期間被羅馬教皇和封建主哄騙、煽動，拼湊而成的「兒童十字軍」。

從一〇九六年至一二〇二年，羅馬教皇和西歐封建主們連續組織進行了四次十字軍東征，除了在東方留下一個個暴行之外，都以失敗告終。因而，十字軍東征的「神聖性」開始遭到廣大基督徒和人們的懷疑。於是，在西歐開始流行一種傳說：前幾次十字軍都是由成人組成的，而成人罪孽太深，他們無法承擔拯救聖地的神聖使命，只有純潔無瑕的兒童才能獲得神佑，從穆斯林手中解放「聖地」。

不久，在羅馬教皇和封建主們的鼓噪之下，又冒出兩個基督「神童」。一個是法國十二歲的牧童斯蒂芬，他自稱耶穌附身顯靈，說在放羊的時候看見了上帝，上帝讓他轉交一封收復聖地耶路撒冷的信給法國國王，並吩咐他組織一支兒童十字軍到東方去。另一個是德國科隆名叫尼古拉斯的十歲男孩，也是接到上帝旨意，要他帶領兒童們去收復東方，並在萊茵開始組織兒童十字軍。

於是，歷史上令人匪夷所思的基督「童子軍」誕生了。

一二一二年，在斯蒂芬和他派出的使徒布道感召下，法國各地約三萬名十二歲以下的兒童響應號召，參加十字軍。他們在斯蒂芬的帶領下，先後彙集馬賽港口，並分批乘船渡海前往耶路撒冷，去履行使命。在教皇的鼓噪下，「童子軍」們深信，他們

一〇九五年
教皇烏爾班二世在法國南部克勒芒召集宗教會議，決定組織「拯救」聖地的十字軍。

一〇九六年
第一次十字軍東征開始。十字軍占領耶路撒冷，建立耶路撒冷王國。

一一四七年
第二次十字軍東征開始。

一一八九年
第三次十字軍東征開始。

一二〇二年
第四次十字軍東征，

乘船出發後，上帝就會顯靈，讓地中海分開，為他們開闢出一條通暢的海底大道，他們甚至連鞋子都不會打濕就可以順利抵達耶路撒冷。

然而，上帝沒有顯靈，地中海的「海中之路」更沒出現。斯蒂芬和幾個傳教士帶領的先鋒七艘大木船，在前往巴勒斯坦的路上，遇到了大風暴，半數船隻沉入海底，數千兒童被淹致死，其餘的都落入阿拉伯人手中，後來被販賣到埃及成了奴隸。與此同時，聚集在「神童」尼古拉斯身邊的二萬多名德國「童子軍」，因缺乏組織，倉促出征，試圖越過阿爾卑斯山，向熱那亞進發。時值盛夏，天氣酷熱，「童子軍」們又是步行跋涉，因飢、渴、病致死者，超過大半。倖存者中，有的輾轉到義大利，被轉賣為奴；有的折返萊茵地區，沿途又大量失散。

「兒童十字軍」是由羅馬教會和西歐封建主導演的一場惡作劇和大騙局，也是中世紀最大的宗教醜聞之一。它直接坑害了西歐數萬名天真無辜的孩子，暴露出十字軍東征血腥貪婪的本質。

後攻占拜占庭帝國首都君士坦丁堡。

一二一二年
法國、德國等國組成兒童十字軍。

一二一七年
第五次十字軍東征開始。

一二二八年
第六次十字軍東征開始。

一二四八年
法王路易九世組織的第七次十字軍出發。

一二七〇年
第八次十字軍東征開始。

一二九一年
埃及蘇丹占領十字軍最後據點阿克。

相關連結

「十字軍」東征

中世紀城市興起後，西歐各國封建主和羅馬教皇貪圖享受的欲望隨著商品經濟的發展而急劇膨脹，到東方擴張領土和掠奪財富的企圖日益增長。1095年11月，在法國克勒芒召開的宗教會議上，教皇烏爾班二世發表演說，煽動宗教狂熱，抨擊正在東方圍攻東羅馬帝國的伊斯蘭教徒，號召各國領主、騎士和普通人前往東方，奪回聖地耶路撒冷。於是，西方國家發動了向地中海東部伊斯蘭地區入侵的大規模戰爭。因東征隊伍佩戴紅十字標記，故史稱「十字軍東征」。

十字軍東征從1096年春開始，至1291年結束，先後進行了八次，其中第一次和第四次的影響最大。十字軍屢次侵入西亞和巴勒斯坦地區，攻陷耶路撒冷，殘酷屠殺包括婦女、兒童在內的當地居民，並曾建起以耶路撒冷城為中心的耶路撒冷王國，還攻占了東羅馬的首都君士坦丁堡等地。十字軍的野蠻入侵和殘暴統治，遭到當地人民的強烈反抗，反抗十字軍的武裝起義不斷發生。結果，各次東征均以失敗告終。1291年，十字軍在東方的最後據點阿克失守，歷時近兩個世紀的十字軍東征宣告徹底失敗。

這場曠日持久的侵略戰爭，給東部地中海沿岸各國人民帶來深重災難，也使西歐人民蒙受了巨大犧牲。另外，東侵在某種意義上，也促進了東西方的經濟文化交流與貿易往來。

阿伯拉爾講學

法國巴黎大學是中世紀歐洲創辦最早、聲望最好的大學，而巴黎大學的聲望在很大程度上又是因為有過一位在歐洲最富影響力的教師，他就是皮埃爾·阿伯拉爾。

十二、十三世紀，隨著經院哲學的繁榮，巴黎大學成為歐洲學者雲集、群英薈萃的中心。來自各國各地區的學者都來這裡求學或講學，不同學派與思想的切磋、論戰也在這裡頻頻發生，因此，巴黎大學享有「哲學家的天城」的美譽。在眾多學者、名師當中，最具魅力、也最引起爭議的教師是皮埃爾·阿伯拉爾。

皮埃爾·阿伯拉爾，是中世紀法國著名哲學家，出生於法國南特的一個沒落貴族家庭。由於家境使然，沒有條件享受奢侈的貴族生活，他自幼就把全部心思都用在了讀書上，積累了淵博的知識，加上天資聰穎，在哲學、神學等領域很快取得成就。最初，他興辦過多所非教會學校，並親自教授哲學和神學。

阿伯拉爾才思敏捷，善於雄辯，他以善於與各類號稱有學問的學者辯論著稱。據說，不到三十歲，阿伯拉爾在歐洲已經「辯」遍哲學界而「無敵手」了；隨後，他又進入神學界，繼續著他的雄辯，很快又將神學界的各類高手辯駁得體無完膚。

阿伯拉爾追求真理，從不迷信和畏

阿伯拉爾像

一一五〇年
法國巴黎大學建立。
一一七〇年
英國牛津大學建立。
一二〇九年
英國劍橋大學建立。

懼任何權威，還勇於不惜代價向權威發起挑戰。

據說，阿伯拉爾初到巴黎的時候，曾經與頗具名望的學者威廉發生激烈衝突，甚至一度被威廉逼得不得不暫時離開巴黎。幾年後他再度回到巴黎時，不僅沒有向威廉屈服，反而繼續著挑戰與競爭。不久，他就憑藉著學術影響，實現「釜底抽薪」，將威廉的學生全部吸引過來，變為自己的弟子。老威廉經受不了如此打擊，被迫放棄授課，跑到修道院去了。

由於阿伯拉爾從不迷信、無所畏懼，特別是又經常提出一些有爭議的觀點，因而常常得罪上級，甚至得罪法國當局。其中，阿伯拉爾曾因為堅持己見，不肯屈從讓步，一度遭到法國當局「禁止從教」的處罰。於是，阿伯拉爾便充滿智慧地與法國當局展開了周旋。

據說，最初，當局的禁令文書是禁止他在法國的土地上從事教學

相關連結

中世紀的教會教育

西歐中世紀時期，文化教育衰落。這個時期，宗教成為封建制度的精神支柱，文化和教育全部為教會所壟斷。教會為了加強封建統治，避免任何反抗意識的產生，有意使人民長期處於愚昧之中，禁止一切與宗教精神相違背的文化滋生。

中世紀初期，教會是唯一設有學校的地方。在教會學校裡，學習內容以「七藝」為主（文法、修辭、邏輯、幾何、數學、天文和音樂），但教育目的是為宗教神學服務，培養對上帝虔誠、忠於教權的教士。《聖經》成為學校唯一的教科書。騎士們則在宮廷和貴族家裡接受軍事戰術的「騎士七技」的訓練和禮法教育，以成為能夠維護封建主利益的強悍軍人。

到了12、13世紀，隨著城市的興起和商業的發展，出現了行會學校、商人子弟學校。這類學校注重本族語和計算的教學，著重學習生產和業務知識，為本行業培養人才。後來這類學校合併成城市學校。之後，隨著封建制度在歐洲大陸的確立、市民階層的崛起、東西方貿易發展、十字軍東征，以及世俗政權與教皇之間的鬥爭，經院哲學內部蘊含的懷疑信仰崇尚理性新思潮的影響等等，終於促成了以巴黎大學為代表的中世紀大學的產生。城市學校和大學的陸續出現，反映了萌芽時期的資本主義生產的需要，打破了教會對學校的壟斷，對歐洲文化的普及起到推動作用，也促進了市民階層對知識教育的重視，推動了國內外文化教育的交流，並為文藝復興運動準備了條件。

活動，於是，他就抓住「土地」做文章。從此，他不在「土地上」進行教學了，但是不久，人們看到他時常召集自己的學生來到樹林旁，他爬到樹上進行教學，讓學生們圍坐在樹下聽課；過了一段時間，當局得知阿伯拉爾常爬上樹教學後，就再次發出禁止文書，禁止他在法國的「空中」講課。於是，阿伯拉爾很快「遵命」不在「樹上」的「空中」上課了。但不久人們見到，他時常駕著一條船，在「河上」、「船上」開始講課了，他的學生們則紛紛聚集到河的兩岸聆聽他的教誨。結果，直弄得法國當局也哭笑不得，無可奈何了。

恰恰是阿伯拉爾類似「三上」講課的執著精神，使他聲譽卓著，享有「第一個偉大的新時代的知識分子」、「第一個教授」的讚譽。

西歐中世紀晚期

十四—十五世紀是西歐封建制度的危機時期。這一時期，社會經濟尤其是農業生產萎縮，土地荒蕪，人口銳減。此外，十四世紀中葉黑死病的流行，英法之間長達百年的戰爭，使歐洲喪失人口達三分之一以上，社會長時期動盪不安，以法國札克雷起義和英國瓦特．泰勒起義為代表的人民起義連綿不斷。

正是在這樣的社會經濟危機和政治動盪的背景下，西歐封建主紛紛調整和改變經營方式，出租自營土地，導致農奴制莊園經濟瓦解。經過一番經濟自我調整，從十五世紀下半葉到十六世紀，西歐人抓住機遇，進行了地理大擴張，使西歐經濟尤其是工商業再度走向繁榮，一個近代新社會的框架在中世紀西歐的基礎上開始形成。

中世紀城鎮的街道

中世紀時，西歐城市規模不大，居民不多，一般不過幾千人。14世紀倫敦約有四萬人，巴黎約有六萬人，在當時的歐洲已是大城市了。城內街道狹窄，擁擠不堪。夜晚漆黑一片。城市裡的居民從事手工業和商業，很多人還兼顧農業，在城外或城裡有自己的土地和菜園。

「黑死病」重災區英格蘭

一三四九年，在英國廣闊莊園的田野上，大批大批的羊群、牛群在四處遊蕩，卻看不到一個照管它們的放牧人、飼養者，隨後便聽憑它們陸續死在農田裡、溝渠中……這就是大瘟疫之年英格蘭遭遇的窘境之一。

瘟疫在歐洲大陸發生之後，遠隔歐洲大陸的英吉利不僅未能倖免，很快就成為受害程度最為深重的國家之一。鼠疫通過搭乘帆船的老鼠身上的跳蚤跨過英吉利海峽，登陸英國本土，並迅速蔓延到英國全境，直至最偏僻的小村落。生活在英國中世紀的城鎮裡的人們，人口的密度很高，而城內垃圾成堆，污水橫流，特別嚴重的是，人們對傳染性疾病幾乎一無所知，無以應對。於是，從一三四八年英國發現首例病疫感染者之後，短短一兩年內瘟疫感染者就成千上萬地增加，給英國社會帶來一連串災難。

數以萬計的英國人被瘟疫吞噬。據統計，牛津大學在不到一年時間，就死了三分之二的學生。在倫敦，僅沃爾特·曼尼爵士為倫敦市民購置的墓地裡，就埋葬了五萬具屍體，這個地方後來建起了沃爾特修道院以志紀念。據估計，瘟疫期間，英國全國人口的大約三分之一被瘟疫奪去生命。一位歷史學家這樣寫道：黑死病襲擊農村時和它襲擊城鎮時一樣可怕。據說約克郡一半以上的教士是染上這種病死去的；在諾里季主教管區裡，大約三分之二的教區換了牧師。

由於瘟疫奪去大批生命，英國社會發生了前所未有的「人荒」。在農村，由於勞動力大量減少，有的莊園裡的佃農甚至全部死光了。於是，按照正常農事季節進行耕種、收穫已不可能，甚至出現了大批羊群、牛群無人看管的窘境。在城鎮，由於大部分工人和雇工死於黑死病，造成人力奇缺，整個勞工組織陷於癱瘓。於是，英王愛德

一三四七—一三五一年
黑死病肆虐歐洲各地，死者占總人口三分之一以上。

華時期制定了英國著名的勞工法案，規定：「王國境內凡身強力壯之男子和女人，年齡在六十歲以下者，無論自由或非自由的，若非靠做活為主，或無錢以維持生計……若需要為別人工作，其工資須按朕即位後第二十年的慣例支付。」由於人手奇缺，農村小佃戶難以為他們的土地履行應盡的勞役，許多地主不得不忍痛暫時放棄一半租金，以吸引農民不離棄他們的土地，但這仍然很難保證他們最基本的勞動力需求。

瘟疫中，英國的大批牲畜也難以倖免。一個牧場的五、六千頭羊，一夜之間突然全部死亡，它們的屍體迅速散發出濃濃的惡臭，就連食肉的野獸和禿鷲等都不願意碰一下。瘟疫的迅速流行，使得幾乎所有牲畜的價格急劇下降，在正常情況下價值四十先令的一匹馬，現在只能勉強賣到六、七先令；一頭高大壯實的公牛，只能賣四先令；而一頭羊則只賣三便士；一頭肥豬也只賣五便士。

瘟疫嚴重影響了英國社會的正常秩序和最基本的政治生活。一三四九年一月，由於黑死病的蔓延，英王愛德華三世決定把國會推遲到四月二十七日召開，而到了三月，由於黑死病的加劇，又不得不宣布，會議無限期推遲。

瘟疫還影響到英國對外關係和戰爭。一三四八年，由於瘟疫的大爆發，正在進行的英法百年戰爭被迫暫停，雙方休戰將近十年。正當英國瘟疫肆虐之際，一直詛咒「英格蘭人遭瘟疫」的蘇格蘭人以為他們的詛咒應驗了，便趁火打劫，調兵遣將，在塞爾克森林聚集起來，準備協助「上帝」徹底消滅英格蘭人。但沒想到，瘟疫並未放過蘇格蘭人，死神也迅即攫住他們。在短短幾天時間內，就有五千多蘇格蘭人不戰而亡，剩餘的正在進退維谷之際，卻遭到英國軍隊的有力反擊，結果死傷過半，大敗而返。

相關連結

橫掃歐洲的「黑死病」

從1347-1351年的短短數年間，歐洲大陸突然間有二千五百多萬人死於非命，超過當時總人口的三分之一。然而，這既不是由於慘烈的戰爭，也不是因為肆虐的自然災害，而是因為遭遇了一場空前絕後的大瘟疫——「黑死病」。

黑死病是以流行性淋巴腺為主的鼠疫，也稱瘟疫。1347年前後，這種病從亞洲傳入義大利西西里島，隨後分三路外傳，很快傳播到北非、整個義大利和西班牙。次年，傳到法國、瑞士、德意志、奧地利等。當年年底，疫區幾乎遍及整個歐洲大陸，除被海峽阻擋的不列顛群島和斯堪的納維亞半島以外，歐洲大陸國家無一倖免。1349年春天，黑死病以空前的速度長驅直入大不列顛。1350年傳播到北歐斯堪的納維亞和波羅的海沿岸諸國。在此後的半個世紀裡，在歐洲又發生多次。

瘟疫所到之處，歐洲大批城鎮廢棄，人口銳減，十室九空，田地荒蕪，一片蕭條。在義大利佛羅倫斯，僅1348年的半年時間內，就死亡四萬餘人，以至屍體無人掩埋，市民恐慌至極，不知往哪裡躲，整個城市變成了一座大墳墓。

在法國，黑死病的惡性傳染，使人們談病色變，望病卻步，以至於不僅不敢與病人接觸，就是看他們一眼也擔心被感染，連醫生也因為懼怕感染而不敢對患者施治。致死人數之多，以至埋葬時沒有足夠的祭司為死者禱告。連教皇所在的阿維農地區，墓地都很快被占滿，大批來不及掩埋的屍體被拋入羅納河中以防止腐爛。

英國是這場瘟疫受害最重的國家之一。倫敦人口由五萬急劇下降到不足三萬；英格蘭第二大城市諾維奇的常住人口從一．二萬人銳減到七千人；牛津大學的三萬名師生員工連死帶逃，一年之後只剩下六千人。到1351年疫情基本得到控制之時，英倫三島和愛爾蘭已經損失了其總人口的將近百分之五十。瘟疫過後，城鄉勞動力銳減，生產力水平顯著下降，物價上漲，人民生活惡化，階級矛盾激化。

黑死病爆發期間埋葬死者的情形

「奧爾良姑娘」貞德

一四二八年，英軍團團包圍奧爾良城。奧爾良城是通往法國南部的門戶和要塞，這裡一旦失守，法國就面臨全部淪陷的危險。就在這危急時刻，一位年僅十六歲的少女挺身而出，主動請纓，一舉拯救了奧爾良，拯救了法蘭西，她就是法蘭西女英雄貞德。

貞德，一四一二年一月出生於法國東北部的一個普通農民家庭。童年時代的貞德，生活在英法百年戰爭的戰火和動亂之中。她親眼看到祖國北部半壁河山淪於英軍的鐵蹄之下，自己的家鄉遭到英軍的踐踏和蹂躪，也常常聽到父輩們訴說英軍的種種暴行。這些在她的幼小心靈中不斷積蓄著對侵略者的刻骨仇恨，並轉化成反抗侵略的愛國意識。因而，她從很小就開始練武習藝，準備有朝一日奔赴疆場，殺敵報國。

奧爾良被圍、法國危急的消息傳來，貞德懷著滿腔的愛國熱情，毅然請纓出征。一四二九年四月的一天，貞德從家鄉來到法國南部的什農城，求見王子查理，要求讓她帶兵去解救奧爾良。一番對答交流，查理王子被農家女貞德的愛國熱情和超群膽識所感動，賜給她軍旗、戰馬和寶劍，命她去指揮軍隊解救奧爾良。

四月下旬，貞德女扮男裝，身披鎧甲，腰佩寶劍，跨上戰馬，率領數千援軍向奧爾良進發。這時，英軍已圍困奧爾良城數月，繞城牆修築了十幾道堡壘，並正在挖掘通往城內的地道。

貞德到達奧爾良城外，一邊仔細地觀察了解英軍圍城布防情況，一邊派人給英王捎去一封敦促和平談判的信。然而，傲慢的英王根本不把貞德放在眼裡。兩天以後，貞德下令進攻，突破英軍圍城防線。經過激烈交鋒，貞德率領法軍突破英軍重圍，當

一三三七年
英國愛德華三世率軍進攻法國，兩國戰爭遂起。

一三三八年
英國愛德華三世進攻法國北部。「英法百年戰爭」正式開始。

一三五八年
法國北部博韋地區農民起義，迅速波及法國北部地方，史稱「札克雷起義」。王子查理在那瓦爾王國軍隊幫助下，鎮壓了起義。

一三六〇年
英軍兵臨巴黎城下，與法國簽訂「布列丁尼和約」。法王約翰

晚進入奧爾良城。城內軍民見到援軍進城，群情振奮，手持火把，夾道歡迎。

為了徹底打敗圍城英軍，從五月初開始，貞德指揮軍民向城外敵軍的堡壘和防線發起衝擊。她披盔戴甲，一馬當先，奮勇殺敵。激戰之中，貞德不幸中箭。但她忍痛拔出箭頭，繼續投入戰鬥。在貞德精神的鼓舞下，法國軍民士氣大振，無不以一當十，英勇善戰。而圍城英軍則亂作一團，落荒而逃。

經過幾天血戰，貞德指揮法軍終於打敗英軍，解圍奧爾良城，取得重大的勝利。

奧爾良的解圍和貞德的事蹟，在法蘭西迅速傳開，極大地鼓舞了法國人民抗擊侵略的決心和信心，人們稱讚貞德為「奧爾良姑娘」。

奧爾良解圍之後，貞德繼續指揮法軍抗英，接連取得光復蘭斯城等戰事的勝利。同時，還積極支持查理王子登基稱王。一四二九年七月十七日，查理王子在盛大的加冕典禮中登上王位，史稱查理七世。

貞德的崇高威望引起了貴族和大臣們的忌恨。一四三〇年五月，英軍聯合勃艮第匪軍進犯蘭斯左側的軍事重鎮康邊，貞德率軍增援。由於敵眾我寡，戰事失利，被迫向康邊城內撤退。當貞德退到城下之際，城內守軍懼怕敵人攻進城來，竟關閉城門、拉起吊橋，把貞德拒之城外。貞德不幸被勃艮第公爵俘虜，並以一萬金幣的價格賣給了英國侵略者。

貞德被俘後，始終堅貞不屈。在盧昂宗教裁判所，貞德義正詞嚴地駁斥法官的審問，理直氣壯地宣傳抗英戰爭的正義性。宗教裁判所以「墜入異端的魔女」的罪名，草草判處貞德「火刑」。

一四三一年五月三十日，貞德被押到法國盧昂廣場。她大義凜然，威武不屈。當腳下的烈火熊熊燃起之際，貞德大聲說道：「你們燒死我一人，會有更多的法蘭西人站起來，勝利屬於法蘭西！」

被贖釋放。

一三八一年

埃塞克斯和肯特郡農民抗繳人口稅，在瓦特．泰勒領導下舉行起義，一度攻占倫敦。後瓦特．泰勒為國王誘殺，起義被鎮壓。

一四二八年

英國與法國戰爭再起，英軍包圍奧爾良。

一四二九年

聖女貞德率農民愛國者，解除奧爾良之圍。

一四五三年

英法百年戰爭結束。

法國女英雄貞德為了祖國和民族獻出了自己年輕的生命。

相關連結

英法百年戰爭

1328年，法國卡佩王朝國王查理四世去世，他沒有子嗣，於是瓦洛亞家族的腓力取得王位繼承權，而英王愛德華三世要求以查理外甥身分繼承王位，遭法國拒絕，因此英法兩國圍繞王位繼承權問題形成尖銳矛盾。同時，法國北部佛蘭德爾地區非常富庶，它在政治上隸屬法國，但在經濟上與英國聯繫密切，因而兩國圍繞該地控制權展開激烈爭奪，終於引發了英法之間的戰爭。1337年11月，英國對法國宣戰，戰爭爆發。這場戰爭曠日持久，從1337年開始，一直到1453年結束，斷斷續續打了一百餘年，史稱「英法百年戰爭」。

百年戰爭大致分為四個階段：

1337-1360年為第一階段。在此階段，英軍從海陸兩路大舉進攻，法軍倉皇應戰，屢戰屢敗。在1356年的普瓦提埃戰役中，法國慘敗，國王約翰二世被俘，被迫簽約議和。

1369-1380年為第二階段。法軍接連發起攻勢，至1380年，收回大部分失地，英軍僅占據加來等沿海少數城市。1396年，雙方締結停戰協定。

1415-1422年為第三階段。法王查理六世即位後，法國統治層分裂為奧爾良和勃艮第兩大集團，內訌中失勢的勃艮第集團倒向英國。英國趁機再度入侵法國，在阿金庫爾戰役中重創法軍，占領巴黎及瓦爾河以北大片地區，法國被迫簽約停戰。

1428-1453年為戰爭的最後階段。1428年，英軍集中重兵南下，大舉圍攻通往法國南部的門戶奧爾良城。此間，法國人民群情激昂，奮起抗英。1429年5月，法國農村姑娘貞德率軍奮勇擊退了圍困奧爾良城的英軍，法國軍民乘勢進擊，不斷收復失地。1453年10月，法國收復除加來港之外的全部法國領土。至此，百年戰爭以法國的勝利而告終。

英王屢成階下囚

在英國玫瑰戰爭期間，有一位英國國王，身體羸弱多病，時常犯癲癇，並被挾裹著奔波於大不列顛各地，出沒於戰火硝煙之中。特別離奇的是，戰爭期間，他曾先後四次被俘、被囚，成為交戰雙方手中的一個玩偶和傀儡。這個國王就是蘭開斯特王朝的亨利六世。

一四二二年，英國蘭開斯特王朝年僅三十五歲的亨利五世因病在法國去世，其僅九個多月的長子即位，即亨利六世（一四二二－一四六一年在位）。當時的英國，王權軟弱，貴族跋扈，國政混亂。於是，幼年的亨利自然成為大貴族勢力的傀儡。特別是到了十五世紀五〇年代，亨利六世從小患上的癲癇屢屢發作。本來實力就很強悍的貴族集團，面對幼小多病的亨利六世，就更加恣意妄為。

一四五五年，紅白玫瑰戰爭爆發，蘭開斯特王朝在西北部經濟較為落後地區的舊貴族勢力支援下，軟硬兼施，攜病弱的亨利六世捲入戰爭，亨利在這場戰爭中的一連串厄運就此開始。

一四五五年五月，約克公爵與蘭開斯特家族在聖阿爾朋斯進行第一次戰役，亨利六世在王后瑪格利特和薩穆塞特公爵的挾持下，帶領軍隊參戰。約克軍在瓦立克伯爵率領下，實施抄後路突襲的進攻策略。結果，蘭開斯特軍隊潰不成軍，遭到慘敗，死亡一百多人，薩穆塞特公爵戰死。亨利六世中箭負傷，試圖躲在一個硝皮匠家中脫身，但在戰鬥結束之際，還是被約克軍俘獲。之後一度被約克公爵玩弄於股掌之中。

一四六〇年七月，一度失利敗退法國的瓦立克伯爵率軍殺回英國，在北安普敦與蘭開斯特軍隊展開激戰，結果大敗蘭開斯特軍隊，並一舉攻占倫敦，再次俘獲了隨軍

一四五五年
英國「玫瑰戰爭」（或「薔薇戰爭」）爆發。

一四六〇年
北安普頓戰役，英國約克家族獲勝，國王亨利六世被俘。同年，道呑戰役，蘭開斯特家族獲勝，約克公爵查理戰死。

一四六一年
英國約克家族愛德華進占倫敦，宣布為王，稱愛德華四世，約克王朝統治開始。
法國查理七世之子路易十一世即位。

一四六五年
英王亨利六世再次戰敗被俘。

行動的亨利六世。約克公爵理查曾想取代亨利奪取王位，因局勢窘迫，未能實施，但卻以武力威脅，迫使被俘的亨利六世宣布他為攝政和王位繼承人。然而，當年十二月三十日，戰爭局勢突變。逃亡北方的瑪格麗特王后糾集蘭開斯特家族的附庸軍，向約克郡發動進攻。約克公爵帶軍隊迎戰，在威克菲爾德城被蘭開斯特軍隊包圍。約克軍在內外夾攻下潰敗，蘭開斯特軍隊對約克公爵家族進行了血腥屠殺，公爵理查及次子愛德蒙被殺。

約克公爵理查戰死後，長子愛德華召集部眾，揮師疾進，於一四六一年二月進入倫敦。三月四日，愛德華在瓦立克伯爵和倫敦市民上層的支持下，自立為王，稱愛德華四世，建立起約克王朝。在此後的四年時間內，雙方在英國各地的戰事時有發生。由於愛德華四世的軍隊擁有新型大砲，因而在多數交鋒中占據優勢。一四六五年，在一次戰事中，瓦立克伯爵再次俘獲亨利六世，並將他轉送倫敦塔囚禁起來。到這一年，國內蘭開斯特殘餘勢力已經基本被肅清，王后瑪格麗特在英國沒有立足之地，只得攜帶幼子愛德華流亡法國。

玫瑰戰爭的第二階段是由約克家族勢力的內訌引發的。瓦立克伯爵在戰爭前期和建立約克王朝的過程中立下汗馬功勞，大權在握，他企圖像蘭開斯特家族掌控亨利六世那樣控制愛德華四世。而愛德華四世不甘心做亨利六世那樣的傀儡，便採取措施抑制瓦立克等大貴族。因此，雙方矛盾日益激化。一四六九年夏，瓦立克伯爵煽動叛亂，在考文垂附近打敗愛德華四世的軍隊，並迫使其上門求和。不久，愛德華召集軍隊發動反擊，鎮壓叛亂。一四七〇年三月，瓦立克伯爵的軍隊瓦解，被迫逃亡法國。勢窮力孤的瓦立克伯爵為了推翻愛德華四世，只得委曲求全，向宿敵瑪格麗特稱臣，並答應扶持亨利六世復辟。當年九月，在瑪格麗特和法國的支持下，瓦立克伯爵打回英國。在倫敦塔中囚禁了五年，已成行屍走肉的亨利六世，在瓦立克伯爵的扶持下復

一四七〇年
英國瓦立克伯爵驅逐愛德華四世，擁立亨利六世為王。

一四七一年
英國愛德華四世復辟，瓦立克伯爵敗死，亨利六世於獄中被害。

一四八五年
英國都鐸家族亨利自立為王，稱亨利七世，都鐸王朝統治開始。

辟了王位。

依靠法國力量復辟亨利六世的行為使瓦立克伯爵在政治上陷於孤立和被動。愛德華四世借機採取分化瓦解措施，並聚集力量發動反擊。一四七一年四月，愛德華四世率軍進入倫敦，亨利六世再次成為階下囚。復活節這一天，愛德華四世與瓦立克伯爵在巴恩特展開決戰，徹底打敗瓦立克伯爵，然後乘勝追擊，殲滅蘭開斯特軍的餘部，俘獲瑪格麗特。當年五月，愛德華四世秘密處死亨利六世。隨後，約克王朝進入為期十二年的和平昌盛時期。

相關連結

紅白玫瑰戰爭

1455-1485年，英國爆發了一場持續三十年之久的大規模內戰，戰爭圍繞金雀花王朝後裔蘭開斯特家族和約克家族之間爭奪王位繼承權而展開。因為蘭開斯特家族以紅玫瑰為族徽，而約克家族以白玫瑰為族徽，所以，這場戰爭被稱為紅白玫瑰戰爭。

15世紀中期的英國，封建領主經濟日趨衰落，王權和中央政府腐敗軟弱，大貴族利用在百年戰爭時期發展起來的武裝力量，展開謀取權力和爭奪財富的混戰。蘭開斯特家族主要依靠經濟較為落後的西北部地區的大貴族，約克家族則得到經濟較為發達的東南部地區的封建主以及新貴族和市民的支持。1455年5月，約克公爵理查舉兵反對蘭開斯特的亨利六世，戰爭爆發。1460年，理查戰死。1461年，理查之子愛德華占領倫敦，廢黜亨利六世，取得王位，稱愛德華四世，建立約克王朝。1483年4月，愛德華四世卒，其子愛德華五世即位，由其弟理查攝政。6月，理查篡位，稱理查三世。約克家族中擁護愛德華四世後裔的貴族與蘭開斯特家族的餘黨聯合，與理查抗衡。1485年8月，蘭開斯特家族的遠親亨利．都鐸擊敗理查，自立為王，稱亨利七世，建立都鐸王朝，戰爭結束。

紅白玫瑰戰爭使英國大貴族集團互相殘殺，元氣大傷，因而加強了以都鐸王朝為代表的中央集權的專制統治。

其他地區中世紀歷史

西元八至十五世紀的亞洲（中國除外）和東歐地區，在東、西方，特別是各民族地區宗教文化的相互碰撞和衝擊中，先後步入封建社會，建立起中央集權制國家。阿拉伯帝國、蒙古帝國、奧斯曼土耳其帝國和俄羅斯帝國等在亞、歐、非三大洲及其交匯的地域上先後興替更迭。它們都在對外擴張征服和統治的過程中，既促進著自身的發展變化，也改變了亞洲、非洲和歐洲部分地區的政治格局和民族構成，並對世界歷史的格局產生了重要影響。

在幾大帝國的擴張征服過程中，充滿著血腥的殺戮，給各族人民造成極大災難，但在客觀上促進了各民族之間的融合和東西方文化的交流，並在民族融合的基礎上形成了若干新的穩定的民族共同體。

穆罕默德外出傳教

本圖根據伊斯蘭教傳說繪製。騎馬的人是穆罕默德，他身穿阿拉伯服裝，其右上方長著翅膀的是一位天使。表達的意思是：在手持水罐的天使指引下，穆罕默德來為阿拉伯半島的居民傳教。在穆罕默德身邊站著一大批信徒，他們保護著穆罕默德的安全。

神助壕溝戰

穆罕默德在創立伊斯蘭教過程中，為了宣傳和傳播伊斯蘭教，爭得其合法地位，與麥加貴族進行了長期、尖銳而激烈的鬥爭。其中發生了一系列戰事。這些戰事，有許多是與伊斯蘭教的宣傳相結合的，帶有某種宗教和神話的色彩。這裡講述的「壕溝之戰」就是一例。

西元六二〇年代，默罕默德的穆斯林武裝與盤踞麥加的貴族軍隊已經進行過幾次交鋒，雙方各有勝負，且都遭到一定損失。於是，雙方都進行恢復和休整。穆罕默德經過整頓軍紀，消除隱患，使麥迪那伊斯蘭教政權的力量得到很大增強。而麥加貴族也在磨刀霍霍，加緊備戰，糾集各種反穆罕默德的力量，妄圖伺機徹底摧毀麥迪那政權。

六二七年，麥加貴族軍隊司令阿布·蘇福揚率軍一萬餘人，其中包括六百名騎兵和一部分衣索匹亞的雇傭軍，從麥加出發，氣勢洶洶，大舉進犯麥迪那。

穆罕默德聞訊立即在麥迪那進行迎戰動員，徵集人力物力，準備應戰。但由於各種原因，最後只集結了三千軍隊和十幾匹馬。戰事未開，雙方實力優劣鮮明：軍事優勢顯然在麥加一方。如何應敵作戰，才能贏得戰爭主動權呢？就在穆罕默德無奈之際，一個皈依伊斯蘭教的波斯人賽勒曼主動獻上一條計策，他建議穆罕默德迅速發動人力，在麥迪那城郊周圍深挖壕溝，然後憑險據守，可戰勝敵人。

利用戰壕進行固守，這在當時的阿拉伯半島還是一項前所未有的新戰術。穆罕默德經過一番權衡，決定採納這個建議，命令麥迪那的教徒和居民們，立即動手，環繞麥迪那城二十里挖掘出一道又深又寬的城防戰壕，並將三千軍士分派到各個要塞，以

六一〇年
穆罕默德開始傳布伊斯蘭教。

六二二年
穆罕默德自麥加出奔雅特里布；伊斯蘭教曆（希吉拉曆）紀元之始；雅特里布更名為麥迪那（意為先知之城）。

六二七年
穆罕默德率麥迪那軍民與麥加貴族武裝進行「壕溝之戰」。

六二八年
阿拉伯麥加人與穆罕默德簽訂條約，准許伊斯蘭教徒按時返回麥加參拜克爾白古廟。麥迪那北部的海巴爾人向穆罕默德投降。

逸待勞，據守禦敵。

三月底，阿布．蘇福揚率領的一萬人馬，經過長途跋涉，鞍馬勞頓，終於疲憊不堪地抵達麥迪那郊外。

然而，出現在他們眼前的不是穆罕默德迎戰的軍隊布陣，而是一道一眼望不到頭、既寬又深的護城壕溝。這是什麼戰法？麥加軍隊將士莫名其妙，面面相覷，疑問、驚訝、惱怒，有的還不住口地大聲詛罵穆罕默德。

麥加軍隊無法進入城內，只好隔著壕溝從城外圍攻。麥加軍隊的主力是騎兵，在平原、丘陵地，拉開陣勢交鋒，勢不可當；但面對眼前這巨大的壕溝，卻無能為力。多數騎兵望溝興歎，少數騎兵費盡九牛二虎之力，勉強越過了壕溝，但還沒來得及爬上岸，就遭到守軍優勢兵力的重創，不得不潰退而去。麥加的步兵幾次發起攻擊，但往往剛剛接近城壕，就被城壕上射來的飛蝗般的箭雨蓋壓下去，少數冒險涉溝逾越者，也都被射殺在溝底。

阿布．蘇福揚無計可施，又不好下令撤圍，只得命令將士圍著城壕，每天向麥迪那守軍射箭。雙方一時處於僵持狀態。然而，很少圍城作戰的麥加人，因久攻不克，破城無望，上上下下便煩躁不安起來，將士們的士氣也日益低落。

然而，壕溝作戰雖然暫時擋住了麥加軍隊的進攻，也很快給穆罕默德守軍帶來麻煩。由於缺乏經驗，三個星期過後，麥加人的進攻雖然沒有構成大的威脅，但城內卻出現了糧、水危機，人心開始惶惑。古萊西部落也趁機活動，散布流言蜚語，渙散人心。麥迪那的形勢，一時岌岌可危。

就在這個節骨眼上，麥迪那上空本來好好的天氣，卻風雲突變，狂風大作，飛沙走石，頓時天昏地暗，日月無光，氣溫也驟然下降，寒冷異常。麥加軍隊毫無防備，轉眼之間，帳篷被掀翻，鍋灶、軍械被摧毀，將士們被狂風飛沙吹得七零八落，

六三〇年
阿拉伯麥加人宣布皈依伊斯蘭教，歡迎穆罕默德回麥加。穆罕默德回麥加後，改克爾白古廟為清真寺，以其為伊斯蘭教朝聖之地。

六三二年
阿拉伯半島大部分部落皈依伊斯蘭教，阿拉伯半島的統一基本完成。穆罕默德於麥迪那逝世。阿布．伯克爾（穆罕默德之岳父）被推選為哈里發，阿拉伯正統哈里發統治時期開始。

哈里發
阿拉伯語音譯，又譯「哈利發」、「海里凡」或「海里凡」，意為「繼承者」、「代理者」。中世紀政教合一的阿拉伯國家和奧斯曼帝國的國家元首。穆罕默德逝世後，阿拉伯相繼有四大哈里發執掌政教大權。

東倒西歪，全軍上下立時陷入一片混亂之中。麥加貴族武裝，本來就是臨時拼湊起來的烏合之眾，內部聯繫極為鬆散，狂風一襲，軍心渙散，沒等命令，便紛紛四散撤退。穆罕默德當機立斷，命令守軍乘亂出擊，一舉大敗敵軍，除斃傷敵兵若干之外，還俘虜四百多人，其中包括六十餘名麥加軍首領。

麥迪那壕溝之戰，穆罕默德只是無奈之下實施掘壕守城的戰術，又借助偶然的自然條件轉危為安，贏得勝利。然而，事後卻盛傳這是阿拉神助之戰，掘壕守城是阿拉轉授的戰法，阿拉命令人們看不到的神兵援助了麥迪那，把恐怖投入麥加叛軍將士的心裡，最後降颶風驅散了他們。

相關連結

伊斯蘭教的興起

伊斯蘭教的創始人是穆罕默德（570-632），他出身於沒落貴族家庭，早年曾跟隨伯父經商，到過巴勒斯坦和敘利亞等地區，接觸了基督教和猶太教知識。成年後，穆罕默德在麥加的希拉山著手研究創立新宗教。經過十幾年的準備，他將基督教和猶太教有關教義與阿拉伯原始宗教結合起來，創立了伊斯蘭教，並從610年開始下山傳教。

由於伊斯蘭教信仰阿拉一神，與傳統的古萊西部落的多神教不相容，同時，教義中的一些主張，也損害了麥加貴族和富商的利益。因此伊斯蘭教創建之初，遭到麥加富商和貴族的激烈反對，穆罕默德及其信徒屢遭迫害。622年，穆罕默德被迫出走麥迪那，並依靠這裡的信徒建立了伊斯蘭教神權國家。不久，麥加貴族向麥迪那發動進攻，企圖消滅伊斯蘭教勢力。於是，穆罕默德組織穆斯林武裝，同麥加貴族進行了多次「聖戰」，不斷打敗麥加貴族。630年，穆罕默德率大軍進攻麥加城，麥加貴族被迫接受了伊斯蘭教，承認了穆罕默德的權威和最高地位。隨後，阿拉伯半島上的各個部落，紛紛向麥加派遣使節，皈依伊斯蘭教，承認穆罕默德的宗教領袖地位。

632年，到穆罕默德病逝時，阿拉伯半島大部分地區已經皈依了伊斯蘭教，並迅速走向統一。此後伊斯蘭教又傳到北非和中亞的大部分地區。到16世紀時，伊斯蘭教徒已經遍布世界各地。

大馬士革之戰

六三四年盛夏的一天，敘利亞大馬士革至約旦河畔一線，驕陽似火，沙塵瀰漫，熱浪襲人。突然，伴隨隆隆戰鼓聲和震天的吶喊聲，一支穆斯林軍隊如猛虎下山，躍出陣地，衝入敵軍東羅馬軍隊陣中。霎時，東羅馬軍隊全線潰敗，陸地上死傷遍地，被驅趕擠壓到河中者，也紛紛被水淹斃命……這就是中世紀初期阿拉伯征服戰爭中的大馬士革之戰。

七世紀三〇年代，伊斯蘭教第一任哈里發阿布·伯克爾統治時期，在平息內部叛亂、初步統一阿拉伯半島後，開始對外大舉擴張。這時，阿拉伯擴張的基本目標是與東羅馬帝國爭奪敘利亞等小亞細亞地區。

六三三年，阿拉伯軍隊向北方的敘利亞發起進攻。敘利亞是當時東羅馬帝國最富庶的地區，因而東羅馬人不肯輕易放棄，於是，阿拉伯軍隊與東羅馬軍隊展開了殊死的爭鬥。初期，雙方你來我往，互有勝負。

六三四年三月，哈里發調兵遣將，命令素有「阿拉之劍」美稱的阿拉伯著名將領哈立德率軍增援敘利亞。當時正在伊拉克前線指揮作戰的哈立德，為贏得戰事的主動，經過深思熟慮，決定穿越西亞大沙漠，避開東羅馬防守嚴密的邊境要塞，抄近路直插敵後，出其不意地突襲東羅馬軍隊。

這一作戰部署帶有很大的冒險性。哈立德精選了八百名騎兵，騎著駱駝，從伊拉克北部出發，進入人跡罕至的大沙漠。穿越沙漠最大的問題就是飲水。為此，出發前，他們製作了一批貯水用的大皮囊，裝滿水後分別放在馬背上。然而，行軍中途，所帶的水還是用完了。於是，他們就一邊行進，一邊在嚮導的指引下沿途尋找水源，

六三四年
阿拉伯大將哈立德奉命自伊拉克前線赴敘利亞，任阿拉伯軍隊最高統帥，七－八月，在大馬士革附近大敗東羅馬軍隊。

六三八年
阿拉伯人占領耶路撒冷，征服美索不達米亞。

六四二年
阿拉伯軍隊占領埃及。

六七四年
阿拉伯軍隊從海陸兩路大舉進攻拜占庭首都君士坦丁堡，戰爭延續七年，以阿拉伯人失敗告終。

補充人畜所需飲水。

經過近十幾天的艱苦行軍，這支駱駝援軍終於戰勝巨大困難，衝出西亞大漠，如同神兵從天而降，突然進入敘利亞，出現在大馬士革城下。

阿拉伯援軍趕到之後，與原先的軍隊會合，由哈立德統一指揮。從六三五年一月起，阿拉伯軍隊接連發起攻勢，攻占了大馬士革周邊的許多小城鎮和堡壘，最後將東羅馬軍隊占據的大馬士革團團包圍。

六個月過去了，大馬士革城內守軍的糧食和彈藥日益吃緊，人心浮動，開始出現混亂。無奈之下，東羅馬軍隊首領只好與大馬士革大主教商議，決定與哈立德談判。

六三五年九月的一天早晨，大馬士革大主教爬上城樓，對著等在城外的哈立德大聲說道：「尊敬的哈立德將軍，貴軍圍困我們幾個月之久，勝負的結果已明擺在眼前了。如果我們停止抵抗，讓貴軍進城，你們能否保證城內數十萬百姓的生命安全呢？」

哈立德見守軍有意交出城垣，便大聲回答說：「我們奉真主之命行事！我哈立德向大馬士革居民承諾：我們給你們帶來的是真主的保護，是先知和哈里發的保護。我軍進城後，一定保護你們的生命、財產和教堂；不得拆除你們的城牆，不允許任何穆斯林軍人進入你們的宅舍。並且，只要你們按要求向我們繳納賦稅，你們就一定會享受福祉！」

口頭協商成功後，雙方又在城下簽訂了正式和約。然後，大馬士革大主教下令打開城門放行，阿拉伯騎兵浩浩蕩蕩地開進了大馬士革。

然而，大馬士革城下之盟，只是東羅馬帝國的緩兵之計。東羅馬皇帝絕不甘心這樣窩囊囊地失敗。六三六年春天，東羅馬皇帝就調來五萬大軍發動反攻，要與哈立德一決雌雄。

七一一—七一四年
阿拉伯人征服西班牙。

七六二年
阿拉伯帝國阿拔斯王朝建都巴格達。

一〇五五年
中亞細亞塞爾柱突厥人占領巴格達，塞爾柱帝國建立。

當時，駐守大馬士革地區的阿拉伯軍隊只有二萬多人，顯然敵眾我寡，無法與東羅馬軍隊直接抗衡。於是，哈立德下令軍隊全部撤出大馬士革，並主動放棄了其他一些有戰略價值的城鎮，集中兵力退至約旦河流域的雅穆克河畔築壘待命。雙方形成長期對峙的局面。

六三六年八月中旬，時值盛夏，酷熱難耐，而被熱風刮起的陣陣沙塵，又吹得人睜不開眼。這種氣候對於土生土長的阿拉伯人來說，再平常不過了，而對於遠道而來、習慣於地中海暖濕氣候的東羅馬軍隊而言，簡直無法忍受。這樣，戰事未開，阿拉伯軍隊已先拔頭籌。

八月二十日，決戰開始。阿拉伯軍隊勇猛頑強，銳不可擋。而東羅馬軍隊儘管人多勢眾，但因許多將士是臨時徵集來的雇傭軍，根本不願為東羅馬帝國賣命，在阿拉伯軍隊的猛烈衝擊下，很快四散奔逃，潰不成軍。經過激戰，東羅馬軍隊死傷過半，連皇帝的弟弟也被打死。

大馬士革—雅穆克一戰，使東羅馬帝國最富庶的敘利亞併入阿拉伯帝國版圖。之後，阿拉伯人乘勝進軍，迅速征服了整個小亞細亞地區。

相關連結

阿拉伯帝國興衰

默罕默德逝世後，阿布·伯克爾繼承其權位，稱哈里發，通過傳播伊斯蘭教，逐步統一阿拉伯半島，並開始對外擴張。到8世紀中期，建立起版圖包括阿拉伯半島、敘利亞、巴勒斯坦、伊拉克、伊朗、中亞、亞美尼亞、埃及、北非，和西班牙等地，橫跨亞、非、歐三洲的大帝國。在倭馬亞王朝時期（661-750），首都為大馬士革；阿拔斯王朝時期（750-1258），首都為巴格達。阿拔斯王朝哈里發曼蘇爾（754-775在位）、訶倫（786-809在位）、馬蒙（813-833在位）時，帝國進入「黃金時代」。國內經濟文化發達，在文學、藝術和科學研究各方面都有重大成就，對東西方文化的交流和世界文化的發展作出貢獻。阿拔斯王朝後期，帝國內部階級矛盾、民族矛盾和宗教矛盾激化，人民起義不斷，出現封建割據局面。至11世紀，帝國徒有虛名，僅控制以巴格達為中心的兩河流域地區。1055年塞爾柱突厥人占領巴格達，哈里發僅作為伊斯蘭教主而存在。1258年蒙古軍隊入侵，廢黜哈里發，阿拉伯帝國滅亡。

革新派鏟除蘇我氏

西元六四五年六月十二日上午，日本天皇接見來自朝鮮半島的三國使者。按上朝程式，近臣入殿，服侍天皇就坐，而後文武百官到位，侍立兩旁。隨著一陣鼓樂齊鳴，朝鮮三國使者步入宮殿……就在這個當口，有人突然從眾臣側後衝出，拔劍行刺，被刺對象為朝中重臣蘇我入鹿，尚未來得及還手，已經前胸噴血，倒地斃命。這就是發生在中世紀日本大化革新之際的一場宮廷政變，它一舉結束了為期半個多世紀的蘇我氏專擅朝政，為改革的順利實施掃平了道路。

蘇我氏是日本古代的一個大豪族，相傳是日本孝原天皇曾孫武內宿彌的後代。雄略朝時的蘇我滿智掌握財政。宣化朝的蘇我稻目，已任大臣，並將二女嫁予欽明天皇，所生子女為用明、崇峻、推古三代天皇。從崇峻天皇時期開始，蘇我氏專權傾向日益鮮明。五八七年，在皇位繼承問題上，蘇我馬子與物部守屋展開激烈鬥爭。結果，蘇我馬子聯合皇族及其他豪族，消滅了物部守屋，掌握了朝廷實權。然後，他擁立崇峻天皇。不久，崇峻天皇表示了對馬子專權的不滿。於是，蘇我馬子就於五九二年指使朝臣暗殺了崇峻天皇，擁立女帝推古天皇。

六二六年，蘇我馬子死，其子蘇我蝦夷繼任大臣，獨攬朝廷大權。六二八年，推古天皇病逝，蘇我蝦夷排斥聖德太子之子山背大兄王，擁立田村皇子即位，即舒明天皇。在隨後的皇極朝時期，蘇我蝦夷之子蘇我入鹿登上政治舞臺，專擅朝政。他痛恨聖德太子的名望，反對太子的改革事業。為了根除改革事業的後繼者，他一手製造了殺害山背大兄王的事件。史實清楚地表明，這時的蘇我氏家族，獨斷擅權至極，打擊改革勢力，已成為極力維護日本舊制度的總代表和社會改革的最大絆腳石。

六〇四年
日本聖德太子改革，頒布「十七條憲法」，始制朝禮。

六二二年
日本蘇我馬子執政。

六四三年
日本蘇我入鹿襲擊山背大兄王（聖德太子之子），王被逼自殺於斑鳩宮。

六四五年
日本中大兄皇子（舒明天皇之子）與中臣鐮足發動政變，殺蘇我入鹿，其父蘇我蝦夷自殺。蘇我氏一族敗亡。孝德天皇即位，建元大化，立大中兄皇子為皇太子，

蘇我氏的霸道專權引起日本統治層的強烈不滿。當時，聖德太子時期派往中國的留學生陸續回國；他們在中國學到了博大的中華文化和隋唐的統治經驗，回國後積極進行傳播，在部分貴族中產生強烈影響，很快就形成了以中臣鐮足和中大兄皇子為代表的革新力量。他們立志剷除蘇我氏，實行改革。中大兄與中臣鐮足志同道合，成為莫逆之交。他們悄悄聯絡一批朝中大臣，組成了革新派，並研究制定了剷除蘇我氏、奪取政權、實施變革的計畫。

任中臣鐮足為內大臣，開始革新政治。

六四六年
元旦，日本頒布革新詔書，大化革新開始。

西元六四五年六月十二日上午，革新派利用皇極天皇在宮中隆重接見「三韓」使者的機會，由中大兄執劍伺機刺殺蘇我氏。當蘇我入鹿當廷中劍斃命之際，宮廷滿堂震驚，文武百官和「三韓」使者都被嚇懵了。中大兄刺殺蘇我入鹿後，指揮埋伏宮中的革新派衛士，迅速將蘇我氏同夥一一逮捕，關押起來。

本來蘇我蝦夷也來宮中參加朝見儀式，只是當他在宮中發現中大兄皇子未到，聯繫近來的政治氣候，多疑的他感覺不大對勁，於是推說身體不適，提前離開了宮殿。不久，當他聽說兒子在宮中被殺的消息後，準備組織軍隊進行反擊。無奈，由於革新派事先已經派人說服蘇我氏一派歸順，皇族和朝臣大都站在中大兄一邊，連守衛蘇我蝦夷、蘇我入鹿宅門的武士也已經解除了武裝，四散而去了。蘇我蝦夷見大勢已去，便在家中自焚而死。

至此，在日本朝廷專橫跋扈數十年的蘇我氏勢力被剷除，日本歷史翻開了新的一頁。

相關連結

日本大化革新

6-7世紀，日本奴隸制的部民制開始衰落，受中國思想文化特別是隋唐文化的深刻影響，朝廷中出現了改革現行統治制度，以挽救社會危機的進步力量。然而，當時日本國家的實權掌握在奴隸主大貴族蘇我蝦夷手中。蘇我蝦夷本人專權跋扈，他的兒子蘇我入鹿同樣權傾朝野。他們依仗權勢，隨意賞罰，擴張領地，濫徵部民，引起朝廷內外的強烈不滿。

645年6月，中大兄皇子和中臣鐮足等發動宮廷政變，在朝廷殺死了蘇我入鹿，剷除了蘇我氏權勢，而後擁立孝德天皇即位，改元大化。12月遷都難波（今大阪）。646年（大化二年）頒布詔書，仿照隋唐制度，實行改革。

改革主要內容包括：沒收皇族以及中央、地方貴族的私有地，取消部民制（朝廷的手工業部民除外），實行公地、公民制；確立行政機構，中央設二官、八省、一臺，地方設國、郡、里；編制戶籍，施行班田收授法，徵收租、庸、調、雜傜等。改革措施從京畿和東部開始施行，逐步推廣，其成果具體反映於半世紀後的「大寶律令」中。日本通過改革建立了中央集權的天皇制國家；改革後日本逐步過渡到封建社會。

三次帕尼帕特之戰

帕尼派特位於印度首都德里附近的朱木拿河兩岸，地理位置重要。因而，這裡發生的事件常常決定著印度歷史發展的走勢與命運。在中世紀印度蒙兀兒王朝的歷史上，這裡曾先後發生過三次「帕尼派特戰役」，對蒙兀兒王朝產生深刻影響。

十六世紀初年，統治印度的穆斯林羅第王朝處於極度混亂衰敗之中。蒙古帖木兒的六世孫巴布林趁機連續三次侵入印度，不斷擴大勢力和影響。

一五二五年十一月，巴布林在協同波斯人打退烏茲別克人的進擾、解除東進的後顧之憂後，率軍從喀布爾出發，進攻印度。十二月中旬，渡過印度河，攻占拉合爾，取道錫爾欣德和安巴拉進逼德里。印度蘇丹國蘇丹易卜拉欣．羅第聞訊，率領一支大軍離開德里，迎擊入侵者。當時巴布林的軍隊包括非戰鬥人員共有一．二萬人，而易卜拉欣．羅第的軍隊卻有四萬之眾。羅第先派出兩股先頭部隊襲擊巴布林，結果很快被打敗。巴布林沿朱木拿河繼續南下。一五二六年四月二十一日，兩軍在帕尼派特相遇。

本來，在帕尼派特決戰前，人多勢眾、以逸待勞，又有德里和亞格拉為依托的羅第，占據明顯優勢。然而，開戰不久，戰事卻完全出人預料。巴布林的軍隊幾乎以一當十，勇猛異常，他們的騎兵輪番衝擊，三下五除二就攪亂了羅第軍隊的陣形，而巴布林軍隊火槍和大砲的射殺與轟擊，更使羅第軍隊難以招架。結果，巴布林大敗蘇丹易卜拉欣．羅第的四萬大軍，而後乘勝猛攻，很快占領了德里和亞格拉。此戰，是巴布林多次侵入印度的第一次重大勝利，為他建立在印度的統治奠定了第一塊基石。

一五二六年四月二十七日，在德里大清真寺的禮拜儀式上，巴布林被尊為「印度

一三九八年
帖木兒出征印度，擊敗蘇丹馬哈茂德，攻陷德里。

一四〇二年
安哥拉戰役，帖木兒擊敗土耳其。

一五二六年
帕尼派特戰役（第一次），蒙兀兒軍隊打敗德里蘇丹國羅第王朝軍隊，隨之建立蒙兀兒帝國。

一五五五年
印度胡馬雍返回印度，占領德里和亞格拉，恢復蒙兀兒王位。

斯坦的皇帝」，以此為標誌，印度蒙兀兒王朝正式建立。

一五五五年二月，蒙兀兒王朝年幼的阿克巴登上王位。當時，蒙兀兒王朝內憂外患，一片混亂。特別是阿富汗的將軍喜增擁兵割據，虎視眈眈，伺機進兵，妄圖一舉顛覆蒙兀兒王朝。就在阿克巴即位不久，喜增就率五萬騎兵、一千五百頭戰象和數十門大砲，氣勢洶洶地向德里殺來。當時蒙兀兒方面的軍隊只有區區一萬人。面對強敵，阿克巴和巴伊拉姆汗沒有畏懼，依據敵我雙方的特點，策劃戰術，積極準備。一五五六年十一月五日，兩軍對壘於帕尼派特。戰役打響，阿克巴守軍發揮箭術精準的優勢，集中兵力殺傷敵人。同時，運用靈活的運動戰戰術，與敵軍展開周旋。結果，打得敵人潰不成軍，喜增也在混戰中中箭被俘，被巴伊拉姆汗處死。

此次戰役的大勝，使蒙兀兒王朝聲威大震之後，阿克巴和巴伊拉姆汗乘勝逐步平息了國內叛亂勢力，並解除了外部的威脅，大大鞏固了蒙兀兒帝國在印度的統治。

蒙兀兒王朝末期，封建統治衰敗，內訌接連不斷，皇室子孫爭奪王位的內戰頻發。一七六一年一月初，印度馬拉特人舉行叛亂，不久，與阿富汗軍交戰。一月十四日，馬拉特首領薩達希奧・巴奧率軍四・五萬人，與阿富汗國王阿赫穆德・沙赫・杜蘭尼統領的六萬大軍在帕尼派特決戰。結果，馬拉塔人大敗。此戰成為印度近代史的重要轉捩點，它使本已衰落的蒙兀兒王朝遭到重創，帝國從此名存實亡，為英國殖民者乘虛而入建立殖民統治提供了契機。

一五五六年
帕尼派特戰役（第二次），蒙兀兒帝國統治得到鞏固。

相關連結

印度蒙兀兒王朝

1526年，中亞封建主蒙古帖木兒的後裔巴布林入侵印度，在德里附近的帕尼派特戰役中戰勝穆斯林羅第蘇丹，宣布為印度斯坦皇帝，在印度建立起蒙兀兒王朝的統治。隨後，經過坎努戰役和戈格拉戰役，巴布林統一了北印度。1540-1554年，蒙兀兒王朝在印度的統治曾一度中斷。1555年，胡馬雍重征印度平原，占領德里和亞格拉，恢復了蒙兀兒王朝。

阿克巴（1556-1605）統治時期，對外征戰，開疆拓土，統一了次大陸廣大地區；對內實行一系列改革，建立行省制，加強中央集權，採取寬容的宗教政策，擴大了蒙兀兒王朝統治的社會和政治基礎，鞏固了帝國統一，促進了社會經濟的發展和文化的融合。到17世紀上半期，在查罕傑和沙．賈漢時期，帝國出現盛世局面，經濟繁榮，文化藝術發達。

到奧朗則布統治時期，繼續向南印度擴張，帝國版圖幾乎囊括了整個南亞次大陸。但他強制推行政教合一體制，恢復宗教迫害政策，因而激起地方封建主、錫克教徒，及馬拉特人的強烈反抗。奧朗則布死後，地方割據勢力發展，帝國陷於四分五裂。18世紀中期，蒙兀兒皇帝先後成為入侵的波斯、阿富汗及馬拉特封建王公的傀儡，王朝名存實亡。1764年，蒙兀兒王朝淪為英國殖民者的附庸。

「錢袋伊凡」

十四世紀三〇年代，在悄然崛起的莫斯科公國，有一位異常活躍的大公。他善於使用靈活多變的手腕，特別是「經濟手腕」，在蒙古金帳汗、俄羅斯王公和各個競爭對手之間巧妙周旋，恰當應對，並以此鞏固了自己的地位，發展和壯大了莫斯科公國。他就是在俄羅斯歷史上被稱為「錢袋」的伊凡一世——伊凡．達尼洛維奇。

十三世紀四〇年代，蒙古西征軍在伏爾加河流域建立了欽察汗國，也稱「金帳汗國」，當地的俄羅斯貴族成為他們的藩屬，處在蒙古人的統治之下。金帳汗國通常以大公的封號為誘餌，挑起各王公之間的矛盾、傾軋和爭鬥，並從中剷除不忠順者，以鞏固自己的統治。

十三、十四世紀之交，一個獨立的莫斯科公國在割據混戰中誕生。它憑藉地處商道交叉點，周圍又遍布森林、沼澤，距離金帳汗統治中心較遠等條件，逐漸興盛起來，並取得王公頭銜。

一三二五年，伊凡．達尼洛維奇登上了莫斯科公國王公的寶座，是為伊凡一世。由於他特別熱衷以各種手段聚斂錢財，並善於使用這些錢財為自己開路，因而獲得了「卡里達」（「錢袋」）的綽號。而伊凡又恰恰是從「發跡」之時起，就充分發揮「錢袋」的功能。他先是不斷向金帳汗及其妻妾和近臣進獻財物、禮品，贏得了金帳汗的信任與歡心。不久，金帳汗任命他為全俄羅斯的徵稅人。財稅大權在握，伊凡自然充分利用，便倚仗這一特權，大肆搜刮、聚斂財富，中飽私囊。反過來，他又把所得財富作為特殊手段，上賄蒙古汗王，以邀寵信，下買人心，以削弱對手力量，以此攫取更多更大權勢。

一二三七年
蒙古拔都率軍進攻俄羅斯各公國，第二年，先後占領弗拉基米爾、蘇茲達爾、特維爾和莫斯科等。

一三二八年
莫斯科大公取得弗拉基米爾大公稱號，即伊凡一世為弗拉基米爾大公。

一三八〇年
庫利科沃戰役，莫斯科大公底米特里率俄軍擊敗蒙古人。

一四六二年
莫斯科大公伊凡三世即位。

一三二七年，金帳汗的特使在特維爾橫徵暴斂，激起特維爾人的起義。得知消息，伊凡興奮異常，覺得這是一箭雙雕、千載難逢的良機：一方面可以借機消除一個強勁的競爭對手，另一方面也可以此來進一步獲得金帳汗信任。於是，他連夜趕到薩萊晉見金帳汗，請纓統兵前往鎮壓起義。金帳汗正為此事犯愁，沒想到伊凡會主動前來效力，不禁大喜過望：「難得你一片忠誠啊！十萬火急，你速速率軍前往討伐。事成之後，本汗封你為全俄羅斯的大公！」

於是，伊凡奉旨帶領一支蒙古騎兵出擊特維爾公國，在那裡殘酷地鎮壓了特維爾人的起義，所到之處，城市和鄉村一片狼藉。

同年，諾夫哥羅德發生類似的反金帳汗「騷亂」，伊凡又是主動效力，派遣手下總督前往平定，不僅迅速平息了「騷亂」，還強迫諾夫哥羅德人向金帳汗進獻二千銀幣和大量禮品。

伊凡一年之內兩立「軍功」，著實讓金帳汗歡欣不已。第二年，他就被金帳汗冊封為「弗拉基米爾及全俄羅斯大公」。此後，這個稱號為伊凡及其子孫所壟斷，並使之受益無窮，俄羅斯各個公國都先後匍匐在伊凡及其家族的腳下，而無法與之爭雄。金帳汗也一直被利用來充當莫斯科公國擴張的工具了。

為了鞏固自己的地位，戰勝競爭對手，伊凡還竭力爭取教會的支持。他繼續發揮「錢袋」的作用，以重金賄賂俄羅斯總主教彼得，成功動員他把主教的駐節地由弗拉基米爾遷至莫斯科。此後，莫斯科就成為俄羅斯歷代總主教的永久性駐地。因為總主教擁有任命和審判各地、各城市主教的權力，所以就可以借助革除教籍的威脅來迫使各公國屈從於莫斯科政權。這樣，就使莫斯科具備了全俄羅斯政治和宗教兩大中心的優勢，大大提高了莫斯科公國的綜合影響力。

伊凡還不斷擴展莫斯科公國的領地，不斷增強國力。他在位期間，先後把隸屬

一四七二年
伊凡三世與拜占庭末代君主君士坦丁十一世之侄女索菲亞結婚，並開始自稱「沙皇」。

一四八〇年
伊凡三世擊潰蒙古軍隊，俄羅斯擺脫蒙古的統治。

一五三三－一五八四年
莫斯科和全俄羅斯大公伊凡四世（雷帝）統治時期。他於一五四七年加冕為沙皇。

沙皇
俄羅斯帝王的稱號，由古羅馬政治家凱撒的名字轉音而來。一五四七年，伊凡四世正式稱沙皇。一七二一年，彼得一世改稱皇帝，但一般仍稱沙皇。一九一七年二月革命，沙皇制度被推翻。

於「大公」名下的弗拉基米爾、佩雷雅斯拉夫里、科斯特羅馬、尼什哥羅德、戈羅傑茨等地納入莫斯科公國版圖，又以兼併、購買等多種方式取得馬格利奇、加里奇和白湖等地。到伊凡一世死時，莫斯科公國的勢力範圍已經擴充了若干倍。就連他自己世襲的領地也已極為可觀，在他的遺囑中，曾經把五十四個村莊分賜給他的兒女們。

相關連結

莫斯科公國統一俄羅斯

12世紀中期，弗拉基米爾大公國尤利在莫斯科河畔的一塊高地上建立莫斯科城堡。13世紀上半期，蒙古帖木兒軍隊攻占俄羅斯地區，建立金帳汗國，通過俄羅斯貴族王公進行統治。莫斯科利用優越的地理條件逐漸發展，成為獨立的莫斯科公國。14世紀初，莫斯科公國陸續合併周圍公國，國勢日強。

1328年，莫斯科大公伊凡一世依靠金錢，取得蒙古人和教會的支持，擊敗特維爾大公等勁敵，取得弗拉基米爾大公的稱號，開始領導俄羅斯各諸侯，同時借幫助金帳汗國鎮壓其他小公國，不斷擴大自己的領土和勢力。

伊凡孫子德米特里·伊凡諾維奇在位時，利用內外有利條件，先後打敗老對手特維爾以及立陶宛和蒙古人的入侵，進一步增強了實力，確立起莫斯科大公國在俄羅斯各公國中的領導地位。

在伊凡三世統治時期，莫斯科大公國日益強盛。從1462年至1485年，伊凡先後併吞了位於莫斯科和波蘭、立陶宛之間所有獨立的俄羅斯人公國，特別是於1480年，擊退金帳汗國對莫斯科的最後一次大規模進攻。至此，結束了金帳汗國對俄羅斯人為期二百多年的統治。隨後，伊凡三世又通過兩次征服立陶宛的戰爭奪取，統一全部東北俄羅斯，形成了俄羅斯統一集權國家的核心。到16世紀初，俄羅斯成為歐洲一個強大統一的國家。

奧斯曼攻陷君士坦丁堡

西元一四五三年春夏之交，東羅馬帝國都城君士坦丁堡上空，砲聲隆隆，硝煙瀰漫。城南海上，數百艘戰船往復穿梭，交相攻守，海水被砲火捲起沖天的水柱，中彈的艦船在滾滾的煙火中傾斜、沉沒……城西陸上，攻城軍隊如漲潮般湧來，又如落潮般退去，箭簇、石彈如暴雨般飛泄，激憤的吶喊聲、傷痛的悲號聲、轟城的爆炸聲混雜一起，震耳欲聾……中世紀著名的君士坦丁堡攻城戰役正在如火如荼地進行著。

三九五年，羅馬帝國分裂為東、西兩部分。西羅馬帝國於四七六年被日耳曼人攻滅，東羅馬帝國則繼續維繫著統治。其首都君士坦丁堡，在三百三十年以前稱拜占庭，因此，歷史上也稱東羅馬帝國為拜占庭帝國。

十五世紀初君士坦丁十一世在位時，東羅馬帝國已歷經千餘年滄桑，國勢淪落，江河日下。在奧斯曼帝國的進攻與蠶食面前，其管轄範圍只剩首都君士坦丁堡和附近的若干城市。

一四五一年，奧斯曼帝國蘇丹穆罕默德二世繼位，他立志征服君士坦丁堡，滅亡東羅馬帝國。為此，他不惜重金鑄造大砲，建造戰艦，改編軍制，籌措糧草，進行了精心準備。

君士坦丁堡位於博斯普魯斯海峽西岸南口，城市呈不規則三角形，北瀕金角灣，南臨馬爾馬拉海，東隔博斯普魯斯海峽與小亞細亞相望，只有西面與陸地相連。為了加強防範，東羅馬統治者在城西修建了兩道城牆，城外挖有一條二十公尺深的護城河；在金角灣入口以巨型鐵索封鎖。君士坦丁堡地勢險要，城牆堅固，可謂固若金湯。

一二九九年
奧斯曼土耳其國家建立。

一四二四年
土耳其占領除君士坦丁堡以外的拜占庭的全部領土。

一四五三年
東羅馬帝國都城君士坦丁堡被土耳其蘇丹穆罕默德二世攻陷，帝國宣告滅亡。

一四五三年四月，穆罕默德二世親率步兵十二萬、騎兵二萬、艦船三百二十艘，從水陸兩路撲向君士坦丁堡。

四月六日，奧斯曼軍隊從城西發起進攻。首先用重砲猛轟城牆，然後，數萬步兵扛著粗大的樹幹，滾動木桶，衝向護城壕，企圖填平壕溝。東羅馬守軍在堡壘和城牆上，以密集火力還擊，連續擊退奧斯曼軍隊的多次衝鋒。

強攻不成，奧斯曼軍隊便在砲火掩護下，在護城河邊挖掘地道，準備通過地道鑽進城裡。然而，沒等地道挖成，就被守城軍隊發現，用炸藥炸毀了。隨後，奧斯曼軍隊又使用數十輛裝有輪子的活動堡壘進行迫近攻城，仍然沒能攻破城池。

陸戰攻城失利，海戰同樣遭到嚴重挫折。四艘支援君士坦丁堡的熱那亞軍艦，擊沉數艘奧斯曼艦隻，成功駛入馬爾馬拉海，為君士坦丁堡送去大量軍需物資。

在接連失利的情況下，奧斯曼軍隊將士研究君士坦丁堡的地形，提出了一個偷襲金角灣防線的計畫：借道熱那亞商人控制的加拉塔據點，潛入金角灣，然後實施偷襲。

四月二十二日晚，奧斯曼軍數十艘艦船悄悄繞過金海灣口，在加拉塔上岸。然後在陸地上鋪設了一條木板滑道，在木板上塗抹大量的油脂，以減少摩擦力，然後用人力通過木板滑道將艦船拖曳進金角灣。經過一夜奮戰，奧斯曼軍隊悄無聲息地將七十艘輕型艦船從陸上拖進金角灣，造成君士坦丁堡腹背受敵之勢。

奧斯曼艦隊在金角灣內的突然出現，使東羅馬人驚恐不已，他們急忙從西線守軍中抽出兵力來防守金角灣。這樣一來，就分散和削弱了防守力量。

五月二十日拂曉，奧斯曼蘇丹下達總攻命令。霎時，萬砲轟鳴，火光沖天，砲彈如冰雹般射向城牆，數萬奧斯曼軍隊潮水般湧向城牆。同時，金角灣和馬爾馬拉海的奧斯曼海軍也發動猛烈進攻。

君士坦丁堡

位於博斯普魯斯海峽西岸，扼黑海咽喉。西元前七世紀為希臘人所建。西元三三〇年，羅馬帝國皇帝君士坦丁大帝遷都於此，改名君士坦丁堡。西元三九五年，羅馬帝國分裂後，為東羅馬帝國（拜占庭帝國）都城。工商業發達，建築雄偉，尤以聖索非亞教堂著稱。一四五三年為奧斯曼土耳其人占領，更名為伊斯坦堡。

戰鬥很快進入白熱化狀態。城牆上、雲梯上，奧斯曼軍隊與守軍展開了殊死的白刃戰。東羅馬軍隊頑強抵抗，拚死搏殺，戰事似乎僵持住了。突然，只聽一聲巨響，西城聖羅馬門以北的一段城牆被砲彈轟然炸開，奧斯曼軍隊立刻潮水般從城牆缺口湧入城內。東羅馬皇帝得知報告，想調集部隊增援，但為時已晚。守軍見城池已破，頓時陷入一片混亂，紛紛四散奔逃。東羅馬皇帝意識到大勢已去，一邊揮劍抵抗，一邊脫去皇帝服飾，奪路而逃，不久，在混戰中被奧斯曼士兵擊斃。

當天夜裡，君士坦丁堡全城陷落。奧斯曼軍隊在城內連續洗劫三天。大批居民被擄為奴隸，豪華的宮殿被付之一炬。

君士坦丁堡的陷落，標誌著延續了一千多年的東羅馬帝國最終滅亡了。

相關連結

奧斯曼帝國的崛起

奧斯曼土耳其人是突厥人的一支，原居中亞。13世紀初，為躲避蒙古人侵襲，輾轉西遷，來到小亞細亞，依附於魯姆蘇丹國，定居小亞細亞西北部。

13世紀中期，魯姆蘇丹國在蒙古人的侵襲下瓦解，該部族在首領奧斯曼的率領下，打敗鄰近部落宣布獨立，建立以其名命名的奧斯曼國家。從14世紀初開始，奧斯曼軍隊進攻近鄰拜占庭帝國（東羅馬帝國），占領卑斯尼亞平原，奪得重鎮布魯薩，控制了達達尼爾海峽。先後遷都布爾薩和亞德里亞堡。

奧斯曼去世後，其後繼者不斷發展外貿，繁榮經濟，並編練了一支訓練有素、裝備精良的常備軍，增強了帝國的實力。帝國繼續擴張，攻占尼西亞城等地，將拜占庭逐出小亞細亞。14世紀中後期，帝國攻占自多瑙河到雅典之間的廣大地區，幾乎控制了整個巴爾幹半島，拜占庭帝國只剩下君士坦丁堡和幾塊屬地。

1453年，蘇丹穆罕默德二世率大軍攻陷君士坦丁堡，滅拜占庭帝國，並遷都於此，更名為伊斯坦堡。1529年，攻陷維也納，成為地跨亞、歐、非三洲的龐大帝國。

帝國內部，由於封建剝削和民族壓迫嚴重，階級矛盾和民族矛盾尖銳，各地人民不斷進行反抗。1571年，在勒班陀海戰中，其艦隊被西班牙、威尼斯聯合艦隊擊敗。到17世紀中葉以後，國勢轉衰，逐漸成為西方列強爭奪與蠶食的對象。

封建制解體時期的歐洲

西歐封建社會的特點是：自給自足的封建莊園經濟盛行一時；教會和世俗封建主的政治統治；教會封建神學對文化的絕對控制。從世界整體來看，新舊大陸之間基本上彼此隔絕，亞、歐、非洲之間的交往和接觸範圍較小，而且時斷時續。

十四、十五世紀，歐洲資本主義工商業開始萌芽並發展，並引發一系列重大的歷史變革。新航路的開闢和「新大陸」的發現，使歐洲殖民者向美、亞、非洲展開殖民擴張，促進了歐洲資本主義的發展，打破了世界各地區間相對隔絕的狀態，為世界市場的形成創造了重要的條件，世界各民族的歷史逐漸開始融合為一部彼此聯繫、相互影響的人類歷史。歐洲發生的文藝復興和宗教改革運動，是資本主義經濟發展在精神文化領域的反映，是偉大的思想解放運動，它們反過來又促進了資本主義經濟和政治的迅速發展。從此人類歷史開始向近代邁進。原來先進的亞洲封建大國，或分裂，或因循守舊、閉關鎖國，逐漸落後於歐洲。

達文西《最後的晚餐》

《最後的晚餐》高**4.6**公尺，寬**8.8**公尺，達文西選擇的瞬間情節是耶穌得知自己已被弟子猶大出賣，派弟子彼得通知眾弟子聚餐，目的並非吃飯，而是當眾揭露叛徒。達文西在畫中塑造了各不相同的人物形象，觀賞者可以從生活經驗出發，對畫中人作出不同的心理分析。注意畫中有一隻握著匕首的手，而這隻手似乎不屬於畫中任何一人。

哥倫布降服「海上凶神」

西元十六世紀，正航行在大西洋上的哥倫布船隊發生了可怕的情況，一些船員先是感到渾身無力，走不動路。接下來的日子裡，這些船員牙齒開始脫落，全身出血，然後在痛苦的呻吟中慢慢死去。一些有經驗的老船員恐懼地喊道：「這種病就是傳說中的『海上凶神』，太可怕了！」

那時，哥倫布夢想著由歐洲向西航行到達東方的印度和中國，實現馬可．波羅《東方見聞錄》中所描繪的「黃金夢」。在西班牙王室資助下，他率領一大兩小三艘帆船組成的船隊開始遠航。長時間的海上漂泊，船員們的生活非常艱苦，只能吃堅硬的黑麵包和乾癟的鹹魚，本來就已經怨聲載道，紛紛要求哥倫布返航，這時偏偏又撞上了「海上凶神」。它的悄然降臨，在短短幾天內就奪走了十幾個船員的生命，還有十幾個船員也奄奄一息。大家一個個嚇得面如土灰，生怕下一個被「海上凶神」抓去的就是自己。

看著這些在死亡線上掙扎的船員，哥倫布心情十分沉重。這十幾個患病的船員為了不拖累大家，對哥倫布說：「船長，您把我們送到附近的荒島上去吧。等你們返航歸來，再把我們的屍體運回家鄉。」哥倫布萬般無奈，只得含淚點頭答應了。

幾個月過後，在發現了美洲大陸和附近一些島嶼之後，哥倫布船隊勝利返航了。哥倫布帶領船隊向那個留有患病船員的荒島駛去。船隊離荒島越來越近，哥倫布的心情也隨之越沉重：是這十幾個船員放棄了生存的機會，換來了這次探險的成功！哥倫布想著想著，不知不覺船隊已經靠了岸。

哥倫布一上岸，就有十幾個蓬頭垢面的人朝他狂奔過來。哥倫布定神一看，這不

一四八七年
葡萄牙人迪亞士到達非洲南端的好望角。

一四九二年
八月三日，哥倫布自巴羅斯港出發，開始向西航行。

一四九三年
哥倫布第二次遠航美洲。

一四九七年
葡萄牙人達．伽馬開始遠航印度。

一四九八年
哥倫布第三次航行，抵達南美海岸，發現特立尼達島。
達伽馬繞過非洲，抵

是自己的那些船員嗎？他們還活著！哥倫布又驚又喜。

哥倫布急切地問道：「你們還活著？你們是怎麼活過來的？」

船員們回答：「我們到了島上以後，很快就把你們留下的食物吃完了。後來，餓極了，只好採些野果子吃。就這樣，我們的病就好了，也就一天天活了下來。」

慶幸之餘，哥倫布自言自語地說：「難道秘密在野果子裡面？」他返航以後，把這些船員起死回生的奇蹟講給了醫生們聽。後來，人們經過研究發現，野果子裡含有一種叫做維生素C的物質。是這種野果中的維生素，救活了那些船員。

原來，所謂的「海上凶神」，其實就是「壞血病」，這種病是由於身體內長期缺少維生素C引起的。船員們長期食用黑麵包、鹹魚肉，體內缺少維生素C，因而得了壞血病。後來，他們在荒島上採集野果子充飢，身體內補充了大量維生素C，壞血病就不治而癒了。也就是說，是哥倫布的無奈之舉，讓維生素C救了這些船員的性命。

以後，哥倫布又先後三次遠航美洲，他及時給船員們補充富含維生素C的蔬菜、水果，儘管有時在海上連續航行數月，但是船員們沒有再得壞血病的了。大家說，是偉大的哥倫布制服了「海上凶神」。

達印度卡利庫特。

一五〇二年

哥倫布第四次遠航美洲，到達宏都拉斯海岸。

達伽馬第二次遠航印度，途經非洲東海岸，占領基爾瓦為葡領地。

一五一三年

西班牙人巴爾布亞過美洲發現太平洋。

相關連結

新航路開闢

15世紀以後，西歐各國的商品經濟發展起來，對黃金的需求量日益增大，但當時西歐黃金嚴重匱乏。一方面，受《馬可·波羅遊記》的影響，歐洲人一直把東方看成是黃金遍地的「人間天堂」，很多人渴望去東方實現黃金夢；另一方面，奧斯曼帝國建立後對東地中海地區實施嚴密控制，阻斷了東西方之間的商路。於是，西歐國家被迫另闢蹊徑，尋找通往東方的新航路。當時，西歐生產力的發展、知識的進步和科學技術的發展，為遠洋航行、開闢新航路準備了必要的條件。

從1487年到1522年，迪亞士、達伽馬、哥倫布和麥哲倫先後開闢了到達印度、美洲和環球航行三條航路。這三條航路的開闢，引起所謂的「商業革命」：遠洋商業活動的頻繁，擴大了世界各地區、各民族之間的經濟和文化交往；歐洲同非洲、亞洲之間的貿易擴大，與美洲開始形成緊密的經濟聯繫，世界各地區的商品也逐漸在歐洲市場上出現；歐洲的商路和貿易中心隨之從地中海轉移到大西洋沿岸，義大利的商業壟斷地位逐漸被葡萄牙、西班牙、尼德蘭和英國所取代。它還引起了所謂的「價格革命」；由於西方殖民者的掠奪，大量貴金屬源源湧入歐洲，造成金銀價值下降，物價猛漲。「商業革命」和「價格革命」加速了西歐封建制度的衰落和資本主義的發展。

麥哲倫機智平叛亂

眾所周知，葡萄牙航海家麥哲倫率領船隊完成了人類歷史上第一次環球航行，以確鑿的事實證明了地球是圓形的，為人類世界的交流和地理科學的進步作出了巨大貢獻。但是，發生在一五二〇年四月聖胡利安港的一次船員叛亂險些葬送了這次偉大的航行和麥哲倫的船隊，而正是麥哲倫的堅毅、機智與果敢，平息了叛亂，使這次遠航得以順利進行。

自古以來，憑著直觀的印象，人們都相信天圓地方的說法，但是麥哲倫通過自己多年的學習和航海實踐，堅定地認為地球是圓形的，並下定決心要做一次史無前例的環球探航。

一五一七年，麥哲倫移居西班牙的塞維利亞城。他向西班牙國王提出環球航行的請求，並呈獻了繪製得十分詳盡的彩色地球儀，上面標明了擬訂的航線。西班牙國王立即批准了麥哲倫的航海計畫，指示他著手組織一支船隊出航。雙方約定探險過程發現的任何土地，全部歸國王所有，新發現土地全部收入的二十分之一歸麥哲倫所有。

一五一九年九月二十日，得到西班牙國王資助的麥哲倫率領一支由五條海船、二六五名水手組成的遠洋船隊，從塞維利亞城聖盧卡爾港揚帆出航。在隨後近一年的航行中，麥哲倫率領他的船員苦苦尋找傳說中那條通往太平洋的海峽，可是許多次都是無功而返。

一五二〇年三月，幾個月的海上顛簸使得麥哲倫和他的船員們疲憊不堪，他們到達南美洲的聖胡利安港。三月份的南美洲已臨近冬季，風雪交加，氣候十分惡劣。麥哲倫決定在這裡拋錨過冬，等到來年春天再繼續前行。就在這時，麥哲倫的船隊出事

一五一九年
九月二十日，葡萄牙人麥哲倫率船隊從西班牙聖盧卡爾港出發，開始環球航行。

一五二〇年
十月，麥哲倫發現南美洲南端海峽，後稱麥哲倫海峽。

一五二一年
三月，麥哲倫船隊抵菲律賓群島，麥哲倫干預當地人的內訌，被殺害。

一五二二年
九月，麥哲倫的下屬歷盡艱險，返回西班牙。這是人類史上第一次環球航行。

了。

半年之久的艱險航行，連續數次探索海峽的失敗，使得大多數海員都感到身心疲憊，甚至灰心喪氣，思念故鄉、對未來險惡環境的極度恐懼，更使一些船員暴躁不安起來。一場「暴風雪」即將到來。

就在這個節骨眼上，一些船員在幾個船長的煽動下，決定強制麥哲倫調轉船頭駛回好望角。經過這幾個船長的密謀策劃，當天夜裡，「暴風雪」般的譁變發生了。三個船長聯合起來控制了自己的艦船，並強悍地責令麥哲倫到他們船上去談判。

面對突如其來的叛亂，麥哲倫雖然沒有充分的思想準備，但卻表現出超人的鎮定和堅毅。他迅速對事態的發展和形勢進行了縝密的分析，而後果斷地確定了應對和處理的方案。擒賊先擒王。麥哲倫決定先解決為首的船長，然後再平息其他叛亂者。於是，胸有成竹的麥哲倫，寫了一封短信，派自己身邊的一個水手以轉送談判的信件為由接近那個船長。當這個船長正在看信的時候，送信的水手拔出刀，刺進了他的喉頭。這樣，麥哲倫不動聲色地解決了叛亂的主要首領。隨後，麥哲倫巧用大多數水兵對叛亂者的不滿情緒，相機分化瓦解叛亂者，爭取力量，並號召水兵拿起武器跟隨他一起平息叛亂，完成遠航。在水兵們的配合下，麥哲倫很快控制了叛亂船隻，封鎖了叛船的退路。隨後，麥哲倫帶領由十五人組成的武裝小組逐一接管了叛亂的三條船，逮捕了其他兩個船長。

這樣，一場幾乎斷送此次航海的譁變和叛亂，很快就被麥哲倫平定下來。隨後，麥哲倫和他的船隊齊心協力，歷經千難萬險，終於找到了通往太平洋的海峽，即「麥哲倫海峽」，開始了穿行太平洋的新的航行。

相關連結

麥哲倫環球航行

1519年9月20日，葡萄牙航海家麥哲倫在西班牙國王查理一世的支持和資助下，率領五艘海船、265名船員，從西班牙的聖盧卡爾港啟航，開始人類歷史上的第一次環球航行。他們渡過大西洋，沿巴西海岸南下，經過南美大陸和火地島之間的萬聖海峽（後命名為麥哲倫海峽），進入太平洋，而後繼續西行，於1521年3月16日抵達菲律賓。在此逗留期間，麥哲倫因干涉馬克坦島內訌，於4月27日被當地居民殺死。1521年9月6日，船隊其他船員航至摩鹿加群島，採辦香料等物品之後，駕駛唯一倖存的「維多利亞」號帆船，橫渡印度洋，繞過非洲，於1522年9月6日回到西班牙聖盧卡爾港，此時生還者僅18人。此次環球航行，實地證明了地圓說，對科學的發展和人類的聯繫交往具有重大意義。

藝術大師達文西

一九一一年八月，法國盧浮宮的一幅鎮館級的世界名畫不翼而飛，之後，法國警方苦苦探訪兩年，終於使名畫物歸原位。一九六三年，這幅畫曾在華盛頓和紐約展出，一時轟動整個美國，面對潮水般湧入的參觀者，展覽會不得不規定每人在畫像前只能停留三秒鐘。當年這幅畫被專家估價為一億美元，成為當時世界上最昂貴的一幅畫。

是什麼名畫讓世人如此著迷呢？它就是義大利文藝復興「藝壇三傑」之一達文西的名作《蒙娜麗莎》。

達文西於一四五二年四月出生於義大利的佛羅倫斯。據說，在他五歲時就能憑記憶在沙灘上畫出母親的肖像，還能即席作詞譜曲，自己伴奏自己歌唱，令人讚歎不已。後來，達文西師從佛羅基阿學習繪畫，得到悉心指教與磨練。

傳說，佛羅基阿曾拿來一個雞蛋讓他描畫，達文西很快就畫了幾張。可是老師卻讓他繼續畫，一連幾天都是如此。達文西終於不耐煩了，認為老師小瞧他，讓他畫這麼簡單的東西。佛羅基阿看出了他的心思，就意味深長地說：「你可不要把這雞蛋看得太簡單了啊，世上沒有兩個完全相同的蛋，即使是同一個蛋，由於觀察角度不同，照射的光線不同，它的形態也不會一樣的。」

達文西恍然大悟，原來老師這是在著意培養自己觀察事物和把握形象的能力。從此以後，他廢寢忘食地訓練繪畫基本功，並學習各類藝術與科學知識，為他以後在繪畫和其他方面取得卓著的成就，打下了堅實的基礎。

達文西的天資加勤奮使他的畫技不斷成熟。二十四歲那年，他和老師共同繪就了《基督受洗》。此畫表明，他的畫技已經超過了他的老師。

達文西與以前的畫家不同；他將繪畫藝術和科學研究緊密結合起來。他研究解剖學，並親自解剖了三十多具屍體，對人體構造有精確的認識；他研究光學、力學，以提煉繪畫藝術的法則；他還跑到藥劑師的實驗室觀察，藉以掌握繪畫色彩的調配。

名畫《蒙娜麗莎》便是達文西在藝術上多年苦心孤詣的成果。在這幅畫的創作中，達文西摒棄了傳統的宗教題材，直接表現活生生的人，為近代藝術的發展揭開了新篇章。為了給這位佛羅倫斯銀行家的妻子創作肖像，他先研究了她的心理，用數學比例勾畫素描，然後才動筆。蒙娜麗莎並不十分漂亮，但她神秘的微笑卻征服了一代又一代人，從她的笑容裡可以感受到溫暖，也可以感受到嘲諷。為了喚醒這個消沉、淡漠，被過分寧靜生活弄得昏昏欲睡的婦女，達文西請來藝人為她彈琴唱歌，親自為她講述有趣的事情，甚至雇來小丑逗樂，達文西細心揣摩著，終於把畫面定格為蒙娜麗莎嘴角那令人心醉而神秘的微笑，並使她的微笑變成永恆。

達文西不僅是一位成就斐然的藝術家，還是一位多才多藝的科學家。在科學研究上，他花費了大量的時間和精力，取得了極大的成功。他深入地觀察研究動物、植物、地質乃至人體本身。他模仿鳥的翅膀，設計了一個類似飛機的飛行機械。他還設計了許多先進的紡車，高效率的機床、沖

《蒙娜麗莎》

床，並最早提出地質學的概念，第一次正確、全面地描述了人體骨骼、肌肉和人體比例。他的科學實踐為以後的科學家提供了思想的源泉。

由於達文西的激進資產階級人文主義政治觀，他受到宗教勢力的長期迫害。一五一七年，已是六十五歲高齡的他，被迫拖著病軀離開了祖國，僑居法國。兩年後，這位藝術巨擘溘然長逝。

相關連結

文藝復興運動

文藝復興運動發生於14-16世紀的歐洲，是正在形成中的資產階級在復興希臘、羅馬古典文化的名義下發起的弘揚資產階級思想和文化的運動。它發源於義大利，然後在法國和西歐各國得到廣泛傳播和發展。

文藝復興運動之所以發源於義大利，有著多方面的原因。首先，義大利最早出現了資本主義萌芽，形成中的資產階級為了維護自己的經濟和政治利益，迫切要求摧毀教會的神學世界觀，剷除維護封建制度的各種傳統觀念。其次，義大利較多保留了希臘、羅馬的古典文化。

人文主義是文藝復興時期社會思潮的核心。人文主義重視人的價值，崇尚人性，要求把人從宗教的束縛中解放出來，對當時的科學、哲學、文學、藝術、教育，甚至生活方式都產生了廣泛而深刻的影響，是資產階級反封建、反中世紀神學世界觀的思想武器。人文主義的核心思想是；反對中世紀神學抬高神、貶低人的觀點，強調人的作用；反對神學的禁欲主義和來世觀念，提倡人們對現世生活的追求；反對宗教束縛和封建等級觀念，追求個性解放和自由平等；反對中世紀的蒙昧主義，推崇人的經驗和理性；提倡人類認識自然，征服自然，以造福人類。

馬丁．路德及其〈九十五條論綱〉

一五一七年十月三十一日，德國威丁堡大教堂門口人頭攢動，人們爭相觀看大門上赫然貼出的一份以「關於贖罪券效能的辯論」為題的〈九十五條論綱〉。人群中有人在大聲地朗讀著：

「第二十八條：很顯然，當金幣投入錢櫃叮噹作響的時候，增加的只是私利心和貪欲心！」

「寫得太好啦！」人們齊聲高呼。

「第八十六條：教皇是一切富人中的最富有者，他的錢，比伊朗高原米底國王的錢還要多得多，為什麼不自己拿出錢來造教堂呢？為什麼一定要花費窮苦老百姓的錢呢？」

「這是我們的心裡話啊！」人群中又是一陣沸騰。

「第八十九條，既然教皇有拯救眾人的赦罪目的，而不是為了金錢，那麼，過去買過贖罪券的人，為什麼又不生效力呢？」

「是啊！這不是教皇設下的大騙局嘛！」人們的情緒激奮到極點。

人們熱議和追捧的這份〈九十五條論綱〉的作者是馬丁．路德。他與他的論綱迅速被傳抄張貼著，幾周之內就傳遍了西歐。

馬丁．路德，是十六世紀德國宗教改革運動的發起者，新教路德宗的奠基人。一四八三年十一月，馬丁．路德出生於德國一個礦業主的家庭。一五〇二年畢業於埃爾福特大學，這是德意志著名的大學之一，是當時德意志思想最為活躍的地方。求學期間，路德博覽了古希臘、古羅馬的書籍，還和許多人文主義思想家交上了朋友，受

一五一七年
德國馬丁．路德公開發表〈九十五條論綱〉，發起宗教改革。

一五一八年
因路德堅持其宗教改革主張，教皇下令召路德去羅馬。

到了新思想的薰陶。後來，他又進入神學院學習。

大學畢業以後，馬丁・路德進入埃爾福特聖奧古斯丁修道院當修士，一五〇八年成為威丁堡大學的神學教授，還成為教區的副主教，主管十一所修道院。可以想像，僅僅三十歲出頭的馬丁・路德就取得如此的地位和榮耀，似乎預示了他的前途一片輝煌。

但是，一五一七年關於贖罪券的辯論介入了馬丁・路德的生活，使他的人生發生了急劇變化，更使他迎來了充滿風浪的下半生。

一五一七年，教皇利奧十世以重修羅馬聖彼得大教堂為名，派特使台徹爾前往德國推銷贖罪券。特使向人們蠱惑：只要把錢扔進錢筒，聽到「叮噹」一響，親人的靈魂就能解除痛苦，直接升入天堂。

推銷贖罪券的消息傳入威丁堡大學，全校一片譁然，認為這純粹是榨取德國人的錢財，供羅馬教廷揮霍。馬丁・路德一方面為贖罪券對人民的盤剝感到憤怒，另一方面為人們的愚昧感到憂慮。於是，為反對教皇利奧十世借頒發贖罪券盤剝百姓，路德在威丁堡大學教堂門前貼出了〈關於贖罪券效能的辯論〉（即〈九十五條論綱〉）。

由於〈論綱〉激烈抨擊羅馬教廷，保護德意志人民免受羅馬教廷的勒索，因而受到各階層教徒的熱烈響應，其內容在德意志不脛而走。〈論綱〉點燃了德國宗教改革的火焰。路德一下子成為德國全民族的代言人。

一五二〇年是宣揚路德學說最火的一年。那一年共出版德文書籍、文章二〇八冊，其中路德的著作有一百三十三冊之多。在這些著作中，他提出建立不受教皇控制的德意志教會，反對教皇干涉德意志的事務；建立與資本主義發展相適應的資產階級廉潔教會，每個教徒都可以閱讀《聖經》，理解《聖經》。

以羅馬教皇為首的教會勢力對路德恨之入骨，各種巨大壓力和迫害接踵而至。羅

一五二〇年
路德燒毀教皇開除其教籍的詔書。

一五二一年
德國沃姆斯帝國會議，皇帝宣判路德為異教徒。

書付之一炬。

馬教皇勒令馬丁．路德在六十天內悔過，否則將開除其教籍。路德面對威逼利誘毫不動搖，在擁護者的讚揚聲中把教皇的詔書付之一炬。

宗教改革之火在西歐各國已成燎原之勢。面對這種可怕的局面，教皇慌了手腳，只好一再敦促德皇查理五世為路德定罪。德皇決定於一五二一年四月十七日至二十六日，在沃姆斯召開帝國會議，為路德定罪，妄圖既懲戒離經叛道的叛逆者，同時也給路德的擁護者們表演殺雞儆猴的把戲。路德並沒有被教皇的淫威嚇倒，他昂首挺胸地來到沃姆斯，在帝國會議上據理力爭，毫不讓步。他聲稱：「我堅持己見，絕無反悔！」這擲地有聲的話語，充分表達了當時德意志人民要求擺脫羅馬教廷控制的強烈願望和堅定信心。

教皇等人無計可施，只好蠻橫地對路德進行人身迫害，宣布路德為不受法律保護的人。這樣，路德無法公開立足，只好躲在一個城堡裡，開始把拉丁文的《聖經》譯成德文。德文版《聖經》問世後，

相關連結

宗教改革

15世紀以來，羅馬天主教會日益腐敗，從教皇到眾多高、中級神職人員都貪得無厭，揮霍無度，成為西歐各國資本主義發展的障礙。天主教會採取各種手段搜刮錢財，如徵收什一稅、特赦稅，出售贖罪券等。因此，西歐各國幾乎每個人的思想和行動都受到天主教會的嚴密控制。為了進行資本原始積累，資產階級迫切要求沒收天主教會的財產和土地，建立適合資本主義發展的「廉潔教會」。因此，宗教改革運動是資產階級反封建鬥爭的一個特殊階段。

16世紀初，以馬丁．路德為代表的德意志宗教改革運動，是西歐歷史上一次大規模的反對天主教神權統治的政治鬥爭。馬丁．路德堅決反對羅馬教皇派人到德意志兜售贖罪券，公開發起宗教改革，得到廣泛支持，並引發了閔采爾領導的大規模農民戰爭，沉重打擊了天主教會的勢力。1550年代，德意志確立了「教隨國定」的原則。

宗教改革由德意志迅速波及西歐各國，出現了一些新的教派，統稱為新教，如法國的喀爾文教派和英國新教等。

宗教改革是一場在宗教外衣掩飾下發動的反對封建統治和羅馬神權統治的政治運動。它打擊了西歐的封建勢力，摧毀了天主教會的精神獨裁，促進了西歐各國的民族文化和教育事業的發展。

德意志人能直接用《聖經》對抗羅馬教會了。

一五二一年，羅馬教會將馬丁．路德定為「異端」和「不法分子」，他的著作被查禁。但路德的宗教改革思想已深入到貴族和民眾心中。

哥白尼的日心說

一五四三年五月二十四日，在荷蘭一間昏暗的小房子裡，天文學巨匠哥白尼躺在床上，軟弱無力的雙手輕輕摩挲著剛剛印刷出版的《天體運行論》的封面。這時的哥白尼已經因為腦溢血而雙目失明，彌留之際只能憑雙手的觸摸去慰藉自己四十多年天文學研究的艱辛，眼角淌出幾滴欣慰的熱淚，隨後老人安詳地閉上了雙眼。

在蒙昧的中世紀，人們根本不知道地球和宇宙的真相，教會和統治者借此編造一些美妙的故事來矇騙可憐的人們，讓他們在美好的暢想下心甘情願地接受奴役。哥白尼的「太陽中心說」就像一把利劍刺向黑暗的教會神學，讓科學的陽光照亮人們的心靈，成為打破寂靜黑夜的絕響。

哥白尼並不是一位職業天文學家，他大部分時間是在費勞恩譯格大教堂當一名教士，而他的成名巨著《天體運行論》則完全是在業餘時間完成的。

一四七三年二月十九日，哥白尼出生在波蘭托倫城的一個商人家庭，十八歲時就讀於波蘭舊都的克萊考大學，在學習醫學期間對天文學產生了興趣。哥白尼認真研讀托勒密的「地球中心說」，發現其中的科學方法和錯誤結論之間存在矛盾，於是立志探索出關於宇宙結構的新學說。

一四九六年，哥白尼來到文藝復興的策源地義大利攻讀法律、醫學和神學，但是他一直沒有停止過對天文學的研究，在那裡他學到了天文觀測技術以及希臘的天文學理論。哥白尼推崇希臘哲學家阿里斯塔克斯的學說，確信地球和其他行星都圍繞太陽運轉。四十歲時，他開始在朋友中散發一份簡短的手稿，初步闡述了有關日心說的看法。

一四九六年
哥白尼到義大利攻讀法律、醫學和神學，繼續從事天文學研究。

一五一〇年
哥白尼開始撰寫《天體運行論》。

一五三九年
哥白尼提出以太陽為中心的宇宙理論。

一五四三年
哥白尼的《天體運行論》出版，從此自然科學開始從神學中解放出來。

一六〇〇年
義大利天文學家喬爾丹諾．布魯諾被異端法庭判處火刑。

一五一〇年，哥白尼開始撰寫《天體運行論》。書中大膽的見解，對教會來說無疑是災難性的打擊：太陽是宇宙的中心，所有行星都是圍繞太陽運轉；地球不是宇宙的中心，而是繞太陽運轉的一顆普通行星。哥白尼還描述了太陽、月球、三顆外行星（土星、木星和火星）和兩顆內行星（金星、水星）的運動。哥白尼批判了托勒密的理論，科學地闡明了天體運行的現象，推翻了長期以來居於統治地位的地心說，並從根本上否定了基督教關於上帝創造一切的謬論，從而實現了天文學的根本變革。為避開教會的迫害，哥白尼的書稿在躊躇了多年之後，才下決心拿去印刷。

由於哥白尼的學說觸犯了基督教的教義，遭到了教會的激烈反對。他的著作更是被列為禁書。但真理是封鎖不住的，哥白尼的學說後來得到了許多科學家的繼承和發展。一八八二年，羅馬教皇不得不承認哥白尼的學說是正確的。這一光輝學說經過三個世紀的艱苦鬥爭，終於獲得完全勝利並為社會所承認。

近代自然科學的發展以天文學革命為開端，天文學革命又以哥白尼的「太陽中心說」為標誌。因此可以說，是哥白尼這位文藝復興巨匠點燃了科學的火把，為人類照亮了科學文化發展的新時代。

相關連結

天文學革命

近代自然科學是以天文學領域的革命為開端的。天文學是一門最古老的科學，通過畢達哥拉斯、柏拉圖、喜帕恰斯、托勒密等人的研究，成為一門最具理論色彩的學科。同時，天文學與人們的生產和生活密切相關，人們種田靠天、放牧靠天、航海靠天、觀測時間也靠天，這就必然會有力推動天文學的發展。然而，天文學在當時又是一門十分敏感的學科。在天文學領域，兩種宇宙觀、新舊思想的鬥爭十分激烈。特別是到了中世紀後期，天主教會還別有用心地利用托勒密的地心說為其服務。隨著文藝復興運動蓬勃開展，近代自然科學也產生了許多新成果。波蘭天文學家哥白尼適應時代要求，對天象仔細觀察了30年，從而創立了天文學的新理論——日心說。1543年，哥白尼公開發表《天體運行論》，這是近代自然科學誕生的主要標誌。日心說的提出恢復了地球普通行星的本來面貌，猛烈地震撼了科學界和思想界，動搖了封建神學的理論基礎，是天文學發展史上一個重要的里程碑。

「籬笆」引發的起義

一五四九年六月下旬的一天深夜，英國諾福克郡的溫姆鎮的農民們憤怒地拆毀了一個貴族地主圈地的籬笆。第二天，同村貴族羅伯特．凱特兄弟，不僅支持村民的行為，拆掉了自家圈地的籬笆，而且帶領大家拆毀了本村所有貴族地主圈地的籬笆，並發動了反對貴族地主圈地的武裝起義。

十五世紀末到十六世紀初，英國毛紡織業迅速發展，羊毛市場需求急劇增長，羊毛價格暴漲，養羊業成為英國最為有利可圖的產業。於是，大批貴族地主先是擠占森林、沼澤、無主荒地等公用地，用來養羊，繼而又採用暴力手段，將租種自己土地的農民強行趕走，用籬笆、木欄等把土地圈占起來，作為養羊的牧場。各地貴族地主競相效法，趨之若鶩。這樣，在英國歷史上就發生了著名的「羊吃人」的圈地運動。

圈地運動的發展和蔓延，致使大批農民喪失了賴以生存的土地和家園，背井離鄉，變成無家可歸的流浪者，很多人被迫淪為乞丐和盜賊，社會秩序日益混亂。為此，英國國王頒布一系列法令，禁止農民流浪乞討。

法令規定，只有年老和喪失勞動能力的人才能乞討。凡身強力壯的流浪者，第一次被抓捕，要施以鞭打，然後立下誓言，遣送回鄉；若第二次被捕，除了鞭打外，還要被割去半隻耳朵；而第三次違令者，則將判處死刑。後來，法令的處罰更為殘酷：凡拒絕勞動的人，一經告發，就被判為告發人的奴隸；主人有權用鞭子或鎖鏈強迫其勞動；被處罰者如果逃跑並且超過十四天，抓到後就判為終身奴隸，並在身上打上烙印；主人可以隨意出賣、贈送或轉讓。凡逃亡三次者，以叛逆罪處死。

貴族地主的圈地本已使廣大農民流離失所，而國王處罰流民的嚴苛法令又把破產

一五四九年

英國羅伯特．凱特起義。諾福克郡溫姆鎮農民首先起義，七月，攻克郡首府諾里奇城；八月，起義被鎮壓，凱特兄弟被俘犧牲。

一五六九年

英國北方各郡農民起義，反對圈地運動。

農民逼入了絕路。失地農民忍無可忍，只得鋌而走險。於是，在英國各地爆發了反對圈地運動的起義，其中影響最大的是發生在東部諾福克郡的起義。

溫姆鎮農民的起義，迅速得到附近農民的回應，羅伯特．凱特很快就組織起一支農民起義軍，並大舉圍攻郡首府諾里奇。起義的聲威影響迅速擴大，諾里奇城裡的貧民和各地破產的農民、手工業者紛紛前來投奔。到七月初，起義隊伍發展到兩萬多人。

圍攻諾里奇之際，凱特擬訂了一個「二十九條綱領」，要求立即停止圈地，恢復農民使用公有地的權利，減低地租，廢除農奴法庭等，準備通過郡府上交國王。

郡首府當局見起義隊伍聲勢浩大，一時難以控制，便採取欺騙和鎮壓的兩手策略。一方面假意答應農民的一部分要求；另一方面派人向國王報告，請求援助。不久，國王派人捎回答覆，只要起義農民立即解散還鄉，可以既往不咎，赦免處罰，而沒涉及「二十九條綱領」的任何內容。

起義農民見國王沒有答應他們的任何要求，憤怒至極。在凱特的指揮下，發起進攻諾里奇城的戰鬥，並於七月二十二日一舉攻占該城。

英王得知諾福克郡首府被攻陷，驚恐萬狀，急忙派瓦維克伯爵率領一萬五千名外國雇傭軍聯合當地貴族武裝共同鎮壓起義。

八月下旬，起義隊伍與瓦維克伯爵的雇傭軍展開了激烈的戰鬥。瓦維克的雇傭軍裝備精良，訓練有素，人多勢眾，而農民起義軍毫無訓練，人少勢弱。經過幾天激戰，起義軍寡不敵眾，三千五百多人戰死，羅伯特．凱特兄弟和三百多人被俘後被處以絞刑。

反圈地運動的農民起義失敗了，但它反映了英國農民反抗壓迫的鬥爭精神，有力地打擊了封建統治，也在一定程度上遏制了圈地運動。

相關連結

「羊吃人」的圈地運動

15世紀末，英國的毛紡織業異軍突起、迅速發展，導致羊毛的市場需求急劇增加，價格成倍上漲，使得養羊業成為十分有利可圖的產業。規模性養羊需要土地作牧場，於是巨大的利潤引誘著英國貴族們開始圈占土地。他們用木柵欄、籬笆、圍牆、溝渠等將森林、草地、沼澤和荒地等公共用地，和農民租種自己的各類耕地圈起來，改為養羊的牧場，雇傭少量工資低微的工人放牧羊群。

圈地帶來的直接後果是導致大批農民被剝奪生產資料，無以為生，淪為流浪者。英國思想家湯瑪斯．莫爾在《烏托邦》一書中將這種現象比喻為「羊吃人」。

到16世紀中葉，由於宗教改革使大量修道院地產還俗，圈地運動得到新的發展。但是，由於圈地造成大批農民破產，影響了政府的稅源和兵源，也是造成社會不安定的重要因素，因此在都鐸王朝時期曾一再頒布法令，如「反圈地條例」，試圖禁止圈地，但收效不大。與此同時，為保證社會穩定，都鐸王朝還頒布一系列針對破產農民的血腥立法，殘酷迫害流浪者，導致了1549年的羅伯特．凱特起義。

英國資產階級革命後，國會通過了大量准許圈地的法案，從而使圈地運動合法化。至18世紀中葉，農民作為一個單獨的階級在英國已不復存在。19世紀上半葉，圈地運動從英格蘭擴及到蘇格蘭和愛爾蘭。

圈地運動是一場資本主義性質的土地關係變革運動，是英國等國資本原始積累的重要手段之一，它大大加速了英國資本主義的發展。

「無敵艦隊」的覆滅

一五八八年七月下旬，英吉利海峽，砲聲震天，火光瀰漫……西班牙「無敵艦隊」在進攻英國時，遭到了英國海軍毀滅性的打擊，海上勢力從此一蹶不振。

十六世紀時的西班牙是無可爭議的海上霸主。自哥倫布發現新大陸之後，西班牙殖民者便趕乘殖民掠奪的首班車，湧向美洲大陸，開始血腥地掠奪黃金、白銀，大批珍寶如滾滾潮水一樣流入西班牙。僅一五四五－一五六〇年間，西班牙海軍從海外運回的黃金即達五千五百公斤，白銀達二十四．六萬公斤。到十六世紀末，世界貴重金屬開採中的百分之八十三為西班牙所得。

為了保障其海上交通線的暢通及其在海外的殖民利益，西班牙建立了一支擁有一百多艘戰艦、三千餘門大砲和數以萬計士兵的強大海上艦隊，最盛時艦隊有千餘艘艦船。這支艦隊橫行於地中海和大西洋，西班牙人驕傲地稱其為「無敵艦隊」。

隨著英、法、荷等國的崛起，西班牙的優勢地位受到嚴重挑戰，首先對其海上霸權產生衝擊的便是英國。與西班牙的江河日下相比，當時英國的資本主義經濟蒸蒸日上，飛速發展的輕工業急需開拓海外市場，艦船製造和航海技術的革新使英國奪取海外殖民地的野心膨脹，英國的擴張勢必會成為西班牙的「眼中釘」。伊莉莎白統治初期，英國的海軍實力尚不足以與西班牙抗衡，但由德雷克、霍金斯等人組織的海盜劫掠、走私貿易卻令「無敵艦隊」防不勝防，成為一種有效的進攻方式。

一五八八年七月，由一百三十四艘戰艦、八千多名船員和水手與二．一萬名步兵組成的「無敵艦隊」在梅迪納公爵的統率下，自里斯本啟航，氣勢洶洶地直奔大不列顛而去。梅迪納的如意算盤是利用強大的步兵優勢，衝撞敵艦，強行登艦後進行肉搏

一五〇九年
西班牙開始在巴拿馬地峽建殖民地。
葡萄牙在第烏（印度西北海岸）擊敗阿拉伯艦隊。是年，攻占麻六甲。

一五一〇年
葡萄牙占領印度的果阿。

一五六五年
西班牙占領菲律賓群島。

一五八七年
英國德雷克於加地斯襲擊西班牙艦隊。

戰。

相形之下，英國軍備顯得很不充分，通過徵集，總共所得形狀大小各異的船隻約一百九十七艘，作戰人員也不過九千人。霍華德任艦隊統帥，德雷克任副統帥。英國戰艦由霍金斯做了改進之後，具備船體小、速度快、靈活性強的特點，而且裝備有先進的火砲，既可以躲開西班牙重砲的射擊，又可以遠距離打擊西班牙艦隊。

七月二十二日清晨，戰鬥打響了，英國戰艦剛剛進入射程，「無敵艦隊」便開砲轟擊，霎時間砲聲隆隆，水柱沖天。不料，英國戰艦靈巧地躲過砲火，利用重砲猛轟西班牙後衛艦船，「無敵艦隊」陣腳大亂，以致節節敗退。

二十五日，在維特島附近，霍華德率領的艦隊與「無敵艦隊」展開對射，英軍靈活的艦船和精準的砲火徹底擊垮了西班牙人的士氣。無奈之下，「無敵艦隊」駛進多佛海峽等待援軍和彈藥補給，可是他們哪裡知道，英國艦隊已封鎖了整個海面，援軍根本無法到達。八月七日深夜，海面上刮起大風，值勤士兵忽然發現對面的英軍艦隊發出幾條「火蛇」，向西班牙艦隊衝來。

睡眼朦朧的西班牙人做夢也沒有想到，英國人採用的是火攻戰。他們用八艘舊船，裝滿易燃物，點燃後，風助火勢，衝向西班牙艦隊。頓時，「無敵艦隊」成了一片火海，大小船隻一片混亂。梅迪納急忙命令：「砍斷錨繩，馬上啟航！」慌忙之中，不少西班牙船隻互撞，自相撞沉者不計其數。

霍華德怎會放過這個受傷的對手？他命令英國艦隊乘勝追擊。而此時西班牙的「無敵艦隊」已全無招架之力，成了英國艦砲的靶標，三尺厚的木船殼被英軍砲火擊穿，四千多西班牙人被擊斃，鮮血染紅了大片海水。

梅迪納見大勢已去，命令已經名存實亡的「無敵艦隊」撤退。但是他們的歸途更加兇險：一些殘船企圖繞過不列顛島向西班牙駛去，卻遭遇了強烈的大西洋風暴，

一五八八年
英國在英吉利海峽擊敗西班牙「無敵艦隊」，開始建立海上霸權。

一六〇〇年
英國東印度公司成立。

一六〇二年
荷蘭東印度公司成立。

一六〇五年
荷蘭先後奪得葡萄牙的安汶島、帝多利島和班達島。

一六〇七年
英在北美建立第一個殖民地維吉尼亞。

一六〇八年
法國在加拿大建魁北克城。

被無情的海水吞噬；有十七艘艦船在愛爾蘭附近海域觸礁沉沒，數千人被淹死；一些僥倖逃生的船員，竟然被岸邊的野蠻人屠殺。

此戰，曾不可一世的「無敵艦隊」幾乎全軍覆沒，僅剩四十餘艘殘船回到西班牙；而英軍陣亡水手不過百人左右。戰勝西班牙的「無敵艦隊」後，英國迅速成為新的海上霸主。

相關連結

早期殖民擴張與爭霸

新航路開闢之後，西班牙和葡萄牙率先走上對外殖民擴張的道路，並成為16世紀前期世界上最強大的殖民帝國，其殖民地遍及全世界。但到了16世紀末期，西班牙開始衰落。

英國人很早就在積極開展海外活動，在進行海上貿易的同時，還熱衷於海盜式的搶劫和販賣黑人奴隸。當時，英國人在海上截擊西班牙從美洲運回金銀的船隻，襲擊西班牙人的殖民港口，並最終擊敗西班牙「無敵艦隊」，開始建立海上霸權。從17世紀初開始，英國政府進行大規模海外殖民活動，之後一百多年間，英國在印度和北美建立了許多殖民地。

與英國同時，法國也開始進行殖民活動，殖民勢力一度非常強大。經過幾十年的開拓，法國殖民者在北美建立了包括路易斯安那在內的廣大殖民地。

17世紀的荷蘭也在積極向海外進行殖民擴張，並成為世界上最強大的海上貿易和殖民國家。在亞洲，他們侵入印尼的爪哇島等地，從葡萄牙人手中奪得了麻六甲和錫蘭，還一度侵占了中國的臺灣。

17、18世紀，在爭奪殖民地的過程中，英國同荷蘭、法國的衝突持續不斷，結果英國獲得勝利，取得了世界殖民霸權。

一六一二年

英國艦隊在印度西海岸的蘇拉特擊敗葡萄牙艦隊。第二年，占領葡萄牙在印度的據點蘇拉特。

堅守誠信的荷蘭人

大家都知道荷蘭是十七世紀壟斷海上運輸和貿易的海上霸主，被稱為「海上馬車夫」。那麼，在那個世界群雄逐鹿的時代，荷蘭人何以能夠稱雄？人們會說：它是那時世界上第一個資本主義國家；它地處歐洲新航路的要衝位置；它的造船技術與航海技術先進發達；它的海軍力量強大……這些都沒說錯，但僅有這些還遠遠不夠，使荷蘭人在激烈競爭中立於不敗之地的關鍵，在於當時荷蘭人堅守誠信的品格。

十六世紀末至十七世紀初，一方面為進一步熟悉和開闢新的海上航路，另一方面為謀取巨額的海外貿易利潤，荷蘭人紛紛組織船隊湧向東方海域，進行探險性商貿遠航。

有一個名叫巴倫支的荷蘭船長，參與了一五九六－一五九八年的遠航。當時，所有已經探知的去往亞洲的航路，都是經由南面航行，而尚無經由北面航行的通路。於是，他試圖冒險找到一條從北面航行到達亞洲的路線。

一五九六年初秋時節，巴倫支船長率領十七名水手，裝好委託人托運的貨物，駕船出發了。在向東北方向的艱苦航行途中，船隊途經地處北極圈內的三文雅島（現屬俄羅斯）時，不幸被北極高寒的氣候和冰封的海面困在了那裡。於是，巴倫支船長和他的十七名水手在三文雅度過了漫漫八個多月的冬季。為了在零下四十度的高寒中取暖、以保持起碼的體溫，他們在島上先是找到了一切能夠點燃、取火的物品作為燃料。最後，能燃燒的東西實在找不到了，他們不得不一點一點拆下船上的甲板，劈開後當作燃料；遠航所帶的糧食不久就吃光了，他們就靠在島上打獵，取得勉強維持生存的食物。

一五六六年
尼德蘭資產階級革命開始。

一六〇九年
荷蘭與西班牙簽訂為期十二年的休戰協定。西班牙承認荷蘭獨立。尼德蘭革命勝利。

在極其險惡的境況下，巴倫支和他的水手們漸漸臨近人的生理極限。不久，開始有人因飢餓、疾病死去。一個，二個，三個……先後有八個水手陸續倒下，被飢餓和疾病奪去了生命。然而，就是在這種境況下，巴倫支及其水手們卻做出一件讓人難以相信的事情：他們明知船上所載的貨物中有可以挽救和延續他們生命的物品，包括藥品和衣物，但他們始終也沒有動一下，因為這是委託人托運的貨物。

漫漫北極的冬季過去了，巴倫支和倖存的水手們終於擺脫困境，完成此次商貿探險航行，並將托運人的貨物完好無損地帶回荷蘭，送到委託人手中。

就這樣，巴倫支船長及其水手們以自己的生命為代價，履行承諾，堅守誠信，創造並踐行了傳之後世的經商理念與法則。而當時的荷蘭人，恰恰是憑藉這樣的誠信贏得了海上商貿的世界市場，成為駕馭世界海上貿易的「馬車夫」。為了使誠信理念得以傳承，在阿姆斯特丹的荷蘭海運博物館，幾乎每個星期天都要舉行一個特殊的活動，就是由不同職業的志願者擔任教師，組織孩子們體驗和重溫四百多年前以巴倫支船長為首的荷蘭水手和商人們的生活。

「海上馬車夫」

獨立建國後，荷蘭大力發展工商業和海洋運輸業，迅速成為西歐強國。到十七世紀，荷蘭的造船業高居世界首位，擁有一．五萬艘商船，其總噸位數超過英、法、德、葡、西等西歐國家噸位的總和。這個龐大的商船隊在其強大的國內金融和良好商業信譽的支持下，遊弋於世界各大洋中，幾乎壟斷了全世界的海上貿易，因而被稱為「海上馬車夫」。

相關連結

尼德蘭革命

尼德蘭是荷蘭文「低地」一詞的直譯，相當於今天的荷蘭、比利時、盧森堡等地區。16世紀初，這裡是西班牙的領地。14世紀，尼德蘭出現資本主義生產關係，16世紀的尼德蘭是西歐經濟很發達的地區。西班牙的封建專制統治和宗教迫害，阻礙了尼德蘭資本主義的發展，引起尼德蘭社會各階層的普遍不滿。

1566年，尼德蘭爆發反對西班牙統治的人民起義，歷史上稱作尼德蘭革命。西班牙國王調兵遣將，進行鎮壓。尼德蘭人民展開了游擊戰，並最終在尼德蘭本土建立了城市政權，促使了革命高潮的到來。到1573年底，北方各省大部分擺脫西班牙控制，宣布獨立。

在南方，尼德蘭人民組成游擊隊，不斷襲擊小股西班牙軍。1576年9月，布魯塞爾爆發起義，起義者占領總督府，西班牙在尼德蘭的統治機關被推翻。從此，革命的中心轉移到了南方。

11月，在根特城召開的十七省代表參加的三級會議，簽訂了「根特協定」，宣布廢除西班牙統治者頒布的一切法令，重申各城市原有的權利，南北聯合抗擊西班牙。1609年，西班牙國王和荷蘭共和國簽訂為期12年的休戰協定，事實上承認了共和國的獨立。尼德蘭革命在北方獲得完全勝利。1648年，荷蘭為歐洲各國正式承認。尼德蘭革命是歷史上第一次成功的資產階級革命。它為資本主義在尼德蘭北部的發展開闢了廣闊的道路，也使人類歷史的前景出現一抹燦爛的曙光。

英、美、法資產階級革命

十七、十八世紀，世界歷史延續著前一時期的巨大轉折和變化，向著更為深廣的方向發展。在歐洲和北美，資產階級革命時代來臨。在歐洲，繼尼德蘭革命之後，英國爆發了資產階級革命，為資本主義制度的確立開闢了道路。歐洲大陸的主要封建國家也陸續進行改革，推行富國強兵政策，客觀上推動了資本主義的發展。在此期間，歐洲國家加緊殖民擴張與爭奪，經過激烈鬥爭，英國最終成為世界上最大的殖民國家。在社會巨變的大潮中，歐洲政治思想領域出現了啟蒙運動，為資本主義社會提供了一套政治構想。隨後，法國爆發了轟轟烈烈的大革命，摧毀了封建專制統治，為資產階級掌握政權開闢道路。在北美，英屬殖民地爆發大規模獨立戰爭，建立起新興的美國。與歐美不同的是，這個時期，亞洲的封建統治空前加強，社會發展開始走向衰落。

攻占巴士底獄

巴士底獄在巴黎城區東南，建於**1382**年，起初作為軍事堡壘，但不久就變為王室囚禁政治犯的監獄，成為法國專制制度的象徵。圖為最先幾隊起義者攻入巴士底獄時的情景。起義者已經來到第二道壕溝前，他們把大砲架好，對高聳的砲樓開火，砲樓上濃煙滾滾。許多起義者端著步槍向巴士底獄開火。

納西比的「鐵騎軍」

一六四五年六月十四日清晨，在英格蘭諾桑普頓郡一個名叫納西比古老的山莊，兩支決戰的軍隊開始列陣，一方是不可一世的王軍，另一方是充滿革命熱情、紀律嚴明的議會軍。兩支軍隊的士兵都感覺到這是一場決定性的大戰，要想獲勝非得拚盡全力不可。但是，士兵們可能不會意識到，他們這一天的戰場廝殺不僅會改變個人的命運，還將改變整個英國的命運，並且將人類帶入新的時代。

十七世紀初，英國自給自足的封建農業經濟已經瓦解，資本主義經濟飛速發展。新貴族和資產階級的力量進一步增強，他們要求廢除封建專制，分享政治權利，在國會中形成了與專制王權對立的反對派，國會同國王之間的矛盾和鬥爭不斷發展。一六二八年，國會通過限制王權的「權利請願書」，重申未經國會批准不得任意徵稅，沒有法律依據和法院判決不得任意逮捕任何人。國王查理一世為得到國會撥款，勉強批准了「權利請願書」，但當國會抗議國王隨意徵稅時，查理一世遂於一六二九年解散國會。此後十多年間，王權同國會特別是同廣大民眾之間的矛盾日益尖銳。一六四〇年十一月，查理一世被迫召開新國會。

一六四二年八月二十二日，查理一世在諾丁昂城升起了國王的軍旗，宣布討伐國會，悍然挑起內戰。戰爭剛開始時，訓練有素的王軍長驅南下，議會軍節節敗退。在這危急時刻，議會授權英國名將克倫威爾組織一支模範軍，抗擊王軍。克倫威爾這支軍隊的將士主要由自耕農和手工業者組成，他們具有革命熱情，英勇無畏，並能自覺遵守紀律。起初，隊伍不足百人，但是由於他們英勇善戰，常常以少勝多，使隊伍不斷壯大，逐步發展為二．一萬人，人稱「鐵騎軍」，克倫威爾也被任命為新模範軍副

一六二五年
英國斯圖亞特王朝詹姆斯一世去世，其子查理一世繼位。

一六四〇年
查理一世為籌措軍費，重新召開國會，國會與國王鬥爭開始，革命爆發。

一六四一年
英國國會向國王提出「大抗議書」。

一六四二年
查理一世下令逮捕國會反對派。八月，在諾丁昂宣布討伐國會，內戰開始。代表新貴族和中產階級利益的獨立派領袖克倫威爾在自耕農中

司令兼騎兵司令。

一六四五年六月，議會軍奉命追擊王軍，克倫威爾和他的新模範軍及時趕赴戰場，同議會軍匯合，並在納西比山莊同王軍遭遇。

「轟隆！」「轟隆！」六月十四日上午十點鐘，王軍的大砲開始轟擊，緊接著，氣極敗壞的王軍潮水般衝向議會軍。議會軍抵擋不住王軍的猛烈攻勢，潰壩般後撤下來。查理一世命令王軍趁機偷襲議會軍，進入納西比村搶奪議會軍的補給輜重。

這一幕早已被潛伏在山丘上的克倫威爾發現。他看到議會軍後撤並沒有馬上出擊救援，而是命令所有「鐵騎軍」做好衝鋒準備。當王軍開始爬坡前往納西比之際，他馬上率領「鐵騎軍」借助地勢猛衝而下，將王軍打個措手不及。

正在此時，王軍主力開始攻擊議會軍總司令的中軍，克倫威爾見狀馬上收縮兵力，全力救援。

當時，王軍步兵已經開始使用短管火槍，但是這種槍使用起來極為不便，它必須從槍口裝子彈，並且要用導火線點火才能發射。打完一發子彈以後，必須重新從槍口裝子彈，非常麻煩。而且，這種子彈的殺傷力不強，遇到身穿鎧甲的騎兵，就很難奏效。而騎兵行動迅速，又可以衝鋒陷陣。所以，儘管王軍裝備精良，人數眾多，但是「鐵騎軍」如同荒原上的利劍，直插王軍，勢如破竹。王軍在議會軍和「鐵騎軍」的前後夾擊下四散逃竄，經過三個小時的激戰，議會軍取得大捷。

查理一世見勢不妙，急忙化裝成僕人模樣，逃到了蘇格蘭。後來被英格蘭議會高價買了回來，斬首處死，英國進入共和國時期。

組織新軍。

一六四四年
馬斯頓荒原之戰，克倫威爾統率新軍取得大捷。

一六四五年
下院通過「新模範軍法案」，克倫威爾以國會議員身分兼任新模範軍副總司令。
納西比戰役，王軍大敗。

一六四九年
一月，國會判處英王查理一世為暴君、叛徒、殺人犯及國家敵人，斬首處死。
五月，英國宣布為共和國。

相關連結

批准「權利請願書」

查理一世繼位後，發現父親詹姆斯一世的國庫空空如也，要籌集足夠的資金，唯一的方法只有加稅。為解決燃眉之急，查理一世先後召集了兩次議會討論徵稅，誰知議會提出：國王要想徵稅，必須承認此前執政的失誤。在幾次協調無效後，憤怒的查理解散了議會，開始用自己的方式斂財——向富人強制借債，但是收效甚微。沮喪的國王不得不召開了第三屆議會，繼續討論稅收問題。

議會經過討論，拿出了一份「權利請願書」，其中明確規定國王不得隨意借債、徵稅、審判、逮捕，同時不得隨便動用軍隊，如果國王接受這份文件，議會將撥出35萬英鎊作為國王的經費。奉行「君權神授論」的查理一世根本無法容忍「權利請願書」挑戰他的權威，然而35萬英鎊又確實讓他很動心。

查理一世在議會聽取討論後，做了一番似是而非的發言，沒有承認自己的過錯，也沒有對「權利請願書」做出明確表態。議員們憤怒了，紛紛指責查理一世的行為。屈服於財權，查理一世不得不改變自己對「權利請願書」的態度，正式批准了「權利請願書」。

不流血的革命

一六八八年十一月初，英國西南部的托爾基海港突然開來幾百艘軍艦，接著一萬多名士兵登陸，隨即向倫敦開去。人們一打聽，才知道這是荷蘭的國王威廉，也就是英格蘭國王詹姆斯二世的女婿來了。

被國事弄得焦頭爛額的英國國王詹姆斯二世正在和幾位大臣商量對策，突然，一個大臣慌慌張張地跑來告訴他，威廉已經率艦隊在英國登陸，並向倫敦進逼。詹姆斯二世聽了大驚失色。他萬萬沒有想到自己的女婿會來奪自己的權，自己的末日來臨了。可他怎麼也不能理解，二十八年前，英國人滿懷希望與熱情歡迎他的哥哥查理二世回國，而現在他卻要被人趕走了，如煙的往事一幕幕重現在他的眼前……。

一六五八年九月，克倫威爾逝世。他的兒子理查．克倫威爾繼任護國主。理查是個庸碌無能之輩，那些高級軍官根本不聽他的，不到一年他就被迫辭職，國家政權落到了高級軍官集團手中。他們誰也不服誰，你爭我鬥，把國家搞得烏煙瘴氣，一片混亂。

一六六〇年二月，保王黨軍隊進駐倫敦，並派人到法國去請查理一世的兒子查理．斯圖亞特回國當國王。五月，查理二世發表〈布雷達宣言〉，聲稱他復位後將保障革命時期確立的土地、財產關係，允許信仰自由，保證赦免反對王朝的人。英國國會宣布，查理二世為英國國王。就這樣，斯圖亞特王朝復辟了。

查理二世登上王位後，即背棄〈布雷達宣言〉，對革命進行反攻倒算。他殘酷迫害過去的革命者，把凡是參加過審判查理一世的人都以「弒君者」的罪名判處重刑。活著的一律處死，死去的也不能放過。克倫威爾的屍體，從墳墓裡被挖了出來，吊在

一六五〇年
五月，王黨勢力擁立查理二世為王。七月，克倫威爾遠征蘇格蘭。

一六五三年
克倫威爾解散國會，改共和政體為護國主政體，自任護國主，實行軍事獨裁。

一六六〇年
查理二世在倫敦即位為英王，斯圖亞特王朝復辟。

一六八一年
查理二世解散國會，實行無國會統治。

一六八五年
查理二世死，其弟詹

絞刑架上，然後又把頭砍掉掛在審判查理一世的威斯敏斯特廳裡示眾。他不顧國內人民的反對，把克倫威爾從西班牙人手中奪得的敦克爾克賣給法國。敦克爾克是重要商業港口。他這樣做的結果，使英國失去了在歐洲大陸的唯一立足點，對外貿易遭受了很大損失。

一六八五年，查理二世去世，他的弟弟詹姆斯二世即位。詹姆斯二世是個狂熱的天主教徒，一心一意想恢復天主教在英國的統治，恢復封建君主專制，遭到廣大人民的反對。

到了一六八八年，反抗詹姆斯二世的運動在英國興起。人們拒絕參加採用天主教儀式的禮拜，資產階級和新貴族決定發動一次政變，結束詹姆斯二世的統治。他們開始同荷蘭國王威廉談判，要求他對英國進行武裝干涉。威廉是英王詹姆斯二世的女婿，他的妻子瑪麗是詹姆斯二世的長女。由於詹姆斯二世沒有兒子，她是王位的當然繼承人。一六八八年六月，詹姆斯二世喜得一子，這就意味著英國被天主教徒所統治。而英國的資產階級和新貴族的父輩們正是靠宗教改革時期剝奪天主教會的田產才上升為新貴的，一旦天主教恢復為國教，他們將難以生存下去。

一六八八年十月三十日，英國議會向威廉發出邀請書，請他來英國保護他們的利益。威廉立即表示同意。一六八八年十一月五日，威廉率六百艘軍艦和一‧五萬名士兵，在英國西南部的圖爾海港登陸，隨即向倫敦進軍。威廉進入英國後，得到貴族和鄉紳們的擁護，許多高級軍官親自到威廉的駐地表示支持。自知無法挽回敗局的詹姆斯二世趁亂逃往法國。

一六八九年二月十三日，威廉和瑪麗舉行了隆重的加冕典禮，威廉為英國國王，瑪麗為英國女王，兩人以平等的權力作為聯合君主共同統治英國。

隨後，議會又通過了「權利法案」和「王位繼承法」，以明確的條文，限制國王

姆斯二世即位。蘇格蘭掀起反詹姆斯二世運動。

一六八七年

詹姆斯二世頒布第一次〈信仰自由宣言〉，企圖恢復天主教。

一六八八年

英國發生「光榮革命」，資產階級和新貴族的統治確立。

新貴族

十五—十七世紀英國資產階級化的貴族，主要來源於中小貴族。他們採用資本主義方式經營土地並從事經商、殖民等活動。十七世紀英國資產階級革命時期，其上層分子與大資產階級共掌政權。

的權力，約束國王的行為。後來，議會的權力日益超過國王的權力，國王逐漸處於「統而不治」的地位。

一六八八年政變，是一次沒有經過流血而完成的政變，所以又稱「光榮革命」。「光榮革命」徹底結束了英國的專制主義制度，開始了君主立憲制的統治。

十七世紀的英國資產階級革命，推翻了封建君主專制制度，確立了君主立憲制，為英國資本主義經濟發展和資本主義政治、經濟制度的確立開闢了道路。它反映了世界歷史發展的趨勢，對歐洲和世界其他地區都產生廣泛的影響，標誌著一個新的歷史時期的到來。

相關連結

「權利法案」的頒布

1689年「光榮革命」後，為了確保國家政權保障資產階級的利益，同時，將無限的君主權力限制在憲法範圍之內，英國國會通過了「權利法案」。法案規定：今後英國國王必須是新教徒；取消國王中止法律的權力；未經國會同意，國王無權徵稅；和平時期未經國會同意，國王無權招募和維持常備軍；國會選舉必須自由；議員在議會中的言論，在會外不受任何機關的彈劾；國王必須經常召開議會等。1701年，英國國會進一步通過「王位繼承法」，規定國王個人無權決定王位繼承問題，對王位繼承作出了一系列限制。

「權利法案」及相關法律的頒布意味著，英國傳統的君權至上受到根本削弱，國王只是禮儀上的元首，國家大事都須經議會決定，由內閣（政府）執行。資產階級新貴族同封建貴族一起，成為英國的統治階級。從此，英國的君主立憲制度得以確立起來。

一六八九年

國會宣布詹姆斯二世「自動退位」，立威廉和瑪麗為國王和女王。國會通過「權利法案」，標誌資產階級君主立憲制在英國確立。

「五月花」結出「感恩節」

每年十一月的第四個星期四是感恩節。感恩節是美國人民獨創的美國國定假日中最地道、最美國式的節日，它和早期美國歷史密切相關，更與一艘名叫「五月花」號的帆船有關。

十七世紀中葉，英國清教徒受到越來越殘酷的迫害：他們被政府毫無理由地予以逮捕，並遭受各種酷刑。一六二〇年九月十六日，被逼無奈的清教徒們駕駛一條原本用來捕魚的小船悄然離開了英國港口，駛向了大洋彼岸的新大陸，這條船就是「五月花」號。

大西洋永遠是那麼不可捉摸，狂風巨浪讓「五月花」號變得那麼弱不禁風，船上眾人互相鼓勵著度過每一天。

經過六十多天與風暴、飢餓、疾病、絕望的搏鬥之後，他們終於看到了新大陸的海岸線。當眾人在「五月花號公約」簽下自己的名字後，「五月花」號在普利茅斯港拋下了錨鏈，移民們划著小艇安全地登上陸地。他們的目的地本是哈德遜河口地區，但由於海上風浪險惡，他們錯過了目標，由於那時已是深秋，他們決定就在這裡登陸而不再繼續航行。

呈現在他們面前的，完全是一塊陌生的土地，他們派出了偵察隊。令他們感到迷惘的是，這片到處都有人類生活遺跡的土地，竟然看不到一個人影、一縷炊煙，顯得那麼荒涼。後來才知道，這裡原來是一個相當繁榮的印第安村落。幾年前天花流行，全村人無一倖免，這才使它成了這群異國漂泊者的最佳避難所。

對這些渴望幸福的移民來說，第一個冬天並不美好。從大西洋上吹來的凜冽寒

一六〇七年
倫敦公司依據國王的「特許狀」在北美大西洋沿岸的詹姆斯河口建立詹姆斯城，從而揭開了英國在北美建立殖民地的序幕。

風，像魔鬼一樣在空中嘶鳴，漫天的冰雪，無情地拍打著簡陋的住房。在這一片冰天雪地裡，移民們缺少必要的裝備，也缺乏在這片土地上生活的經驗。在繁忙勞動的重壓下，不少人累倒了，累病了；惡劣的飲食、難以忍受的嚴寒，使更多的人倒地不起。接踵而來的傳染病，奪去許多人的生命。一個冬天過去，一〇二名移民，只剩下了五十名。

就在移民們束手無策、坐以待斃之時，第二年春天的一個早晨，移民們接待了他們的第一個客人——一名臨近村落的印第安人走進了普利茅斯村。他默默地聽著移民們的哭訴，臉上流露出無限的憐憫和同情。幾天後，這名印度安人帶來了他的酋長。酋長給他們送來了許多生活必需品，派來了最有經驗、最能幹的印第安人，教給移民們怎樣在這塊土地上生活，教他們捕魚、狩獵、耕作以及飼養火雞等技能。

這一年，天公作美，風調雨順，再加上印第安人的指導和幫助，移民們獲得了大豐收，過上了安定、富裕的日子。就在這一年秋天，普利茅斯總督舉行盛典，感謝上帝的眷顧，這就是歷史上的第一個感恩節。當然，他沒有忘記為移民

相關連結

美利堅民族的形成

「五月花」號到達北美一百多年後，經過不斷拓殖，英國人已經在北美大西洋沿岸建立了十三塊殖民地。隨著農業、工業及貿易的發展，原來處於隔絕狀態的各殖民地之間的經濟聯繫和往來日益密切。費城、波士頓和紐約發展為兩三萬人口的城市，成為北美經濟、政治和文化的中心，統一的北美市場初步形成了。隨之，各殖民地之間的文化交流與融合也日益頻繁，英語成為來自各地移民的共同語言，因而逐漸產生了共同的文化。到18世紀中葉，在北美英屬殖民地上逐漸形成了一個新興的民族——美利堅民族。

隨著美利堅民族的形成，北美民族自覺意識也日益增長。北美人勇於創新，富於進取，相信進步，憧憬未來，這種信念使他們感到自己是與舊大陸不同的「新人」。這種民族自豪感就是民族自覺意識的鮮明體現。民族意識覺醒的重要內容是反對宗主國的殖民統治。伴隨著民族意識的覺醒，歐洲啟蒙思想也越洋過海傳到北美殖民地。殖民地比較寬鬆的社會氣氛，給啟蒙思想的傳播提供了外部條件，殖民地人民渴求自由、進取的精神則是啟蒙思想傳播的內在動力。到獨立革命前夕，啟蒙思想已經深入到人民群眾之中，當英國將不公正的法律強加於殖民地時，人民便揭竿而起了。

們排憂解難的真正「上帝」——熱情、好客、智慧的印第安人，並特地邀請他們前來參加節日慶典。十一月底的一天，移民們大擺筵席，桌子上擺滿了自山林中打來的野味和用自產的玉米、蒲瓜、筍瓜、火雞等製作的佳餚。慶祝活動一共進行了三天：白天，賓主共同歡宴，暢敘友情；晚上，草地上燃起了熊熊篝火，在涼爽的秋風中，印第安小夥子同普利茅斯殖民地的年輕人一起跳舞、唱歌、摔跤，氣氛非常熱烈。

萊克星頓的槍聲

在美國波士頓市附近，有一個小鎮叫萊克星頓。在小鎮中心，聳立著一尊手握步槍的民兵銅像，他踩著石牆，警惕地注視著前方。銅像基座下刻著幾行醒目的文字：「堅守陣地。在敵人沒有開槍之前，不要先開槍，但如果敵人要把戰爭加在我們頭上，那麼就讓戰爭在這兒開始吧！」二百多年前，正是在這裡，打響了美國獨立戰爭的第一槍。

面對英國的高壓政策，北美人民並沒有膽怯。十三個殖民地代表相聚費城，召開了第一屆大陸會議，正式宣布和英國斷絕一切進出口貿易和消費關係。他們還決定組織民兵，並開始大量屯集武器彈藥，準備以武力抵抗英國殖民當局。

一七七五年四月的一天，英國麻塞諸塞總督得到一個消息：在距波士頓不遠的康科特鎮上，有一個北美民兵的秘密軍火庫。於是，他在十八日這天命令少校史密斯率八百名英軍前往搜查，並下令全城任何人不得擅自出城，以防洩漏消息。

一七七五年四月十八日晚，天空漆黑一片，兩匹快馬從波士頓向康科特方向急馳而去。馬背上的兩個人，一個叫保爾・瑞維爾，一個叫威廉・大衛斯，都是北美民兵。他們在波士頓打探到英軍的秘密軍事行動情報，便星夜趕往康科特報信。每經過一個村莊，他們就傳遞消息：「快準備好，英國兵來了！」「快拿起武器！」教堂的鐘聲敲響了，人們被召喚起來，埋伏在路旁，警惕地守候著。

十九日拂曉，乘著薄霧，史密斯少校率領士兵偷偷地進入萊克星頓村，一夜的行軍使疲倦的士兵哈欠連天。忽然有幾十個村民手握步槍，攔住了他們：「英國人滾回去！」史密斯抬頭一看，見不過是一些衣衫破爛的農民，馬上舉起指揮刀命令士兵向

一七七三年
十二月，爆發波士頓傾茶事件。

一七七四年
英國在北美頒布「強制法令」，封閉波士頓港。
九月，北美殖民地代表在費城召開第一屆大陸會議，決定與英國斷絕一切商品輸入、輸出和消費關係。

一七七五年
四月，波士頓的萊克星頓和康科特人民武裝阻擊來犯的英軍，揭開北美獨立戰爭序幕。
五月，十三州代表在費城召開第二屆大陸

前衝殺。「砰！」英軍向民兵開了第一槍，村民立即向英軍開槍還擊，槍聲震響在萊克星頓上空，中彈的幾個英軍倒在地上。幾分鐘後，槍聲漸漸稀疏，民兵悄然撤去。史密斯「初戰告捷」，非常得意，指揮士兵直奔康科特。事實上，這些村民就是萊克星頓的民兵，北美大陸殖民地上的居民都叫他們「一分鐘人」，因為他們行動特別迅速，只要一聽到警報，在一分鐘內就能集合起來，立即投入戰鬥。

英軍趕到康科特鎮時，天已大亮，但街道上卻看不見一個人，家家關門閉戶，顯得冷冷清清。史密斯下令搜查。英軍進入各家翻箱倒櫃，折騰了大半天，什麼也沒找到。這時，史密斯發現情況不妙，命令士兵趕緊撤退，可是為時已晚，只聽四面八方響起一陣陣槍聲，一排排子彈從房頂、樹林、草叢中射來，穿著紅色軍裝的英國士兵成了活靶子，一批接一批倒下，而當英軍舉槍還擊時卻連民兵的影子也找不到。英軍狼狽不堪，一路向波士頓方向退卻，沿途又遭到「一分鐘人」的不斷襲擊，潰不成軍。戰鬥一直持續到黃昏，最後還是從波士頓開來的一支英國援軍，才把史密斯等人救了回去。

這一仗，英軍死傷二四七人，北美民兵犧牲了幾十人，英國殖民軍第一次嘗到殖民地人民鐵拳的滋味。有個英軍士兵說：「我四十八小時沒吃一點東西，帽子被打掉了三次，兩顆子彈穿透上衣。我的刺刀也被人打掉了。」

萊克星頓的槍聲震動了大西洋沿岸的十三個殖民地。美國獨立戰爭從此開始。

獨立戰爭勝利後，美國人民為了紀念萊克星頓的戰鬥，在這個村鎮的中心鑄造了一座手握步槍的民兵銅像。他們永遠也不會忘記，正是這個小小村莊的民兵，為美利堅民族的獨立奠定了第一塊基石。萊克星頓也成為美國自由獨立的象徵，被人們讚譽為「美國自由的搖籃」。

會議，決定組織「大陸軍」，任命喬治·華盛頓為總司令。

一七七六年
七月四日，北美大陸會議發表「獨立宣言」，美國成立。

一七七七年
十月，薩拉托加大捷，英將柏高英投降。

一七八一年
十月，華盛頓率軍南下，美法聯軍在約克鎮與英國激戰，獲勝。英將康華里投降。美國獨立戰爭結束。

一七八三年
美國與英國簽訂「巴黎和約」，英正式承認美國獨立。

相關連結

美國獨立戰爭

18世紀中葉，隨著北美殖民地資本主義經濟的發展和美利堅民族意識的增強，英國與北美殖民地之間的矛盾日益激化。為彌補七年戰爭損失，英國加重對殖民地人民的盤剝與壓迫，從而使殖民地抗英鬥爭從經濟、政治鬥爭發展到武裝鬥爭。1774年9-10月，十三個殖民地代表在費城召開第一屆大陸會議，決定聯合抗英。會後，各殖民地開始進行起義準備，訓練民兵並貯藏軍火。1775年4月19日，駐波士頓英軍去康科特查抄殖民地民兵的軍火，途中在萊克星頓附近遭到大陸民兵伏擊，打響了美國獨立戰爭的第一槍。5月10日，北美各殖民地代表在費城召開第二屆大陸會議，決定建立大陸軍，並任命華盛頓為總司令。

1776年7月4日，大陸會議通過傑弗遜等人起草的「獨立宣言」，英屬北美殖民地正式宣布脫離英國獨立。當時，美國的經濟、軍事實力遠不如英國，在戰爭初期曾一度受挫。但是，美國軍民為了爭取國家獨立，不畏強敵，頑強抗戰。1777年，美軍取得薩拉托加大捷。此後，戰爭形勢出現轉折。

美國獨立戰爭得到國際力量的援助。薩拉托加大捷之後，與英國有矛盾的法國等國公開幫助美國對英國作戰。1781年10月，陷入美法軍隊包圍中的北美英軍主力在約克鎮投降，美國獨立戰爭勝利結束。兩年後，英國承認美國獨立。

起草「獨立宣言」

艱難「聯邦」路

一七八九年二月四日，根據一七八七年新憲法的規定，美國邦聯國會進行了合眾國總統的選舉，喬治·華盛頓當選為合眾國第一任總統。四月三十日，華盛頓在臨時首都紐約聯邦廳舉行了隆重的就職儀式，以此為標誌，美利堅聯邦共和制國體塵埃落定。然而，聯邦共和制從提出到最終確定，卻經歷了一個極其艱難的過程。

美國獨立戰爭勝利之後，大陸會議制訂並通過了「邦聯條例」，一七八一年，根據這個條例，美國成立了邦聯政府。邦聯下的美國，「主權」在各州，邦聯政府只是一個鬆散的聯盟。由於邦聯政府軟弱，各州各自為政，造成一系列政治經濟問題和社會混亂。於是，歷史呼喚一個強有力的中央政府來制止社會混亂，協調州際關係，鞏固獨立革命成果，防止可能出現的不測。

一七八六年九月，亞歷山大·漢彌爾頓在一份給美國國會的報告中指出，邦聯正處於危機時期，美國已經到了舉行十三個州代表的會議，認真討論「全國政府體制」問題的時候了。依據這個報告，一七八七年二月二十一日，邦聯國會作出決議，召開修憲會議，以「建立一堅強之全國政府」。

一七八七年五月十四日，修憲會議在費城召開。會議原本是要修改邦聯條例，但當時大多數代表認為，僅對邦聯條例進行修改，並不能達到「建立一堅強之全國政府」之目的。正如約翰·麥迪森所說：「我們有兩種選擇：十三個州的完全分裂或全面聯合。前者將使十三個州成為不受法律約束的獨立國家；而後者將使十三個州成為一個完整的共和國的郡縣，受到一部共同法律的約束。」他認為，「州的獨立與自尊自大，是這個國家的禍根」，「除非把各州統統消滅，並將它們全部聯合到一個巨大

一七八七年
美國召開憲法修改會議，公布憲法。

一七八九年
四月，美國聯邦政府宣告成立。合眾國第一任總統喬治·華盛頓就職。

的社會裡，就不能剷除這一禍根」，而「修補邦聯制不可能符合這一目的」。

五月二十九日，由艾德蒙·藍道夫提出的「維吉尼亞方案」，主張建立兩院制的立法機構，其席位根據財產或人口來分配，並賦予中央政府以否決權。這等於提出了要用聯邦制來取代邦聯制，表明會議的性質已開始發生變化。六月十五日，威廉·佩特森代表新澤西州提出方案，主張建立一個一院制的立法機構，各州在其中有同等的代表名額，以此保障各小州的利益。

隨著上述方案的提出，各州代表展開了激烈的爭論，並逐漸形成了以亞歷山大·漢彌爾頓為代表的聯邦派和以喬治·梅森、派翠克·亨利、約翰·梅塞爾等人組成的反聯邦派。最終，兩派以「康涅狄格妥協案」（聯邦派同意在上院實行州權平等原則，但條件是財政法案必須首先由眾議院提出，選舉時奴隸按五分之三的比例計算等）為基礎達成協定，並於九月十七日通過了被稱為聯邦憲法的「合眾國憲法」。反聯邦派代表路德·馬丁、羅伯特·葉慈、約翰·蘭辛等人感到大勢已去，中途離會。喬治·梅森、埃爾布里奇·格里等人，因其重要提議在討論中被否決，而拒絕在憲法上簽字。

一七八七年九月二十八日，根據聯邦憲法的規定，國會將憲法交由各州進行審議批准。如同制憲會議上的情形一樣，在各州批准憲法的過程中，也充滿了激烈的鬥爭。其中，以維吉尼亞、麻塞諸塞和紐約尤為激烈。

十月四日，喬治·梅森就在費城出版的《郵報》上發表文章，公開表達了不同意見。十月中旬，艾德蒙·藍道夫、埃爾布里奇·格里，分別在維吉尼亞和麻塞諸塞陳述其拒簽憲法的緣由，並強烈要求重新召開制憲會議。他們的目的，在於爭取公眾的支持，並盡量延緩通過憲法的時間。

到一七八八年六月，先後有九個州批准了憲法。然而，還有維吉尼亞、紐約兩個

聯邦政府

按照一七八七年憲法組建的美國中央政府。一七八九年成立，華盛頓為第一任總統。總統掌握行政大權，任期四年。總統有權任命各部長、外交使節、最高法院法官；還有權批准或否決國會通過的法案。

最為重要的州未能批准。前者是北美殖民地的發源地，在整個國家經濟和政治生活中占有舉足輕重的地位，無論是聯邦派還是反聯邦派均勢力強大；後者處於美國南北交界之處，如果將它排斥於聯邦之外，必將嚴重影響合眾國的完整。為此，以漢彌爾頓、麥迪森等為代表的聯邦黨人發起強大輿論攻勢，連續發表了大批闡述聯邦制思想理論的文章，產生很大影響，有力地推動了各州批准憲法的進程。最終，維吉尼亞、紐約兩州的聯邦黨人都以微弱票數表決通過了聯邦憲法。

相關連結

1787年美國憲法

1787年美國憲法包含一個簡短的序言和七條本文。概括起來，比較進步的方面是確認了某些資產階級的民主原則，主要是立法、行政、司法三權分別由國會、總統和聯邦法院行使。這三權之間分立的狀態十分明顯，同時又保持著一種互相牽制、互相平衡的關係；聯邦政府的權力要受法律限制，不能超越法律規定的限度；《聯邦憲法·序言》中顯示出美國人民是憲法的制定者，但必須通過選派代表管理國家。

同時，憲法中還有某些反民主內容。包括：公開承認奴隸制，以法律形式確認了奴隸制度的合法性；輕率對待公民權利。憲法從特定意義上可以說是公民權利的保障書，可是獲得獨立後的美國卻沒有在憲法中規定關於公民的基本權利，制憲代表解釋說這種權利在各州法中已有規定。而實質上聯邦憲法並未確認各州法規定的關於公民基本權利的效力，即便是默認，但因各州規定不同，公民享受的權利有所差異。

1787年美國憲法是世界上最早制定的成文憲法，於1787年通過，1789年生效。值得一提的是，北美「獨立宣言」被美國學者視為探索美國延續過程的象徵，它確認了「天賦人權」、「人民主權」的原則。

1787年美國憲法也是世界上適用時間最長的憲法，歷時已有二百多年。這是因為美國的資本主義私有制始終沒有改變，政治局勢相對穩定，沒有發生經常的復辟和反復辟鬥爭，只對其憲法進行小修小補即可適用，而且美國憲法的條款具有若干靈活性。同時，美國通過修正案、司法審查、慣例等方式來適應變化了的階級力量對比關係，從而適應美國國情的變化和發展。

伏爾泰為讓・卡拉昭雪

十八世紀初至八〇年代
歐洲啟蒙運動。

一七六一年十月十三日，幾聲撕心裂肺的哀嚎打破了法國圖盧茲深夜的寧靜。菲拉蒂埃街的居民紛紛從睡夢中驚醒，發現商人讓・卡拉的長子安東尼在店鋪懸樑自盡了，一時全家慌了手腳，他的母親抱著他的屍體痛不欲生。

讓・卡拉是頗受人尊敬的胡格諾派新教徒。人群中忽然有人站出來說：「安東尼是被他父母殺死的，因為他選擇了天主教。」天主教與新教在法國素來水火不容，儘管從宗教改革到這時已經兩百多年，但雙方的對立依然十分尖銳。

這時，一位法官聞訊趕來，他一不調查，二不審訊，甚至連現場也沒看上一眼，便把卡拉全家逮捕，進行嚴刑拷打，將卡拉判處死刑。一位檢察官出庭替老卡拉辯護，卻被停職三個月。律師想闡明事實真相，但陷入狂熱中的法官卻不屑一聽，反倒認為這位律師無能。審判長濫施權力，不顧一切無罪的證據，粗暴地判決卡拉車裂之刑。臨刑前，老卡拉悲憤地說：「我已經說明真相，我死得無辜……」劊子手們先用鐵棒打斷了卡拉的雙臂、肋骨和雙腿，然後把他掛在馬車後面，在地上活活拖死，最後還點上一把火，把屍體燒成灰燼。

老卡拉的鄰居們紛紛為他鳴不平，說他的兒子安東尼是自殺，老卡拉是被冤枉的，原因就是他是新教徒。

不久，這件事被法國啟蒙思想家伏爾泰聽到了。伏爾泰很早就開始創作作品揭露和控訴封建貴族、天主教會的罪惡，還多次憑藉他深厚的法律功底打抱不平，替窮苦人伸張正義，平反冤案。

老卡拉的悲慘遭遇，激起了伏爾泰對教會和司法當局的無比憤慨，他決心為維護人的尊嚴、為爭取信仰自由而奮鬥。伏爾泰通過各種渠道，沉著冷靜地調查和搜集證據，並將被流放到日內瓦的老卡拉的兩個兒子召到費爾奈，根據他們兩人提供的詳情和從過往旅客中聽到的反映加以比較，從而對整個事件做出判斷——安東尼的確是死於自殺。原來，這位二十八歲的青年曾學過法律，一心想當律師，但因無法弄到天主教徒的證明書，被迫從事商業。他想從父親那兒得到一筆錢做生意，但遭到拒絕。失望之餘，青年人天天上咖啡館借酒澆愁，後因債務纏身，更覺前途渺茫，一念之差便尋了短見。

伏爾泰質問法官：一個頭髮斑白、年近古稀的老人怎能吊死一個年輕力壯的小夥子？

伏爾泰滿懷義憤地為老卡拉鳴冤，並把這件冤案的調查報告寄給歐洲許多國家。全歐洲都對此感到

相關連結

法國啟蒙運動

18世紀，歐洲一批先進思想家著書立說，激烈批判封建專制主義和宗教神學愚昧，宣傳自由、平等和民主，為即將到來的資產階級革命進行思想準備和輿論宣傳，形成一股巨大的思想解放潮流，即啟蒙運動。

啟蒙運動最初出現在英國，而後發展到法國，又逐漸波及德國、俄國、荷蘭、比利時等國。法國的啟蒙運動聲勢最浩大，影響最深遠，堪稱西歐各國啟蒙運動的典範。著名代表人物有伏爾泰、孟德斯鳩、盧梭，以及以狄德羅為代表的百科全書派。

啟蒙運動表面上是啟迪蒙昧，反對愚昧主義，提倡普及文化教育的運動，但其精神實質是一場宣揚資產階級政治思想體系的運動。它是文藝復興時期資產階級反封建、反禁欲、反教會鬥爭的繼續和發展。啟蒙思想家們進一步從理論上證明封建制度的不合理，從而提出一整套哲學理論、政治綱領和社會改革方案，要求建立一個以理性為基礎的社會。他們用政治自由對抗專制暴政，用信仰自由對抗宗教壓迫，用自然神論和無神論來摧毀天主教權威和宗教偶像，用「天賦人權」的口號來反對「君權神授」觀點，用「法律面前人人平等」來反對貴族的等級特權，進而建立資產階級的政權。

啟蒙運動的矛頭是封建制度及其精神支柱——天主教會，因此，它為即將到來的法國大革命做了充分的思想準備。啟蒙思想家宣揚的「天賦人權」、「三權分立」以及「自由、博愛、平等」，對歐美的資產階級革命產生深遠影響和推動作用，不僅促進了歐洲社會的進步，而且對亞洲國家的思想解放也起到催化劑的作用。

震驚和憤怒，紛紛痛斥法國。伏爾泰還親自寫了上訴書，做出「我敢肯定這家人無辜」的結論。

不久，樞密院下令重審此案，蒙受不白之冤的卡拉一家終於得到昭雪，伏爾泰成為「卡拉的恩人」。

巴士底獄的崩塌

「到巴士底去！」

「到巴士底去！」

一七八九年七月十四日清晨，成千上萬憤怒的巴黎市民向巴士底獄奔去。他們有的拿著火槍，有的握著長矛，有的手舉斧頭，吶喊著，像大海的怒濤一樣湧向巴士底獄。

巴士底獄是一座非常堅固的要塞，建造於十四世紀，當時是一座軍事城堡，目的是為了防禦英國人的進攻。後來，巴黎市區不斷擴大，巴士底要塞成了市區東部的建築，就失去了防禦外敵的作用。十八世紀末，它成了控制巴黎的制高點，法國國王在那裡駐紮了大量軍隊，專門關押政治犯。

巴士底獄高一百英尺，圍牆很厚，有八個塔樓，上面架著大砲，裡面有個軍火庫，裝有幾百桶火藥和無數砲彈。它居高臨下，俯視著整個巴黎，活像一頭伏在地上的怪獸，虎視眈眈，隨時準備撲上來，吞掉每一個膽敢反對封建專制的人。巴士底獄成了法國專制王朝的象徵。多少年來，人們像痛恨封建制度一樣痛恨這座萬惡的巴士底獄。許多人都夢想有一天把它推倒。

十八世紀後期，法國國王為了滿足窮奢極欲的生活，拚命向人民搜刮錢財。而這些年，法國連續遭遇嚴重自然災害，大冰雹、大水災接踵而至，嚴重威脅著人們的生命。在農村，人們開始像野人一樣爭奪玉米；在城市，僅巴黎地區就出現八萬多失業工人，在崗工人的工資也下降了三分之一。整個法國籠罩在貧困與飢餓之中。王室的揮霍和貴族的鋪張，使本就捉襟見肘的財政瀕於崩潰。

一七八九年

七月十四日，巴黎人民舉行起義，攻占巴士底獄，法國資產階級革命爆發。

八月，制憲會議發布「人權宣言」。

人權宣言

全稱「人權與公民權宣言」，十八世紀法國資產階級革命的綱領性文件，共十七條。它以孟德斯鳩、盧梭等的資產階級政治學說為理論基礎，宣布自由、財產、安全以及反抗壓迫是「天賦人權」，私有財產神聖不可侵犯，確認「主權在民」等資產階級民主的基本原則。

為了解決財政困難，一七八九年五月，路易十六萬般無奈之下召開已經停止一七五年之久的「三級會議」。

法國封建等級森嚴：第一等級為教士，第二等級是貴族，第三等級是農民、工人和資產階級。第一、第二等級的人數只占全國總人口的百分之一。但是，他們有錢有勢，想盡各種方法壓榨第三等級。第三等級的代表迫切要求改變封建專制，爭取獲得自由和平等，因而得到廣大巴黎市民的擁護。他們趁開會的時機，提出限制國王的權力，把三級會議變成國家的最高立法機關。後來，他們又宣布由他們自己組織國民議會，代表全體法國人民討論國家大事。

第三等級代表的行動引起了國王的震怒和恐慌，他馬上調動軍警，封閉會場，禁止國民議會開會。

國王的專制行為，激怒了第三等級代表。他們表示一定要製成一部代表全體法國人民利益的憲法，否則絕不甘休。一七八九年七月九日，國民議會改名為「國民制憲議會」，公開反抗國王，雙方的衝突更加激烈。

國王路易十六既憤怒又驚恐，偷偷向巴黎調集大量軍隊，準備逮捕第三等級代表，用武力解散國民議會。消息傳出以後，巴黎人民群情激憤，七月十二日，數萬巴黎市民上街遊行。一個年輕人站在一個高高的亭子上，大聲喊道：「公民們，國王雇傭的德國兵正向巴黎開來，他們要帶來流血和屠殺，拿起武器吧，這是我們唯一的生路！」

七月十三日清晨，巴黎全城的警鐘一起敲響，血腥搏鬥的一天開始了。市民齊聲高呼「拿起武器」！銀行家關閉了證券交易所；中產階級組成了自己的義勇軍，而一些大資本家則以金錢資助民眾反對貴族。很多法國軍人也加入了浩浩蕩蕩的遊行隊伍。他們攻入退役軍人的醫院，在那裡搶到了二．八萬支步槍和一些大砲，攻占了一

一七九二年
八月，巴黎人民第二次武裝起義。代表工商業資產階級利益的吉倫特派掌權。
九月，瓦爾密大捷；國民公會開幕，廢除王權，宣布成立法蘭西共和國，即法蘭西第一共和國。

一七九三年
一月，法國審判處死國王路易十六。五－六月，巴黎人民第三次武裝起義，推翻吉倫特派政權，建立代表中小資產階級利益的革命民主派雅各賓派的專政。雅各賓派頒布「一七九三年憲法」、「土地法令」等。

個又一個陣地，巴黎市區內到處都有起義者的街壘。到了十四日的早晨，起義者幾乎奪取了整個巴黎。最後只剩下巴士底獄還在國王軍隊手中。

「到巴士底去！」

七月十四日凌晨，起義隊伍呼喊著衝向了巴士底獄。

守衛巴士底獄的士兵首先用塔樓上的大砲轟擊，然後從房頂上、窗戶裡向人群開火。猛烈的砲火阻止了前進的起義者，他們無法接近巴士底獄，只好從四周的街壘中向裡面射擊，但因為距離太遠，對裡面的士兵根本構不成威脅。

不久，一門威力巨大的火砲被拉來了，有經驗的砲手也跟隨而至。大砲發出了怒吼，一顆顆砲彈猛烈射向巴士底獄，圍牆被轟塌。守衛的士兵見大勢已去，終於舉起白旗投降了。接著，起義者把巴士底獄完全拆毀，象徵著封建罪惡的巴士底獄從此在地球上消失了。

為了紀念巴黎人民英勇攻占巴士底獄的偉大功績，法國把七月十四日定為國慶日。

一七九四年

七月二十七日，「熱月政變」，雅各賓派專政被推翻，政權轉入大資產階級的熱月黨人手中。

一七九六年

法國督政府任命拿破崙為遠征義大利方面軍司令，拿破崙遠征義大利。

相關連結

法國大革命

1789年法國國王路易十六由於財政問題召開三級會議，而第三等級代表不同意增稅，並且宣布增稅非法。於是路易十六關閉了國民議會，議會宣布改稱制憲議會，要求制定憲法，限制王權。路易十六意識到這危及了自己的統治，調集軍隊企圖解散議會。

7月14日巴黎人民攻克了象徵封建統治的巴士底獄，釋放政治犯。資產階級代表在起義中奪取巴黎市政權，建立了國民自衛軍。國王不得不表示屈服，承認制憲議會的合法地位。制憲議會通過法令，宣布廢除封建制度，通過「人權宣言」。

法國大革命引起周邊國家的不安，普魯士、奧地利成立聯軍攻打法國。由於路易十六的王后洩露軍事機密給聯軍，法國軍隊被打敗，聯軍攻入法國。議會宣布祖國處於危急中，巴黎人民再次掀起共和運動的高潮，拘禁了國王、王后。由普選產生的國民公會經過審判，以叛國罪處死國王路易十六。

「人權宣言」

隨後的雅各賓派專政，對外將干涉軍全部趕出國土，對內則實行恐怖政策，遭到人民反對。熱月黨人乘機解散國民公會，成立督政府，但政局仍然不穩。拿破崙．波拿巴發動霧月政變，建立起臨時執政府，自任執政。法國大革命匆匆收場。拿破崙在滑鐵盧戰役失利後，路易十八在外國軍隊保護下復辟了波旁王朝。至此法國大革命徹底結束。

十八—十九世紀中葉的世界

十八至十九世紀上半期，在英國資產階級革命和西歐資本主義發展的影響下，東歐國家和地區發生了若干以富國強國為核心的社會改革。早在十七世紀末至十八世紀初期，俄國彼得一世推行了一系列西化運動和制度改革，逐步帶領俄國走出了封閉落後境地。十八世紀中後期，在啟蒙思想的影響下，普魯士、奧地利和俄羅斯等國，先後出現「開明專制」改革，在一定程度上促進了經濟發展和社會進步。法國大革命後期，拿破崙登上法國政治舞臺並建立強大帝國，多次重創歐洲反法同盟，有力地衝擊了歐洲封建勢力。

在美國獨立戰爭影響下，拉美殖民地掀起獨立運動高潮，一批國家擺脫西、葡殖民統治獲得獨立，改變了拉美的政治格局。

十八世紀六〇年代，資本主義機器大工業代替傳統手工業的工業革命從英國開始，並於十九世紀三〇年代末基本完成。美、法、德、日等國也在十九世紀內先後進行工業革命。工業革命既是生產技術的巨大革命，又是生產關係的深刻變革。它大大促進了資本主義生產力的迅速發展，使資本主義制度建立在機器大工業的物質技術基礎之上，並最終戰勝封建制度而居於統治地位；同時，工業革命也打破了原有的亞歐大陸農耕世界發展水平大體平衡的局面，使世界廣大地區被捲入資本主義世界的經濟體系之中。

十九世紀上半期，隨著資本主義的發展，資本主義制度的種種弊端日益暴露。馬克思、恩格斯潛心研究西歐資本主義經濟機制及發展規律，創立了科學社會主義理論，對後來歐洲以至世界產生巨大影響。

「向鬍鬚開戰」木刻

在這幅名為「向鬍鬚開戰」的畫中，有鏡子、理髮工具等，其中兩個人物：一個是俄國沙皇彼得大帝；另一個是留著大鬍子的貴族。一身西式裝扮的彼得大帝手拿剪刀，拽著貴族的大鬍子就要剪。這個貴族看起來已經很老了，他手裡拿著拐杖，穿著俄羅斯傳統服裝。這幅畫反映了彼得大帝為破除陋習所進行的改革，即強迫俄國人剪掉大鬍子，並穿西式的服裝。

彼得一世割鬍剪袖

一六九八年八月二十六日上午，在俄羅斯列奧布拉任斯基村某處宅邸，俄國文武大臣、皇親貴戚紛紛前來覲見剛剛結束西歐秘密考察回國的沙皇彼得一世。一番寒暄過後，只聽彼得一世說道：「為答謝諸位迎駕，朕要送給大家一件特殊禮物。」說著，他緩步走到武臣謝英面前，突然，他一手抓起謝英的大鬍子，一手抄起剪刀，只聽「咔嚓」、「咔嚓」兩下聲響，謝英的鬍子就被剪掉了。還沒等人們回過味來，「公爵皇帝」羅莫丹諾夫斯基的鬍子也被剪落在地。這一突如其來的舉動，使在場的人們驚呆了。接著，彼得把剪刀往地上一扔，命令在場所有大臣和貴族都要剪掉鬍子。

一六九八年夏，率使團赴西歐考察的彼得一世經由波蘭回國。回顧在西歐各國的所見所聞，彼得深深感悟到一個道理：一個國家和民族要振興，不僅要靠發達的經濟、強大的軍隊，更要靠具有新思想、新觀念的臣民。俄國經濟社會發展明顯落後於西歐，而俄羅斯人的文明程度、觀念意識，甚至衣著打扮、儀表舉止也都十分迂腐陳舊。而這種落後，又反過來嚴重制約了社會的發展進步。要進行徹底改革，非首先從這裡著手改革不可。

於是，彼得一世在返回俄國的第二天，就向迎接他的諸位大臣、權貴們下了割鬍鬚的命令。

按一般生活習俗，割鬍子，本來是小事一樁，微不足道。但在當時的俄國，卻成了非同小可的大事。因為俄羅斯人歷來把鬍子看作是上帝賜給男人「最珍貴的裝飾品」，是區別於外國人的一種「特殊標誌」。而且認為，誰的鬍子長，誰的品德就高

一六八九年
俄國彼得一世親政，開始改革。中俄簽訂「尼布楚條約」。

一六九七年
彼得一世化名並以下士身分隨大使團出國考察。

一七〇〇年
彼得一世著手以軍事為中心的各項改革。發動對瑞典的北方戰爭。

一七〇九年
波爾塔瓦戰役，彼得一世打敗瑞典軍。

一七一〇年
俄軍侵入並占領芬蘭。與土耳其的戰爭開始。

尚；誰的鬍鬚稠密，誰就最威嚴。俄羅斯人一進入成年就開始蓄鬍鬚，直至「帶著鬍子去見上帝」，並以此為榮。現在，居然要硬生生割掉鬍子，豈非大逆不道？因此，重重阻力接踵而至。

割鬍子行動伊始，俄國教會就宣布：「割鬚是一種褻瀆神靈的罪孽，要受到上蒼報應的。」一些上流社會的貴婦們，因丈夫被剪了鬍子而跪在聖像前，祈求上帝保佑全家平安。下層平民百姓在被迫割掉鬍子後，也要把割下的鬍鬚小心地保存起來，以便在他們死後讓人放在棺材裡，作為「出席最後審判時的證據」。一些邊遠地區的農民，更是想方設法頑強抵抗，他們寧願用布把下巴圍起來，也不願剪去比性命還寶貴的鬍鬚。

「割鬍」遇到的阻力，使彼得一世意識到，迂腐觀念、陳規陋習，是絕不會輕而易舉就能去除的。要帶領俄國臣民朝著歐洲的文明方向邁進，就必須採取強硬措施，否則，其他的革新，都將無從談起。於是，他召集群臣專項議事，嚴加訓誡，將「割鬍」之舉提升到政府行政決策的高度加以強調，並明確規定：割鬍子是俄羅斯「全國臣民對國家應盡的義務」。之後，為有效督促臣民「割鬍」，彼得還命人制訂了一項「鬍子稅」，頒行全國，規定凡想留鬍子者，將依據其社會地位，每年徵繳一定稅金。如拒絕稅款，將被羈押服勞役。這樣，許多人因為怕花錢或被拘役，而不得不割去鬍子。俄國上下，蓄鬍之風日漸消弭。

割了鬍鬚的俄羅斯人顯得精神了許多。但是，他們的傳統衣著——古代拜占庭式的長袍外加帶長袖的坎肩，又成為彼得的「心病」。這種裝束臃腫笨拙，拖拖遝遝，既不美觀，更不實用。於是，在一次貴族的家宴上，彼得再次乘人不備，抄起剪刀，撩起某貴族的長衣袖就剪下去，並不動聲色地說：「這衣袖太礙事了，不是碰倒酒杯，就是蹭人一身湯。我們的服裝太落伍了，必須改穿不妨礙身體活動的服裝。」

一七一三年
俄國從莫斯科遷都彼得堡。

一七二二年
彼得一世推行改革，發布組織手工業行會的敕令等。

俄國農奴制
十五世紀，西歐多數國家的農奴制度解體，但俄國卻在發展。一六四九年，沙皇頒布《會典》，在法律上確認農奴制。其特點是：農民固定在地主莊園上，向領主服勞役或納地租，取得一塊份地，世代耕種；農民必須依附封建主，沒有人身自由，可以被買賣或轉贈，淪為農奴；農民必須服徭役和納貢稅，沒有政治權力。農奴分為地主農奴、

一七〇〇年一月，彼得一世發布關於著裝的敕令：「特權貴族、朝廷命官、莫斯科及其他城市的官吏必須身著匈牙利式服裝。」同年四月的敕令又規定：「凡男子，除神職人員、馬車夫和種地的農民外，一律要穿匈牙利和德國式服裝。」不久，又作了補充規定：「男子要穿短上衣、長腿褲、長靴、皮鞋和戴法國式禮帽，穿法國式或薩克森式上衣。女人要穿裙子、歐式皮鞋，戴高裝帽。」這樣，簡捷、方便、美觀的服裝，逐漸取代了俄羅斯傳統的長袍大袖。

相關連結

彼得一世改革

17世紀中期，處於羅曼諾夫王朝統治下的俄羅斯，農奴制盛行，經濟發展落後，人們的思想觀念因循守舊。俄羅斯地主階級和新興商人中的開明勢力，迫切希望實施社會改革，以改變落後面貌。

1689年，彼得一世開始掌握俄國統治實權。從1697年到1698年，彼得率領龐大使團赴西歐考察，他本人甚至化名深入荷蘭的造船廠當學徒。西歐之行，使彼得大開眼界，並堅定了他實施改革的決心。不久，彼得就從政治、經濟、軍事、文化、教育等方面推行了改革。在政治方面，廢除貴族杜馬，設置樞密院，下設若干委員會，分管各類軍政事務，大大削弱貴族和教會勢力，加強了中央集權。在軍事上，改組陸軍，建立海軍，實行徵兵制，向西歐學習，引進西歐先進技術。在經濟上，鼓勵商人投資工礦業，鼓勵發展工廠手工業，為了給工廠主提供充足的廉價勞動力，允許工廠主購買整個村莊的農奴到工廠做工。在科學文化上，創立科學院，發展學校教育，派遣留學生，開設醫院、劇場，提倡西歐的生活方式等。

彼得一世的改革改變了近代以來俄國長期落後的狀況，促進了經濟、科技與文化的發展，加強了軍事力量和封建專制的中央集權統治。

國家農奴、宮廷農奴，在手工工廠也大量使用農奴。農奴制成為沙皇俄國封建專制統治的基礎，嚴重阻礙了資本主義工商業的發展。

女皇以身試疫苗

俄國女皇葉卡特琳娜二世是十八世紀後期歐洲著名的「開明專制」君主之一。她統治期間，常常表現出開明果敢、嚮往文明、崇尚科學的精神，無論做什麼事，她都蔑視守舊，力圖開風氣之先，要一鳴驚人。這裡，有一個關於女皇憑藉膽識，力排眾議，冒險帶頭引種疫苗（牛痘）的故事。

十八世紀五〇年代以來，一場空前的天花傳染病在俄羅斯全國肆虐流行。很短時間內，天花病毒一傳十、十傳百，迅速蔓延開來，大批染病者因無藥可治而紛紛斃命。全俄上下一時無不談天花而色變。

葉卡特琳娜二世取得皇位之後，在整治朝綱，推行「開明專制」舉措的同時，非常關注對俄羅斯人構成巨大威脅的天花傳染病。

不久，女皇得知西歐國家新近發明了一種疫苗，能有效地防治天花傳染病。於是，她便產生盡快引進這種疫苗的念頭。女皇意識到，如果能捷足先登，率先將這種最新醫藥發明成果引入被西方人視為落後的俄國並加以推廣，不僅可以有效控制肆虐的傳染病，成就偉大的功績，而且也將使全世界對俄羅斯刮目相看。而更為深遠的意義還在於，俄羅斯人可以借此邁出擺脫疾病與貧窮、破除封建迷信的步伐。

然而，葉卡特琳娜女皇引進接種疫苗的意向一經提出，就遭到來自各方面的質疑和反對。當時任俄羅斯衛生研究所所長的車爾卡索夫，本來頗有教養、深明事理，對天花疫苗這種科學新發現的作用也深信不疑，但他對俄羅斯人將對這件事可能採取的態度表示擔心。當時，在全世界範圍內，公開贊成接種這種疫苗的，僅限於少數哲學家和學者。他認為，在俄羅斯這樣落後的國度，當人們一想到要在自己體內接受一種

一七二五年
彼得一世死，禁衛軍擁立其繼室即位，稱葉卡特琳娜一世。

一七六二年
葉卡特琳娜推翻丈夫彼得三世，當上了女皇，稱葉卡特琳娜二世，在俄國推行「開明專制」。

一七六五年
奧地利約瑟夫二世任帝國皇帝，與其母瑪利亞．特雷西亞聯合執政。在匈牙利頒布改革令，以調整地主與農奴的關係。

一七六七年
俄國禁止農奴控訴主人，准許農奴主任意

傳染病菌——儘管從原則上講，它將最終增強體內抵抗疾病的能力——即便是最開通的人也會產生恐懼心理的。

葉卡特琳娜二世把她的打算告訴了同樣奉行「開明專制」的普魯士國王腓特烈二世。普魯士國王從穩固皇位與統治的角度，提出異議，勸女皇放棄這個念頭。他認為，一旦接種疫苗失敗，將會引起整個宮廷甚至全國對她的不滿與反對，進而導致統治的嚴重危機和災難。

來自各方面的異議與反對，並沒有改變女皇引進接種疫苗的決心，她毅然決定要先用自己的身體做試驗。這樣，即使發生了什麼意外，她也可以獨自去承擔這種出乎尋常的冒險的責任。況且女皇始終堅信，她完全能夠獲得成功。

於是，女皇親身引進接種疫苗的試驗啟動了。女皇責成俄羅斯衛生研究所從英國聘請醫術高明的專家湯瑪斯．西姆戴勒。一七六四年十月，湯瑪斯．西姆戴勒一行從倫敦抵達聖彼德堡，並立即著手進行接種手術的各項準備工作。

「女皇就要接種疫苗了！」消息傳來，宮廷上下立時緊張起來，女皇左右的侍從們更是一個個忐忑不安，痛哭流涕，忙不迭地為女皇祈禱著。最後關頭，具體負責接種試驗組織工作的車爾卡索夫又猶豫起來，再次懇求女皇三思而行。他擔心萬一出現災難性的後果，他將無法承擔由此引起的責任。然而，此時的女皇卻神情自若，談笑風生，還不住地勸慰車爾卡索夫和替她擔憂的人們。她說到，從青少年時起，她就知道天花病的厲害，對接種疫苗的危險也早有了解。現在，既然天賜良機要讓她帶領俄國人民來戰勝天花，那麼她就應該挺身而出，為眾人做出榜樣。為此，即使冒更大的危險也在所不辭。

經過精心準備之後，一天早晨，英國專家湯瑪斯．西姆戴勒手持手術刀，在葉卡特琳娜的胳膊上輕輕地劃了一下，完成了接種疫苗的工作。

將農奴流放到西伯利亞。

一七八一年
奧地利約瑟夫二世頒布寬容令，准許新教、東正教與羅馬天主教並存，並允許各派基督教徒擔任國家公職。在捷克境內廢除農奴依附關係。

一七八五年
奧地利在匈牙利廢除農奴制。

一七九〇年
奧地利約瑟夫二世死，其弟利奧波德二世繼位，宣布取消以前一切改革。

女皇手術之後的整整九天時間內，宮廷上下，人們情緒激動，焦躁地等待著、熱切地期盼著。許多人憂心忡忡，有的還暗暗詛咒那個英國江湖遊醫，有的甚至在準備為女皇哀悼。

終於，預定的接種試驗觀察期到了，葉卡特琳娜女皇沒有出現任何不良反應，疫苗接種成功了！人們紛紛奔相走告，在慶幸俄羅斯人民獲得戰勝天花傳染病妙方的同時，無不嘖嘖稱讚女皇勇毅過人，就連她的敵對勢力也不得不佩服其勇氣。

相關連結

開明專制

18世紀後半期，歐洲大陸各國的資本主義生產關係有所發展，封建制度日趨衰落。各國封建君主為了鞏固專制統治，利用法國啟蒙學者改革的要求，宣稱要進行自上而下的改革，特別是利用伏爾泰希望有一個開明君主，進行社會生活改革的主張，把自己裝扮成「開明」的君主。「開明專制」便成了當時歐洲除英國、波蘭、法國之外各國封建專制政府的特徵。

在東歐，由於資產階級力量薄弱，「開明專制」得到顯著發展。普魯士國王腓特烈二世登基後，自稱「國家的第一個公僕」，願為人民造福，在財政、司法、軍事等方面，推行了一系列改革。同時，奧地利的瑪利亞·特雷西亞女皇和約瑟夫二世，以及俄羅斯帝國女皇葉卡特琳娜二世都推行了「開明專制」政策，進行各種改革，如改革教會、興辦教育事業、編纂法典等。1781年，奧皇約瑟夫二世甚至頒布廢除農奴制的詔書，成為「開明專制」時代的代表。

開明專制改革大都在客觀上促進了資本主義工商業的發展和科學文化的繁榮。1789年法國大革命爆發後，歐洲大陸開始了資本主義和封建主義兩種制度的生死搏鬥，「開明專制」時代及其改革逐漸消失。

壺蓋振動引起的劇變

生火燒水做飯，本來是人們居家生活司空見慣的事，有誰留心過呢？但是二百多年前英國格林諾克小鎮上，一個機械工匠的兒子卻每天跑到廚房裡看祖母做飯，並且搬來椅子，不聲不響地坐在那裡，看著坐在爐子上的水壺。水開時，壺蓋啪啪啪地作響，不停地往上跳動。這個孩子就是以後大名鼎鼎的詹姆斯．瓦特。

小瓦特目不轉睛地看著水壺，看著被水蒸汽一下一下地頂著跳動起來的壺蓋，他把開著水的壺蓋來來回回地拿下來，又放上去……。

小瓦特觀察好半天，感到很奇怪，猜不透為什麼壺蓋會被頂起來，好奇的瓦特就問祖母：「是什麼東西讓壺蓋跳動呢？」

「水開了，就這樣，小傻瓜。」祖母回答道。

對於這個回答，瓦特顯然不滿意，又追問：「為什麼水開了壺蓋就跳動？是什麼東西推著它呢？」

可能是祖母太忙了，沒有功夫回答他，便不耐煩地說：「不知道。小孩子刨根問底地問這些有什麼意思呢。」

祖母的批評並沒有讓瓦特灰心，連續幾天，每當做飯時，他就蹲在火爐旁邊細心地觀察著：起初，壺蓋很安穩，隔了一會兒，水要開了，發出嘩嘩的響聲。突然，壺裡的水蒸汽冒出來，推動壺蓋跳動了。蒸汽不住地往上冒，壺蓋也不停地跳動著，好像裡邊藏著個魔術師，在變戲法似的。瓦特很高興，幾乎叫出聲來。他終於弄清楚了，是水蒸汽推動壺蓋跳動，這水蒸汽的力量真是不小。瓦特把壺蓋拿起來又放下去，來來回回好幾次，他還把水杯和鑰匙放到蒸汽上，看看這些東西是不是也會被頂

一七三三年
機械師凱伊發明織布飛梭，大大提高了織布的速度，棉紗頓時供不應求。

一七六五年
織工哈格里夫斯發明了手搖紡紗機——「珍妮機」，大幅度提高了棉紗的產量。

一七七九年
工人克隆普敦發明騾機。

一七八一年
瓦特獲得改良蒸汽機的專利權。

起來。

誰也沒有想到這段童年的往事給了瓦特一把鑰匙，瓦特用它為人類獲得了新的動力，打開了新時代的大門。

少年時代的瓦特對物理和數學產生了興趣。在父母的教導下，因病輟學的瓦特一直堅持自學，且成績特別優秀。他常常自己動手修理和製作起重機、滑車和一些航海器械。少年學徒生活使他飽嘗辛酸，也使他練就了精湛的手藝。

二十歲那年，瓦特對儀錶的製造技術已經相當精通，在為格拉斯哥大學修理儀器時，他接觸到先進的技術，學到了很多科學理論知識。這時，他對以蒸汽作動力的機械產生了濃厚的興趣，開始收集有關資料。

一七六四年，學校請瓦特修理一台紐可門式蒸汽機。在修理過程中，瓦特熟悉了蒸汽機的構造和原理，並且發現這種蒸汽機有兩大缺點：活塞動作不連續而且慢；蒸汽利用率低，浪費原料。瓦特想，既然紐可門蒸汽機的熱效率低是蒸汽在缸內冷凝造成的，那麼為什麼不能讓蒸汽在缸外冷凝呢？於是，瓦特產生了採用分離冷凝器的設想，決心造一台更好的蒸汽機。

經瓦特改良後的蒸汽機

一年之後，瓦特自己製造的蒸汽機開始點火了。但水沸騰起來之後，蒸汽機一動不動，水汽從裡面冒了出來，屋子裡搞得霧氣騰騰。原來是蒸汽機漏氣。瓦特的第一次試驗失敗了。

一七八五年
卡特萊特發明水力織布機。

一七九九年
工人克隆普敦發明繆爾紡紗機。

一八〇七年
美國人羅伯特·富爾頓製成的以蒸汽為動力的汽船（克萊蒙特號）試航成功。

一八一四年
英國人喬治·史蒂芬孫製成第一台蒸汽機車。

一八二五年
英國建成世界上第一條鐵路。

從一七六六年開始，在三年多的時間裡，瓦特克服了材料和工藝等各方面的困難，終於在一七六九年製成了有分離冷凝器的單動式蒸汽機。這種蒸汽機與紐可門蒸汽機相比，可節省百分之七十五的燃料。

瓦特並沒滿足已取得的成就。他知道熱效率低已不是他的蒸汽機的主要弊病，而活塞只能作往返直線運動才是根本局限。一七八四年，他對自己新製造的聯協式蒸汽機進行了改進，增加了一種自動調節蒸汽機速率的裝置，使它能適用於各種機械的運動。從此之後，紡織業、採礦業、冶金業等工業部門，都先後採用蒸汽機作為動力。

從最初接觸蒸汽技術到瓦特蒸汽機研製成功，瓦特經過了二十多年的艱難歷程，完成了對紐可門蒸汽機的三次革新，使蒸汽機成為改造世界的動力。

相關連結

工業革命

1760年代以後，在英國等國的資本主義生產中，大機器生產開始取代工廠手工業，生產力得到突飛猛進的發展。歷史上把這一過程稱為「工業革命」，也稱產業革命。

工業革命首先出現在工廠手工業最為發達的棉紡織業。此後，採煤、冶金等工業部門也都陸續使用機器生產。隨著機器生產的增多，原有的動力如畜力、水力和風力等已經無法滿足需要。1785年，瓦特製成的改良型蒸汽機投入使用，提供了更加便利的動力，並得到迅速推廣，大大推動了機器的普及和發展。人類社會由此進入「蒸汽時代」。

隨著工業生產中機器生產逐漸取代手工操作，傳統的手工工廠無法適應機器生產的需要。為了更好地進行生產管理，提高效率，資本家開始建造廠房，安置機器，雇傭工人集中生產。這樣，一種新興的生產組織形式——工廠出現了。工廠成為工業化生產的主要組織形式，發揮著日益重要的作用。

1840年前後，英國的大機器生產基本取代了工廠手工業，工業革命基本完成。英國成為世界上第一個工業國家。18世紀末，工業革命逐漸從英國向歐洲大陸和北美傳播，後來，又擴展到世界其他地區。

「三皇會戰」

在拿破崙與歐洲反法同盟的諸多戰爭中，有一個著名的奧斯特里茨戰役。因為法皇拿破崙一世、俄皇亞歷山大一世、奧皇弗蘭西斯二世三位皇帝均參加了該戰役，故歷史上稱作「三皇會戰」。

一八〇五年八月，英國聯合歐洲大陸另外兩個豪強奧地利和俄國組成了第三次反法同盟，從東西兩線對法國形成包圍之勢。面對這一形勢，拿破崙暫時放棄在英國登陸的計畫，而集中組織主力揮師東進，迎戰奧、俄。

一八〇五年十月，拿破崙率法軍取得烏爾姆（今德國巴登—符騰堡州境內）戰役的勝利，一舉殲滅多瑙河地區一支奧軍，並向奧地利首都維也納挺進。得知烏爾姆戰役失利的消息後，俄國名將庫圖佐夫、在義大利北部指揮作戰的奧地利卡爾大公等分別率軍馳援維也納。普魯士十幾萬軍隊也向奧地利邊境開進，準備加入第三次反法聯盟。

面對嚴峻形勢，拿破崙當機立斷，命令法國軍團主力繼續東進。力求盡快占領維也納，切斷俄軍退路，在卡爾大公率領奧軍回到奧地利以前，將俄軍殲滅在多瑙河以南地區。

不久，庫圖佐夫感到形勢不妙，指揮俄軍迅速撤離因河防線，北渡多瑙河，並炸毀了河上所有橋樑，以阻止法軍追擊。俄軍的北撤，使多瑙河南岸的奧軍兵力更加單薄，法軍得以長驅直入。十一月十三日，追殲俄軍的法國騎兵部隊占領了維也納。奧地利皇帝弗蘭西斯及皇室成員，倉皇向北逃走。

庫圖佐夫率俄軍主力撤到今捷克境內的布爾諾的奧洛穆茨城附近，與沙皇親自督

一七九九年
十一月九日（霧月十八日），拿破崙發動政變，建立三人執政，拿破崙任第一執政。

一八〇四年
五月，法國議會通過新法令，宣布法國為帝國，拿破崙為皇帝。

一八〇五年
四月，英、俄、奧及瑞典結成第三次反法同盟。
十二月，法軍在奧斯特里茨擊敗俄、奧聯軍。不久，普魯士被迫與法國結盟，對英宣戰。

一八〇六年
九月，英、俄、普和瑞典組成第四次反法同

戰的另一支俄軍會合。這時，從維也納逃出來的奧皇弗蘭西斯也隨同撤退的奧軍到達該城。俄、奧聯軍占領有利陣地，在布爾諾以東十三英里處一個叫奧斯特里茨的小村前高地上嚴密設防。於是，三皇會戰即將拉開大幕。

為誘使敵人盡早決戰，拿破崙命令前哨部隊撤退，又遣使謁見沙皇亞歷山大一世「示弱」，要求停戰二十四小時，舉行雙邊最高統帥談判。沙皇亞歷山大一世和奧皇弗蘭西斯認定拿破崙已成強弩之末，為求速戰速決，制訂了分兵力牽制法軍左翼，以主力迂迴法軍薄弱的右翼，並切斷法軍退往維也納通路的作戰方案。

一八〇五年十一月二十七日，奧斯特里茨戰役開戰。參戰俄軍五．三萬人，奧軍三．三萬人，俄奧聯軍共計有八．六萬人，火砲三百五十門。法軍總兵力七．三萬人和二百五十門火砲。

聯軍兵力分成五路縱隊，從奧洛穆茨附近的陣地出發，逐次向東南開進，在布爾諾以東的奧斯特利茨鎮及其西南一線展開。拿破崙主動放棄普拉岑高地，指揮法軍於十二月一日全部退到了戰場西緣的哥爾德巴赫河一線。聯軍到達預定戰場，迅速占領了普拉岑高地，並做好了全面進攻的準備。

拿破崙的作戰意圖是：首先引誘敵人把主攻方向指向法軍防禦薄弱的南翼，即普拉岑高地和南部湖泊之間；然後，乘俄奧聯軍主力南移而中間空虛之機，集中法軍主力在中段進行反擊，殲滅俄奧聯軍主力於普拉岑高地和南部湖泊之間地區。

一八〇五年十二月二日，早七時左右，俄奧聯軍以密集隊形在大約十二公里的戰線上，同時向法軍發起了進攻。

在戰線南段，由於在兵力上占有大約四比一的優勢，俄奧聯軍迅速攻克了哥爾德巴赫河東岸地區，迫使法軍逐漸向後退卻。為制止俄奧聯軍向南段法軍的側後實行迂迴，同時吸引更多的聯軍投入這個方向，拿破崙果斷命令配置在二線的第三軍迅速投

盟。

一八〇九年

四月，英、奧組成第五次反法同盟。法軍在巴伐利亞擊潰奧軍。

一八一二年

六月，拿破崙率五十萬大軍侵入俄國。

一八一三年

英、俄、普、西、葡、瑞典等組成第六次反法同盟。

一八一四年

四月，拿破崙發布退位詔，被聯軍放逐到厄爾巴島，拿破崙帝國垮臺。五月，路易十六之弟普羅旺斯伯爵回國復位，稱路易十八，波旁王朝復辟。

入戰鬥，從西南方向突擊敵人的左側後方。法軍的猛烈反擊，使已經渡過哥爾德巴赫河的聯軍，被迫向河的東岸撤退。

眼見聯軍主力攻擊受挫，剛愎自用的沙皇便令占領普拉岑高地上的庫圖佐夫放棄陣地，前去增援南翼聯軍。於是，聯軍最初的作戰部署被打亂了。

拿破崙一直在等待的時機終於來到。上午九時左右，他命令第四軍左翼兩個師轉入進攻，迅速從北側攻占普拉岑高地。

俄皇亞歷山大隨即意識到了自己的失策，下令調來所有預備隊，企圖重新奪回普拉岑高地。但俄軍連續四次猛攻都被法軍打退。到中午十一時左右，法軍轉入進攻，把俄奧聯軍從陣地中央切開，使他們分為互相不能策應的南北兩個部分。位於南面的聯軍主力，完全暴露在占領普拉岑高地的法軍火力之下。

北段的戰鬥也在激烈進行。法軍第五和第一軍在騎兵的配合下，頑強擊退聯軍的多次衝擊，並在削弱聯軍進攻能力以後，果斷地組織了反擊，將北面的聯軍趕回到奧斯特里茨。

在徹底擊潰聯軍的中部和北部戰線後，拿破崙敏銳地捕捉時機，對孤立於普拉岑高地和南部湖泊之間的聯軍南部主力，發起強大突擊。聯軍很快潰散，除少數人逃往布爾諾外，大部分被壓縮到沼澤地帶，並被趕到剛剛結冰的湖面上。頓時，人、馬、車、砲擁擠不堪；普拉岑高地上的法軍砲兵，向湖面進行猛烈轟擊。頃刻之間，冰碎砲翻，大批聯軍葬身湖底。

奧斯特里茨會戰，俄、奧聯軍損失二．七萬人和一百八十六門火砲，法軍只損失一．二萬多人。會戰淋漓盡致地展示了拿破崙的軍事天才。在「三皇」較量之中，無論在軍事方面，還是政治方面，拿破崙都遠遠勝出奧、俄二皇一籌。

一八一五年

三月，拿破崙重返巴黎，建立「百日政權」。英、俄、普、奧等國組成第七次反法聯軍。

六月，拿破崙率法軍入比利時，迎擊反法聯軍。十八日，滑鐵盧大戰，法軍大敗。拿破崙再次被迫退位，被流放到聖赫勒拿島。

相關連結

拿破崙帝國興亡

拿破崙加冕儀式

1799年，拿破崙·波拿巴發動「霧月政變」，奪取法國政權。1804年12月，羅馬教皇庇護七世在巴黎聖母院為拿破崙加冕，正式即皇帝位，號稱「拿破崙一世」。以此為標誌，法蘭西第一共和國壽終正寢，開始了拿破崙帝國時代。

拿破崙的帝國和政權，是與對外戰爭相始終的。1800-1809年，拿破崙的軍隊在歐洲大陸上勢如破竹，所向無敵，連續擊敗英、俄、普、奧為首的反法同盟，迫使這些國家的封建君主先後俯首求和。至1809年，拿破崙占領的歐洲大陸領土已相當於本國面積的三倍，統治的外國人口達到七千五百萬。拿破崙帝國達到鼎盛。

1812年6月，拿破崙率七十萬大軍發動了侵俄戰爭。俄國選擇了誘敵深入的戰略，不戰而退。拿破崙大軍長驅直入莫斯科。10月，俄軍轉入反攻，拿破崙被迫逃出莫斯科。在撤退途中，飢寒交迫的法軍不斷遭到俄國軍民的襲擊，渡過尼門河時，原有的七十萬大軍只剩殘兵數萬人。侵俄戰爭的慘敗，使帝國開始由盛轉衰。

1813年，英、俄、普等國組成第六次反法同盟，兵力達到一百萬以上，與拿破崙在萊比錫展開了一場驚心動魄的決戰，結果拿破崙失敗，被迫宣布無條件投降，被囚禁到地中海上的厄爾巴島。1815年2月，拿破崙逃出厄爾巴島，回到法國，發動「百日政變」。歐洲各國迅速組成第七次反法同盟。6月，在比利時的滑鐵盧戰役中，法軍全軍覆沒，拿破崙被終身流放於南大西洋的聖赫勒拿島，帝國覆滅，波旁王朝復辟。

「多洛雷斯的呼聲」

一八一〇年九月十六日凌晨，幾個汗流浹背的人騎馬飛奔來到多洛莉絲鎮。他們氣喘吁吁地直奔教堂，叫醒了正在熟睡中的神父伊達爾哥，急切地告訴他起義的計畫被叛徒洩露了，西班牙殖民軍隊正在大肆搜捕，情況萬分危急。伊達爾哥聽後趕忙敲響了教堂的大鐘。

附近的印第安群眾被洪亮的鐘聲驚醒，迅速聚集過來，整個教堂很快被圍得水洩不通。在金色的晨光中，伊達爾哥健步登上講臺，大聲問道：「我的孩子們，三百年前，可恨的西班牙人奪去了我們祖先的土地，你們希望奪回來嗎？這幫強盜壓迫了我們三個世紀，你們渴望自由嗎？」長期積壓在印第安人民心中的怒火迸發出來，話音未落，人們振臂高呼：「絞死殖民強盜！」「獨立萬歲！」呼聲迴蕩在多洛莉絲鎮的上空，久久不能平息。這就是墨西哥歷史上著名的「多洛莉絲的呼聲」。

十六世紀初，西班牙殖民者侵占了整個墨西哥。他們在這裡掠奪金銀財物，徵收苛捐雜稅，霸占土地。不少喪失土地的印第安人處境悲慘，渴望推翻殖民統治，獲得自由。那些西班牙移民的後裔、土生白人中的資產階級知識分子，也同樣受到西班牙殖民者的歧視，主張擺脫西班牙的殖民統治，爭取民族獨立，發展民族經濟。當伊達爾哥振臂一呼時，社會各階層民眾熱烈響應，從而揭開了墨西哥獨立戰爭的序幕。

被譽為「墨西哥獨立之父」的伊達爾哥，一七五三年五月出生於墨西哥城附近，從小受到良好的教育。青年時代，伊達爾哥曾在聖尼古拉斯神學院學習，獲得文學碩士學位，後又獲得神學碩士學位，畢業後回到母校聖尼古拉斯神學院擔任神學哲學教授，後升任院長。

一七九一年
海地杜桑·盧維杜爾燒毀勃來達種植園，率眾起義。

一八〇四年
一月一日，海地正式宣告獨立。

一八一〇年
墨西哥伊達爾哥在多洛莉絲城起義。墨西哥武裝獨立鬥爭開始。

一八一七年
一月，聖馬丁組織安第斯山軍長征，進入聖地牙哥。

一八一八年
二月，智利宣布獨立。

伊達爾哥熱愛法國文學和歷史，並且深受法國啟蒙思想的影響。一七八九年法國大革命爆發後，伊達爾哥因擁護法國革命原則，宣傳自由民主思想，被解除神學院院長職務，但他堅持宣傳自由、平等和人權的思想。一八〇三年，他接替去世的哥哥擔任多洛莉絲教區神父一職。

多洛莉絲是一個農業區，也是印第安人聚居的地方。伊達爾哥一邊進行革命宣傳，一邊將絲織、釀酒、製革等技藝傳授給印第安人，受到大家的愛戴與尊重。「多洛莉絲的呼聲」使得民眾空前團結，反抗西班牙人暴政的情緒越來越高漲，他們拿起砍刀和棍棒，圍繞在伊達爾哥身邊，決心要討回失去的土地，血洗三百年的恥辱。

伊達爾哥很快組織了一支一千多人的起義隊伍。他們逮捕西班牙人與收稅者，釋放監獄中無辜的犯人，高喊著「絞死西班牙強盜」，到處襲擊西班牙殖民者。不久，數以萬計的印第安農民加入起義行列，伊達爾哥被擁戴為「美洲起義軍統帥」。

伊達爾哥發布命令：奴隸主必須釋放所有的奴隸，違者處以死刑；廢除印第安人的賦稅；歸還從印第安人手中奪去的一切土地。他還宣布：起義的目標是建立一個獨立的墨西哥國。這些極大地調動了廣大群眾的積極性，壯大了起義隊伍。很快，起義軍發展到八萬人。

十月底，起義軍與殖民軍在通往墨西哥的十字架山隘發生激戰。起義軍浴血奮戰，最終奪取隘口，兵臨墨西哥城下。面對聲勢浩大的起義隊伍，城內的西班牙總督早已嚇得魂飛魄散，每天面向聖母像乞求保佑，請她出謀劃策，一時醜態百出，狼狽之極。

令人遺憾的是，在這關鍵時刻，伊達爾哥沒有乘勝進攻。他擔心起義軍武器落後，強攻城池，必然傷亡慘重，因而他揮師北上，與裝備精良的西班牙軍隊正面交

十月，玻利瓦爾在安哥斯徒拉召開國會，成立委內瑞拉第三共和國。

一八二一年

七月，聖馬丁進入利馬，秘魯正式宣告獨立。

九月，墨西哥宣告獨立。

一八二二年

七月，拉丁美洲南北兩大革命軍領袖聖馬丁、玻利瓦爾在厄瓜多爾的瓜亞基爾會談。聖馬丁隨後隱退。

一八二三年

在墨西哥革命影響下，瓜地馬拉、薩爾瓦多、尼加拉瓜、宏都拉斯和哥斯大黎加合組中美聯邦，發表獨立宣言。

鋒，結果起義軍傷亡慘重，被迫退守瓜達哈拉哈城。

一八一一年一月，西班牙軍隊逼近瓜達哈拉哈城下，伊達爾哥率軍與西班牙人決戰。不幸的是，因城內起義軍軍火庫被敵人砲彈打中，致使戰鬥失敗。在向美墨邊境撤退的過程中，由於叛徒的出賣，伊達爾哥等人被俘。

一八一一年七月三十日，五十八歲的伊達爾哥在奇瓦瓦城慷慨就義。為了紀念這位「墨西哥獨立之父」，墨西哥人民把他發出「多洛莉絲的呼聲」的日子——九月十六日，定為墨西哥的獨立日。

相關連結

拉美獨立運動

17、18世紀，西班牙人和葡萄牙人到達拉丁美洲後，紛紛建立殖民地並實行封建專制統治。他們把拉丁美洲作為自己的原料產地和商品市場，除了徵收沉重的賦稅以外，還禁止殖民地生產任何與宗主國形成競爭的工農業產品，也不允許殖民地同宗主國以外的任何國家有貿易往來，甚至不准各殖民地之間相互貿易。

18世紀末至19世紀初，隨著啟蒙思想的傳播，拉丁美洲廣大人民民主意識日益增長，強烈要求擺脫宗主國的殖民統治和經濟掠奪；法國大革命和美國獨立戰爭的勝利大大鼓舞了拉丁美洲人民。在這種形勢下，1791年，法屬殖民地海地首先爆發起義並贏得了獨立，揭開了拉丁美洲獨立運動的序幕。隨後伊達爾哥領導了墨西哥人民爭取獨立的起義，沉重打擊了西班牙殖民者。到1816年以後，獨立運動的浪潮高漲。獨立運動的中心轉向南美洲，北部和南部分別出現了玻利瓦爾和聖馬丁領導的獨立鬥爭，起義軍節節勝利，最終徹底擊潰了西班牙和葡萄牙軍隊。到1826年，拉丁美洲的西班牙和葡萄牙殖民地基本獲得獨立。

一八二四年
十月，墨西哥頒布憲法，宣布為共和國。

一八二五年
一月，上秘魯宣告獨立，改名玻利維亞。

新和諧公社

一八二四年，在美國印第安那州南部出現了這樣一個村鎮：山崗上的一片片葡萄園中，紫紅色的葡萄一串串地掛在綠葉成蔭的葡萄架下，把整個村莊點綴得十分美麗。村莊不遠處，綠草如茵，牧羊人隨著羊群悠閒地漫步。村中街道兩旁的綠蔭深處，是一幢幢的廠房。村莊中心是整齊的住宅，還有閱覽室、學校、醫院，房屋周圍則是連成一片的小花園。村裡的人們個個衣著整潔，精神飽滿，井然有序地從事著各種活動。在這個小村莊裡，實行財產、生產工具公有，人們共同參加勞動，按勞分配勞動產品，實行人人平等的民主管理。

這就是英國著名的空想社會主義者歐文所創辦的「新和諧公社」。

歐文出身於窮苦家庭，十歲時便開始在倫敦當學徒，後到一家服裝店當店員。從小目睹了資產階級對廣大工人和勞動人民所進行的殘酷剝削和壓迫，並親身經受了資本主義帶來的苦難，所以他對被壓迫者非常同情。他曾說，世界充滿財富，但到處籠罩著貧困。因此，他總想建立一個沒有剝削、沒有壓迫、人人勞動、財產公有的社會。

十九歲時，他在新納拉克辦起了一個工廠，雖然只有三名工人，可是在歐文的管理下一年就賺了三百英鎊。一八〇〇年，歐文與蘇格蘭一個工廠主的女兒結婚，並被任命為這個廠的經理，管理著二千五百多個工人。他在自己的廠裡開始了第一步試驗。

他把工人的勞動時間，由每天十三—十四小時縮減到十個半小時，禁止使用九歲以下的童工，把對工人實行的各種罰款制度一一取消。他改善工人工作條件，如辦起

一八二四年
歐文建立「新和諧公社」。

十九世紀早期
聖西門、傅立葉和歐文宣傳空想社會主義。

一八三〇年
傅立葉《新的工業世界和社會世界》一書出版。

一八三一年
十一月，法國里昂織工起義，堅持鬥爭十五天後失敗。

了工人消費合作社、工人食堂、托兒所、幼兒園；設立工人學校，給青年工人提供學習文化的機會，還設立醫療費和養老金制度等。這樣，歐文的這個工廠實際變成了貧困階層的「福利工廠」。

歐文的改革，使工人們的勞動積極性大大提高，總產值翻了一番，新拉納克變成了「模範居民區」。在那裡，工人們遵紀守法，員警和法官們無事可做。

不久，各國的達官貴人、王公大臣、大小資本家們紛紛到新拉納克參觀、訪問，都想知道歐文獲得優厚利潤的秘密。歐文成了歐洲最有名望的「慈善家」。

改革的成功給歐文帶來了極大的鼓舞。一八二〇年，歐文把他的設想發展成為「新社會體系」，並且系統地論述他改革社會的計畫，這標誌著歐文完成了一生中的偉大轉折——他的空想社會主義思想體系形成。

為了用典型的範例進一步證明自己計畫的可行性，一八二四年，歐文變賣了家產，帶著一批志同道合的朋友，橫渡大西洋，在美國印第安那州用二十萬美元買下了一塊三萬英畝的土地，決心建立一個理想中的「新和諧公社」。

歐文帶領人們砍伐樹木，焚燒野草，開荒種地，蓋房架屋。不久，本文開頭的情景出現了。一切都是那麼美妙，一切都充滿著詩情畫意。

「新和諧公社」與充滿血腥的資本主義腐朽的社會形成了鮮明而強烈的對比。公社規定，全體成員按照年齡大小從事各種有益的勞動。

五歲到七歲的兒童，一律無條件入學；八歲到十歲的兒童，除學習外，還要參加公社各種有益活動和必要勞動，如修整花園、做家務等；十二歲以上的青少年，在學習知識的同時，還要在工廠、作坊等學習一定的手工技能，以便為將來參加工作做好準備。二十歲到二十五歲的青年人，是公社建設的主力，有的在工廠做工，有的在農田勞動，有的從事腦力勞動。二十五歲到三十歲的人，每天只需參加兩個小時的

一八三四年
四月，法國里昂工人舉行第二次起義，提出爭取民主共和國的口號。巴黎、馬賽等地工人罷工，支持里昂工人鬥爭。
羅伯特．歐文建立大不列顛和愛爾蘭全國各業大聯合工會。

一八三六年
六月，英國木匠威廉．洛維特組織成立倫敦工人協會，發動人民憲章運動。
當年，正義者同盟在巴黎成立。

一八三七年
倫敦工人協會擬定爭取普選權的「人民憲章」，憲章運動從此開始。

生產勞動，其餘時間則從事公社的保衛工作和產品的分配工作，一部分人從事科學研究和藝術創作等腦力勞動。三十歲到四十歲的人負責管理、組織和領導各個部門的生產工作。四十歲到六十歲的人，則主持對外交往、接待賓客或是產品交換等。六十歲以上的老人組成老人集體，負責捍衛憲法，維護憲法的尊嚴，監督憲法的實施等。

「新和諧公社」的建立，引起了全世界的注意。人們紛紛從各地趕來，都想看一看這個公社是如何「和諧」的，尤其是處於被壓迫、被剝削境地的勞動者更是帶著驚奇、帶著羨慕、帶著希望，潮水般湧來。他們也希望在這個公社裡擁有自己的一席之地。

然而，好景不長。由於「新和諧公社」處在整個資本主義的重重包圍之中，參加公社的人形形色色，抱有各種目的。因此，公社社員之間很快就產生了各種矛盾，變得不那麼「和諧」了。公社孤立於社會、市場之外，公社成員

相關連結

空想社會主義

空想社會主義產生於16世紀，終結於1830、1840年代，是資本主義生產方式產生和成長時期剝削者與被剝削者間對立的反映，是在理論基礎上建立起來的現代無產階級先驅者的思想體系。它分三個階段：

16、17世紀的空想社會主義，主要特點是：對未來的理想社會制度只是一種文學描述；提出社會主義的基本原則，如公有制、按需分配等，但還只是一個粗糙的輪廓。這時期的空想社會主義者以莫爾、閔采爾為代表。

18世紀的空想社會主義，主要特點是：認識進入理論探討和論證階段，並用「法典」的形式做出明確的規定，對私有制、特別是資本主義私有制的批判，有了初步的階級觀點，絕對平均主義的、斯巴達式的共產主義是其凸出特點；以農村公社為原型設計未來理想社會的藍圖。這時期的空想社會主義者以摩萊里為代表。

19世紀初期空想社會主義發展到頂峰。其主要特點是：批判矛頭直接對準資本主義制度；從理論上提出了經濟狀況是政治制度的基礎，私有制產生階級和階級剝削等觀點，在設計未來社會藍圖時以大工廠為原型，使社會主義成為一種具有高度的物質文明和精神文明的社會。這時期的空想社會主義者以法國的聖西門、傅立葉和英國的歐文為代表。

空想社會主義只能是一種無法實現的空想。當無產階級成長為獨立的政治力量時，就需要有一個建立在科學基礎上的革命理論來代替它了。

的活動目的只是滿足本社成員的需要，生產少，消費多；公社成員覺悟水平不一，腦力勞動者日趨增多，體力勞動者日漸減少，技術工和一般工人匱乏，導致工廠、作坊經常停產關門。而歐文自己再也沒有錢來補貼公社的逐日虧損了。四年以後，「新和諧公社」終於宣告破產。

《資本論》的誕生

一八六七年，馬克思的《資本論》第一卷正式出版了。這是一部政治經濟學的經典巨著，它深刻地分析了資本主義的發展歷史，揭穿了資本家剝削工人和資本主義迅速發展的「秘密」——剩餘價值，指出了工人階級之所以極其貧困的原因。波勞厄在其著作《卡爾·馬克思和世界文學》中認為，《資本論》不僅具有重要的科學價值，也有很大的文學價值。

《資本論》第一卷耗去了馬克思十多年的時間，而全部《資本論》耗去了馬克思四十年的歲月。馬克思是憑藉頑強的毅力，戰勝貧困與飢餓，並在他的戰友恩格斯的資助之下才得以完成的。

從一八四〇年代初開始，馬克思就開始研究政治經濟學，著手《資本論》的創作。然而，他的科學研究與創作，面臨重重困難。

首先在很長時間內，馬克思居無定所，幾乎過著顛沛流離的生活。由於馬克思領導了工人運動，他在歐洲大陸成了「不受歡迎的人」。一八四〇年代短短幾年內，馬克思先後遭到普魯士、比利時、法國政府的三次驅逐。一八四九年夏末，馬克思第四次接到「驅逐出境」的命令，不得不舉家遷移英國倫敦。因此，馬克思的研究與創作，常常是在這種漂泊不定的險惡環境下，零打碎敲，慢慢積累著進行的。

同時，馬克思長期受到貧窮的困擾。一八四九年由巴黎遭「驅逐」被迫遷居倫敦之際，馬克思陷入空前的「財政危機」。多年來，他自己的所有積蓄已全部用作革命經費，甚至連家具也早已變賣，僅有的一套銀質餐具也送進了當鋪。而且，當時妻子燕妮又面臨分娩，家境拮据至極。為了生存和工作，馬克思變賣掉所有日常用品，攜

一八四二年

十一月底，馬克思和恩格斯在《萊茵報》編輯部第一次會面。

一八四三年

三月，《萊茵報》被查封。

十月，馬克思遷居巴黎。

當年，馬克思、恩格斯分別與正義者同盟接觸。

一八四四年

九月，馬克思和恩格斯在巴黎再次相遇。

一八四六年

馬克思、恩格斯在布魯塞爾組織共產主義通訊委員會，在巴黎、漢堡、萊比錫建立支部。

帶全家來到了倫敦。

來英國之前，馬克思一家是兩手空空，而到了倫敦，仍然是身無分文。因此，他們一次又一次地因付不起房租而被迫搬家。開始，他們住在倫敦安德森大街四號，每週房租六英鎊，這對馬克思一家來說，簡直是不讓他們吃飯了！因持續拖欠房租，致使房東叫來員警，收走了馬克思一家的全部東西，甚至連嬰兒的搖籃、女兒的玩具也沒留下。隨後，由於交不起房租，他們在倫敦又先後搬了三次家。

馬克思的科研與創作得到他的戰友恩格斯的無私援助。在很長時期內，恩格斯不斷地把一張張匯票寄給馬克思，從經濟上給予扶持。一八五〇年，為了從經濟上保障馬克思完成《資本論》的創作，恩格斯終止了自己的工作，回到曼徹斯特，重新從事他很厭惡的經商活動，而且一幹就是二十年。除了給予馬克思經濟支援外，恩格斯還在科學研究上幫助馬克思，向他提供資本主義企業經營活動的資料，協助他從理論與實際的結合上完成《資本論》的理論體系。

《資本論》的研究與創作，凝聚了馬克思的艱苦勞動和辛勤汗水。一八五〇年，馬克思領到了一張大英博物館的閱覽證。從此，閱覽室成了他的工作室和半個家。他每天從上午九點一直工作到晚上八點左右，回到家還要加班整理白天的閱讀筆記，一般他都是到凌晨兩三點鐘才休息。在大英博物館，馬克思埋頭鑽研經濟材料長達十二年。據統計，在此期間，馬克思閱讀過的書籍有一千五百餘種，所摘錄的內容和整理的筆記有一百多本。除去歷史學、法律學等社會科學之外，與經濟學有關的學科，如農藝學、農業化學、實用經濟學、科技史，馬克思都進行了認真研究。甚至連英國議會專門印發給議員的報告材料「藍皮書」他也一本本地閱讀，並隨手摘錄重要的資料，從中具體了解英國每年、每階段的經濟狀況及經濟政策。

一八五六年十月，馬克思遷居到倫敦西北的肯蒂士鎮。這裡距離大英博物館很

一八四七年
六月，恩格斯在倫敦參加第一次正義者同盟大會，同盟改名為共產主義者同盟。
十一月，共產主義者同盟第二次代表大會在倫敦召開，馬克思、恩格斯出席。大會委託馬克思、恩格斯草擬同盟章程「共產黨宣言」。

一八四八年
二月，「共產黨宣言」在倫敦發表。國際共產主義運動開始。

一八六五年
馬克思完成《資本論》第一卷初稿。

遠，但這並未對他產生多大影響。不管是颳風，還是下雨，他都依舊堅持按時來博物館，繼續著他的研究工作。餓了，啃一口乾麵包；渴了，喝一杯白開水；疲倦了，就站起來跳兩下，然後繼續工作。

科學社會主義的鴻篇巨製《資本論》，就是這樣創作完成的。

相關連結

科學社會主義的創立

1840年代，隨著工業革命的發生、發展，資本主義生產方式在西歐先進國家確立了統治地位。隨著資本主義的迅速發展，資本主義內部的基本矛盾日益暴露，經濟危機頻繁爆發；無產階級作為一支獨立的政治力量開始登上歷史舞臺，他們為了改善惡劣的工作和生活狀況，與資產階級展開多種形式的鬥爭，工人運動蓬勃發展。

18世紀後期，以法國聖西門、傅立葉和英國的歐文等為代表的思想家針對資本主義制度的弊端，提出了空想社會主義的理論學說，並進行了某些試驗和實踐。馬克思和恩格斯親身參加了當時西歐國家階級鬥爭的實踐。在此基礎上，運用經濟學、哲學、歷史學等理論與方法，對資本主義生產方式的矛盾運動和發展規律進行了周密的研究和解剖，並批判地繼承了西歐三大空想社會主義者的思想成果，創立了唯物史觀和剩餘價值學說，從而使社會主義從空想變為科學。

1848年，馬克思、恩格斯為「共產主義者同盟」起草的綱領「共產黨宣言」發表，標誌著科學社會主義的誕生。1867年，馬克思發表的《資本論》（第一卷）。1875年，撰寫了《哥達綱領批判》。這些著作對科學社會主義理論的原理進行了深刻的論述。

馬克思與恩格斯

十九世紀中晚期的世界

十九世紀上半期，工業革命在歐美主要國家擴展，大大推動了生產力的發展。資本主義的發展與舊有政治制度和上層建築的矛盾日益尖銳，引發一系列革命運動。一八四八年歐洲革命使維也納體系最終瓦解。十九世紀六〇、七〇年代，資產階級革命和改革運動在歐美許多地區展開，美國、德意志、義大利、俄國和日本等國家通過不同方式，走上了發展資本主義的道路。同時，資本主義列強加緊對外侵略擴張，資本主義世界體系初步形成。面對列強的侵略，亞洲人民奮起反抗，形成了十九世紀中期的亞洲革命風暴。

一八七〇年前後，發生第二次工業革命。這次工業革命以電力的廣泛應用為顯著特點，此後人類跨入了電氣時代。第二次工業革命在歐美發達國家同時進行，大大促進了經濟的發展，使自由資本主義逐步過渡到壟斷資本主義階段。

葛底斯堡戰役

此為描繪美國南北戰爭時期著名的葛底斯堡戰役的全景畫。畫高13公尺，周長115公尺。由法國藝術家保羅．菲利波托創作於1883年。1863年7月1日，美國南北兩軍在葛底斯堡激戰三天，南方軍隊被擊敗。

路易・波拿巴政變

拿破崙帝國滅亡後，法國進入了數十年的動盪時期，帝制復辟與民主共和，你方唱罷我登場。但出人意料的是，拿破崙的侄子會捲土重來，建立起法蘭西第二帝國，而且穩固地統治這個國家數十年。在一八四八年法國二月革命後，法蘭西第二共和國建立。一八四八年十二月十日，在參加總統普選的六名候選人中，拿破崙的侄子路易・波拿巴・拿破崙（小拿破崙）借助他伯父拿破崙一世的聲譽，共得到五百四十多萬張選票，而其餘五人總計才不滿一百九十萬。就這樣，小拿破崙一舉當選為共和國總統。

小拿破崙當選為總統時，剛好進入不惑之年。四十年前他出生在巴黎，他的父親是拿破崙一世的弟弟。小拿破崙從小就居住在巴黎皇宮，耳濡目染，立志要做個伯父那樣的英雄。七歲時，他天神一般的伯父被反法同盟戰敗，波旁王朝復辟後，拿破崙家族被驅逐。小拿破崙隨母親四處漂流，兩年後在瑞士定居。他對波旁王朝充滿了仇恨。二十二歲時，小拿破崙開始闖蕩江湖。這一年，巴黎發生了七月革命。小拿破崙欣喜萬分地參加了起義軍，但遭到軍隊鎮壓，不得不逃回到瑞士家中。

小拿破崙日思夜想，終於在一八三六年想出一個辦法：效法伯父當年神話般離開厄爾巴島登陸法國的事蹟，回國去做一次冒險。於是他悄悄回國聯絡了幾個拿破崙昔日的部下，並訂做了一件拿破崙平時喜愛穿的灰色大氅和一頂拿破崙式三角帽，一一穿戴起來。十月三十一日，他帶著那幾名老兵闖進了斯特拉斯堡駐軍的兩個砲團，號召兵士們發動兵變，打倒路易・菲力浦，擁戴自己為王。結果卻被認為是大腦出了問題，被抓起來流放到美洲，翌年才獲釋回瑞士。

一八四八年

二月，巴黎群眾舉行武裝起義。路易・菲力浦逃往英國，七月王朝被推翻。資產階級臨時政府成立，宣布建立法蘭西第二共和國。

三月十三日，奧地利首都維也納爆發起義，推翻梅特涅政府。

三月十五日，匈牙利首都布達佩斯人民起義，反對奧皇統治，要求民族獨立和民主改革。

三月十八日，普魯士首都柏林爆發起義，迫使國王同意召開制憲議會。

六月，法國宣布解散「國家工廠」。巴黎工人舉行六月起

雖然受挫，但小拿破崙沒有沮喪。為了擴大自己的名聲，他伏案疾書，很快寫成了《拿破崙思想》一書。他將伯父描寫為「平民英雄」、「大革命的真正代表」，以迎合世人追求自由的口味。這部書雖然文筆一般，但由於是拿破崙後人所寫，還是極其暢銷，一八三九年竟在法國連印四版，並在倫敦出版。

不久，聲名鵲起的小拿破崙帶領幾名僕役在法國土倫港登陸，但再次被擒，並被判終生監禁。幸運的是，這一年，經英國的允許，法國將拿破崙的屍骨運回國內。於是，在監獄中的小拿破崙聲名大噪，全國皆知。而小拿破崙也不負眾望，他一邊坐牢一邊寫作，在一八四四年寫成《論消滅貧窮》一書。他把自已打扮成勞動人民的「朋友」，以蠱惑小農和小資產階級。

法國廣大農民不滿共和國的政策，他們緬懷大革命時期的土地法，並把大革命時期取得的成果和拿破崙一世聯繫在一起，在農民眼裡，「拿破崙」這個名字就是一個綱領。一八四八年，成功越獄的小拿破崙再次回國，竟有許多省份將他選為制憲會議的代表。

在總統普選中，被小拿破崙蠱惑的人們舉著旗幟，奏著音樂走向投票箱，高呼：「取消捐稅，打倒富人，打倒共和國，皇帝萬歲！」把選票投給拿破崙一世的侄兒路易．波拿巴。於是，這個「偉大伯父的卑小侄兒」完全出乎資產階級共和派的意外而當選總統。

就任總統後，小拿破崙並不滿意，因為他想成為拿破崙三世。他首先聯合君主派，打擊把持制憲議會的共和派，從而使軍政大權從共和派手裡轉移到君主派手中。而後，他向制憲議會施壓，迫使議會解散，共和派遭到失敗。同時，他強化鎮壓人民的國家機器，大力擴充員警官僚機構。他到處搜羅流氓、無業遊民，成立反動組織「十二月十日社」，進行特務活動，殘酷鎮壓人民的反抗。

義，被鎮壓。資產階級共和派失敗。

十二月，法國舉行總統選舉。路易．波拿巴當選並就任共和國總統。

一八五一年

一月，路易．波拿巴開始控制法國軍隊。

十二月二日，路易．波拿巴發動政變，次日，以武力解散國民會議。

一八五二年

十二月二日，路易．波拿巴改法蘭西為帝國，自任皇帝，稱拿破崙第三。

一八四九年春，法國的民主運動高漲起來。小拿破崙出動軍隊，驅散遊行群眾，鎮壓了民主運動。一八五一年十二月一日夜到二日晨，路易·波拿巴發動政變，占領了巴黎主要戰略據點，逮捕所有反對他的議員，解散立法議會，並使自己的總統任期延長為十年。

翌年十二月二日，小拿破崙正式宣布改為帝制，登上了皇帝的寶座，成為拿破崙三世。法蘭西第二帝國正式開始。

隨著國力的增強，拿破崙三世開始擴充軍隊，像他的伯父一樣發動了一系列對外戰爭。其中包括對阿爾及利亞、越南及敘利亞的入侵。一八五七年，拿破崙三世還夥同英國組成英法聯軍，對中國發動了第二次鴉片戰爭。

十九世紀六〇年代末，法國內外矛盾尖銳，拿破崙三世逐漸失去對局勢的控制。在一八七〇年普法戰爭中，他親臨前線，同年九月二日在色當戰敗投降。一八七一年五月十日，「法蘭克福條約」簽訂後被釋放。一八七三年一月九日，死於英國奇斯爾赫斯特。

相關連結

1848年歐洲革命

1840年代中期的歐洲大陸，一方面，工業革命迅速擴展，工業資產階級力量日益壯大，他們迫切要求爭取更多的政治權利，進一步掃除發展資本主義的障礙；另一方面，遭受著外來壓迫的東南歐各國人民希望結束外國統治。

1848年1月，義大利首先爆發革命，揭開了1848年歐洲革命的序幕。接著法國爆發二月革命，工商業資產階級發動武裝起義推翻7月王朝，建立法蘭西第二共和國。而後奧地利首都維也納和普魯士首都柏林先後爆發了革命。在維也納革命的影響下，匈牙利、捷克和羅馬尼亞發生了要求民族獨立解放的運動，革命烈火燃遍歐洲。在1848年歐洲革命當中，以法國革命的影響最大。歐洲各國的廣大工人、學生和市民成為革命的主要參加者，表現出極大的革命熱情。

面對各國洶湧的革命浪潮，歐洲的封建君主們大為驚恐，資產階級也害怕革命繼續深入會危及自身的利益。各種反動勢力組織反撲，沙皇俄國最為囂張，派軍隊到各地幫助鎮壓革命和民族起義，成為歐洲的憲兵。到1849年8月，歐洲各國的革命基本上被鎮壓下去了。

加里波第和千人「紅衫軍」

一八四三年是南美洲各國獨立戰爭風起雲湧的時期，在烏拉圭首府蒙德維的亞被阿根廷圍困的關鍵時刻，城中殺出一支穿紅衫、打黑旗的外國僑民軍隊。雖然人數不多，卻作戰勇猛，靈活地襲擊阿根廷軍隊。黑旗上繡著義大利維蘇威火山，顯示出他們來自被當時異族控制的義大利，率隊衝在最前面的是一個模樣精悍、三十多歲的硬漢，他就是十六歲當海員、二十六歲參加義大利統一戰爭，被當局列為「頭號暴徒」缺席判處死刑，而被迫流亡南美的傳奇人物加里波第。在蒙德維的亞被圍的關鍵時刻，他組織那些跟自己因同樣原因流亡南美的義大利愛國志士，創建了這支武裝。因為時間倉促，找不到合適的布料，他們就用原本提供給屠宰場工人的紅布做服裝，因此這支隊伍得到了「紅衫軍」的稱號。這也就是後來威震歐洲的正義之師——義大利紅衫軍的雛形。

當加里波第第二次返回祖國時，義大利在撒丁王國的領導下，統一的步伐已經勢不可當。一八六〇年四月，義大利最頑固的封建堡壘——兩西西里王國爆發起義，王國政府派出大批軍隊進行鎮壓。在北方的加里波第聽到這個消息，立刻組織志願軍。他向人們發出呼籲：「我不能提供薪餉和營地，也不能提供軍需品；我能提供的是飢渴、強行軍、戰鬥和犧牲。讓衷心愛國而不是口頭愛國的人跟我來吧！」很快，一支由工人、手工業者、漁民、大學生、自由職業者組成的千人「紅衫軍」組建成功。

五月五日，加里波第率軍從熱那亞起程，渡海前往西西里，去完成撒丁王國首相加富爾認為的「瘋子的事業」。五月十一日，「紅衫軍」在西西里的馬爾薩拉登陸，勢不可當，一舉擊潰三千多當地守軍。西西里人民熱情迎接遠征軍，不久這支軍隊就

一八六〇年

三月，托斯坎尼等邦與撒丁合併。

四月，義大利西西里人民起義。

五月，加里波第率領千人「紅衫軍」於西西里島登陸，攻占西西里首府巴勒摩。

九月，加里波第軍進入那不勒斯城。

十月，西西里與那不勒斯投票贊同與撒丁合併。

年底，除羅馬、威尼斯外，義大利各邦均統一於撒丁。

一八六一年

三月，第一屆義大利國會在都靈開幕，義大利王國成立，加富爾任王國首相。

擴大到二．五萬人。但是與王國的十萬精銳軍隊相比，紅衫軍在人員、武器裝備等各方面都相差懸殊。加里波第審時度勢，決定不作停留，而是以騎兵和精銳的熱那亞憲兵為先鋒直搗首府巴勒摩。

巴勒摩守軍司令蘭迪將軍聽說紅衫軍來攻，毫不在意，因為從實力上來看，紅衫軍確實難以取勝。然而，足智多謀的加里波第巧妙地採取了聲東擊西的戰術，一方面在城西南虛設營火，做出全無進攻的姿態，讓敵人放鬆警惕；另一方面，大批主力卻趁夜埋伏到城東南，當天色微明時，突然發動強攻。守軍猝不及防，四散逃亡。城內的民眾也全力配合，用子彈、沸水、花盆甚至是鋼琴襲擊趕來支援的西南敵軍，打得敵人狼狽不堪。紅衫軍不畏砲火，冒死猛攻。守軍在內外交困下，不得不繳械投降。

隨後，加里波第不顧撒丁王國的阻止，揮師北上。他表示：「義大利現在的局勢不允許我服從您的命令……如果我現在無視人民的呼喚，我就沒有盡到自己的責任而使神聖的義大利事業毀於一旦。所以，請允許我這一次不服從您的命令。一旦我完成我的義務，把人民從可恨的枷鎖下解放出來，我將在您的腳下放下我手中的劍，在我的餘生中永遠服從您的命令。」隨後在各路游擊隊的配合下，紅衫軍勢如破竹，迅速占領兩西西里王國的大片領土。九月七日，又攻下那不勒斯。這時加里波第實踐他的諾言，放棄人民的擁立，沒有坐地為王，毅然將權力交給有能力實現統一大業的撒丁王國。

加里波第和紅衫軍為統一義大利所做的貢獻，功不可沒，流芳百世。

一八七一年
一月，義大利驅除全部外國侵略者，完成國家統一，義大利王國由佛羅倫斯遷都羅馬。

相關連結

義大利的統一

19世紀上半期，義大利仍然處於分裂狀態，大多數地區被外國勢力控制著。撒丁王國是義大利力量最強、經濟最發達的邦國，承擔了領導義大利統一的重任。

加富爾出任撒丁王國首相後，推行富國強兵政策，聯合法國收復義大利北部地方。

兩西西里人民受北方形勢的鼓舞，紛紛起義。傳奇英雄加里波第率領志願軍遠征兩西西里，所向披靡，很快占領了兩西西里王國首府那不勒斯。不久，加里波第將政權移交給撒丁國王。1861年，義大利王國成立，撒丁國王成為義大利國王。後來，義大利借普奧戰爭和普法戰爭之機，把奧地利和法國勢力趕出了義大利。1870年代初，義大利最終完成了統一。

電文的「紅布效應」

一八六六年，普魯士在普奧戰爭中大獲全勝，隨即成立了北德意志聯邦，德意志統一進程完成近半。德意志接下來的目標是，以恰當的理由挑起普法戰爭，打敗德意志在歐洲大陸的強勁對手，並最終完成德意志的統一。普魯士首相俾斯麥一方面施展其驚人的外交本領，努力從外交上孤立法國；另一方面靜觀時局，等待著挑逗「高盧牛」的那塊「紅布」。

一八六八年，西班牙王室被國內革命推翻，女王伊莎貝拉流亡海外，王位空缺。俾斯麥見有機可乘，就巧妙地利用西班牙王位問題大做文章。他派人收買了新成立的西班牙臨時政府，提議讓普魯士國王威廉的堂兄利奧波德親王去繼承西班牙王位。法國政府認為這是俾斯麥有意造成法國腹背受敵的局面，因而強烈抗議，甚至威脅不惜與普魯士開戰。雙方劍拔弩張。在這種緊張的局勢面前，威廉一世做出讓步，勸說自己的堂兄放棄西班牙國王的候選人資格。利奧波德親王最終表示：「本來，只要西班牙人擁戴，我可以去做他們的國王。但我不想為此引發一場歐洲戰爭。」

法國駐柏林大使貝納得梯將此結果彙報給拿破崙三世，孰料拿破崙三世卻得寸進尺，指令貝納得梯再次晉見威廉一世，要求他承諾在將來任何時候，都承擔義務阻止利奧波德親王繼承西班牙王位，並要求普魯士做出書面保證。法國如此傲慢無禮的要求，使威廉一世感到驚愕。於是，以溫和的口吻斷然拒絕。當天下午，威廉把與法國大使交談的經過和內容，從埃姆斯向柏林發出一份急電。正在同普魯士總參謀長毛奇和軍機大臣盧恩一起用晚餐的俾斯麥當晚便收到電報。電報內容主要是：法國大使提出的無理要求不能接受，我已經予以拒絕；西班牙王位繼承人問題已經通告了法國大

一八六二年

俾斯麥出任普魯士首相。

一八六六年

八月，普、奧在布拉格簽訂和約，奧地利退出德國同盟。北德意志聯邦締結同盟條約。

普魯士國王任聯邦主席，俾斯麥兼任首相。

一八七〇年

七月，俾斯麥篡改埃姆斯電報；法國向普魯士宣戰，普法戰爭開始。

九月，色當失守，拿破崙三世被俘。巴黎七月革命爆發，推翻帝制，恢復共和，組

使，由此引出的矛盾已經過去；關於此事，我不準備再接見法國大使了。

俾斯麥仔細閱讀完電文後，喜形於色，抬起頭來問身邊的總參謀長毛奇：「對法戰爭有全勝的把握嗎？」毛奇做出肯定的答覆。於是俾斯麥認為刺激法國宣戰的機會到了，拿起筆來修改電文如下：「因為法國大使艾斯蒙曾要求朕書面致電巴黎承諾不再提出對西班牙王位繼承權的要求，朕已經拒絕再接見法國的這位大使，並通過武官通知不再與其發生任何官方接觸。」修改後的電文語氣立刻變得強硬，並且富有挑逗性。俾斯麥還特意安排，將電文於七月十四日，即法國國慶日時發表。結果，立即引起法國政府的狂怒，法國政府發出戰爭動員令。七月十九日，法國向普魯士宣戰，普法戰爭就此爆發。俾斯麥得意了，因為那電文「對高盧牛起到一塊紅布的效果」。

普法戰爭爆發後，一方面由於法國的孤立和軍事上的失誤，另一方面由於普魯士制定了周密的作戰計畫。因此，不到一個半月，法國就被擊敗。九月二日的色當激戰，拿破崙三世和三十九名將軍當了俘虜，普軍大獲全勝，法國投降。普軍深入法國境內，兵臨巴黎，法國被迫同普魯士簽訂了屈辱的「法蘭克福和約」，割讓阿爾薩斯和洛林，並向普魯士賠償五十億法郎。普法戰爭以普魯士的勝利宣告結束。

織臨時政府。年底，南德四邦加入北德意志聯邦。

一八七一年

普魯士威廉一世在巴黎凡爾賽宮鏡廳就任德意志帝國皇帝，德意志帝國宣告成立。

鐵血政策

普魯士宰相俾斯麥通過王朝戰爭實現德國統一的政策。俾斯麥代表普魯士容克貴族和大資產階級的利益，竭力主張以強權和武力統一德國並進行統治。一八六二年九月三十日，他在普魯士議會的預算委員會上宣稱：「當代重大問題不是說空話和多數派議決所能解決的……而必須用鐵和血來解決。」「鐵血政策」一詞後成為戰爭政策的同義語。

相關連結

德意志的統一

19世紀中期，德意志的工業革命和社會經濟有了一定發展，但由於政治上的四分五裂、邦國林立，缺乏統一的國內市場，而使資本主義經濟的發展受到嚴重阻礙。德意志統一問題日益提上議事日程。1861年，威廉一世登上普魯士王位後，起用鐵腕人物俾斯麥為宰相，以實現德意志的統一。

奧托·馮·俾斯麥出生於普魯士一個貴族地主家庭。他認為德意志肯定會統一的，最好的方法就是以武力來解決。1862年，俾斯麥出任普魯士首相，推行「鐵血政策」，大力發展普魯士的經濟、軍事實力，並展開靈活的外交活動，分化、孤立敵國，各個擊破，逐步推進德意志的統一。

1864年，普魯士聯合奧地利，擊敗丹麥，取得了丹麥控制下的部分德意志地區。1866年，普奧戰爭爆發。在薩多瓦戰役中，奧軍主力被擊潰，奧地利從此被排擠出德意志。1870年，普法戰爭開始，普軍在色當戰役中大敗法軍，俘虜了法皇拿破崙三世。1871年1月，威廉一世在巴黎凡爾賽宮舉行加冕典禮，成為德意志帝國皇帝，德國終於完成了統一。

約翰．布朗起義

一八五九年十月十六日深夜，一位中年男子率領一支二十餘人的武裝隊伍，在夜幕的掩護下悄悄摸進美國維吉尼亞的哈潑斯渡口。轉瞬之間，守衛渡口的衛兵被悄無聲息地「解決」了。接著，隨著那位中年人的一聲命令，他們迅猛衝進附近的聯邦兵工廠……這就是美國內戰前震驚全國的解放黑奴的武裝起義——布朗起義，那位為首的中年人就是美國歷史上赫赫有名的廢奴派領袖約翰．布朗。

十九世紀中期，隨著美國資本主義的發展，北方的雇傭勞動制和南方的種植園奴隸制的矛盾日益尖銳。廢除奴隸制，發展資本主義已經成為一股不可抗拒的歷史潮流。從四〇年代開始，在美國形成聲勢浩大的廢奴運動，約翰．布朗起義正是在這個背景下爆發的。

約翰．布朗出生在美國一個貧苦的白人家庭，他的父親是個堅定的廢奴主義者，他家就是廢奴主義組織「地下鐵道」的一個中轉站。因此，他從小就接受廢奴主義的教育。當時美國南部各州實行奴隸制，布朗耳聞目睹黑人奴隸的悲慘生活、奴隸的反抗起義及奴隸主的殘酷鎮壓，決心為消滅這種不合理的制度而鬥爭。

為了進行解放黑人奴隸的鬥爭，布朗細心研究黑人運動的歷史，積極參加解放黑人奴隸的「地下鐵道」運動，詳盡了解各地黑人奴隸的分布情況，繪製奴隸逃亡、轉移的路線圖。後來，他還曾遠涉重洋到歐洲進行考察，參觀了所有的築壘工事，準備用到將來美國的軍事鬥爭中去。回國後，布朗建立了一個黑人武裝組織——「基列人同盟」，為走向武裝鬥爭做了組織準備。

當時，美國爆發了長達五年的「堪薩斯內戰」。南方奴隸主派出大批武裝瘋狂殘

一八五九年
美國約翰．布朗起義。

一八六〇年
美國共和黨人林肯當選總統。

一八六一年
二月，美國南部脫離聯邦諸州成立南部聯盟，選大衛斯為總統。
四月，薩門特砲臺陷落，南北戰爭爆發。

一八六二年
九月，林肯簽署「解放黑奴宣言」。

殺黑奴，大肆驅趕參加北方解放黑奴運動的工農群眾。南北兩個制度間的矛盾已經無法和平解決，這使布朗作為廢奴派激進分子脫穎而出。他開始具體籌畫武裝起義。

為了籌措起義資金並爭取黑人尤其是著名黑人廢奴主義者的合作，布朗多次奔走於北方和加拿大各地，並得到北方一些廢奴派人士道義上和經濟上的支持。

一八五九年，為了喚起各蓄奴州的奴隸起義，經過系統準備後，約翰·布朗正式發動了武裝起義。十月十六日夜晚，五十九歲的布朗和他的三個兒子，率領著由十三個白人和五個黑人組成的起義隊伍，進抵維吉尼亞州的哈潑斯渡口，毅然發動了武裝暴動。經過短兵相接，他們迅速占領了聯邦政府的軍火庫，並開始解放占領地附近的黑人奴隸。

次日黎明，驚慌失措的種植場奴隸主迅速調集軍隊，包圍了軍火庫，向起義軍發動進攻。於是，在聯邦軍火庫地區，雙方展開激烈的戰鬥。經過兩晝夜的血戰，終因寡不敵眾，起義者大部分英勇犧牲。布朗的兩個兒子也在激戰中先後戰死。最後，起義軍只剩下布朗等四個人，但仍然繼續頑強戰鬥，直到彈盡糧絕，負傷被俘。

同年十二月，布朗被判處死刑。在就義前，他寫下遺書：「我，約翰·布朗，現在堅信只有用鮮血才能洗清這個有罪國土的罪惡。過去我自以為——正如我現在也癡心妄想的一樣——也許不用流很多的血就可以洗清他的罪惡。」

約翰·布朗起義失敗了，布朗也為廢除黑人奴隸制度灑盡了最後一滴血。但是他們的鮮血沒有白流。在布朗犧牲不到兩年時間（一八六一年），美國爆發了旨在推翻南部黑人奴隸制度的南北戰爭。在南北戰爭最後的幾個月裡，北方軍的士兵們高唱「約翰·布朗的精神引導著我們前進」的歌曲，勢如破竹，終於贏得了內戰的勝利。

解放黑奴宣言

美國南北戰爭期間頒布的宣言。它規定自一八六三年一月一日起，南方叛亂各州的黑人奴隸成為自由人。宣言受到國內外人民群眾的熱烈支持，並使內戰形勢轉向有利於北方。一八六五年的憲法修正案第十三條雖然廢除了奴隸制，但戰後黑人仍遭受歧視和奴役。

一八六三年

七月，葛底斯堡和維克斯堡之戰，北方大捷。

一八六五年

四月，聯邦軍隊進入叛亂者首府里士滿；南部統帥羅伯特·李將軍率部投降，南北戰爭以北方勝利告終。

相關連結

美國南北戰爭

19世紀中期，美國南部種植園奴隸制與北部資本主義雇傭勞動制的矛盾發展，引起政治、經濟上的對立。1860年，反對黑人奴隸制的共和黨人林肯當選總統；南部蓄奴州南卡羅來納首先脫離聯邦，接著喬治亞、阿拉巴馬、佛羅里達、密西西比、路易斯安那和德克薩斯相繼宣布脫離，並於1861年2月成立「美利堅諸州同盟」政府，公開分裂國家。4月，南部聯盟軍隊挑起內戰。林肯政府發布討伐令，內戰爆發。

林肯像

戰爭之初，南方處於優勢，北方在馬納薩斯等戰役中遭到慘敗。1862年5月，林肯政府頒布了「宅地法」，9月又發表了「解放黑奴宣言」，大大提高了工人、農民和黑人參戰的積極性。1863年7月，聯邦軍隊在葛底斯堡、維克斯堡等戰役中告捷。1864年3月，林肯任命格蘭特為大將軍；1864年5月，謝爾曼統帥聯軍十萬軍隊向南部挺進；1865年4月，格蘭特攻占南部同盟首府里士滿。9日，南部聯軍統帥羅伯特．李投降，戰爭結束。

南北戰爭是美國歷史上的第二次資產階級革命，為美國資本主義進一步發展掃清了障礙。

農奴制的惡果

一八五三—一八五六年，在巴爾幹半島、克里米亞半島和高加索地區，沙皇俄國與英、法、土耳其、薩丁聯軍進行了近代以來一場影響深遠的戰爭——克里米亞戰爭。結果，戰爭以氣勢洶洶、志在必得，在當時號稱「歐洲憲兵」，並以歐洲主人、甚至世界主人自居的沙皇俄國的慘敗而告終。

何以出現這樣的結局呢？其實，這完全是俄國封建落後的農奴制度所帶來的惡果。

十九世紀中葉，沙皇俄國仍然是一個以農奴制為基礎的封建君主專制國家。但是，從十九世紀中葉起，資本主義生產關係已經在封建社會內部緩慢地發展，並且逐步破壞著封建農奴制基礎。於是，農奴制的危機在不斷加深。隨著生產力和生產關係矛盾的激化，階級鬥爭日益尖銳。據不完全統計，一八二六—一八五四年，共發生了七〇九次農民起義，平均每年達二十四次以上。沙皇政府的警察局長在給沙皇的報告中驚恐地說：「農奴制度是國家腳下的火藥庫。」為了擺脫困境、挽救農奴制危機，並懾服土耳其，控制黑海海峽，進一步擴展在歐洲的霸權，沙俄政府於一八五三年十月向土耳其開戰，發動了克里米亞戰爭。隨後，英、法、薩丁等國先後對俄宣戰，加入戰爭。

戰爭開始之後，除了在前期與土耳其交戰中有所斬獲之外，俄軍在巴爾幹、黑海、克里米亞、高加索等絕大多數地區的戰事中，屢屢陷入被動，接連遭遇敗績。貌似強大、自我感覺良好的俄國軍隊，被英、法聯軍打得毫無脾氣。在遭遇一系列失敗之後，一八五六年三月，沙皇亞歷山大二世被迫同意議和，與英、法等國簽訂「巴黎

一八五三年
十月，俄尼古拉一世對土耳其宣戰，英法艦隊進入海峽，克里米亞戰爭（一八五三—一八五六年）開始。

一八五四年
三月，英法對俄宣戰。英法軍隊五萬人開赴克里米亞半島。俄軍連連戰敗。

一八五五年
俄國尼古拉一世自殺，亞歷山大二世繼位。

一八五六年
三月，英、法、俄、土締結「巴黎和約」，克里米亞戰爭結束。

和約」。戰爭以俄國損失五十二．五萬餘人，耗資達八億盧布，並喪失土耳其、黑海等地利益為代價，遭到徹底失敗。

俄國戰敗的根本原因在於腐朽的農奴制度。克里米亞戰爭及其失敗使農奴制度下俄國社會的一切弊端暴露無遺。戰爭中，儘管俄國士兵勇敢頑強，但俄國毫無勝利的希望。

從軍隊的狀態素養方面看，參戰的英、法軍隊，不論是兵員素質、軍事建制，還是訓練、戰術，都已經具備了現代軍隊的雛形；而俄國軍隊還是以農奴為主，文化素質低下，無法掌握現代軍隊所需要的基本技能。在軍事指揮方面，俄軍作戰只知「遵循老祖宗的傳統」，將領腐敗，軍事指揮無能。

從軍隊的武器裝備方面看，英、法聯軍的步兵使用了先進的來福槍（線膛槍）和遠端大砲，海軍艦隊使用的是最先進的蒸汽船，裝甲艦多為蒸汽機發動，由螺旋槳推進，陸海軍作戰的效能極高；而俄國步兵使用的是早已過時的「燧石槍」，海軍艦隊還普遍使用破舊的帆船。

從交通運輸條件方面看，英、法聯軍除去使用蒸汽船運輸之外，還能迅速修建鐵路運輸軍需。開戰不久，英、法就在克里米亞半島的占領區修築了鐵路，及時地給軍隊補充作戰物資。英法軍隊還使用電報進行通訊聯絡。而當時的俄國，還沒有鐵路，軍用物資全靠兩輪或四輪的馬車來運送，其軍隊的調動也要士兵千里迢迢地從遠方步行而來。

從後勤給養保障方面看，英、法發達的工業為戰爭提供了大量軍用物資，糧食、輜重供應頗為充足。俄國經濟落後，尤其工業嚴重落後，彈藥缺乏、糧草不足，缺乏必須的醫療器械和藥品，甚至沒有作戰地圖。軍官則利用戰亂侵吞公款、貪污軍需物品。

一八六一年
俄國亞歷山大二世簽署「農民法令」，宣布廢除農奴制，改革開始。

這樣，由於農奴制度下的俄羅斯在天時、地利、人和諸多方面，均不占優勢，軍事技術方面又處處落後，戰爭的失敗就不足為奇了。在某種意義上，俄國不是被英、法戰勝的，而是被西歐發達的資本主義打敗的，或者說，是被自己的落後的農奴制度打敗的。

相關連結

俄國1861年改革

19世紀上半期，俄國的農奴制度發生嚴重危機。在西歐資本主義經濟的影響下，俄國商品生產有所發展，農民階級的分化日益顯著，農奴制從內部開始衰落。19世紀初以來，俄國資本主義工業逐步發展起來，但由於農奴制下的農民被束縛在土地上，無法滿足工業對自由勞動力的需求；地主的殘酷剝削使農民一貧如洗，無力購買工業品，嚴重限制了國內市場的擴大。因而，農奴制成為俄國資本主義發展的嚴重障礙。

1853-1856年俄國與英法之間發生克里米亞戰爭，結果以俄國的慘敗告終。戰爭充分暴露了俄國封建農奴制的腐朽、衰弱與落後，進一步加劇了國內的階級矛盾，引發了席捲全國的農民運動，極大震撼了俄國沙皇和貴族地主的統治。

1861年2月19日，俄國沙皇亞歷山大二世簽署法令，實行廢除農奴制的改革。法令由「關於脫離農奴依附關係的農民一般法令」、「贖地法令」等17個文件組成。法令規定農奴在法律上有人身自由，地主再不能買賣農奴和干涉他們的生活；農奴有權支配自己的財產、進行訴訟和從事工商業；農奴可以得到一塊份地，但須以高價贖買；設置由地主貴族控制的村社和鄉組織，並建立監督農民的連環保制度等。改革維護了地主階級利益，保留了濃厚的農奴制殘餘，但為俄國資本主義的發展創造了條件。

農奴生活場景

「五月流血周」

在法國巴黎東郊的貝爾拉雪茲公墓內，矗立著一堵高牆，牆上的花崗岩浮雕使人們想到當年巴黎公社戰士在這裡浴血奮戰的悲壯場面：一八七一年五月二十一日，臨時政府軍攻入巴黎城內，占領蒙馬特爾高地；二十八日，公社陣地全部失守。最後一批公社戰士退至拉雪茲公墓附近，在東北角的一堵牆前紛紛倒在血泊之中。這堵牆就是舉世聞名的「公社社員牆」。從五月二十一日到二十八日，巴黎公社的社員們為了捍衛公社的成果，與政府軍展開了一周殊死激戰，數以萬計的公社社員被屠殺，這就是著名的「五月流血周」。

一八七〇年，普法戰爭爆發，法國兵敗，拿破崙三世被俘。九月四日，巴黎爆發了革命運動，推翻了帝制，成立了國防政府。普魯士軍隊長驅直入，侵占了法國三分之一以上的領土，並從九月十九日起，以二十萬大軍包圍了巴黎。法軍前線節節敗退，法蘭西民族危在旦夕。在此危急關頭，法國工人階級擔當起抗擊德國侵略、挽救民族危亡的任務。在不到一個月的時間裡，法國工人組成了一百九十四個營的國民自衛軍，共三十萬人，在人民募捐支持下，鑄造四百十七門大砲。

一八七一年一月二十八日，國防政府同德意志帝國政府簽訂了為期三周的停戰協定。二月十三日，法國新國民議會召開，梯也爾被選為政府首腦。梯也爾曾是一八四八年鎮壓巴黎六月起義的同謀，他上臺後奉行賣國政策，一方面與德國簽訂和約，答應割讓阿爾薩斯、洛林等大片領土，三年內賠款五十億法郎；另一方面千方百計解除工人武裝，鎮壓工人的革命運動。

為了抗擊德國的侵略和梯也爾政府的鎮壓，巴黎人民在一八七一年三月十五日，建立國民自衛軍中央委員會。梯也爾政府向巴黎增調了大批政府軍，準備奪取國民自衛軍的大砲，逮捕中央委員會成員。

三月十八日凌晨，梯也爾的一隊政府軍潛入蒙馬特爾高地，企圖奪取巴黎國民自衛軍的大砲，逮捕國民自衛軍中央委員會成員。不久，蒙馬特爾地區的警鐘響起，國民自衛軍立即集合起來，包圍了拖運大砲的政府軍……。

梯也爾的行為激怒了巴黎人民，國民自衛軍中央委員會決定以武力還擊反動政府。這樣，一場無產階級和資產階級之間的生死搏鬥開始了。當天，梯也爾政府匆忙逃往巴黎城郊的凡爾賽宮。晚上十點鐘，國民自衛軍進入市政廳，中央委員會掌握了巴黎全城。

三月二十八日，幾十萬巴黎人民聚集到巴黎市政廳廣場上，歡慶巴黎公社的成立。

然而，國民自衛軍沒能乘大好形勢，向凡爾賽進軍，而是忙於籌備公社的選舉，給敵人以喘息的機會。此外，巴黎公社沒有沒收臨時政府在法蘭西銀行所儲存的三十億法郎，聽任這筆鉅款成為梯也爾絞殺公社的資金。

就這樣，梯也爾的實力逐漸得到恢復，並獲得了普軍釋放的十萬名法軍俘虜，開始向巴黎反撲。

五月二十日，凡爾賽軍隊對巴黎發動總攻。公社防守巴黎周邊的兵力單薄，平均每個公社戰士要對付近八個敵人。二十一日，在奸細的指引下，凡爾賽軍從聖克魯門攻入巴黎，接著又在夜間占領了巴黎的其他四座城門。二十二日，巴黎公社發出文告，號召人民拿起武器，保衛紅色政權。此時，進入市區的敵人已達十萬人。公社戰士同敵人展開艱苦卓絕的巷戰，他們利用街壘，打死打傷了一批又一批敵人。

二十三日，凡爾賽軍南北夾攻，包圍了蒙馬特爾高地。猛烈的砲火幾乎掀翻了整

一八七一年

三月，巴黎無產階級舉行武裝起義，占領市政廳。馬賽、里昂等工業城市舉行武裝起義。

巴黎公社委員會舉行選舉，巴黎公社隆重成立。

四月，凡爾賽軍進行反撲，國民自衛軍進行英勇抵抗。

五月下旬，凡爾賽軍向巴黎市區發起總攻，從聖克魯門突入巴黎市區，「五月流血周」開始。二十八日，一百餘名公社戰士退守巴黎東郊拉雪茲公墓一堵牆邊，壯烈犧牲，巴黎公社失敗。

個高地，敵人花了近三個小時才最後占領了這個通常只需幾分鐘就能走上去的小山崗。接著，凡爾賽軍撲向巴黎市政廳。一路上，到處流淌著公社戰士的鮮血。在通往市政廳的交通要道協和廣場，近六十名公社戰士頑強地抗擊敵人的進攻，一連擊退了敵人十次衝鋒後不得不放棄陣地。

二十六日，巴黎大部分地區被凡爾賽軍占領，公社戰士大多壯烈犧牲，公社指揮部被迫撤到拉雪茲神父墓地，只有二百名戰士守衛著這最後的防線。二十七日下午，凡爾賽軍向墓地內的公社社員發起了猛攻。公社戰士們的砲彈打完了，他們就以大砲為掩體，用步槍繼續戰鬥。傍晚時分，公墓的大

相關連結

巴黎公社

最後一批巴黎公社起義者英勇就義的場景

1870年，法國在同普魯士的戰爭中遭到慘敗。臨時政府對普軍採取屈膝投降的態度，同德國草簽了條約，同意向德國賠款50億法郎，並割讓阿爾薩斯全省和洛林省的一部分。同時，調集軍隊，準備解除巴黎人民的武裝。巴黎人民奮起反擊，臨時政府狼狽逃往凡爾賽。不久，巴黎公社成立，它是第一個無產階級政權的雛形。

巴黎公社採取了一系列革命措施：廢除舊軍隊、員警，建立國民自衛軍，規定公職人員由民主選舉產生，人民有權監督和罷免；沒收逃亡資本家的工廠，交給工人合作社管理，監督鐵路運輸和軍需生產等。但是，公社沒有接管法蘭西銀行，也沒有同外省的革命者取得聯繫，更沒有發動廣大農民，造成後來財政拮据、孤軍奮戰的局面。

臨時政府重新集結力量，向巴黎公社發動進攻，巴黎人民進行了英勇抵抗。五月底，巴黎公社終因寡不敵眾，被扼殺在血泊之中。

門被砲火打開了，敵人洶湧而入。公社社員們以石碑為掩體，與敵人展開了白刃戰。隨著最後一批戰士在一堵牆前慘遭殺害，保衛墓地的戰鬥結束了。

二十八日，公社的最後一座街壘陷落時，一名公社勇士獨自抵抗，三次把敵人插在離他不遠的軍旗旗杆折斷；當公社的最後一顆砲彈發射之際，兩名戰士在砲膛裡裝填了雙倍的炸藥。隨著一聲震懾敵膽的巨大爆炸聲，巴黎公社發出了最後的怒吼！

鳥羽、伏見之戰

一八六八年一月底的一天，日本京都郊外的鳥羽、伏見砲聲陣陣，火光沖天。只見幕府軍指揮官土方歲三指揮自己的軍隊趁著夜色，冒著猛烈的砲火向倒幕軍發起猛攻，眼看勝利在望，突然，一發砲彈引發的大火將雙方的陣地照得如同白晝，倒幕軍立刻以猛烈火力還擊，並發起了反衝鋒，雙方展開了激烈的白刃戰……最終，幕府軍慘敗。這就是日本明治維新之前，倒幕軍和幕府軍進行的首次戰役，也是日本戊辰戰爭的開端。

十九世紀中期，德川幕府統治下的日本社會發生嚴重危機。隨著商品經濟的發展，日本出現新興的地主階級和商業資本家。他們迫切要求政治地位，擺脫封建統治，對幕府制度產生強烈的不滿。廣大人民群眾不堪忍受苦難的生活，反抗的情緒也日趨高漲，農民起義和市民暴動頻繁爆發。一八五三年，美國軍艦來到日本，強迫日本「開國」，幕府卑躬屈膝，連續與列強簽訂不平等條約，出賣國家主權和民族利益。民族矛盾和階級矛盾迅速激化，一場推翻封建幕府、爭取民族獨立的鬥爭在醞釀之中。長州藩、薩摩藩的倒幕力量結成討幕聯盟，成為全國討幕運動的核心。

一八六七年幕府將軍德川慶喜提出「大政奉還」，企圖以退為進。同年一月三日，明治政府發布王政復古令，提出鮮明的戰鬥口號——要求剝除將軍所有的權力和俸祿。德川慶喜為維護其領地和權力，於六日夜率領會津、桑名兩藩藩兵，從二條城退到大阪，企圖負隅頑抗。一月二十六日，慶喜又藉口進京奏請「辭官納地」，指揮幕府軍和會津等藩兵一．五萬人從大阪沿淀川北上，兵分兩路向京都進發。主力東出伏見，兵力約為八千人。偏師次日早晨進鳥羽，兵力約為五千人。其中幕府的直屬部

一八五三年
美國軍艦打開日本大門。

一八六七年
睦仁繼位，是為明治天皇。天皇下詔，廢征夷大將軍等職，幕府統治至此告終。

一八六八年
一月，鳥羽、伏見戰役，幕府軍敗。
九月，日本改元明治，遷都江戶，改稱東京。明治維新開始。

一八六九年
日本廢除封建身分制度。

隊裝備是洋槍洋砲，而下屬各藩的部隊還在使用刀劍甲冑等冷兵器。

倒幕軍人數雖然僅為幕府軍的三分之一，但得到群眾擁護，士氣、裝備、訓練均占優勢。二千名薩摩藩兵布置成一個半月形陣地，防守鳥羽。一千八百名長州藩兵和三百名土佐藩兵防守伏見，同樣構成半月形陣地，並且占據了桃山制高點。另有四百名薩摩藩兵作為預備隊，守衛設在東寺的指揮部，由西鄉隆盛統一指揮。

二十七日黃昏，幕府軍抵達鳥羽、伏見。由於擔心夜幕會影響進軍速度，幕府軍要求鳥羽守軍讓路，遭阻攔後下令強行通過。一時間倒幕軍陣中軍號長鳴，他們首先開砲，英式砲彈直接擊中幕府軍陣地的一門大砲。緊接著倒幕軍的砲兵隊排好陣勢，對幕府軍隊進行了雨點般的射擊。幕府軍頓時大亂。好不容易組織起還擊，又立刻遭遇倒幕軍的一陣彈雨。幕府軍被迫連夜撤退。

與此同時，鳥羽方向也傳來激烈的槍聲。幕府軍在土方歲三指揮下多次衝擊倒幕派的陣地，曾一度占領桃山，但最後都被打退。深夜的夜襲，最終失敗。次日黎明，幕府軍在無援兵的情況下被迫退回淀城。至此，幕府軍在兩個戰場都遭受慘敗。倒幕軍乘勝追擊，奪取淀城，進逼八幡。德川慶喜乘軍艦從大阪逃回江戶（今東京）。三十日，政府軍攻占大阪。

鳥羽、伏見之戰是一次以寡擊眾、以少勝多的戰役。幕府軍的失敗說明「劍的時代已經結束了」，倒幕軍的勝利使日本諸藩特別是西南各藩開始傾向朝廷。在新政權內部，倒幕派掌握了主導權，為最終推翻德川幕府的統治鋪平了道路。

一八七一年
七月，日本廢藩置縣。

一八七六年
日本藉口「江華島事件」，強迫朝鮮簽訂「江華條約」，朝鮮開始淪為日本半殖民地。

相關連結

日本明治維新

19世紀中期，日本幕府統治面臨嚴重危機。1853年開始，美、英、法、荷等西方列強先後與幕府締結了一系列不平等條約，日本面臨淪為半殖民地的危險。不久，西南各藩改革派發動起義，倡導尊王攘夷，推翻幕府統治。1867年11月，天皇睦仁下討幕密詔。1868年1月，天皇下令，廢除幕府制度，組成新政府。幕府派大軍進攻京都，在鳥羽、伏見之戰中，被倒幕軍擊敗。而後日本改元明治，遷都江戶。

日本赴歐美參觀團出港

推翻幕府統治以後，明治政府實行改革。一方面採取措施鞏固天皇為首的新政權；另一方面，向西方國家學習，積極發展資本主義經濟，建立近代化的獨立國家。在政治方面，廢藩置縣，在全國廢除封建領主制，建立府、縣、道的地方體制。取消武士特權。允許不同階層的人民之間通婚，實現形式上的平等。在經濟方面，承認土地私有，廢除了禁止土地買賣的法令，統一徵收地稅。引進西方先進技術，積極修建鐵路，興辦郵局、電報、電話，開辦工廠，扶植私人企業，發展對外貿易。在軍事方面，實行軍事改革。推行徵兵制，建立一支絕對效忠於天皇的新式軍隊，積極準備對外擴張。在文化方面，推行「文明開化」政策。用西方資本主義文化改造日本封建文化，大力發展近代教育，培養資本主義建設人才。

經過明治維新，日本脫亞入歐，成為新興資本主義國家，並迅速躋身於世界強國之林。但改革在政治、經濟上保留了很多封建殘餘。

詹西女王巴依

詹西是印度中部的一個小城，一八五〇年代，這裡因女王巴依領導抗英鬥爭的故事而聞名遐邇。

拉克希米·巴依，一八三五年生於印度的貝拿勒斯。巴依雖然黛眉如畫，星眸似漆，性格卻剛毅不阿。她自幼習武修文。年僅十七歲時便嫁給了詹西王，成為王后。詹西王見巴依文武兼修，心中十分喜愛，便命大臣繼續教她習武讀書。幾年以後，巴依已成為睿智而驍勇的治世之才。

一八五三年，詹西王不幸去世。由於巴依與國王沒有子女，便收養一子，然後以監護人的身分攝政，被稱為「詹西女王」。英國殖民者對詹西這塊肥肉虎視眈眈，詹西國王之死，正好給他們提供了可乘之機。英國駐印度總督根據「權利喪失說」（即某個土邦王公絕了男嗣，他的國土就「自動喪失」），吞併了詹西的領土，掠走了大約六十萬盧比的財產。巴依氣憤至極，曾當著英國官員的面說：「我絕不放棄我的詹西，誰敢占領詹西，絕沒有好下場！」面對英國人的無理行徑，詹西人民也全力支持巴依，並表示願意和女王一道，與英國殖民者作堅決鬥爭。

正當女王與英方對峙抗爭之際，印度民族大起義的消息傳到了詹西。一八五七年，女王率領軍民揭竿而起。巴依身穿軍裝，手執戰刀，親臨前線，占領了軍火庫，手刃英國在詹西的最高指揮官，並重新占領了詹西，恢復了詹西土邦的獨立，巴依重新登上了王位。在萬眾歡騰之中，女王鄭重宣布：「世界屬於上帝，詹西屬於拉克希米·巴依！」女王重新執政後，為了配合印度各地的反英鬥爭，率軍南征北戰，沉重地打擊了英國殖民統治者。

一八五七年
印度爆發民族大起義。五月，勒克瑙駐軍起義；密拉特土兵起義。六月，詹西起義，女王拉克希米·巴依參加起義。九月，德里保衛戰。

一八五八年
英軍先後攻占勒克瑙、詹西城等地，詹西女王拉克希米·巴依戰死。

一八五九年
印度民族起義被英國鎮壓。

詹西的獨立，引起了英國殖民當局的極端仇視。一八五八年三月二十日，英國調集重兵，由中印度英軍總指揮羅斯率領，向詹西發動了進攻。面對強敵，女王毫不畏懼，積極做好部署。她命百姓堅壁清野，將糧食運到城中，並在城牆上構築了防禦工事，架起大砲，痛擊來犯英軍。

三天後，英軍捲土重來，砲轟詹西城，發動總攻，城內守軍也集中砲火進行英勇還擊。英軍大砲數量多、口徑大，在火力上占有絕對的優勢，詹西城被英軍砲火炸得磚瓦橫飛。女王沉著應對，派工匠連夜修補，到第二天，英軍發現詹西城依然完好無損，竟然嚇得目瞪口呆。

激烈的砲火持續了十天，英軍損失巨大，城內的起義軍消耗也很大。最終，英軍憑藉密集的砲火轟開了南門，進入城內。女王立即派人去與附近的起義軍聯繫，請求增援，但信使遭到英軍埋伏，女王的處境越來越危險了。英勇的詹西人民在巴依女王的指揮下，利用每一條街道，每一幢房屋，同英軍展開了激烈的爭奪戰。詹西女王決定引爆軍火庫和敵軍同歸於盡，但在大家的勸說下，才決定與民眾一同突出重圍。

女王將軍隊帶出詹西後，同附近的起義軍匯合在一起，進駐到另一個城市瓜遼爾。英軍聞聽消息後立即前來圍剿。女王奉命鎮守東門，抗擊英軍。

六月十八日，英軍發動總攻。女王身著男裝，多次迎著敵人的砲火英勇殺敵。然後迅速回馬城內。英軍看到女王所守的東門不易攻克，就派兵襲擊其他守軍，直到最後，才包圍了女王。

「轟、轟、轟」三聲砲響，城牆開了一個大缺口，英軍迅速向城內逼來。

這時女王高喊一聲：「跟我來，攻擊敵人砲兵陣地！」隨著她的一聲吶喊，起義軍騎兵部隊迅速向敵砲兵陣地發起進攻。敵人看到起義軍衝了過來，趕快放下大砲，去拿步槍，但已經來不及了。巴依的部隊橫掃敵營，頓時血流成河，敵軍屍橫遍地。

一八七六年
英國維多利亞女王兼任印度女皇。

擊潰了敵人的砲兵，巴依立即集合部隊，準備攻擊其他敵人，但敵人已經圍了上來。很快，女王巴依陷入敵人重重包圍之中。只見女王左劈右砍，殺聲不斷，一個個英軍倒在了她的戰馬下。不少英軍看了以後，膽戰心驚，不敢上前。

鏖戰中，女王的頭部被英軍騎兵砍了一刀，頓時血如泉湧。但她仍騎在馬上堅持戰鬥。不久，前面的一個敵人又向她胸部刺了一刀。此時，儘管女王頭部、胸部血流如注，她還是拚盡全力用佩刀將那個從胸前刺傷她的敵人砍翻在地，之後便失去了知覺。

一名女隨從發現了奄奄一息的女王，把她扶進附近的一間小茅屋裡。當晚，就在那間小茅屋，女王停止了呼吸，年僅二十二歲。

相關連結

印度民族大起義

18世紀中期，印度蒙兀兒帝國衰落，以英國為首的西方殖民者乘虛而入，開始對印度實施殖民征服。1849年，印度淪為英國的殖民地。隨著英國對印度殖民掠奪和民族壓迫的不斷加深，英國殖民者和印度民族的矛盾日益激化，終於導致了1857年的印度民族大起義。

1856年，起義組織者在印度農村開始傳遞薄餅，在軍隊中傳遞荷花，鼓動人們舉行起義。1857年5月10日，密拉特的西帕依首舉義旗，攻占首都德里，擁立蒙兀兒王朝末代皇帝巴哈杜爾．沙，發布文告，號召印度人民團結一致，驅逐英國殖民者。起義浪潮很快席捲北部、中部和南部地區，並形成德里、勒克瑙和詹西三個中心。印度各階層人民紛紛響應。農民、土兵、手工業者和城市貧民是起義的主力軍，部分封建王公地主參加了起義並擔任領導。起義軍民與英國殖民軍進行了激烈鬥爭，湧現出詹西女王等許多可歌可泣的英雄人物和英雄事蹟。

1857-1859年印度民族大起義

由於力量對比相差懸殊和缺乏統一領導與部署，1859年，起義遭到鎮壓。但起義沉重打擊了英國的殖民統治，推動了印度民族獨立運動的發展。

戈登之死

二〇〇四年一月，李肇星外長在會見蘇丹總統時表示，中國人民欠著蘇丹人民一個人情。李外長指的是一八八五年蘇丹人民殺死了英國人戈登的事。

現在的蘇丹總統府正是當年戈登對蘇丹實行殖民統治時期的總督府。這是一座三層宮殿式白色建築，內外戒備森嚴，士兵們荷槍實彈。在一樓大廳一個側門入口處的白牆上，釘著一塊木牌，上面刻著：查理斯．喬治．戈登死於一八八五年一月二十六日。

英國人戈登是火燒圓明園的英法聯軍統帥，鎮壓中國太平天國運動的劊子手。

一八六〇年，第二次鴉片戰爭之際，戈登被指派到了中國，並在九月抵達天津。他沒趕上英法聯軍對大沽砲臺的攻擊，但趕上了占領北京的行動，並直接指揮了圓明園的大搶掠、大燒殺。

一八五一年太平天國運動爆發，在廣西、湖南和湖北等地取得一連串勝利，使清王朝的統治搖搖欲墜。一八五三年，太平軍占領南京，威脅到上海的外國殖民利益。曾國藩採用借刀殺人的辦法，請來了「洋槍隊」防禦上海。

洋槍隊的隊長華爾是個典型的美國流氓，以殺人、搶劫著稱，不久即被太平軍擊斃。李鴻章要求另指派英國軍官來指揮洋槍隊。英國軍方選擇了戈登。這時的戈登已經是一個少校軍官。一八六三年三月，戈登在松江接任「洋槍隊」指揮，並且得到「常勝軍」的稱號。戈登重整了軍隊並支援常熟清軍。他管理的洋槍隊深受曾國藩、李鴻章的器重。

十一月，蘇州被戈登和清軍合力攻下。一八六四年五月，太平軍在天京（今南

一八七五年
戈登受命統率埃及軍隊進攻蘇丹和衣索匹亞。

一八八一年
八月，蘇丹馬赫迪反英大起義爆發。

京）周邊的最後一個堡壘常州府失陷，「常勝軍」的聲望也達到最高峰。在蘇州城破之後，戈登不惜以絕交相威脅，力阻曾國藩殺死戰俘。戰爭結束後，同治皇帝授予戈登中國軍隊最高的軍階——提督的稱號；英國也晉升他為中校，並封他為巴茲勳爵士。

一八八一年八月，非洲爆發了近代史上規模最大的反殖民主義武裝起義——蘇丹馬赫迪起義。穆罕默德．艾哈邁德宣布自己為「救世主」馬赫迪，領導蘇丹人進行聖戰，驅逐外國侵略者。戈登曾在蘇丹待過五年，任過赤道省省長。有人吹噓說「光憑他的名字就會發生奇蹟」。因此，英國統治者把希望寄託在戈登身上，希望他去解救蘇丹之難。

一八八二年九月，蘇丹的英國統治勢力處於瀕臨毀滅境地。一八八三年十二月，英國政府命令埃及放棄蘇丹，但撤離行動十分困難，數千名埃及士兵、平民和他們的家眷仍然困在蘇丹。於是，英國政府要求戈登前往喀土穆處理並撤離人員。戈登於一八八四年一月十八日乘汽輪從開羅抵達喀土穆，開始著手遣返婦孺和傷者，約二千五百人在起義軍封鎖道路前被撤離。

到達蘇丹後，戈登致信馬赫迪，並送去一件紅色禮儀長袍和一頂高官氈帽，勸說馬赫迪，如果停止暴動，他可做科爾多凡的君主。馬赫迪立即退回了戈登的禮物，還回贈給戈登一件阿拉伯大袍，要求他改信伊斯蘭教。戈登見勸降不成，便加緊備戰，同時，向倫敦發出

馬赫迪起義軍抗擊英軍

一八九六年
英軍第二次進攻蘇丹。

了一封緊急求援的電報。

不久，馬赫迪率軍逼近喀土穆，切斷了電報線和英、埃軍隊的北退之路，以四萬名士兵的強大陣容包圍了這座城市。馬赫迪希望英軍因飢餓而束手就擒。果然，長時間的圍困，英軍不但面黃肌瘦，有不少人還開了小差。到秋天，戈登只能在總督府的樓頂通過望遠鏡眺望遙遠的天際，以盼望援兵的到來。

當時，英國政府已決定放棄蘇丹，但民間仍有許多人呼籲政府派兵拯救戈登。直到八月，英國政府才決定救援戈登，而直到十一月英國救援隊才準備開始行動。

十月，馬赫迪率軍抵達離喀土穆不遠的恩圖曼城下，並寫信給戈登，要求他們投降。但戈登不予理睬，因為他已得到消息，英國援軍已從埃及出發，馬上就會到達喀土穆。馬赫迪決定，在英援軍到達之前攻城。

十二月十四日，馬赫迪起義軍緊縮包圍圈，並砲擊喀土穆。砲彈在戈登身旁呼嘯而過，戈登驚恐萬狀，在催促求援的信中呼喊道：「我們的末日就要來了，上帝啊，快救救我們吧！」

一八八五年八月二十六日凌晨，馬赫迪起義軍向喀土穆發動總攻，起義軍像潮水一樣衝進城內，迅速占領了喀土穆。見大勢已去，戈登準備逃跑，一個起義軍戰士見狀，大喝一聲：「哪裡跑！」只聽「噗哧」一聲，起義軍的長矛刺入了戈登的心窩，戈登還來不及哼一聲，便一頭栽到樓下一命嗚呼了。

相關連結

蘇丹馬赫迪大起義

19世紀中期，蘇丹處在埃及穆罕默德．阿里統治之下，英國殖民者以埃及政府駐蘇丹官員的名義（英國委任戈登為蘇丹總督），加緊對蘇丹的經濟掠奪和政治控制，蘇丹與英國殖民者的矛盾日益尖銳。1881年，蘇丹終於爆發了反英大起義。這次起義的領導者是穆罕默德．艾哈邁德。他宣稱自己是伊斯蘭教傳說中的救世主馬赫迪，號召人民進行「聖戰」，趕走英國侵略者。這次起義的規模很大，前後持續20年之久，沉重打擊了英帝國主義。起義失敗後，英國控制了蘇丹。

愛迪生燈絲試驗之旅

一八七九年的一天，在美國，人們紛紛湧向即將赴北極探險的「佳內特」號考察船。這是在為考察團成員送行嗎？但人們又為什麼激動地指指點點，議論紛紛？

「那電燈比油燈、蠟燭亮多了！」

「這艘船裝上這麼個外形像茄子一樣的玩藝兒，像黑夜裡有了一輪太陽！」

「這東西真是太神了，不可思議！」

原來這隻考察船上第一次安裝了由炭做成燈絲的燈泡，明亮耀眼、令人新奇的電燈光，照耀著圍觀的人們，給人們帶來巨大的驚喜。它的出現，意味著人類有了一輪黑夜裡的太陽，黑夜再也無法對人們的行動產生制約了。然而，欣喜的人們卻不知道它的發明者——愛迪生為此付出了多少難以想像的艱辛。

近代以來，人類探求新光源的努力在不斷推進著。早在一八二一年，英國的科學家大衛和法拉第就發明了一種叫電弧燈的電燈。這種燈是在電瓶兩極的頭上接兩根木炭，通電後把兩極一碰，然後再把它分開，兩極之間立刻發生火焰。由於兩極是水平的，中間有熱空氣上升，兩極間的火焰就向上微微彎曲，好像弓形或弧形，所以被稱為弧光燈。儘管當時的一些著名科學家都非常讚賞這種燈，但這種燈光線太強，只能安裝在街道或廣場上，普通家庭無法使用。於是，研製一種價廉物美、經久耐用的家用電燈，成為科學家們的主攻方向。

愛迪生是美國的著名發明家，在十九世紀中後期，他完成了以留聲機為代表的一系列科學發明。從一八七七年開始，愛迪生也向著電燈這座堡壘發起了猛攻。

攻關伊始，愛迪生提出了要搞分電流，變弧光燈為價錢便宜、經久耐用而且安全

一八六六年
德國人西門子製成發電機。

一八六七年
諾貝爾發明炸藥。

一八七三年
俄國電氣技師亞·尼·羅德金發明炭精棒灼熱燈。

一八七六年
美國人貝爾改良電話機。

一八七七年
愛迪生發明留聲機。

一八八三年
德國工程師本茨和戴姆勒研製成功汽油內

方便的白光燈。這項試驗的關鍵之處就是要找到一種能燃燒到白熱的物質做燈絲，這種燈絲要經受住熱度在二千度一千小時以上的燃燒。愛迪生的這個設想，遭到科學界的普遍質疑，很多人嘲笑他是「瘋子」、「吹牛」。然而，愛迪生卻不為所動，充滿信心地開始了他的試驗。

最初，愛迪生選用傳統的炭條做燈絲，放進抽掉空氣的玻璃泡中，但一通電，燈絲就斷了。隨後，他又改用釘、鉻等金屬做燈絲，同樣是亮了片刻就被燒斷。後來，又換用白金、鋇、鈦、鈷等稀有金屬做材料，效果同樣不明顯。就這樣，歷經一千六百多種材料、數千次試驗後，白光燈仍毫無結果。這時，包括他的助手在內的很多人都開始失去信心。但是，面對數千次的失敗，面對外界不停的冷嘲熱諷，愛迪生卻以頑強的意志力堅持著，始終沒有任何退縮。

有一天，苦思冥想中的愛迪生，突然想到能不能用棉紗烤成炭條做成燈絲呢？於是，他又開始了新的試驗。經過連續多次的試驗，燈的壽命在一點一點延長著，從十三小時延長到四十五小時。人們開始祝賀他的成功，而愛迪生卻絲毫沒有滿足，繼續著他的試驗。他又對包括人的鬍子、頭髮、馬的鬃毛等六千多種植物纖維都一一進行了試驗，最後從中選擇了炭化後的優質日本竹絲，將燈泡的壽命延長到一千二百個小時。愛迪生的不懈努力，終於獲得成功。

不久，美國人便用上了這種物美價廉經久耐用的竹絲燈泡，第一批竹絲燈泡就用在了赴北極探險的「佳內特」號考察船上。後來，愛迪生又改用鎢絲，使燈泡壽命更加延長。

基於愛迪生的偉大成就，當他逝世後，為了悼念他，全美國熄燈一分鐘，甚至連自由女神手上的火炬也不例外。人們送給愛迪生「照亮世界的人」的美譽。

燃機汽車。

一八八五年
德國赫爾茲發現無線電和光電。

一八九六年
德國工程師狄塞爾製成內燃發動機（狄塞爾引擎）。
義大利馬可尼發明無線電通訊。

一八九七年
英國湯姆生發現電子。

相關連結

第二次工業革命

1870年前後，隨著資本主義經濟的發展，自然科學研究取得重大進展。各種新技術、新發明層出不窮，並被迅速應用於工業生產，促進社會經濟進一步發展，從而引發了第二次工業革命。在這次工業革命中，科學技術應用於工業的成就主要表現在四個方面，即電力的廣泛應用、內燃機和新交通工具的創製、新通訊手段的發明和化學工業的建立。

1866年，德國人西門子製成發電機；到1870年代，實際可用的發電機問世。電力開始用於帶動機器，成為補充和取代蒸汽動力的新能源。電燈、電車、電影放映機等相繼問世。人類社會進入電氣時代。

1890年代，柴油機創製成功，解決了交通運輸工具的發動機問題。德國人卡爾．本茨等人成功地製造出由內燃機驅動的汽車。內燃機車、遠洋輪船、飛機等也得到迅速發展。

1870年代，美國人貝爾發明電話。隨後，義大利人馬可尼成功發明無線電報，為世界資訊傳遞提供了方便。

1880年代，科學家們開始從煤炭中提取氨、苯等化學產品。1867年諾貝爾發明炸藥。塑膠和人造纖維等開始投入生產和實際使用。

第二次工業革命在歐美幾個資本主義發達國家同時發生，極大地促進了資本主義的發展，並為資本主義過渡到壟斷階段提供了堅實基礎和有力保障。

第一次世界大戰

十九世紀末二十世紀初，隨著資本主義向帝國主義過渡，爭奪商品市場和重新瓜分世界的鬥爭日趨激烈。在歐洲地區先後形成「三國同盟」和「三國協約」兩個帝國主義戰爭集團。二十世紀初，北非、巴爾幹半島地區不斷發生的局部衝突與戰爭，進一步激化了它們之間的矛盾。一九一四年六月二十八的塞拉耶佛事件，成為引爆大戰的導火索。一個月後，第一次世界大戰全面爆發。戰爭期間，土耳其和保加利亞先後加入同盟國，日本、義大利、羅馬尼亞、希臘、美國、中國等相繼加入協約國作戰。經過四年多的戰爭，同盟國逐漸不支，一九一八年秋，保加利亞、土耳其和奧匈帝國漸次退出戰爭；德國於同年十一月十一日簽訂「康邊停戰協定」，宣告投降，大戰結束。

這場大戰是世界史上破壞性最強的戰爭之一。捲入戰爭的國家達到三十三個，人口十五億以上。共有一千餘萬人戰死，二千餘萬人傷殘。其間爆發的俄國十月革命動搖了資本主義世界體系，引起了戰後東西方革命運動的高漲。

「阿芙樂爾」號巡洋艦

「阿芙樂爾」意為「黎明」或「曙光」，在古羅馬神話中是指司晨的女神。「阿芙樂爾」號巡洋艦屬於俄國波羅的海艦隊。**1917**年**10**月革命中發出進攻冬宮的信號。它的砲聲象徵著十月社會主義革命的勝利。從**1948**年起，阿芙樂爾號作為「十月革命」的紀念艦永久性停泊在涅瓦河畔，並成為海軍博物館供遊客參觀。

塞拉耶佛的槍聲

一九一四年六月二十八日，是個陽光燦爛的星期天。這天上午，巴爾幹半島波士尼亞和黑塞哥維那首府塞拉耶佛市的街道兩側，站著許多被通知來歡迎奧匈帝國首腦的市民。遠處隱約傳來幾聲汽車鳴笛的聲音，人們知道大概是奧匈帝國貴賓來了吧。突然，「啪！」「啪！」不遠處傳來兩聲沉悶的槍聲。這是怎麼回事？……當時的人們哪裡知道，就是這兩聲槍響，點燃了人類歷史上第一次世界大戰的導火索。

二十世紀初以來，奧匈帝國用武力吞併了位於巴爾幹半島的波士尼亞與黑塞哥維那，繼而，又積極策劃將鄰近的塞爾維亞納入帝國的版圖。為此，在取得德國的認同之後，帝國皇儲弗蘭茨．斐迪南主持制定了以摧毀塞爾維亞為目標的戰爭計畫，並決定在一九一四年六月二十八日前往波士尼亞邊境檢閱軍事演習。

一九一四年六月二十八日，弗蘭茨．斐迪南大公攜妻子索菲婭來到波士尼亞。這一天，對於大公來說具有特殊意義，因為這是他與索菲婭結婚十四周年的紀念日，他想讓妻子通過參加檢閱軍演得到她在維也納得不到的榮耀。而對塞爾維亞人來說，這一天更有著刻骨銘心的記憶。一三八九年的這一天，塞爾維亞王國在科索沃戰役中失敗，從此喪失了獨立，成為奧斯曼土耳其帝國的一個省。在塞爾維亞人看來，這無疑是雙重侮辱。奧匈軍事演習的挑釁行動，更大大激怒了塞爾維亞愛國者，「黑手會」和波士尼亞秘密民族主義團體「青年波士尼亞」擬訂了行刺斐迪南的計畫。「青年波士尼亞」組建了一個七人暗殺小組，埋伏在車站到市政廳的街道兩旁，伺機行刺。

上午十時左右，斐迪南夫婦在城郊檢閱軍事演習之後，在總督和塞拉耶佛市市長陪同下，乘坐敞篷汽車前往塞拉耶佛市政廳。當車隊行至市中心的楚莫爾亞橋時，埋

一八八二年
五月，德、奧、意三國同盟條約簽字，三國同盟正式建立。

一九〇七年
八月，「英俄協約」簽訂，英、法、俄「三國協約」形成。

一九〇八年
十月，奧匈帝國兼併波士尼亞和黑塞哥維那，引起波士尼亞危機。

一九一四年
六月二十八日，奧匈帝國皇儲弗蘭茨．斐迪南大公在塞拉耶佛遇刺。七月二十八日至八月十三日，同盟國與協約國成員之間

伏在此的一名塞族青年將一顆炸彈猛擲過去，炸彈落在帆布車篷上後，彈回地上，在第三輛車駛近時爆炸，索菲婭的女侍和幾名旁觀者受了輕傷。在送走了受傷的女侍之後，車隊繼續前進。

不久，埋伏路旁的另一個暗殺者突然衝出來，向斐迪南夫婦乘坐的汽車擲出一枚炸彈，但炸彈同樣砸在車篷上，被甩落到地上，只炸傷了兩名衛兵。斐迪南下車察看了一下現場，就不以為然地命令車隊繼續前進。

受到兩次驚嚇的車隊一路顛簸，駛進市政廳。按照事前計畫，斐迪南夫婦草草參加了塞拉耶佛市政當局舉行的歡迎儀式。出於安全考慮，隨行官員勸說斐迪南夫婦盡快返回駐地。但固執的斐迪南拒絕改變計畫，繼續訪問市區，並準備去醫院看望傷員。

轉瞬間，車隊來到法蘭西斯．約瑟夫大街的轉彎處。這時，又一位刺殺者、塞爾維亞青年加弗利爾．普林西波正守候在街口拐角處。斐迪南的專車越來越近，普林西波在人群中慢慢向前面靠近。當車離他不到二公尺時，他一個箭步衝過去，掏出左輪手槍，對準近在咫尺的斐迪南夫婦連發兩槍，一

斐迪南大公夫婦被刺情形

先後宣戰，第一次世界大戰全面爆發。八月二十三日，日本對德宣戰。

顆子彈射進斐迪南的頭部，第二顆子彈洞穿索菲婭的腹部。奧匈帝國皇儲夫婦頓時倒在血泊之中，幾分鐘後便雙雙斃命。

普林西波年僅十七歲，應該還屬少不經事的孩子，然而他的槍聲卻「引爆」歐洲，震撼了世界。

相關連結

第一次世界大戰的爆發

19世紀末至20世紀初，世界主要資本主義國家過渡到帝國主義階段。為了重新分割世界和爭奪世界霸權，在歐洲列強中逐漸形成了以德、奧為首的同盟國和以英、法、俄為首的協約國兩大帝國主義軍事集團。他們一面通過外交會晤進行和平欺詐，一面瘋狂擴軍備戰，進行戰爭叫囂，並在北非、西亞和歐洲巴爾幹半島地區挑起爭端和局部戰火，列強之間的矛盾與爭奪日益激化。

巴爾幹半島歷來是歐洲列強爭奪的焦點地區。19世紀末以來，幾個帝國主義國家都虎視眈眈，競相插手，使巴爾幹半島矛盾錯綜複雜，成為歐洲的「火藥庫」。1908年，奧匈帝國以武力吞併了位於巴爾幹半島的波士尼亞與黑塞哥維那，隨後，又企圖把鄰近的塞爾維亞納入帝國版圖，激起塞爾維亞民族主義者的義憤。1914年6月28日，奧匈帝國皇儲弗蘭茨·斐迪南夫婦到波士尼亞檢閱軍事演習，途經首府塞拉耶佛時遭到「青年波士尼亞」成員的槍擊，雙雙身亡。是為震驚世界的「塞拉耶佛事件」。

塞拉耶佛事件發生後，奧匈帝國皇帝與德國皇帝頻繁接觸，迅速達成共識。7月28日，奧匈帝國向塞爾維亞宣戰；7月30日，俄國出兵援助塞爾維亞；8月1日，德國向俄國宣戰，而後又向法國宣戰；8月4日，德國入侵保持中立的比利時，英國向德國宣戰；8月6日，奧匈帝國向俄國宣戰；8月12日，英國向奧匈帝國宣戰。這樣，在很短時間內，歐洲各大國紛紛捲入戰爭，第一次世界大戰全面爆發。

「施里芬計畫」的破產

一九一四年六月的塞拉耶佛事件，點燃了第一次世界大戰的戰火。而德國為了進行這場戰爭，早在一九〇五年就已經由當時的德軍參謀總長施里芬擬訂好了一整套作戰計畫，這就是著稱於近代軍事史上的「施里芬計畫」。

施里芬把集中優勢兵力、速戰速決作為德軍作戰的最高原則。他設想在未來的戰爭中，德軍要在西線同英、法作戰，在東線同俄國作戰。為了避免兩條戰線同時作戰，施里芬決定把戰略重點放到西歐。首先在西線先發制人，採用「閃電戰」術，在四至六周內經比利時襲擊法軍後方，迅速打敗法國，切斷英國與歐洲大陸的聯繫，然後迅速把主力移往東線，全力出擊俄國，在三至四個月內贏得整個戰爭。

這份計畫問世以後，受到德皇的高度重視，後又經過反覆論證、補充和修改，由繼任的參謀總長毛奇來部署實施。按「施里芬計畫」，德軍在西線同英、法軍隊作戰時，應該把打擊的重點放在右翼，從不設防的比利時、盧森堡攻入法國，從側翼切割、包圍法軍，一舉殲滅其主力。而德、法邊界的左翼只負責牽制。施里芬在臨死前還一再叮囑：「切勿削弱我的右翼。」

一九一四年八月四日早晨，德國開始實施「施里芬計畫」。德軍越過比利時邊境，直奔列日要塞。在這裡，比利時軍隊憑藉鋼筋混凝土修造的堅固砲臺，與德軍展開激戰。德軍採取砲擊、空襲甚至步兵分割包圍等辦法，但都未能奏效。最後，德軍調來了一門巨型榴彈砲，到八月十六日才最終攻占列日。然後，德軍從比利時、盧森堡切入法國，兵鋒直指巴黎。在德軍強攻之下，法軍全線潰退，法國政府也被迫遷往波爾多。見此情形，德國參謀總長毛奇一時得意忘形，以為「施里芬計畫」馬上就能

一九〇五年
德國總參謀部制定作戰計畫——「施里芬計畫」。

一九一四年
九月五—九日，馬恩河會戰；十日，第一次馬祖里湖戰役。

一九一五年
五月二十三日，義大利轉入協約國，對奧宣戰。

實現了。於是，就從西線抽調了兩個軍到東線去對付俄國。這樣，毛奇就在不經意之間改變了「施里芬計畫」中的原則規定，使德軍右翼的進攻力量，在數量上少於法軍。

西線開戰以來，法軍雖然表面上潰不成軍，但其核心實力並未削弱，再加上法軍總司令霞飛的左翼力量的協同，很快就使德軍陷入了兩面夾擊，並被迫在馬恩河與法軍進行了一場大遭遇戰。這是「施里芬計畫」的制定者所始料不及的。馬恩河大戰從九月五日一直打到十日，在長達二百公里的戰線上，雙方總計投入了一百五十多萬人的兵力，展開了曠日持久的陣地戰、拉鋸戰。結果，法軍陣亡二萬多人，受傷十二萬餘人，而德軍損失更為慘重，有四萬多人陣亡，十七萬餘人受傷。最終，德軍支援不住，向北敗退。從此，雙方形成對峙局面。

接著，德、法雙方又展開了「奔向大海」的戰鬥。德軍企圖搶占敦克爾克等法國沿海地區，切斷英、法兩國的聯繫，並迫使法國投降。英國和法國軍隊則針鋒相對。經過十三個多月的激戰，德軍雖然擴大了在比利時和法國北部的占領區，但直接迫使法國投降的主要戰略目的卻沒有達到。此後，在北起北海，南至瑞士邊境的七百餘公里的西部戰線上，雙方由運動戰轉入以壕塹掩體相對峙為主的陣地戰，整個西線戰局陷入僵持狀態，「施里芬計畫」中速戰速決的戰略宣告破產。

在馬恩河戰役結束之際，毛奇即告訴德皇：「陛下，我們輸掉了戰爭！」

相關連結

馬恩河會戰

1914年8月底，德軍在取得法國北部邊境作戰的勝利之後，以重兵直逼巴黎，企圖沿東南方向挺進，迫使法英聯軍放棄法國首都。於是，德軍同法、英軍隊在法國邊境展開激戰，雙方共投入主力軍隊一百五十餘萬。9月3日，德軍越過馬恩河。5日，法軍主力經過調整，重新部署，在馬恩河一線二百公里戰線上向德軍實施反擊。6日起，法英聯軍沿巴黎—凡爾登展開全線反攻。至9日，南進的德軍主力陷入困境，其第一、二集團軍被迫撤退到馬恩河以北至凡爾登一線。

馬恩河會戰是第一次世界大戰初期的一次重要戰役。它使德軍包抄法軍、在西線實施速戰速決的「閃擊戰」戰略破產。此戰之後，德軍總參謀長毛奇被德皇威廉二世撤職，改由法爾根漢接任。

法軍搶修「生死路」

一九一六年二月底，在德法凡爾登戰役鏖戰正酣之際，在凡爾登要塞法軍一側的後方，則呈現出另一番景象：在通往凡爾登前沿陣地的幾條公路上，只見車水馬龍，人聲鼎沸，一批批工程部隊、一群群自發組織起來的市民，正在利用德軍砲火轟擊的間隙，揮舞鍬鎬，搬運土石，熱火朝天地搶修公路。在剛剛修復的公路上，則是一輛輛滿載士兵和物資彈藥的汽車，川流不息地開向凡爾登。原來這是法國軍民正在協力搶修凡爾登戰役中法國軍隊的「生死路」。

一九一六年二月二十一日清晨，德軍集中重兵，發動了對法國凡爾登要塞的大規模進攻。德軍的大砲以每小時十萬發的速度，將成千上萬發各式砲彈射向凡爾登北面長達二十餘公里的前沿陣地區域。砲彈的猛烈爆炸聲驚天動地。經過十幾個小時的猛烈轟炸，凡爾登要塞附近狹窄的三角地帶，戰壕被摧毀，森林被燒光，山頭被削平，整個法軍陣地上一片火海。不久，德軍發起地面進攻，六個步兵師如潮水般向法軍防線衝壓過去。濃煙烈火瀰漫的法軍陣地上，法軍士兵們在奮勇抵抗著。

經過四天的激戰，德軍攻占了凡爾登附近重要的都蒙高地，將法軍陣地切成幾段，尤其致命的是，德軍還切斷了法軍與後方的主要交通線。法軍凡爾登要塞陣地面臨彈盡援絕的危急局勢。

二月二十五日，為加強凡爾登戰事的力量，法軍總司令霞飛任命著名將領貝當為凡爾登地區司令官，並增派大批援軍開往凡爾登要塞。

當天夜裡，貝當來到凡爾登前沿陣地視察。他在嚴令前線部隊官兵不惜一切代價頂住德軍進攻的同時，深刻意識到，要頂住德軍的瘋狂進攻，守住凡爾登要塞，最重

一九一六年
二月二十一日，凡爾登會戰開始。
七月一日，索姆河會戰，英軍第一次使用坦克。
十二月十八日，凡爾登會戰結束，雙方傷亡慘重。

要的問題就是要保證兵源和武器彈藥的補給。因此，必須盡速恢復凡爾登與後方的交通聯繫，打通凡爾登要塞的「生死路」。

貝當把指揮官們召來問道：「現在，這裡還有幾條道路可以通到後方？」

「主要道路都被德國人的大砲炸斷了，只有通向西南的一條次要公路可以勉強通行。」負責後勤的一名指揮官愁眉不展地說。

「連著這條公路，附近還有一條單向窄軌鐵路，平時曾為守軍運過補給，載運量很小，但現在也已經被嚴重破壞了。」另一個指揮官補充道。

貝當聽說附近還有可以使用的公路，眼前一亮，急切地問道：「那條公路有多寬？」

「六公尺。」

「路面狀況如何？能禁得起大批載重汽車通行嗎？」

「路面質量不太好，要看有多少汽車通行。」

了解上述情況，貝當一邊思索著，一邊拿起筆，草草地計算了一下，然後嚴肅地下達命令：「立即組織一支搶修隊，並動員沿途平民協助，用最快速度搶修出這條道路。從二十七日起，必須保證車輛二十四小時安全通過該公路！凡爾登的得失生死，在此一舉！我們誓死也要將德軍擋在凡爾登要塞前！」

貝當的命令下達後，法軍的道路搶修隊立即組織起來，凡爾登附近數十里內的市民也趕來援助。於是，在凡爾登正面陣地德、法兩軍殊死搏殺的同時，在法軍陣地後面，法國軍民也　以高漲的愛國熱情，夜以繼日地投入修路的戰鬥。很快，一條凡爾登戰役補給的專用運輸通路被搶修出來了。

不久，經過這條公路，一輛輛滿載法國士兵和彈藥的汽車源源不斷地開到凡爾登。短短幾天時間，就有十九萬援軍和二萬五千噸軍用物資運到凡爾登，平均每晝夜有六千輛次汽車到達前方，公路上不到一分鐘就有一輛汽車駛過。法軍就是憑藉著這條搶修出來的公路，保障了凡爾登要塞陣地的補給，為最終拖垮、戰勝德軍創造了重要條件。

相關連結

凡爾登戰役

砲轟後的凡爾登城鎮

1916年初，為了扭轉西線戰局，德國調集重兵全力突擊並試圖奪取法軍右翼的戰略要地——「凡爾登凸出部」，以誘使法國投人全部主力，然後集中全力加以殲滅。

1916年2月21日，德國出動六個步兵師的兵力，在上千門大砲的配合下，向凡爾登發動猛攻。德軍試圖在馬斯河右岸突破兩個法軍師駐守的寬達15公里的地區，為此，德軍發動輪番攻擊，雖然曾突破了法軍的局部防線，但沒有達到目的。3月起，德軍改在馬斯河左岸發動進攻，不久又告失敗。從2月至4月，德軍僅僅前進了七公里。6月，德軍再次試圖突破，仍沒能得逞。從八月末開始，德軍被迫轉入防守。10月21日，法軍大舉反攻，至12月18日，收復全部失地。

凡爾登戰役，是第一次世界大戰中最為慘烈的一戰。戰役前後歷時10個月，德、法雙方的119個師在這裡被碾碎，雙方傷亡人數超過70萬。因此，該戰役被稱作「凡爾登絞肉機」。德軍在凡爾登戰役中的失敗，使同盟國最終失去了在西線作戰的主動權。

日德蘭海戰

一戰當中，英、德之間發生了一場雙方戰術不謀而合、都設想誘敵深入殲滅對方的大海戰，這就是發生在北海的著名戰役——日德蘭海戰。

第一次世界大戰開始後，英國憑藉強大的海軍實力對德國海岸實施封鎖，給德國海軍造成嚴重困難。一九一六年一月，新上任的德國公海艦隊司令馮・舍爾上將決心採取主動攻擊，打一場海上會戰，打破英國的海上封鎖。

舍爾的戰術計畫是：派一支輕型艦隊，先行出海，以誘引英軍主力艦隊出擊；他率領德國主力艦隊秘密跟進，然後將英軍主力艦隊引入伏擊圈加以圍殲。然而，指揮此戰的英國海軍上將傑里科也做出了大致相同的戰術設想。於是，英、德雙方「不謀而合」地開始了這場海上鏖戰。

五月三十一日凌晨，英國誘敵艦隊在貝蒂將軍的指揮下，駛出蘇格蘭羅塞斯港。不久，主力艦隊在傑里科率領下，從蘇格蘭北方的奧克群島海軍基地出發，駛向預定伏擊點。幾乎同一時間，德國的誘敵艦隊在希佩爾將軍率領下從傑得河口基地出發，駛向丹麥的白德蘭半島西北部海面，而舍爾率領的德國主力艦隊也同時駛向預定伏擊海域。

五月三十一日下午二時三十分左右，貝蒂率領的艦隊與希佩爾的艦隊遭遇。雙方軍艦立即開砲發起攻擊。巨大的爆炸聲立刻響徹雲霄，在海面上掀起滾滾巨浪。不久，德國先進的全艦統一方位射擊指揮系統顯示了威力。在近一小時的互射中，英國戰列巡洋艦「不屈」號首先中彈起火，迅速沉沒，一〇七〇名官兵葬身大海。另一艘戰列巡洋艦「瑪麗皇后」號也被德艦擊中彈藥庫，引起爆炸而沉沒，艦上一千二百多

一九一六年

五月三十一日—六月一日，日德蘭大海戰。

一九一七年

二月一日，德國實行無限制潛艇戰。

四月六日，美國對德宣戰。

八月十四日，中國對德宣戰；二十日，第二次凡爾登戰役。

名官兵幾乎全部遇難。貝蒂的旗艦「獅」號也遭重創，英國還損失二艘驅逐艦。而德國人僅僅損失二艘驅逐艦。幸虧這時落在後面的四艘戰列艦已經趕到，貝蒂才免遭更大的損失。

下午四時許，英、德雙方主力艦隊相遇，展開了更為激烈的對攻戰。傑里科見德國主力艦隊的陣型為線形縱列，便決定採取「T」字頭戰術，命令英軍二十四艘無畏級戰列艦一線排開，其餘艦隻列為六個縱隊，迅速逼向德艦。這個陣型使英國艦隊幾乎所有艦砲都能開砲射擊，而德國艦隊的砲火威力則受到明顯限制。於是，英國艦隊抓住時機，所有砲火齊發，一陣陣「隆隆」砲聲響過，德國主力艦隊的前沿戰艦頓時遭到重創，戰列巡洋艦「留佐」號失去戰鬥力，不久沉沒。遭遇重創的德國主力艦隊只得調轉船頭，且戰且退，在水霧和煙霧之中撤離戰場。

夜幕降臨了。撤退途中的德國艦隊因夜色黑暗，偏離航線，深夜時分，又與英艦相遇。雙方在照明彈、探照燈的照射下，進行了一場夜海混戰，雙方各有一些小艦中彈沉沒。

六月一日拂曉，德國艦隊終於擺脫英國人追擊，駛向赫爾戈蘭灣，並通過遍布水雷中的秘密水道，返回基地。窮追不捨的英國艦隊，受到濃霧和水雷的阻礙，也不得不放棄追擊計畫，悉數返航。歷時一天半的日德蘭大海戰至

相關連結

一戰時期的海戰

19世紀末以來，歐洲列強為了重新分割世界和爭奪地區與世界霸權，競相展開海軍競爭，提出龐大的海軍擴軍計畫，其中以德國、英國最為凸出。一戰爆發後，參戰國之間的海戰也很頻繁，重點是英、德之間的較量。

大戰初期，德國發現自己的海軍實力仍不如英國。因此，常常以輕型巡洋艦和潛艇襲擊敵艦。而英國因為缺乏海戰經驗，艦艇和商船損失較大。德國海軍襲擊的海域，先後有大西洋、印度洋、加勒比海、南美西部海域。在1915年的一年中，英國損失艦艇259艘。為對付敵人的襲擊，英國採取了組織較大型襲擊戰與包圍戰的戰術。其中有一次襲擊，英艦一舉摧毀德軍三艘巡洋艦；另一次，英艦投入大於敵方三倍的艦艇、七倍的火力，在福克蘭群島海域包圍了對方，結果全殲了敵方的小艦隊。在1916年日德蘭海戰之前，英、德在北海多格爾沙洲一帶進行了一次小型的海戰，雙方各有損傷。

此結束。

在日德蘭海戰中，英國出動各種艦船共一百五十一艘，德國出動一〇一艘，堪稱第一次世界大戰中規模最大的一次海戰。海戰中，德軍被擊沉大小戰艦十一艘，死亡二千五百餘人；英軍則被擊沉大小戰艦十四艘，死亡六千餘人。就戰術而言，德國人是這場海戰的勝利者，其艦隊向強大的英主力艦隊發起了勇猛的挑戰，重創了英國艦隊。然而就戰略而言，英國的海軍實力仍超過德國，全球海洋的制海權仍然掌握在英國手中。德國海軍沒能打破英國的海上封鎖，德國艦隊仍被困在港內，德國人妄圖控制海上通道、改變大戰局勢的美夢徹底破滅了。

「阿芙樂爾」號的訴說

在列寧格勒附近的涅瓦河畔，停泊著一艘巨大的軍艦。雖因年代久遠，顯得有些斑駁陳舊了，但是，它仍然十分引人矚目，前來參觀的內外遊客絡繹不絕。它就是在俄國十月革命時期扮演重要角色的「阿芙樂爾」號巡洋艦。人們仰望著它那飽經歷史滄桑的艦體，彷彿聽到它在緩緩訴說著九十多年前彼得格勒武裝起義和十月社會主義革命的悠悠往事。

一九〇〇年五月的一天，在俄羅斯彼得格勒瓦西里島的堤岸旁，一艘新建成的巡洋艦——「阿芙樂爾」號，在人們的注目之下，沿軌道徐徐滑入涅瓦河。幾年之後，「阿芙樂爾」正式服役。在一九〇四—一九〇五年的日俄戰爭中，巡洋艦被編入俄國太平洋第一艦隊參戰。之後，「阿芙樂爾」號曾作為俄國海軍的核心訓練艦隻，多次參加大西洋遠航，在當時俄國的海軍發展過程中發揮重要作用。

在一九〇七—一九一一年，由於「阿芙樂爾」號巡洋艦經常遠航國外，逐漸受到僑居國外的俄國社會民主黨人的影響，艦上部分進步官兵接受了革命思想，並開始建立起革命組織。為此，沙皇政府曾以「蓄謀暴動」的罪名對艦上的革命分子進行殘酷的迫害。

一九一六年，俄國國內社會矛盾尖銳，革命形勢日益高漲。適逢「阿芙樂爾」號巡洋艦進行大修，在很長時間內停泊在彼得格勒。於是，艦上革命分子趁機與布爾什維克彼得格勒委員會取得了聯繫。一九一七年初，「阿芙樂爾」號上的部分水兵參加了俄國「二月革命」，他們同彼得格勒工人群眾一道參加起義，反對沙皇政府的專制統治，經受了革命的鍛鍊和洗禮。隨著布爾什維克黨組織的建立和壯大，「阿芙樂

一九一七年
三月十二日，俄國「二月革命」爆發。
十一月七日，俄國十月革命爆發；八日，蘇維埃政府通過「和平法令」和「土地法令」。

爾」號巡洋艦逐漸被掌握在革命水兵手中，並成立了以別雷舍夫等為首的戰艦委員會。

十月下旬，為限制和削弱革命力量，臨時政府下令，要把「阿芙樂爾」號調出彼得格勒。艦上革命水兵作出決定，不執行臨時政府的調令，堅持將軍艦滯留彼得格勒，以隨時策應和支持彼得格勒工人群眾的革命武裝鬥爭。

隨著革命形勢的日益成熟和革命高潮的迫近，彼得格勒軍事革命委員會命令各武裝部隊立即進入戰鬥準備，並特別命令「阿芙樂爾」號沿涅瓦河畔開近冬宮，以便有效配合彼得格勒的武裝起義。當時，「阿芙樂爾」號艦長以冬宮附近河水過淺、無法停靠為由，拒絕執行命令。艦上布爾什維克水兵經測量河水之後，果斷逮捕了艦長，而後按照軍事革命委員會的要求，及時將巡洋艦開到指定地點待命。

在彼得格勒起義的前十天，布爾什維克黨中央委員會書記、彼得格勒蘇維埃軍事革命委員會委員斯維爾德洛夫會見了戰艦委員會主席別雷舍夫等人，代表軍事革命委員會任命別雷舍夫為「阿芙樂爾」號巡洋艦的政委，並熱情轉達了黨中央和列寧對「阿芙樂爾」號的厚望，鼓勵他們為即將到來的革命作出應有的貢獻。

正當起義按計畫加緊準備的時候，由於布爾什維克黨內機會主義分子洩露了起義計畫，臨時政府立即調動軍隊和士官生加強對彼得格勒戰略要地的警戒，並企圖占領黨中央所在地斯莫爾尼宮，致使形勢驟然緊張起來。布爾什維克黨中央根據列寧的指示，決定提前舉行武裝起義。十一月六日，軍事革命委員會給「阿芙樂爾」號巡洋艦政委別雷舍夫發來急電：「用您所指揮的一切力量恢復尼古拉耶夫大橋的交通。」接到急電後，別雷舍夫立即命令巡洋艦開到尼古拉耶夫大橋，迅速打退士官生，守住了彼得格勒城市交通的要衝。軍事革命委員會還通過「阿芙樂爾」號巡洋艦上的無線電臺向彼得格勒和其他地方連續發布了若干緊急命令。

一九一八年
十月，匈牙利爆發秋玫瑰革命；土耳其投降。
十一月三日，德國基爾港水兵起義；奧匈帝國投降；九日，德國十一月革命爆發；十一日，德國同協約國簽訂停戰協定，第一次世界大戰結束。

一九一七年十一月六日深夜，彼得格勒武裝起義開始。至次日凌晨，起義者迅速占領和控制了彼得格勒的主要戰略要地，臨時政府的頭子克倫斯基倉皇逃跑。十一月七日上午，發表了列寧起草的「告俄國公民書」，宣告臨時政府已被推翻，政權已經轉歸蘇維埃。「阿芙樂爾」號巡洋艦上的電臺迅即抄收並播發了這份歷史性的文獻。

然而，臨時政府不甘心自己的滅亡，他們拼湊了二千多名軍官和士官生，龜縮在冬宮裡，負隅頑抗。於是，攻克冬宮的圍殲戰打響了。

一九一七年十一月七日晚九時四十五分，「阿芙樂爾」號巡洋艦上的主砲塔旁，艦政委別雷舍夫下達了攻擊命令：「開砲！」「轟隆！」隨著一聲巨響，一門六英寸口徑的大砲打出了

相關連結

俄國十月社會主義革命

19世紀末20世紀初，俄國進入帝國主義階段。但是，在世界範圍內，俄國是帝國主義鏈條上最薄弱的環節，也是國際無產階級革命運動的中心。

第一次世界大戰期間，俄國社會矛盾急劇尖銳，革命形勢逐漸成熟。1917年爆發了二月革命，俄國人民推翻了沙皇制度，形成了資產階級臨時政府和工兵代表蘇維埃兩個政權並存的局面。4月，列寧發表了著名的「四月提綱」，制定了由民主革命向社會主義革命過渡的計畫。七月流血事件後，俄國政權完全轉入臨時政府手中。在布爾什維克黨第六次代表大會上，確定了武裝起義的方針，號召人民用暴力推翻臨時政府，實現「全部政權歸蘇維埃」。各地蘇維埃紛紛接受布爾什維克領導，士兵不斷轉向革命，工人罷工、農民起義空前高漲，革命形勢完全成熟。10月25日，成立武裝起義的領導機關軍事革命委員會。11月7日，首都彼得格勒基本上處於軍事革命委員會控制之下。當晚，「阿芙樂爾」號巡洋艦發出進攻臨時政府所在地冬宮的第一砲，工人和士兵立即向冬宮發起總攻。次日凌晨占領冬宮，逮捕臨時政府的內閣成員。當晚，召開第二次全俄工兵代表蘇維埃大會，通過「告工人、士兵、農民書」，宣告臨時政府被推翻，全部政權歸蘇維埃；又通過「和平法令」、「土地法令」，組成以列寧為主席的第一屆蘇維埃政府——人民委員會。其間，全國各地的起義相繼勝利。

俄國十月社會主義革命，在占世界六分之一的土地上消滅了人剝削人的制度，建立起第一個無產階級專政的國家，開闢了各國無產階級革命和殖民地、半殖民地民族解放運動的新時代。

一發空彈，這是向冬宮發起總攻的信號。剎那間，赤衛隊員和革命士兵潮湧般地衝進冬宮，與臨時政府的殘餘勢力展開激戰。到次日凌晨二時許，冬宮的樓頂上升起了紅旗，象徵著俄國地主資產階級反動統治的堡壘終於被摧毀了。彼得格勒武裝起義取得偉大勝利，「阿芙樂爾」號巡洋艦的砲聲宣告了人類歷史新紀元的開始。

一戰後的世界

第一次世界大戰改變了帝國主義國家之間的力量對比，世界格局發生了重大變化。戰後初期，帝國主義戰勝國為重新瓜分世界，建立新的國際秩序，先後召開了巴黎和會和華盛頓會議，調整它們在歐洲和亞洲太平洋地區的關係，形成了「凡爾賽—華盛頓體系」。此後，歐洲列強力量削弱，但仍然企圖繼續支配世界；美國和日本崛起，也要分享世界霸權。在德國賠款問題和歐洲安全等問題上，戰勝國之間、戰勝國同戰敗國之間，充滿了矛盾和鬥爭。

一九二〇年代，資本主義進入短暫的穩定發展時期，主要資本主義國家經濟復蘇、政局相對穩定。蘇俄改變戰時共產主義政策，實行新經濟政策，國民經濟逐步恢復。亞洲、非洲和拉丁美洲的民族解放運動如火如荼地展開，給帝國主義殖民體系以沉重打擊。

「凡爾賽和約」簽字場景

油畫表現了「凡爾賽和約」簽字時的情景。簽字地點在法國凡爾賽宮鏡廳。在輝煌的鏡廳，協約國的代表們站立在簽字桌的兩旁，引人注目的是坐在桌子中間的三個人，手持文件的是美國總統威爾遜，留著濃密的鬍子的是法國總理克里孟梭，坐在克里孟梭旁邊的是英國首相勞合．喬治。他們都注視著正在桌上簽字的戰敗國——德國的代表。

「三巨頭」討價凡爾賽

一九一九年一月至六月間，在法國巴黎凡爾賽宮內，進出的工作人員常常見到英、法、美等國首腦聚會議事的情景。然而給他們的印象是，三國首腦似乎總是喜怒無常，近乎神經質。一會兒，他們道貌岸然，和風細雨，謙謙君子；一會兒，又突然拍案而起，咆哮公堂，斯文掃地；間或可見，有的首腦不知何故，憤然起身，收拾物品，準備拂袖而去……這些都是巴黎和會「三巨頭」為分贓而你爭我奪、討價還價的生動鏡頭。

一九一九年一月十八日，第一次世界大戰的戰勝國在法國巴黎的凡爾賽宮召開「和平會議」，討論締結和約、懲治戰敗國和處理戰後問題。參加巴黎和會的各國代表有一千多人，其中全權代表七十人，然而，實際主宰和控制和會的是英、法、美三國首腦，即美國總統威爾遜、英國首相勞合·喬治和法國總理克里孟梭，他們就是巴黎和會上的三巨頭。

代表法國出席和會的是被譽為「老虎總理」的克里孟梭，時年七十八歲，有著豐富的外交和

巴黎和會三巨頭——勞合·喬治、克里孟梭和威爾遜（從左至右）

一九一九年
一月，巴黎和會在凡爾賽宮鏡廳開幕。
六月，簽訂「凡爾賽和約」。

一九二〇年
一月，國際聯盟成立。

一九二一年
十一月，華盛頓會議召開。

一九二二年
二月，美、英、法、義、日五國簽訂「限制海軍軍備條約」。與會九國簽訂「九國公約」。

政治鬥爭經驗。其目標是，最大可能地限制、削弱和肢解德國，索取巨額賠款，奪得德國的海外殖民地，確立法國在歐洲的霸權。英國帶著分贓計畫出席和會的是老奸巨猾的首相勞合．喬治。他與法國相反，不願德國被肢解或被過分削弱，以用於抗衡法國和制約蘇俄，但又要限制德國的競爭力，剝奪其殖民地和絕大部分軍艦、商船，以利於鞏固自己的世界霸權地位。不惜遠涉重洋來到巴黎的威爾遜，是美國建國以來第一位參加大型國際會議的總統，也是出席和會的唯一國家元首。他此行的意圖在於擴大美國的國際影響，保存德國實力以抗衡英、法，削弱日本在遠東的勢力，爭取由美國主導建立國際聯盟，並通過它來支配世界。

於是，巴黎和會上，「三巨頭」各打自己的如意算盤，為分贓而展開了激烈的討價還價。

在戰敗國賠款分配問題上，英國首相勞合．喬治與法國總理克里孟梭曾經吵得不可開交。「你們法國拿百分之五十，我們得百分之三十，怎麼樣？」勞合．喬治提出報價。「不行，這絕對不行！這場大戰，我們法國損失比哪國都大，我們起碼要得百分之五十八。」「老虎總理」回應。「太過分了吧，這我們不能同意。」勞合．喬治立即否定。「那我們也不同意。」「老虎總理」言行之間處處透露出法國強勢外交的「兇猛」，而勞合．喬治則倚仗英國的老底與法國針鋒相對、百般糾纏，不作任何利益上的妥協讓步。

美國總統威爾遜則一方面借機表露美國在和會上的意圖，另一方面在英法之間察言觀色，忙著進行周旋和打圓場：「在賠款上，我們美國沒有任何要求，可以分文不要。你們兩國都退一步、做出一點犧牲，讓其他國家也都得一點。我想，法國得百分之五十六，英國得百分之二十八，這樣如何？」思忖片刻，「老虎總理」軟中帶硬地表示：「可以考慮。但有一點必須明確：法德邊界應以萊茵河為界，除把阿爾薩斯—

華盛頓會議

也叫「太平洋會議」，以美國為首的帝國主義國家為了對戰後遠東和太平洋的殖民地和勢力範圍進行再分割而召開的會議。一九二一年十一月十二日到一九二二年二月六日在華盛頓舉行。參加者有美、英、法、義、日、葡、比、荷、中九國。會議討論了限制海軍軍備和遠東、太平洋問題。在華盛頓會議上獲得最大利益的是美國，它的海軍實力得以提高到與英國相同的比例。會議為美國在遠東、太平洋進一步擴張準備了條件。華盛頓會議實質上是巴黎會議的繼續，確立了帝國主義在遠東和太平洋地區的新秩序，史稱「華盛頓體系」。

洛林歸還我們之外，德國的薩爾區也要歸我們！」這是法國的如意打算：如果占有了薩爾區，就等於控制了歐洲最重要的軍事工業區，並可以據此在歐洲大陸稱王稱霸。讓了賠款，增了割地；後退一步，前進三尺，簡直是獅子大開口！對此，英國和美國斷然不能接受。

就這樣，「三巨頭」爾虞我詐，紛爭不休，從一月一直爭吵到五月，一波未平又起一波，按下葫蘆浮起瓢，誰也不妥協，誰也不讓步。在討價還價的爭吵之中，威爾遜和克里孟梭都曾一度以退出和會來要脅對方。

經過長達近半年的無數次爭執和討價還價，「三巨頭」終於在主要問題上達成原則一致與妥協，並於六月二十八日簽署了「協約國和參戰各國對德和約」，簡稱「凡爾賽和約」，實現了現代史上空前規模的大分贓。

相關連結

巴黎和會大分贓

1919年1月18日，第一次世界大戰的戰勝國在法國巴黎凡爾賽宮召開「和平會議」，討論締結對德和約和處置戰後問題。參加和會的有英、法、美、日、義等27國，代表有一千多人，其中全權代表70人。會議實際為英、法、美等三國首腦所主宰和控制。這次會議名義上是戰後「和平會議」，實際上是歐美列強重新瓜分世界的分贓會議。

和會上，美、英、法、日、義等主要戰勝國都試圖多分得一些贓物，削弱或限制與自己爭霸的對手。因此，彼此之間矛盾重重，鉤心鬥角，爭執和鬥爭十分激烈，經常使會議無法正常進行。法國為了稱霸歐洲大陸，力圖徹底削弱德國；而英、美想讓德國保持一定實力來牽制法國；日本的主要目標在遠東，一心想獨占德國在中國山東的殖民利益，這一要求遭到美國反對。美、英、法、日背著中國炮製出一個嚴重損害中國主權的解決山東問題方案。列強還在國際聯盟等一系列問題上展開明爭暗鬥。

經過長時間的激烈爭吵和彼此妥協，6月28日，戰勝國終於在巴黎近郊著名的凡爾賽宮鏡廳簽訂了「協約國和參戰各國對德和約」，即「凡爾賽和約」。中國代表團迫於國內的壓力，沒有在和約上簽字。根據「凡爾賽和約」，德國領土減少八分之一，人口減少十分之一，失去所有海外殖民地和領地，軍事力量被大大限制。

隨後，協約國又相繼與戰敗國奧地利、保加利亞、匈牙利、土耳其等分別簽訂條約，對他們實行懲罰性掠奪和壓迫。這些條約與「凡爾賽和約」一起，共同構成了第一次世界大戰後帝國主義新的國際秩序——凡爾賽體系。

列寧對話農民

一九二一年的春天，莫斯科的大街小巷仍然被漫天的風雪席捲著。克里姆林宮中一間簡陋的辦公室裡，列寧正在接見全國各地來訪的農民。只見他身體前傾，神情專注地傾聽著，並不時記錄著農民們的意見。步行趕來的農民風塵僕僕，雖掩飾不住長途跋涉的疲勞，但卻對新生政權充滿了希望。

一年之前，帝國主義的干涉戰爭已被蘇俄人民英勇擊退，人民已經開著繳獲的英國坦克在俄羅斯大地上耕耘。但蘇維埃政權在一九二〇年卻決定進一步強化土地國有制，擴大對農民餘糧的無償徵集，結果造成人民（特別是農民）生活的極度困難。到處可見這樣的場面：一群一群飢疲不堪的老人、幼童倒臥道旁，呻吟轉側，還有飢餓難堪的農家舉室自焚，甚至出現人吃人的慘劇。

一九二一年春天，全國各地普遍發生了農民反對餘糧收集制的暴動。在城市，許多工人因生活條件的惡化而心懷不滿，紛紛罷工。農民、工人的不滿情緒也牽動著軍隊和士兵。

一九二一年二月二十八日，喀琅施塔得的水兵發動了起義。本來，蘇俄的水兵一向是布爾什維克倚重的武裝力量，曾被譽為「俄國革命的驕傲和光榮」。十月革命中轟擊冬宮的「阿芙樂爾」號巡洋艦就是從喀琅施塔得駛出的；以後，那裡的水兵們又曾英勇地投入到保衛蘇維埃政權的戰鬥。但現在，他們居然舉行反蘇俄的起義，提出「取消共產黨的特權地位」、「沒有布爾什維克參加的蘇維埃」等口號，而且他們是以捍衛十月革命原則的名義，不受共產黨人的破壞為理由，要求實行自由選舉，自由貿易，「為勞動人民的真正權力而鬥爭」。

一九一八—一九二〇年

蘇俄國內戰爭；蘇俄實行「戰時共產主義」政策。

星期六義務勞動

一九一九年四月，蘇俄國內戰爭困難時刻，莫斯科—喀山鐵路的工人發起星期六義務勞動。全國工人熱烈響應，忘我勞動，支援前線。列寧讚揚它是具有共產主義萌芽的「偉大的創舉」。

面對蘇俄的緊張氣氛，特別是喀琅施塔得這場所謂「穿著軍衣的農民騷動」，列寧陷入思考。是什麼將蘇維埃的支持者推向了反面？為了尋找問題的癥結，列寧走下去、請上來，深入普通的農戶中間，徵求意見，傾聽呼聲。

一位農民說：現在蘇俄的情況是——「土地屬於我們，麵包卻屬於你們；水屬於我們，魚卻屬於你們；森林屬於我們，木材卻屬於你們」。

還有人說「在實行餘糧收集中，懶漢和勤勞的人都同樣攤派，這太不公平了」；「餘糧收得太多！請給我們定個標準，要不，我們會把春播的種子都吃掉」；「要使農民看到好處」，「怎樣才能使人們看到好處呢？很簡單：按百分比收集餘糧」。

聽了農民代表的廣泛發言之後，列寧以凝重的語調說道：「我知道，當農民的一切都被拿走，而給他們的東西又是那麼少的時候，他們的生活是何等艱難！我了解農民的生活，我熱愛他們，我尊敬他們。我請求大家再稍微忍耐一下。」

在深入調查、研究、思考的基礎上，列寧反思近年來蘇俄革命與建設的實踐，直言不諱地坦承錯誤：「在經濟戰線上，由於我們企圖直接過渡到共產主義，到一九二一年春天我們遭到了嚴重的失敗，這次失敗比高爾察克、鄧尼金或皮爾蘇茨基使我們遭到的任何一次失敗都要嚴重得多，重大得多，危險得多。這次失敗表現在：我們上層制定的經濟政策同下層脫節，它沒有促成生產力的提高。」他說：「餘糧收集制已經不能繼續實行下去了。這種政策早就應當改變了。在這方面我們目前也許正處於建設的最困難時期。如果用黨的工作同高等學校的四年課程相比較，那麼我們正在參加從三年級到四年級的升等考試。」

一九二一年三月，俄共（布）召開第十次代表大會，列寧在會上作了關於以實物稅代替餘糧收集制的報告。大會根據列寧的報告通過決議，廢止餘糧收集制，實行糧

一九二一年
三月，蘇俄頒布「關於以實物稅代替糧食和原料收集制」的法令，開始施行新經濟政策。

一九二二年
十二月，蘇聯成立。

食稅。從此，蘇俄開始了從戰時共產主義政策向新經濟政策的過渡。新經濟政策的實施有效緩解了國家所面臨的政治經濟危機，蘇維埃政權因為滿足了農民和工人的要求而得到了他們的衷心擁護。

相關連結

「戰時共產主義」始末

1918年3月起，協約國對新生的蘇維埃俄國實施大規模武裝干涉，蘇俄國內反革命勢力趁機舉行叛亂，國內戰爭爆發。面對國內外反動勢力的猖狂進攻，蘇俄提出「一切為了前線，一切為了戰勝敵人」的口號，把各項工作都轉入戰時軌道。

為了把所有人力物力都集中起來用於戰爭，蘇俄陸續採取了一系列非常措施。規定實行餘糧收集制，要求農民按照國家規定的數量上交糧食和其他農產品；除大工業外，中等工業也收歸國有，而對小工業實行國家監督；取消自由貿易，實行糧食和日用工業品的配給制；全國成人實行勞動義務制等等。這一系列措施，被統稱為「戰時共產主義」政策。這些政策是在國內戰爭和經濟被破壞的環境下被迫採取的，對捍衛蘇維埃政權，贏得國內戰爭的勝利提供了堅實的物質保障，起到了極其重要的作用。

到1920年底，蘇俄人民粉碎了協約國的武裝干涉和國內反動勢力的叛亂，取得國內戰爭的勝利。但是，戰爭結束後，這些非常措施不僅沒有停止或收縮，反而進一步加強了，因而引發一系列嚴重問題——經濟嚴重衰退，人民生活困苦。特別是廣大農民，開始強烈反對餘糧收集制，要求經營自由和貿易自由，遭到政府的否定和拒絕，許多地方發生反蘇維埃的農民暴動和騷亂，農民的不滿還影響到軍隊。

嚴重的社會危機，日益引起蘇維埃的注意。列寧親自參與調查，具體過問農民問題。他們意識到，必須調整和改變經濟政策，特別是對農民的政策。1921年3月，在俄共（布）第十次代表大會上，根據列寧的報告，決定廢止餘糧收集制，實行糧食稅。從此，戰時共產主義政策逐漸被新經濟政策所取代。

魯爾危機

一九二三年一月十一日，大批法國和比利時軍隊突然潮水般湧入德國魯爾區，只見他們剛剛駐紮下來，就三下五除二，強硬而迅速地接管了這裡的礦山、企業和鐵路，並開始將這裡的煤、鐵、鋼材源源不斷地運往法國和比利時。在隨後一年多的時間內，魯爾區的居民們一直在法、比聯軍的監視和奴役下生活……這就是上世紀二〇年代初期圍繞德國賠款問題而發生的國際軍事政治事件——「魯爾危機」。

一戰後的德國賠款問題是懸而未決的複雜的國際問題。根據巴黎和約規定，一九二〇年成立了以法國代表為主席，由法、英、義、比代表組成的賠款委員會，具體解決德國賠款總額和分配比例問題。期間，法國處於領導和支配地位。在法國的提議下，協約國還達成協定：如果德國不支付賠款，協約國可酌情採取制裁措施。

一九二一年四月，在賠款委員會倫敦會議上，確定了德國的賠款總額為一千三百二十億金馬克（包括德國於一九二一年五月一日前尚未支付的一百二十億）。五月，委員會向德國遞交了支付賠款的時間表和最後通牒，要求德國每年支付二十億金馬克及其出口商品值的百分之二十六，並於當年五月底前必須交付一九二一年的十億金馬克，如逾期得不到滿意答覆，協約國將採取軍事行動。

德國在賠款問題上一直採取「履行它，就是要證明它無法履行」的策略，利用戰勝國之間的矛盾，消極抵抗。到一九二二年八月，德國在支付了前期的幾項賠款之後，便試圖採取拖延政策。一九二二年，德國以財政危機為理由，要求延期支付其餘款項。英國基於戰後歐洲政策的考慮，同意德國的要求，提議削減德國賠款總數並延長付款期限。但遭到法國的堅決反對。這樣，在賠款問題上，不僅英、法之間的分歧

一九二〇年
六月，協約國第一次賠款問題會議舉行，規定德國賠款為二千六百九十億金馬克；七月，規定賠款總數為二千四百億金馬克。

一九二一年
二月，協約國舉行倫敦會議討論德國支付賠款時間表；四月，賠款委員會宣布德國支付賠款總數為一千三百二十億金馬克。

一九二三年
一月，法、比軍隊占領德國魯爾區，魯爾危機開始。

加劇，而且德、法矛盾也迅速激化。於是，握有賠款主動權的法國決定對德國採取強硬行動。

一九二三年一月十一日，法國不顧英、美等國的反對，以德國不履行賠款義務為藉口，聯合比利時，出動十萬軍隊開進德國，占領了德國的魯爾工業區。

針對法國的軍事占領，德國強化了它的「消極抵抗」政策，宣布停付一切賠款計畫，下令企業一律停工，企業主的損失由國家補償，失業工人由國家救濟。作為對德國「消極抵抗」政策的反應，法國則進一步加大了占領的力度，一方面擴大了占領區域，加強了軍事管制；另一方面強行接管了魯爾區的所有礦山、企業和鐵路，並設置關卡，徵收關稅等。

「魯爾危機」和德國的「消極抵抗」政策，給德國和法國帶來嚴重影響。首先，魯爾及德國的經濟遭到嚴重打擊。魯爾是德國的冶金重工業中心，這裡生產的煤、生鐵和鋼產量占德國年生產的百分之八十以上。危機發生後，魯爾及德國工業生產急劇下降，失業工人激增，通貨膨脹驚人。首都柏林等城市的工人開始舉行總罷工，造成德國政局的動盪不安。同時，法國不僅沒有通過占領魯爾達到索取賠款的目的，反而給自己帶來諸多意想不到的困難與麻煩。占領魯爾期間，法國支付了超過十億法郎的占領費，而從魯爾運出的煤、鐵的價值卻遠遠不能抵償這筆開支。由於德國對危機的「抵制」，法國的煤炭等燃料供應發生嚴重困難，使其工業生產和社會經濟遭到嚴重損害。更為嚴重的是，法國的冒險行動遭到國際輿論的一致譴責，招致來自英、美的巨大壓力。

英、美兩國意識到，法國的強硬行為，不僅無法使德國償付賠款，反而會造成德國經濟的崩潰，甚至引發國內的革命。於是，他們紛紛發出照會，以強硬的措辭向法、德施加壓力，迫使他們作出讓步，以盡快結束危機。英國要求法國必須恢復魯爾

一九二四年

八月，「道威斯計畫」公布。

一九二九年

二月，國聯設立以歐文楊格為主席的特別委員會，研究賠款問題。六月，「楊格計畫」出臺。

一九三〇年

一月，海牙國際會議討論並通過「楊格計畫」。

占領前的狀況，否則將不會在賠款問題上繼續支持法國。英、美還聯手採取經濟手段，在金融市場拋售法郎，造成法郎貶值和法國財政形勢的惡化。同時英國要求德國立即取消「消極抵抗」，接受美國在一九二二年就提出的建議，即通過召開國際專家委員會來討論解決賠款問題。

魯爾危機帶來的嚴重政治、經濟影響，以及英、美施加的巨大壓力，使德、法兩國都難以繼續堅持原有的政策。德國政府於當年九月被迫宣布停止「消極抵抗」。法國在騎虎難下之際，不得不同意接受英、美關於重審賠款問題的建議，由此喪失了在德國賠款問題上的主動權。

相關連結

「不了了之」的德國賠款

巴黎和會以來，由於歐美列強在對德政策上的矛盾，使德國的賠款問題成為長期懸而未決的重大國際問題。1921年，賠款委員會倫敦會議作出決定，德國賠款總額為1,320億金馬克，分30年付清。德國雖然被迫接受了賠款方案，但在支付1921年20億金馬克賠款後，德國經濟陷入混亂，財政收入銳減，提出延期支付的要求。英國同意德國的要求，但法國堅決反對，並聯合比利時在1923年1月出兵占領德國的魯爾工業區，釀成了「魯爾危機」。

魯爾危機給德、法兩國經濟、政治和國際局勢帶來嚴重影響。在英、美的壓力下，法國不得不從魯爾撤兵，並被迫同意召開國際專家委員會，重新審查賠款問題。

1924年，協約國通過了由美國銀行家道威斯主持制定的新的賠款計畫，即「道威斯計畫」，規定了1924-1925年的賠款總額為10億金馬克，到1928-1929年增加到25億金馬克；賠款主要來源是稅收及鐵路和工業企業的收益，同時，還規定美、英向德國提供貸款。

1928年，德國提出修改道威斯計畫。之後，以美國銀行家楊格為首的專家委員會提出新的計畫，規定德國賠款總額為1,139億金馬克，分59年付清。但楊格計畫提出後不久，世界性經濟危機爆發，德國再次提出延緩支付賠款的請求，得到英、美、法的同意。1932年，德國宣布停止支付賠款。至此，賠款問題不了了之了。

記憶中的「柯立芝繁榮」

以下是一位美國老人記憶中的「柯立芝繁榮」，從中可以窺見美國歷史上的「黃金時代」。

我是一個九十歲的美國老人，經歷了我的國家兩個世紀的歷史。今天，我在一份雜誌上看到了這張上世紀二〇年代的收音機廣告，它所特有的奢華氣息，富麗色彩，以及女性模特所展現出來的婦女解放，使我的記憶在這個時候被喚醒，思緒一下子回到那個繁榮年代。耳邊也響起了當時的著名詩人威廉斯的詩〈巨大數字〉：

> 隨著列車／與燈／我看到了數字五／金色的／在一個紅色的／消防車上／疾速而動／為人們所忽視／發出鏗鏘之聲／警笛呼嘯著／車輪轟轟／駛過黑暗的城市。

城市，是鍍金的。美國夢，自然也是鍍金的。這個鍍金的年代被後人稱為「柯立芝繁榮」。

柯立芝，美國第三十任總統，他採取的是自由放任和「無為而治」的政策。作為總統，他不僅惜字如金，而且嗜睡出名，每天睡覺時間最少十一個小時，早上要睡到八、九點，

二十世紀二〇年代美國收音機廣告

一九二三年
八月，美國柯立芝總統就職。

中午還得睡午覺，一覺睡到下午五點。甚至還要看場電影，而把工作拋於腦後。就是這樣的一位總統會把自己的名字和繁榮聯繫在一起，沒法不讓人覺得匪夷所思。

記憶中的那個年代，一戰剛結束，美國借助戰爭一躍成為世界第一經濟強國。總統隨時強調一點：「美國的事業便是企業……一個人建造一個工廠，便是建造一座教堂……在那裡工作的人，便是在那裡做禮拜。」資本家開始對巨額利潤的瘋狂追求。隨著巨額資金的投入，一座座高樓拔地而起，以令人難以置信的速度出現了很多像紐約、芝加哥和費城一樣的大城市，越來越多的人們開始享受著現代城市生活的繁榮。

那時候，人們可以隨時隨地看到大幅的汽車廣告，所有人都堅信一點：「美國人是世界上第一個認為理應擁有家用轎車的民族。」和我一樣的年輕人都把駕駛私人轎車當成時尚。也許你會問：「汽車的價格很昂貴啊，能負擔得起嗎？」聰明的商人早就想到了分期付款的妙招。這種方法掀起了隨心所欲地搶購汽車的浪潮，銷售商紛紛舉著訂單湧進以福特公司為代表的汽車製造廠。大批量產品的需求，又促使汽車生產流水線技術的出現。每隔幾分鐘就有一輛汽車下線，使其實際生產量從一九一九到一九二九年增長了百分之二百五十五，汽車產量從一九二一年的一〇五〇萬輛增至一九二九年的二千六百多萬輛，平均每六人就有一部汽車。在汽車工業的帶動下，我們有了更多的就業機會，我的親友們分別在全新的石油、輪胎製造、公路建設及鋼鐵製造廠就職。

那個年代，我們的生活也發生了重大改變。有人把它稱作是引吭高歌的年代。每個家庭都擁有了收音機，可以通過無線電波傾聽總統發表的演講，全家也可以在週末到電影院欣賞卓別林的有聲電影。電冰箱、洗衣機、吸塵器、電話，開始進入富人家庭，借用柯立芝總統的話，美國人民已達到了「人類歷史上罕見的幸福境界」。

雖然過去久遠，但我還清楚地記得，一九二八年十月，第三十一任總統胡佛在競選演說中宣稱：「今天我們在任何地方比以往都接近消除人民生活貧困和恐懼的理想。」「只要讓我們繼續執行過去八年的政策，我們借上帝之助，很快將看到貧窮從這裡消失的日子。」

我們都沉浸在總統許下的每家鍋裡有一隻嫩雞，車房中有一輛車的美麗寓言中。但是不久，這個寓言就被經濟危機無情地粉碎了：工廠倉庫裡的商品堆積如山，商店裡的物品無人問津，老百姓的週薪少得可憐，手中的大把股票忽然一文不值。

那真是一個充滿喜悅與恐怖的時代，一個從令人暈眩的高度突然降低到令人心碎的低谷的年代……。

相關連結

柯立芝繁榮

1920年代美國經濟迅速發展和高漲，進入一個經濟繁榮的「黃金時代」，由於繁榮主要發生在柯立芝總統執政時期，所以史稱「柯立芝繁榮」。

這一時期正值戰後資本主義世界相對穩定時期，英、法、德等歐洲國家經歷第一次世界大戰後，經濟處於停滯或恢復狀態，為美國經濟勢力向外擴張提供了良好時機。美國在一戰中大發橫財，由戰前的債務國變成債權國，代替歐洲掌握了世界經濟霸權，紐約成為世界金融中心之一。同時，美國在國內通過技術革新、資本更新和企業生產，及管理的合理化，大大提高了勞動生產率，使經濟得以迅速發展。從1923年到1929年，美國年生產增長率達到4%，工業生產增長近一倍，國民總收入從1919年的650.9億美元增至1929年的828.1億美元，人均收入從1919年的620美元增加到1929年的681美元。

美國的經濟繁榮主要表現在工業生產的發展，特別是汽車工業、電氣工業、建築業和鋼鐵業生產的高漲上。到1929年，美國在資本主義世界工業生產的比重已達48.5%，超過了當時英、法、德三國所占比重的總和，以致柯立芝總統聲稱，美國人民已達到了「人類歷史上罕見的幸福境界」。

但是，在「柯立芝繁榮」之下也潛伏著危機，特別是農業長期不景氣，採煤、造船等舊的工業部門開工不足，還有國民收入中的分配不均、貧富差距擴大等。

凱末爾扔掉「費茲帽」

一九二五年八月二十四日，土耳其共和國總統凱末爾視察卡斯塔莫努。前來迎接總統的人們驚奇地發現，凱末爾光著頭，手拿一頂巴拿馬禮帽向人們揮手致意，而土耳其傳統的「費茲帽」已不見蹤影了。這個變化在常人看來似乎不算什麼，而在當時的土耳其，則是凱末爾率先垂範，挑戰伊斯蘭教傳統，發起服飾改革的鮮明標誌。

在上世紀二〇年代凱末爾資產階級革命過程中，剷除陳規陋習，實行移風易俗，是改革的重要內容之一。而移風易俗的一項內容就是進行服飾和頭飾的改革。這裡既包括男人普遍改穿西裝、婦女拋棄面罩等，也表現在頭飾的一個細節變化——以有邊的帽子代替傳統的「費茲帽」。

「費茲帽」原本不是土耳其人的民族頭飾。它最初起源於北非，以產於費茲地方者為最佳，故名。「費茲帽」通常是用鮮紅或紫紅色氈做成的圓筒形帽子，平頂無邊。戴這種帽子比較適合做禮拜活動。土耳其人傳統的頭飾是在頭上纏裹頭巾。一八二九年，蘇丹馬赫梅德開始在土耳其推行「費茲帽」運動，並以此取代纏頭巾。最初，「費茲帽」曾遭到伊斯蘭教會的激烈反對，結果，推廣困難，在很長一段時間內，「費茲帽」只是土耳其政府官員和軍人的頭飾。

十九世紀下半期，蘇丹阿卜杜哈米德推行泛伊斯蘭主義以後，「費茲帽」開始成為區別穆斯林與異教徒的標誌，凡不戴「費茲帽」者，往往就被視作「異教徒」。這時，「費茲帽」已從原先的一項革新措施，變成伊斯蘭人愚昧、無知、狂熱和保守的一種象徵。

於是，在凱末爾革命和改革中，對包括「費茲帽」在內的傳統服飾與頭飾的改

一九一八年
一月，協約國軍隊開進土耳其君士坦丁堡，實行軍事管制，控制蘇丹政府。

一九二〇年
四月，土耳其凱末爾在安卡拉召開大國民會議，凱末爾任大國民會議主席。
八月，土耳其蘇丹政府與協約國簽訂「色佛爾條約」。

一九二二年
十一月，土耳其大國民會議宣布廢除蘇丹制，國民政府代表參加洛桑會議。

一九二三年
七月，土耳其與協約國簽訂「洛桑條約」。

革，成為人們矚目的改革細節。

為了引導頭飾變革，促進移風易俗和社會進步，作為土耳其總統的凱末爾，不顧伊斯蘭教的傳統禁忌，毅然率先扔掉「費茲帽」，引進並戴用端莊大方的巴拿馬式禮帽。改革在土耳其共和國上下，產生重大而深刻社會影響。

一九二五年十一月二十五日，土耳其議會通過了一項「帽子法案」，正式用法律手段推行戴有邊的帽子，並嚴禁再戴用傳統的「費茲帽」。

頭飾、服飾上的細微變化，反映著獨立後的土耳其人民充滿自信、追求文明、追求進步的精神風貌。

相關連結

凱末爾資產階級革命

第一次世界大戰後，作為戰敗國的土耳其面臨被協約國列強瓜分的嚴重威脅。為了挽救民族危亡、爭取民族獨立解放，土耳其人民在愛國將領凱末爾的領導下，奮起抗爭。

1918年，土耳其安納托利亞農民首先展開反對英、法占領者的游擊鬥爭。第二年，凱末爾統一各地的護權協會，成立土耳其民族代表委員會，領導民族解放運動。1920年，以凱末爾為代表的民族資產階級同土耳其蘇丹政府決裂，建立國民政府，凱末爾任臨時總統兼國民軍總司令，同年打敗蘇丹哈里發軍；1922年，戰勝英國支持的希臘侵略軍，迫使協約國於1923年簽訂了「洛桑條約」，承認土耳其本土的主權統一與領土完整。

在取得民族獨立解放的基礎上，土耳其推翻了奧斯曼帝國，成立了土耳其共和國，凱末爾當選為總統。隨後，凱末爾政府實行了一系列資產階級民主改革，廢除蘇丹制度，實行政教分離；採取發展資本主義民族經濟的措施；擴大世俗教育，實行文字改革，用拉丁字母取代阿拉伯字母；廢除各種陳規陋習等。這一系列資產階級性質的社會改革，鞏固了土耳其的國家獨立，使土耳其走上民族復興的道路。

甘地向「食鹽進軍」

一九三〇年三月，在印度孟買以北的一段海岸灘地上，每天都可以看到一位年逾花甲、剃著光頭、上身赤裸、皮膚黧黑的老人帶領眾人從海邊取來海水，然後用鍋灶煮水取鹽的忙碌場景。他們頂海風、冒烈日，揮汗如雨，幹勁十足，熱火朝天……。

這位老人就是印度「聖雄」甘地，他正在帶領信徒和印度人民向「食鹽進軍」，與英國殖民者進行「非暴力」不合作鬥爭。

莫罕達斯．卡拉姆昌德．甘地是印度民族主義運動和國大黨領袖。他早年在南非從事律師工作時期，創造了非暴力抵抗的鬥爭形式，並領導南非印度人為爭取自身合法權利而鬥爭，贏得了極大聲譽。

他認為，反對英國殖民者的鬥爭，只能採取和平的鬥爭方式，實行「不合作」和「非暴力的抵抗」。

一九一五年，甘地從南非回國，在印度西北部阿默達巴德城等地，成立堅持真理的非暴力學院，推行他的「非暴力不合作運動」。

第一次世界大戰結束後，為了鞏固殖民統治，英印當局維持戰爭時期的高壓政策，並頒布嚴酷的法案，加緊對印度人民的殘酷剝削。一九一九年四月十三日，發生了英國軍隊屠殺印度百姓的阿姆利則慘案，打死許多集會抗議的群眾。這一事件激怒了印度人民，暴力反抗的事件頻頻發生，反英鬥爭迅速高漲。從一九二〇年起，印度人民在他們最敬重的「聖雄」甘地的領導下，進行了長期的不合作運動，以反抗英國的殖民統治。

在戰後英國殖民者頒布的法案中，有一項「食鹽專營法」，法案規定，嚴格控制

一九一九年

三月，甘地發表非暴力不合作宣言；英國印度殖民當局頒布「羅拉特法案」。

四月，英軍在旁遮普邦阿姆利則城槍殺印度集會群眾，製造「阿姆利則慘案」。

一九二〇年

四月，印度國大黨通過甘地制定的不合作計畫。

印度的食鹽生產，實行食鹽生產壟斷，英國殖民當局可以任意抬高食鹽價格和鹽稅。這個立法直接影響到印度人民的日常生活，因而引起印度人民的強烈不滿。為此，甘地決定以「非暴力不合作」的方式與英國殖民者進行針鋒相對的鬥爭。

一九三〇年一月三十日，甘地向英印總督發出一封公開信，提出廢除食鹽專營等十一點要求，遭到總督的拒絕。於是，甘地毅然領導印度人民向「食鹽進軍」，號召印度人民自製食鹽，以此抵制英國當局的食鹽專營法。

三月十二日上午，在阿默達巴德城的修道院門前，甘地赤裸著上身，腰纏土布，手持竹杖，率領七、八十名信徒，舉行向「食鹽進軍」的開始儀式。甘地高舉竹杖，帶領眾信徒高聲宣誓：

「我們宣誓……」甘地高喊著。

「我們宣誓……」眾信徒齊聲附和。

「除非英國殖民當局修改食鹽專營法，印度獲得自由，否則，我們絕不再回到這裡……」。

宣誓完畢，甘地帶領眾信徒們開始「食鹽進軍」。他們從阿默達巴德城修道院門前出發，步行向南，徒步四百公里，到海邊去煮鹽。行進途中，甘地和信徒們不懼風吹日曬，蚊叮蟲咬，每到一個村莊，都舉行群眾集會，發表演說，宣傳抵制英國殖民當局的食鹽專營法，號召人民加入「非暴力不合作運動」。經過二十四天的艱難徒步跋涉，當他們到達孟買北部海邊的古吉拉突邦丹地時，向「食鹽進軍」的隊伍已有千人之眾。

四月六日上午，甘地帶領眾信徒先在海邊祈禱、沐浴，然後開始取海水熬製食鹽。他們使用各種簡陋的容器，打來海水，進行蒸煮、分餾、過濾、沉澱，析出海鹽。此後，他們每天都照例來海邊煮鹽勞動，因多次絕食而病弱體衰的甘地則始終身

一九三〇年

一月，甘地向英印總督提出十一點要求。

三月，甘地從孟買省阿默達巴德出發，進行「食鹽進軍」。

四月，甘地到達古吉拉突邦丹地，自取海水煮制食鹽，第二次非暴力不合作運動開始。隨後，甘地規定不合作運動具體內容；甘地等國大黨領導人被捕。

先士卒，一直堅持了整整三個星期。

印度報紙對甘地的「食鹽進軍」進行了廣泛報導。印度沿海各地紛紛響應甘地的號召，開展自製食鹽的行動。在「食鹽進軍」的影響之下，全國各地也都開展了反對英國殖民統治者的鬥爭，遊行示威、罷工、罷課、請願等，一浪高過一浪，一場群眾性的反英鬥爭蓬勃開展起來了。

相關連結

印度非暴力不合作運動

「非暴力不合作」的思想學說由印度民族主義者莫罕達斯·卡拉姆昌德·甘地創立，其理論與實踐早年他在南非的時候已經形成。他認為，印度必須脫離英國獨立，但他主張採用和平的方式，與英國殖民者實行「不合作」和「非暴力的抵抗」。因此，他的鬥爭方式被稱為「非暴力不合作運動」。1915年，甘地回到印度，開始宣傳和推行他的理論學說。

一戰後，印度人民掀起了民族獨立運動高潮。英國殖民當局採取鎮壓政策，在1919年製造了阿姆利則慘案，開槍打死舉行抗議集會的印度群眾近四百人。1920年12月，印度資產階級政黨國民大會黨通過了甘地提出的「非暴力不合作計畫」，改變大戰期間同英國合作的態度，宣布通過「和平和合法的手段」取得印度的自治。

不合作運動的措施包括：印度人放棄英國殖民當局給予的頭銜和名譽職位；對英國人的立法機關、法院和學校實行普遍抵制；號召家家戶戶恢復手工紡織並抵制英貨；逐步進行抗稅鬥爭等。其基本方法是：實行罷課、罷工、罷市等。1920-1930年代，非暴力不合作運動幾經起伏，形成多次高潮，曾發展成為全印度範圍的聲勢浩大的群眾運動，打擊了英國的殖民統治，增強了印度人民的民族自尊心和自信心。

罷工遊行

二戰前的世界

一九二九—一九三三年，資本主義世界爆發了空前嚴重的經濟危機，並引發了政治危機。為了擺脫危機，美國實施羅斯福新政，通過加強國家對經濟的干預，緩和了國內矛盾；德國、日本則走上法西斯專政的道路，加緊對外擴張，逐漸形成了歐、亞兩個戰爭策源地。三〇年代，德、義、日法西斯國家不斷對外侵略擴張，點燃戰火。遭受侵略的中國、衣索匹亞、西班牙等國人民展開了英勇的反法西斯鬥爭。但是，英、法、美等資本主義國家卻推行綏靖政策，縱容法西斯侵略，新的世界大戰日益逼近。

畢卡索《格爾尼卡》

1937年，德國法西斯將西班牙小鎮格爾尼卡夷為平地。畢卡索聞訊後極為憤慨，為抗議法西斯的暴行，他創作了壁畫《格爾尼卡》。此畫描繪了格爾尼卡遭德軍飛機轟炸後的慘狀：畫中右邊有一個婦女舉手從著火的屋上掉下來；左邊是一個母親與一個已經死去的小孩；中央是一匹老馬，為一根由上而下的長矛刺殺。全畫用黑、白與灰色畫成，淋漓盡致地表現了戰爭的痛苦、無辜者的受難和法西斯的獸性。

羅斯福「爐邊談話」

一九三三年三月十二日，是陷入恐慌中的美國人都不會忘記的日子。那天美國CBS的主持人羅伯特・特勞特在收音機中介紹說：「總統希望來到你的家裡，坐在壁爐旁，與大家做個爐邊小談。」接著，剛剛當選的羅斯福總統誠摯親切的話語從收音機中傳出來：「我的朋友們……」人們紛紛放下手中的家務，圍坐在收音機旁，傾聽總統的談話。

屋外春寒料峭，爐邊暖意融融。坐在總統府外賓接待室壁爐前的羅斯福，以兄弟姊妹般的語氣，平靜地請求人民信任銀行：「我要指出一個簡單的事實，你們把錢存進銀行，銀行並不是把它鎖在保險庫裡了事，而是用來通過各種信貸方式進行投資，比如買公債、做押款。換句話說，銀行讓你們的錢發揮作用，好使整個機構轉動起來……我可以向大家保證，把錢放在經過整頓、重新開業的銀行裡，要比放在褥子下面更安全。」

伴隨著壁爐木柴劈啪的燃燒爆裂聲，羅斯福那帶有磁性的聲音熱切而堅定：「歸根結柢，在我們調整金融體制時，有一個因素要比貨幣更為重要，比黃金更寶貴，這就是人民的信心。執行我們的計畫，成功的要素就是信心和勇氣。你們大家一定要有信念，一定不要因聽信謠言和妄加猜測而驚慌失措，我們要團結起來戰勝恐懼。」

儘管沒有高深的理論，沒有華麗的辭藻，沒有空洞的口號，也沒有咄咄逼人的氣勢，但收音機旁的六千萬美國人被總統樸實的言辭、親切的話語深深打動了。淚眼朦朧中，人們彷彿親眼看到這位雖然肢體殘疾但精神堅毅的總統。在黑夜之中，在微弱的爐火邊，透過無線電波，聊家常般地向人民傾訴國家的艱難、需要和希望……壁爐

一九二九年
十月，美國紐約股票交易所股票行情暴跌，經濟大危機開始。

一九三三年
三月，美國羅斯福就任總統，實行新政。

溫暖的火彷彿也進入了每個家庭的客廳，冰釋了長期鬱結在人民心頭的疑團，以及對現存體制的不信任甚至敵對情緒。

次日，在十二個設有聯邦儲備銀行的城市裡，銀行開業了。人們攜帶著裝有黃金和貨幣的大包小袋排起了長龍。此情此景與不久前發生的一幕幕有著驚人的相似，但那時是基於對銀行深深失望的擠兌和提取，現在則是對其恢復信心的儲存。事實證明，無線電波帶去的，不僅僅是親和力，還是一種經濟上的興奮劑。

一九三三年五月七日，羅斯福第二次「爐邊談話」。這一晚上，他「向大家匯報」政府對危機做了些什麼以及還計畫要做些什麼。他讚揚了正處於苦難之中的人們的頑強精神。「我們全體國會議員和政府成員對於你們大家——我國的人民——深表感激。在整個蕭條時期，你們大家很有耐心。你們授予我們廣泛的權力；你們對我們的目標的廣泛支援，鼓舞了我們。」

一九三三年七月二十四日，羅斯福第三次「爐邊談話」。他看到了復興計畫的堅實基礎，這就是人民之間的「諒解與合作」、「共同的盟約」。在交談中，他申明了一個樸素的真理——「在戰爭中，在夜戰的朦朧中，戰士們都在肩頭兒戴著明亮的標誌，以避免自相殘殺。根據同一原則，在這項計畫中合作的人，也必須隨時都能互相識別」，「我們不拆夥」，「我正在要求工人們以諒解和協助的精神和我們同行」。

一九三三年十月二十二日，羅斯福第四次「爐邊談話」。他關注人們秋天的收成，所以當晚的主題就是「我國普通公民的福利」。他依然「感謝大家的耐心和信任」，也坦陳了對他人誤解自己的看法，然後堅定地強調：「國家復興的秘訣就在於合作。這種合作是自願的……。」

一九三四年六月二十八日，羅斯福第五次「爐邊談話」。他稱自己及政府是「受大家委託來負責的人」。這並不是謙虛，這是民主社會固有的原則，這是「主權在

一九二九－一九三三年經濟危機

由於財富集中於少數人手中，社會購買力下降，導致市場萎縮，生產相對過剩；證券市場異常活躍，資金大量流入股票市場。經濟繁榮的假像使更多的美國人紛紛貸款購物。這些因素共同促成了經濟危機的爆發。一九二九年九、十月間，美國股票行情猛跌，股市崩潰。隨之大批銀行倒閉，企業破產，農產品價格猛跌，失業人數激增。繼而，危機迅速蔓延到加拿大、日本和西歐各國，席捲了幾乎整個資本主義世界。這場大危機持續時間長、波及範圍廣，給資本主義世界造成巨大的破壞。危機激化了資本主義制度的各種矛盾，引起了嚴重的政治危機。

民」原則在政治精英心靈底蘊上深深嵌入的範本。在這塊範本的塑造之下，羅斯福講述了當晚的主題——改革．復興．救濟，簡稱「三R」。

就這樣，羅斯福總統通過「爐邊談話」這個平臺，為美國人確立了願景，明確了目標，增強了自信。廣大民眾心往一處想，勁往一處使，使美國在不太長的時間裡走出了經濟危機的陰影，走上了快速發展之路。

相關連結

羅斯福新政

1933年3月，佛蘭克林．羅斯福就任美國總統，他應對危機的一系列政策後來被稱作「新政」，其核心是三個R：改革（Reform）、復興（Recovery）和救濟（Relief）。

「新政」先從整頓金融入手，整頓銀行，恢復銀行信用；放棄金本位；實行美元貶值；投資銀行與商業銀行分業經營；建立聯邦儲蓄保險公司；擴大聯邦儲備委員會（中央銀行）權力；管制證券業。

整頓農業方面，設立農業調整管理局；減少耕地、牲畜數量；政府為農業提供補貼；調整農產品結構；提高並穩定農產品價格；保護土壤。

復興工業方面，制定「全國產業復興法」，制定行業公平競爭法規；管制公用事業控股公司；加強對通訊和海、陸、空運輸的管制。訂立「一攬子規約」，規定如願意合作的雇主應保證遵守全國復興總署規定的最低工資和最高工時的標準，在企業門口懸掛藍鷹徽。

實施社會「救濟」。政府建立聯邦緊急救濟署、工程進展署、公共工程局等機構；發放緊急救濟金；推行「以工代賑」；興辦築路、市政、水利、軍用設施及田納西河流域改造等公共工程；為老年人、殘疾人、失業者和兒童提供社會保障。

羅斯福「新政」未能完全消除危機，卻使美國經濟復蘇，逐漸走出低谷。到1940年，美國國民收入恢復到1929年經濟危機爆發前的水平。從1939年開始，國際局勢日趨緊張，羅斯福開始將注意力集中於國際事務，「新政」漸告結束。

國會縱火案

一九三三年二月二十七日晚上，喧鬧繁忙了一天的德國首都柏林的街道開始逐漸安靜下來。「起火了，起火了，國會起火了！」突然，隨著一陣驚呼，人們循聲望去，只見共和廣場旁的國會大廈濃煙滾滾，火光沖天，轉眼之間，火舌便吞噬了大廈的中央圓頂。

這把火是怎麼著起來的？又是什麼人放的？

國會大廈著火不久，德國國會議長戈林就既興奮得意又賭咒發狠地說：「這肯定是共產黨反對新政府的罪行！」他對新任的秘密員警頭子魯道夫．狄爾斯下達命令：「共產黨的革命開始了！我們一分鐘也不能坐待，要毫不留情地對付他們。」

當晚，德國政府發表通告，宣布是共產黨人放火燒了國會大廈，並聲稱納粹衝鋒隊在現場抓到的一個名叫盧勃的荷蘭「共產黨員」，他就是「縱火犯」。

第二天，納粹黨按照早已擬定好的名單開始了大搜捕。同時，希特勒還頒布了緊急法令，勒令解散除法西斯黨以外的一切政黨，取締工會及一切結社、集會等自由。霎時間，蓋世太保（秘密員警）在德國各地橫行無忌，到處抓人、殺人，德國共產黨領袖恩斯特、台爾曼和一．八萬名共產黨員先後被捕入獄。連正在德國的共產國際領導人，保加利亞共產黨主席席格．季米特洛夫和另外兩名保共活動家也遭到逮捕。

一九三三年九月，納粹分子宣布在萊比錫法庭公開審理此案。季米特洛夫決定為自己進行政治辯護，與法西斯分子作針鋒相對的鬥爭，戳穿他們的陰謀。開庭第三天，輪到季米特洛夫出庭。他說：「不錯，我是一個布爾什維克，無產階級革命

一九二〇年
四月，希特勒把「德國工人黨」改為「國家社會主義德國工人黨」（「國社黨」、納粹黨）。

一九二三年
十一月，希特勒國社黨在慕尼黑舉行啤酒館暴動。

一九三三年
一月，興登堡任命希特勒為德國總理。
二月，德國法西斯策劃「國會縱火案」，戈林指使法西斯黨徒焚燒國會大廈，誣指共產黨為縱火犯，實行全國大逮捕。
四月，德國國家秘密員警（「蓋世太

家……但是，正因為如此，我不是一個恐怖主義冒險家，不是陰謀家，不是政變的組織者，也不是縱火者……。」實際上著火那天，季米特洛夫根本不在柏林。法庭庭長聽著這位政治宣傳家的長篇演講，覺得他好像成了法官，便慌忙打斷季米特洛夫，拉出了所謂的「縱火犯」盧勃，問道：「你跟縱火犯是什麼關係？你們是怎樣密謀的？」

季米特洛夫轉身，兩眼炯炯有神地盯著盧勃說：「你當著大家的面說明，你什麼時候見過我？又是什麼時候認識我的？」

「我不認識你，也沒見過你。」盧勃答道。

季米特洛夫朗聲說道：「問題無疑是很清楚的。在這場審判中，盧勃只不過是個木偶，可憐的木偶被送交法庭，而操縱者已逃之夭夭。作為一個無辜的被告，尤其是作為一個共產黨員和共產國際的成員，我對立即徹底查清國會縱火案，捉拿真正的元兇，是很感興趣的。」

庭長眼看季米特洛夫又把審判引向追查幕後策劃者，便立即打斷他並進行威脅。季米特洛夫毫不畏懼，直截了當地提出了一個對法西斯分子最致命的問題：「縱火者不是通過通往國會的暖氣通道進去的嗎？」庭長失去了自制，吼叫起來：「這個問題不准討論！」隨即宣布休庭。

接著就是戈林出庭，季米特洛夫在一連串鋒利的反詰中，很輕易地就使戈林兇相畢露。戈林理屈詞窮，大聲地向他咆哮：「滾出去，你這個混蛋！」法官叫人把季米特洛夫帶下去。季米特洛夫問戈林：「你害怕我的問題嗎，議長先生？」戈林惡狠狠地說：「等我們在法庭外面抓到你，給你點顏色看看，你這個混蛋！」

法庭隨後的幾次審判，也都以失敗而告終。無奈之下，萊比錫法庭終於被迫無罪釋放季米特洛夫等四人，以判處盧勃死刑草草了事。

保」）成立。

九月，德國法西斯在萊比錫對季米特洛夫和德國共產黨人就國會縱火案進行審訊。

一九三四年

八月，德國通過「國家元首法」；與登堡去世；公民投票批准希特勒任德國總統。

一九三五年

三月，希特勒頒布「德國國防法」，實行義務兵役制，建立國防軍。

五月，希特勒在國會發表「和平綱領」演說，秘密頒布「帝國防禦法」，設立「戰爭經濟全權總辦」。

一九三六年

三月，德國廢除一九二五年「洛迦諾公約」，德軍進入萊茵非軍事區。

後來通過調查，縱火案的真相大白於天下。原來這完全是德國納粹黨精心策劃的陰謀。按照事先的計畫，納粹黨柏林衝鋒隊隊長帶領部下，從戈林的議長府出發，通過柏林國會大廈下的一條地下暖氣管通道，鑽進國會大廈，用汽油和易燃化學品引燃大廈後，又從原路回到戈林的議長府。同時，納粹衝鋒隊找到了對放火有癖好的荷蘭人盧勃，讓他再放了幾把火。

希特勒利用「國會縱火案」一控制全國的目的是暫時達到了。此後，德國開始了公開的戰爭準備。整個歐洲都籠罩在緊張不安的氣氛中。

相關連結

希特勒與第三帝國

阿道夫・希特勒（1889-1945），生於奧地利，1919年加入德國民族社會主義工人黨，即納粹黨，兩年後掌握該黨領導權，任黨魁。1923年發動啤酒館政變陰謀奪權，失敗後一度入獄。1925年，主持重建納粹黨。

1929年後，德國陷入空前嚴重的經濟、政治危機，德國壟斷集團決定用專制獨裁取代民主。1933年1月，在壟斷集團的支持下，希特勒出任總理，次年8月總統興登堡死後，自稱元首兼總理，於是納粹黨攫取德國政權。希特勒對內廢除威瑪共和政體，解散國會，取消所有反對派政黨，迫害和屠殺共產黨、進步人士和猶太人，實行法西斯獨裁統治，並大肆重整軍備。對外不斷發動侵略戰爭。1936年建立柏林—羅馬軸心，進軍萊茵非軍事區，武裝干涉西班牙內戰；第二年與義大利、日本結成軍事同盟；1938年吞併奧地利和捷克斯洛伐克的蘇台德區；1939年3月，吞併整個捷克斯洛伐克；九月出兵波蘭，全面挑起第二次世界大戰。

以希特勒為首的納粹黨夢想繼德國歷史上神聖羅馬帝國和德意志帝國之後，建立一個新的「千載帝國」，即德意志第三帝國。1945年5月，隨著希特勒自殺和納粹德國的戰敗投降，第三帝國壽終正寢。

1933年1月，希特勒成為德國總理

「二・二六」兵變

一九三六年二月二十六日凌晨，日本東京市內槍聲大作，呼喊聲一片。一群狂熱的青年軍官率領一千四百多名士兵，兵分幾路，突然襲擊了首相官邸和內閣大臣的官邸、私邸，以及警視廳等政府機構，十數名大臣、政府要員或死或傷或逃……一場駭人聽聞的血腥暴亂發生了。

這就是日本歷史上有名的「二・二六」兵變——日本法西斯軍官發動的推動日本法西斯化的武裝叛亂。

二十世紀三〇年代初，在經濟危機的打擊下，日本法西斯勢力日益猖獗，針對政界、軍界、財界巨頭的恐怖暗殺活動屢屢發生。一九三二年三月，三井財團總裁遇刺；一九三二年五月，首相犬養毅被殺；一九三五年八月，陸軍省軍務局長永田鐵山遇害……這一系列恐怖事件似乎預示著一場更為血腥、更加瘋狂的政治事端即將來臨。

在日本東京皇宮外一側，駐紮著東京第一師團。這支駐軍的指揮者是香田清真、村中孝次等皇道派青年軍官。一九三六年二月二十六日清晨四時許，香田清真和其他叛亂領導人把熟睡中的部下從夢中叫醒，命令他們立即全副武裝，執行一個緊急任務。士兵們一無所知，大都以為是要進行一次夜間演習。僅僅幾分鐘，部隊集合完畢，被分成六個分隊，在軍官們帶領下，迅速衝出營房，奔向了各自的攻擊目標。

首相岡田啟介官邸，是這次襲擊的首要目標。栗原中尉率領一個分隊直奔官邸正門，迅速解除了守衛官邸的員警部隊的武裝，進入官邸。頓時，首相官邸內槍聲大作。岡田啟介被驚醒，在兩名員警幫助下慌忙躲藏到一間密室裡。衝入院內的叛軍，

一九三一年

九月，日本發動「九一八」事變，侵略中國東北。

五一五事件

二十世紀三〇年代，日本內外矛盾極度尖銳，法西斯勢力日益抬頭。一九三二年五月十五日，少數陸海軍「少壯派」軍人闖入首相官邸，殺死首相犬養毅，同時還襲擊了警視廳等機關，企圖迫使政府發布戒嚴令，成立軍人內閣，強化軍國主義體制。暴亂平息後，成立以海軍大將齋藤實為首的所謂「舉國一致」內閣，軍部法西斯勢力進一步加強。

與岡田的妹夫松尾相遇。松尾與岡田長相相似，叛軍誤以為他就是首相，舉槍射擊，松尾被當場擊斃。

在距離首相官邸幾條街口的地方，香田清真大尉率領另一分隊士兵衝入陸軍大臣川島義之的官邸。川島在臥室內束手就擒。香田向他遞交了一份聲明，提出實行改革、充實國防、重用皇道派、懲處統制派等一系列要求，並命令他立即前往皇宮，向天皇啟奏轉達。

另一支一百五十人的分隊，在安藤輝三大尉率領下，闖進天皇侍從長鈴木貫太郎的官邸。鈴木連續三次質問叛軍行動的原因，回應他的是一陣陣槍擊。鈴木身中數彈，倒在血泊之中，幾個士兵又補射了數槍。但不可思議的是，每一槍都未擊中要害，鈴木僥倖死裡逃生。

在藏相高橋是清的臥室裡，當叛軍衝進的時候，高橋還在打著節奏分明的呼嚕。一名中尉提槍踢掉藏相的被子，高喊著：「天誅！」把全部子彈射向他。另一名叛亂軍官則揮起軍刀砍斷了高橋的右臂，接著又把刀刺進藏相的腹部。

由高橋太郎少尉率領的分隊闖進了教育總監渡邊錠太郎的郊區寓所。渡邊正和他的小女兒躺在床上。高橋用手槍向他射擊，然後再用軍刀砍掉了他的腦袋。

另一隊叛軍在山區休養地搜尋天皇心腹牧野伸顯，牧野聞訊從後門逃脫。士兵一把火燒了他所居的旅館。

黎明時分，叛軍還攻占並控制了警視廳大樓。

兵變發生之後，日本內閣一片混亂。二十七日凌晨，內閣與陸軍統帥部一度迷茫之後，終於做出最後決定，堅決討伐叛亂部隊。二十八日上午，天皇發布敕令，要求迅速平息這場叛亂。至二十九日下午，經歷了四天的軍隊武裝叛亂，未經任何抵抗就被鎮壓下去了。

一九三六年
二月，日本發生「二·二六」兵變。

一九三七年
七月，日本製造「七七事變」，發動全面侵華戰爭。

「二・二六」兵變雖然以失敗告終，但它加強了日本法西斯化，成為日本法西斯力量重新組合、調整，並逐步上臺執政的起點。

相關連結

日本軍部法西斯勢力崛起

1929-1933年的經濟危機，使經濟基礎薄弱、國內市場狹小的日本受到沉重打擊。法西斯勢力在各種矛盾尖銳的形勢下，趁機發展。軍部是日本法西斯化的主要決策者和推動者，它要求在天皇的名義下建立法西斯獨裁政權，實行對外侵略擴張。為達到這一目的，軍部法西斯分子製造了一連串暗殺、政變等恐怖事件。「二・二六」兵變就是在這種背景下的一次軍事政變。由於叛亂得不到其他部隊的支持，最後和平地投降了。以東條英機為首的統制派（與皇道派不同，統制派不主張採取刺殺和政變行動）在日本陸軍中占據了領導地位。軍人掌握了隨時可以使內閣倒臺的大權。他們確定了全面對外進行侵略擴張的國策。這樣，日本法西斯軍國主義體制最後確立。到了1937年7月，他們發動了「盧溝橋事變」，開始了全面的侵華戰爭。

義大利「速戰」而未決

一九三五年十月，在時隔四十年之後，義大利再次發動了對東非國家衣索匹亞的侵略戰爭。十月二日，在向全國發表的演說中，墨索里尼公開宣稱要以武力吞併衣索匹亞，並斷言，這是一場速戰速決的戰爭。在裝備上占據絕對優勢的義大利軍隊一經開進衣索匹亞國土，其皇帝海爾·塞拉西一世就將率領國民屈服投降。然而，讓墨索里尼料想不到的是，戰爭開始之後，法西斯義大利的軍隊既未速戰，更未速決，反而被深深陷入衣索匹亞軍民英勇抗敵的泥潭之中。

一九三五年十月三日凌晨，即在墨索里尼發表戰爭演說的第二天，義大利的轟炸機突然出現在衣索匹亞的領空，向衣索匹亞的城市、邊界防線、軍事據點投下大批炸彈。隨後，義軍在坦克、大砲的猛烈砲火掩護下，從北、南兩個方向對衣索匹亞發起進攻。

北線厄立特里亞方面由東非義軍總司令德·博諾指揮，擔任主攻，任務是消滅衣索匹亞軍隊，占領其全部領土。南線義屬索馬里方面由格拉齊亞尼指揮，任務是牽制衣索匹亞南方軍，並依據戰機發動進攻。

在北線，義大利投入十七·五萬人的部隊，配備了五百八十輛坦克和一百二十架飛機；在南線，投入五萬人的部隊，配備了七十輛坦克和三十八架飛機。衣索匹亞雖然在北、南兩線分別集結了二十五萬和五萬軍隊迎擊侵略者，但因經濟落後，武器裝備十分缺乏和陳舊。全國僅有二百門野戰砲、五百挺機槍和不能用於作戰的十三架老式飛機。甚至連正規部隊也做不到人手一支老式步槍，許多人手持大刀或長矛參加戰鬥。

一九二一年
義大利法西斯黨成立。

一九二二年
十月，墨索里尼糾集四萬法西斯黨徒從米蘭「向羅馬進軍」，隨後墨索里尼任總理，組成第一屆法西斯政府。

一九三五年
十月，義大利軍隊侵入衣索匹亞，衣索匹亞反抗義大利侵略的民族解放戰爭開始；國聯行政院宣布義大利對衣索匹亞採用戰爭手段為侵略者；國聯大會通過對義大利實行經濟和財政制裁決議。

十月六日，義軍長驅直入占領阿杜瓦。十五日，又占領了阿克森姆。但當義軍向戰略縱深的提格雷地區發動進攻時，遭到衣索匹亞軍隊的重創。陸軍大臣穆魯吉埃塔公爵指揮衣索匹亞軍隊頑強抵抗，先後擊斃、擊傷義軍數千人，並乘勢奪回了部分失地，給侵略者以沉重打擊。提格雷戰役初步宣告了墨索里尼速決戰計畫的破產。

十月十七日，衣索匹亞首都阿迪斯阿貝巴舉行了威嚴的閱兵儀式。在年輕的皇帝塞拉西的激情鼓動之下，衣索匹亞十多萬軍民發出「誓死抗敵，寧死不屈」的震天怒吼。

在提格雷戰役遭重創之後，擔任北線主攻任務的義軍司令德·博諾為避免更大損失，一時暫停了進攻，在占領區內宣布廢除奴隸制，停止繳納某些封建捐稅，實行「商人有其店，耕者有其田」，試圖以「安撫政策」，實現不戰而征服。然而，衣索匹亞人民對德·博諾的欺騙不予理睬，以「至死不屈」的精神，不斷打擊侵略者。衣索匹亞的游擊隊利用各種方式與侵略者進行英勇而巧妙的鬥爭。他們不斷破壞鐵路，炸毀橋樑，劫持義軍的運輸車，炸掉他們的軍火庫。他們的武器彈藥及糧食大部分都是從敵人那兒繳獲而來。衣索匹亞的老百姓們，則自發地把糧食、肉類節省下來支援前線，為在沙漠地帶作戰的部隊送水。在義軍占領區，群眾把糧食運走或藏到「地下」，把水井填死或者放上食鹽。所有這些，都在一定程度上牽制和削弱了義大利侵略軍的戰鬥力。

德·博諾的「安民」措施失敗後，在墨索里尼的一再催促下，於十一月三日向馬卡累—多洛發起進攻。結果遭到由埃陸軍大臣穆魯吉埃塔公爵指揮的衣索匹亞軍隊的頑強抵抗。經過五天激戰，義軍於十一月八日占領這個城市，但因傷亡慘重，兵員和武器裝備得不到補充，而失去繼續推進的能力。十一月六日，墨索里尼命令德·博諾在占領馬卡累之後立即向阿姆巴—阿拉吉發動進攻。德·博諾再次拒絕執行墨索里尼的命令。

一九三五年十一月三十日，墨索里尼派遣總參謀長巴多里奧接替德．博諾指揮侵埃戰爭。然而，直至一九三六年一月底，巴多里奧也由於衣索匹亞軍民的不懈抗擊，以及兵員、裝備不足，部隊士氣低落，紀律鬆弛等因素，而未敢發動進攻。就這樣，墨索里尼的侵埃速決戰計畫，最終徹底破產了。

相關連結

衣索匹亞抗義民族戰爭

為了轉移國內矛盾，爭奪世界霸權，搶占更多的殖民地和勢力範圍，法西斯國家瘋狂地對外擴張，義大利法西斯悍然發動了入侵衣索匹亞的戰爭。

義大利早就對戰略位置十分重要的衣索匹亞垂涎三尺。1935年10月，義大利軍隊在大量飛機、坦克的配合下，分兵兩路對衣索匹亞發動進攻。衣索匹亞軍民同仇敵愾，利用極其落後的武器裝備，頑強抵抗，粉碎了義大利侵略軍速勝的企圖。

面對義大利的侵略行徑，西方大國採取了姑息縱容的綏靖政策。英、法控制的國聯迫於世界輿論，宣布義大利為侵略國，宣布實施經濟制裁，但是，卻沒有把石油等重要戰略物資列入禁運範圍。英國掌握下的蘇伊士運河還照舊供義軍使用。美國推行「中立」政策，禁止美國船隻向交戰雙方運送武器，卻不禁止向交戰國輸出石油等重要戰略物資。顯然，這些政策有利於義大利，不利於衣索匹亞，事實上助長了義大利的侵略氣焰。

1936年5月，義軍占領衣索匹亞首都，不久吞併衣索匹亞。

慕尼黑陰謀

一九三八年九月十三日午夜時分，英國倫敦唐寧街十號官邸燈火通明，首相張伯倫焦躁難眠。他正在迫不及待地給德國元首希特勒撰擬拍發一封加急電報：「由於局勢越來越嚴重，我有意前來看你，以尋求和平解決的辦法。我想乘飛機前來，並準備明天動身……。」十五日，張伯倫兼程趕路，生平第一次乘坐七小時飛機，匆匆趕到慕尼黑，又轉乘數小時火車、汽車來到貝斯加登拜見希特勒。

是什麼「局勢」嚴重到使堂堂英國首相如此局促不安？又是什麼使張伯倫冒險坐飛機趕往慕尼黑？原來，這裡正在醞釀和製造著一個大的陰謀。

一九三八年是法西斯德國明火執仗加緊對外擴張的一年。三月，德國一彈未發、兵不血刃就吞併了奧地利；緊接著又盯住了下一個侵略目標——東部近鄰捷克斯洛伐克。

德、捷邊境的捷克蘇台德區是個多民族聚居區，其中有三百多萬日耳曼人。為實現侵略目的，希特勒一方面在這裡煽動「脫離捷克」的「民族自治」，並聲言要為捷克境內的日耳曼人「伸張正義」；一方面大規模向德、捷邊境調集軍隊，制定具體的作戰計畫，準備「掃蕩捷克」。而捷克政府也不願輕易任人宰割，開始進行戰爭動員，加強邊界兵力部署。德、捷戰爭大有一觸即發之勢。

驟然緊張的時局，急壞了英、法領導人，特別是英國首相張伯倫。因為第一次世界大戰之後，捷克斯洛伐克在英、法保護下恢復主權，同英、法簽訂了互助同盟條約，所以如果德、捷開戰，按照條約規定，英、法必然被捲入戰爭，使戰火向西歐蔓延，危及他們的利益。於是，張伯倫急欲從中調停，這就上演了本文開頭的一幕。

一九三八年

四月，英國首相張伯倫和法國總理達拉第會談。

九月七日，達拉第赴倫敦同張伯倫會談捷克問題；十五日，張伯倫赴德國，同希特勒會談，商討捷克問題；二十二日，張伯倫再次赴德國同希特勒會談；二十六日，達拉第再次赴倫敦同張伯倫會談；二十九日，英、法、德、義四國首腦舉行慕尼黑會議，簽訂關於捷克問題的「慕尼黑協定」。

十月一日，德軍開進捷克斯洛伐克的蘇台德區。

本來，希特勒對侵略捷克問題是心中沒底的。因為當時德國受軍力限制，對進攻捷克的準備不足，而冒險對捷用兵的計畫也遭到德國總參謀部的反對。特別是，希特勒擔心如果英、法執意支持捷克，德國的如意算盤就要落空。現在眼看張伯倫飢飢渴渴登門說和，希望「和平解決」，希特勒不禁大喜過望：盡情敲詐他們的機會來了！

談判在一間密室中秘密進行。希特勒先是擺了一通德國對國家和平、對德英親善所做的貢獻，然後就殺氣騰騰地威脅：「不論用什麼辦法，這次都要解決捷克境內三百萬日耳曼人的問題，就是為此打一場世界大戰，也在所不惜。」見狀，張伯倫試探地問道：「既然元首已經決定動武，為什麼還讓我來？」

希特勒不假思索，直入主題：「英國是否同意割讓蘇台德區？……」

面對希特勒如此赤裸裸的表白，張伯倫並未感到特別意外。他知道：回應報價，成交買賣的時候到了。於是，他對希特勒做出這樣的回應：蘇台德區的三百萬日耳曼人，是在德國境內，還是在德國境外，原則上對我來說是無所謂的，沒有什麼關係的。希特勒讓人毫無察覺地淡然一笑，他明白，張伯倫已經同意把捷克的蘇台德區割讓給德國了。

與希特勒達成割讓蘇台德區意向後，張伯倫又不顧勞頓，連夜飛回倫敦，拉著法國一起對捷克政府施加壓力，讓他們以大局為重，以割讓蘇台德區換取「和平」和英、法兩國的安全。對德國強行割占領土的要求，捷克政府開始表示拒絕，他們深知，如果割讓了蘇台德區，整個捷克國家將無以保

希特勒（左二）和張伯倫（左一）在慕尼黑會議上

全。然而，英法不但不聽捷克的意見，反而威脅捷克：如果拒絕割讓蘇台德區，將來德、捷再有事端，英、法將不再履行協防義務。在英、法的壓力之下，捷克政府不得不屈從讓步，同意割讓領土。

一九三八年九月二十九日，在德國的慕尼黑召開了有希特勒、墨索里尼、張伯倫、達拉第參加的德、義、英、法四國首腦會議，正式簽署協議，在沒有當事國代表在場的情況下，決定把捷克的蘇台德區「轉讓」給德國。這就是二戰前臭名遠揚的「慕尼黑會議」和「慕尼黑協定」。

在慕尼黑會議上，希特勒鄭重聲稱，蘇台德區是他對西方最後一次領土要求。張伯倫對此深信不疑。他在回到倫敦後曾興高采烈地表示，他從德國帶回來了「時代的和平」。然而，張伯倫太天真了。「慕尼黑協定」墨蹟未乾，希特勒就於第二年三月悍然吞併了整個捷克。

相關連結

二戰前的綏靖政策

綏靖政策也稱姑息政策，是一種對侵略不加抵制，姑息縱容，退讓屈服，以犧牲別國為代價，同侵略者勾結和妥協的政策。

第二次世界大戰前，這一政策最積極的推行者是英、法、美等國。1930年代前，綏靖政策主要表現為扶植戰敗的德國、支持日本充當防範蘇聯的屏障和鎮壓人民革命的打手。到1930年代，面對德、義、日法西斯國家的嚴重挑戰，以英國首相張伯倫為代表的英、法、美等國的綏靖主義者，為了維護既得利益，不惜以犧牲別國利益為代價，謀求同侵略者妥協，妄圖將禍水引向蘇聯，坐收漁利。

1931年「九一八事變」，容忍日本侵略中國東北。1935年3月，容忍希特勒重整軍備。1935年8月，美國通過中立法。1935年10月，容忍義大利侵略衣索匹亞。1936年8月，對德、義武裝干涉西班牙採取「不干涉」政策。1937年7月，縱容日本發動全面侵華戰爭，此後又策劃太平洋國際會議，陰謀出賣中國。1938年3月，默許希特勒兼併奧地利。這些都是綏靖政策的例證。最典型的體現則是1938年9月的慕尼黑會議和「慕尼黑協定」。

歷史證明，綏靖政策是一種縱容戰爭、挑撥戰爭、擴大戰爭的政策。它無法滿足法西斯國家的侵略野心，卻鼓勵了侵略者冒險，加速了第二次世界大戰的爆發。1939年德國對波蘭發動閃擊電戰，綏靖政策破產。

同仇敵愾馬德里

一九三七年二月六日拂曉，寂靜的西班牙雅拉瑪山谷被「隆隆」的砲聲和「轟轟」的飛機馬達聲驚醒。殺氣騰騰的佛朗哥叛軍在飛機、大砲的掩護下，直撲山口，向馬德里發起了第三次瘋狂的進攻。

西班牙人民軍和國際縱隊的戰士們憤怒了。他們端著機槍吼叫著，手榴彈像長了眼睛似的直撲敵人。子彈打光了，就用石頭和滾木；給養用完了，就用野草和樹皮代替。幾天之中他們打退了上萬敵人數十次衝鋒。

這就是西班牙內戰時期，馬德里保衛戰中最危險、最激烈的雅拉瑪山谷的戰鬥。

故事可以追溯到一年前的西班牙國會選舉，由共產黨、社會黨和左派進步力量組成的人民陣線取得了勝利。接著，成立了以左翼共和黨人為首的共和國政府。新政府採取了一系列進步政策，這些措施受到人民群眾的廣泛歡迎，卻引起了反動勢力的恐懼和憎恨。於是，一九三六年七月，以佛朗哥為首的法西斯分子在德、義法西斯的支持下，悍然發動叛亂。

內戰初期，由於佛朗哥叛軍裝備精良，給養充足，很快占領了南部的大片土地。不久，德、義軍隊登陸西班牙，與佛朗哥叛軍形成南北夾擊之勢，直逼首都馬德里。

新生的共和國已處在危險的境地。「保衛馬德里！」「保衛人民共和國！」一時成為馬德里人民的普遍心願。

與此同時，全世界進步人士、進步力量紛紛向西班牙人民伸出援助之手。戰爭爆發還不到一個月，就有來自全世界五十四個國家三萬多名優秀的反法西斯民主人士，不顧本國政府的阻擾和迫害，克服難以想像的困難，躲過法國邊防員警的搜捕，突破

一九三六年

一月，「西班牙人民陣線」建立。

七月，國聯發表對西班牙的不干涉宣言。

八月，德、義武裝干涉西班牙。

九月，二十七個歐洲國家（含德、義）在倫敦成立「不干涉西班牙事件委員會」，簽訂不干涉協定。

十月，由五十四個國家工人階級和進步人士組成的「國際縱隊」，正式在西班牙參戰，支援西班牙共和政府反對叛軍和德義干涉軍。

十一月，西班牙馬德里保衛戰開始。

一九三九年

三月，西班牙馬德里陷落，佛朗哥建立法西斯政權。

了海上封鎖線，從不同的途徑陸續進入到西班牙邊境。他們沿途目睹法西斯的種種暴行，滿腔憤怒，義憤填膺，立即著手組織「國際縱隊」，與西班牙人民並肩投入反法西斯戰爭。國際縱隊的志願軍戰士在入伍時，都要在一份誓言書上簽名，誓言書的結尾寫道：「我自願來到這裡，為了拯救西班牙和全世界的自由，如果需要，我將獻出最後一滴血！」

一九三六年十一月八日，馬德里街頭響起了用法語、英語、德語等不同語種演唱的《國際歌》。支援西班牙人民反法西斯鬥爭的第一支國際縱隊——第十一旅來到馬德里。此時正是佛朗哥進攻最猖狂、戰爭最激烈的時候，他們顧不上休整，直接投入了戰鬥。在連續一個多月的艱苦戰鬥中，他們和西班牙人民軍只能在斷壁殘垣的掩體裡睡覺，在硝煙瀰漫的掩體裡就餐。戰士們衣衫襤褸，臉上汙黑，許多人頭髮、鬍子都被戰火燒焦了。

相關連結

西班牙內戰

1936年2月16日，西班牙舉行大選，人民陣線獲勝，成立聯合政府後，進行了一系列改革。7月18日，西班牙軍官佛朗哥發動武裝叛亂。西班牙內戰開始。

內戰初期，西班牙人民在南部阻止了叛亂軍隊的進攻。但不久，德、義法西斯出於對即將發動的世界大戰的戰略考慮，派遣大量部隊和提供武器裝備協助叛軍作戰，並將佛朗哥的其餘部隊運至西班牙。

英、法等國在「不干涉政策」的名義下，對西班牙政府進行封鎖。法國政府宣布對西班牙實行武器禁運，英國政府採取敵視態度，美國則一直向叛軍提供石油。

在西班牙人民面對佛朗哥叛亂的困難形勢下，由來自54個國家的大約3.5萬名志願軍組成國際縱隊，與西班牙人民並肩作戰。蘇聯政府給西班牙人民以巨大支持，提供了大量的武器和彈藥。

1936年9月—1937年3月，佛朗哥先後向西班牙共和國的首都馬德里發動四次大規模的進攻。西班牙共產黨領導廣大勞動人民保衛了馬德里，但共和軍卻在其他戰場節節敗退。由於共和國部隊的軍力與佛朗哥力量對比懸殊，加之共和國方面混入了叛徒，從內部策應佛朗哥對共和國的進攻。1939年3月底，佛朗哥軍隊在德、義法西斯支持下占領了西班牙大部分土地。3月27日，馬德里失守；4月1日，共和國政府被推翻，開始了佛朗哥的獨裁統治。

在國際縱隊的有力支援下，西班牙人民軍和馬德里市民同仇敵愾，英勇奮戰，終於頂住了叛軍對馬德里城市的正面進攻，打破了佛朗哥軍最精銳的外籍部隊不可戰勝的神話。國際縱隊進入馬德里後一個月，佛朗哥叛軍不得不放棄了正面奪取馬德里的計畫。

臭味相投兩狂人

希特勒、墨索里尼，是上世紀三、四十年代的兩個法西斯戰爭狂人。他們都有著特立獨行、唯我獨尊的高傲與狂妄，又有著相互利用、狼狽為奸的陰險與狡詐。兩人因此臭味相投，逐漸走到了一起。

一九三四年六月的一天，希特勒與墨索里尼在義大利的威尼斯初次謀面。只見墨索里尼身著高級禮服，足蹬鋥亮皮鞋，堂堂皇皇，一派「領袖」氣概；而希特勒則身披雨衣，頭戴軟帽，腳踏便靴，隨隨便便，像個普通旅遊者。這讓一向講究排場的墨索里尼深感失望。而在討論歐洲局勢和對戰爭看法時，希特勒的滔滔不絕，更讓墨索里尼感到既尷尬又厭惡。兩個法西斯頭子的第一次接觸可謂不歡而散，沒有取得預期的效果。

然而，一年之後，德、義兩國的「友誼」卻由於面臨共同利益而驟然升溫。

一九三五年十月，義大利大規模入侵衣索匹亞，遭到國際社會的普遍反對和國聯的制裁。希特勒認為這是實現其戰略意圖的大好時機，便命令德國宣傳機構大肆製造輿論，大力支持義大利，宣揚墨索里尼的「英明」決策；同時命令德國國防部盡力滿足義大利購買武器的需要。

一九三六年七月，西班牙發生佛朗哥叛亂。墨索里尼一心想把西班牙納入法西斯軌道，作為對付英國的一張「王牌」，所以他很快做出決定，派兵支持佛朗哥叛亂。希特勒也認為支持佛朗哥可獲一箭雙雕之利：既可牽制英、法；又可拉住義大利作「盟友」。因此他決定在軍事上有限地捲入西班牙內戰。

基於上述事實，墨索里尼逐漸改變了對希特勒的「不良」印象，認為與德國結成

一九三六年

十月，墨索里尼同希特勒簽訂共同干涉西班牙內戰的協定，「柏林—羅馬軸心」形成。

十一月，德國與日本簽訂「反共產國際協定」（「防共協定」）。

一九三七年

十一月，義大利加入「反共產國際協定」，「柏林—羅馬—東京軸心」形成。

同盟有利於實現稱霸地中海、非洲乃至歐洲的戰略目標。而且他自信比希特勒「高明」，與之交往，不僅不會成為希特勒的小夥伴，卻有可能成為德國的「領袖」。

其實，狂妄不羈的希特勒也早有與義大利結盟的想法。在得到義大利欲與德國結盟的明確資訊後，希特勒立即派出密使去羅馬，邀請墨索里尼訪問柏林，以作為希特勒訪問威尼斯的回訪。但墨索里尼自以為是「世界領袖」，不願貿然出訪德國，藉口他與希特勒會談的準備工作尚未妥當，決定先派外長齊亞諾出訪柏林，以進一步探明希特勒的虛實。

在德國，齊亞諾和德國外交部長牛賴特就德、義兩國關心的問題進行磋商，並初步達成協議。之後，希特勒在伯希斯特加登別墅「熱情」地接見了齊亞諾。他牽著齊亞諾的手，來到接見大廳的陽臺上，遠眺奧地利迷人的風光，說：「近在眼前的奧地利，實在與德國密不可分。」——對奧地利的野心毫無隱藏地暴露出來！隨後，希特勒請齊亞諾進入會見廳落座，開始交談。齊亞諾稱頌希特勒的「英明」，謊稱墨索里尼對希特勒「很欽佩」，並把義大利情報部門截獲的英國攻擊德國的外交檔的副本親手交給希特勒。齊亞諾說：「英國正在備戰，打算進攻義大利和德國。不過，幸好義大利的軍事力量現已超過英國和法國。因此對英國沒有必要擔心。」希特勒明確表示，德國的擴張著眼於中歐、東歐和波羅的海；地中海全歸義大利。最後，希特勒講了一句經過再三斟酌的奉承話，說：「墨索里尼是世界上最著名的政治家。根本沒有人能和他相比。」

墨索里尼對齊亞諾的出訪十分滿意。在「德義同盟條約」簽訂後不久，發表了轟動一時的米蘭教堂廣場演說，狂妄宣稱歐洲歷史的「新時代」，即義大利和德國影響日益增強的時代已經開始，「羅馬和柏林的垂直線不是障壁，而是軸心」，「今後歐洲就會圍著這個軸心轉了」。

希特勒、墨索里尼由孤傲不羈、各行其是，到臭味相投、聯手合作，德國、義大利則漸行漸近，並結成「羅馬—柏林軸心」，歐洲，乃至世界面臨的空前災難迫近了。

相關連結

法西斯三國軸心興亡

1930年代，德、義、日三個法西斯國家為了爭霸世界，發動戰爭，不斷協調利益關係，逐步結成法西斯聯盟。1936年10月25日，德國、義大利兩國在柏林簽訂協定，稱「柏林—羅馬軸心」；同年11月25日，德國、日本在柏林簽訂了「反共產國際協定」；1937年11月6日，義大利也加入了這個協定，於是，二戰前的德、義、日三國法西斯同盟集團初步形成。1939年9月，第二次世界大戰全面爆發之後，為了擴大侵略戰爭，謀求更大利益，三國進一步加強勾結，於1940年9月27日，在柏林簽訂了為期十年的「德義日三國同盟條約」，「柏林—羅馬—東京軸心」正式形成。該條約規定三個法西斯帝國共同瓜分世界，德、義兩國在建立歐洲新秩序中起領導作用，日本建立所謂的亞洲新秩序。條約還規定三國相互給以政治、經濟和軍事援助的義務。從此，軸心國家成為當時世界上一切反動勢力的中心。1945年5月8日德國投降後，日本於5月25日宣布廢除三國條約。同年8月15日日本向同盟國投降，軸心國集團滅亡。

第二次世界大戰

一九三〇年代，德、義、日法西斯國家不斷加緊侵略擴張，並逐步結成法西斯政治軍事同盟。面對法西斯的侵略擴張，英、法等國實行妥協的「綏靖政策」，助長了法西斯的侵略氣焰。一九三九年九月一日，德國突襲波蘭，隨後英、法對德宣戰，第二次世界大戰全面爆發。戰爭初期，德國發動「閃擊」攻勢，迅速橫掃西歐。一九四一年六月，德國突襲蘇聯，蘇德戰爭爆發；十二月，日本偷襲珍珠港，太平洋戰爭爆發，蘇、美先後參戰。

一九四二年一月，蘇、美、英、法、中等二十六個國家簽署「聯合國家宣言」，世界反法西斯聯盟正式形成。一九四二年內，經過中途島戰役、北非戰役和史達林格勒戰役，盟軍在各個戰場上相繼轉守為攻，法西斯國家開始走向衰落。一九四三年九月，義大利戰敗投降。一九四四年六月，英、美軍隊實施諾曼地登陸，開闢了歐洲第二戰場。一九四五年五月，蘇軍攻克柏林，德國無條件投降。八月，在美、蘇、中國的聯合打擊下，日本宣布投降。九月二日，日本簽署投降書，第二次世界大戰宣告結束。

聯合國大廈

大廈包括一座39層的秘書處辦公樓和會議樓。在大樓前面的廣場上，五顏六色的各國國旗在微風中飄揚。聯合國建立之初，在總部的選址問題上，曾經有過一番爭論。1946年初，美國代表在聯合國第一屆大會上建議把總部設在紐約。同年，美國大資本家小約翰·洛克菲勒捐款，為聯合國購買了一塊紐約曼哈頓的地皮，紐約市政府也捐贈了附近的一塊地皮。至此，聯合國總部的永久位址才確定下來。

消滅波蘭的「白色方案」

一九三九年八月三十一日子夜時分，德、波邊境的格雷威茨市，天氣悶熱得使人透不過氣來。突然，德、波邊界波蘭一側湧出一群「波蘭」士兵。他們在夜幕的掩護下，悍然向德國邊境陣地和格雷威茨市發起猛烈「進攻」，並迅速「占領」了該市的電臺。

九月一日凌晨，希特勒在柏林電臺發表廣播演說，聲稱「無數波蘭人侵入德國境內」，聲嘶力竭地叫嚷：「我們只能決定用武力來解決。」

凌晨四時四十五分，德國以六千門大砲、二千架飛機、二千八百輛坦克為先導，對波蘭發動了「閃電戰」。納粹德國蓄謀已久「永遠消滅波蘭」的「白色方案」付諸實施了。

波蘭位於歐洲大陸的東部，東連蘇聯，南靠捷克，北臨波羅的海。其境內礦藏豐富，冶金、化學、機器、造船等工業也相當發達。長期以來，希特勒一直夢想著要得到波蘭的人力、物力和資源，以加強德國法西斯的力量，同時也把波蘭當作進攻蘇聯的跳板，並消除德國進攻西歐的後顧之憂。

最初，希特勒也想用對付捷克等國的辦法，以威脅詐方式吞併波蘭，但沒能奏效，於是便決定採取武力解決了。

一九三九年四、五月間，希特勒提出並逐步發揮了「白色方案」的基本設想：一九三九年八月底至九月初，德國以突然、有力的行動，徹底消滅波蘭，並「永遠消除從這個方向來的威脅」。隨即，納粹德國戰車的每個部件，都根據「白色方案」開始迅速運轉起來。

一九三九年

四月，希特勒下達消滅波蘭的「白色方案」。

九月一日，德軍入侵波蘭，第二次世界大戰全面爆發。

九月三日，英、法對德宣戰。

九月二十七日，德軍攻占華沙。

為了盡量孤立波蘭，希特勒不斷調整外交政策，展開多層次的外交活動：與義大利結成軍事性的「鋼鐵同盟」；探求與蘇聯諒解和破壞英、法、蘇的談判，力爭使德國避免兩線作戰；唆使但澤納粹分子破壞但澤現狀，惡化波、但關係，使但澤問題成為入侵波蘭的引爆點等。

同時，入侵波蘭的軍事、經濟方面的準備也在緊張進行。五月，德國通過擴充陸軍的計畫，將此前五十一個步兵師和坦克師，猛增一倍；六月，最高統帥部擬定進攻波蘭的具體時間表、路線和部署。同時，準備先期侵入波蘭的部隊以各種名義源源開到靠近波蘭的戰略地點。並派出大批間諜潛入波蘭，刺探情報，造謠惑眾。

為了進一步動員全國的人力物力資源，納粹德國編制了國家戰爭經濟動員計畫。在國防會議之下專設中央計畫委員會，統管全國經濟，對原料供應、生產、消費等環節進行嚴格控制。到一九三九年八月份，納粹德國在經濟、社會方面的戰爭準備已經大體完成。

八月下旬，納粹德國入侵波蘭的外交和軍事準備，又有了突破性進展。二十一日，希特勒得到蘇聯同意締結條約的實質性答覆。第二天，他

相關連結

第二次世界大戰爆發

1939年9月1日清晨4點45分，德軍出動54個精銳師團160萬人，在大批飛機和坦克的掩護下，越過波蘭邊境，從西南、西北和北部三個方向對波蘭發動「閃擊戰」。英、法兩國政府向德國提出照會遭到拒絕，在國內外輿論的壓力下，不得不根據此前與波蘭簽訂的條約，於9月3日先後對德宣戰。第二次世界大戰全面爆發了。

倉促應戰的波蘭以39個師和870輛坦克對付德國大舉入侵，在德國強大攻勢下節節敗退。不到48小時，波蘭空軍被摧毀，五百架一線飛機大部分還沒有起飛，就在機場上被炸成一堆堆廢銅爛鐵。不到一個星期，波蘭陸軍被擊潰。波蘭的部隊，不是被德軍衝擊得七零八落，就是被德軍分割夾擊，陷入重圍。

在西線與英、法對峙的德軍開始只有23個師，而法軍則超過80個師。但是由於英、法對德宣戰是被迫的，加上長期奉行綏靖政策的影響，英、法沒有做好與德國作戰的具體準備，行動不力，宣而不戰，坐視波蘭敗亡。9月17日，波蘭政府流亡國外，首都華沙四面被圍，在德軍狂轟濫炸之下，終於在27日淪陷。波蘭亡國。

主持召開了第三次也是戰前最後一次高級秘密軍事會議，明確指出：「我已經完成了政治上的準備，底下的路要由軍人來走了！」從這一天起，一批戰列艦、驅逐艦、潛艇、掃雷艦等陸續「應邀」駛入但澤港。

八月二十三日，德國與蘇聯締結互不侵犯條約。當天晚上希特勒提出了進攻波蘭的時間：八月二十六日，星期六，拂曉四點三十分。八月二十五日，納粹德國發出軍事總動員的命令。

由於英國與波蘭簽訂互助協定，英國保證一旦波蘭受到攻擊，英國將參戰等原因，希特勒臨時改變了進攻波蘭的日期，最後於八月三十一日中午下達了九月一日凌晨執行「白色方案」的第一號作戰指令。

敦克爾克大撤退

一九四〇年五、六月間，法國西北、英吉利海峽對岸的敦克爾克海灘，空中不斷有轟炸機盤旋、俯衝，投彈轟炸；地上，火光沖天，砲聲和炸彈的爆炸聲隆隆，海灘上被鮮血染紅的海水、泥沙，被炸彈炸起、高高地拋向天空。一批批疲憊不堪的英法聯軍士兵，冒著德軍飛機、潛艇和大砲的猛烈轟擊，艱難地撤至海灘；軍艦、駁船、貨輪、汽艇、漁船，甚至是遊艇和內河船隻，往返穿梭於海峽之間，將一批批聯軍官兵送到海峽對面。這就是第二次世界大戰中西線戰場的著名戰役，世界戰爭史上絕無僅有的大撤退——敦克爾克大撤退中的場面。

一九四〇年五月十日清晨，德軍一百三十六個師在三千多輛坦克引導下，繞過馬奇諾防線進攻比利時、荷蘭、法國、盧森堡等國。僅十幾天，比利時、荷蘭、盧森堡相繼亡國。二十日，德國裝甲部隊橫貫法國大陸，直插英吉利海峽岸邊，切斷了英法聯軍與南翼法軍的聯繫，英法聯軍三個集團軍約四十個師被分割包圍在法、比邊境的佛蘭德地區。二十四日，德軍攻占布倫、包圍加萊，並收縮包圍圈，將英法軍隊擠壓到敦克爾克海濱的一塊窄長三角形地帶，德軍的先頭坦克部隊已抵達距離敦克爾克僅十至三十公里。英法軍隊完全陷於絕境：左、前、右三面受敵，後面則背臨大海，進退維谷。唯一的希望就是經敦克爾克港橫渡多佛爾海峽，從海上撤退到對面的英國。

當德國軍隊從西、南、東三個方向敦克爾克步步緊逼之際，五月二十四日，德軍接到了希特勒親自下達的一道停止前進的命令。希特勒究竟為何下令停止進攻，至今還是個歷史之謎，但命令帶來的結果是，三面圍攻中，距離敦克爾克更近並截斷英法聯軍退路的德國A集團軍群，卻在敦克爾克以西地區突然停止了進攻，而沒能迅速沿

一九四〇年

四—五月，德軍侵入丹麥、挪威、比利時、荷蘭、盧森堡、法國。

五—六月，英、法盟軍實施敦克爾克撤退。

六月十八日，邱吉爾在下院發表了題為「最光輝的時刻」的演說，表示要同德國作戰到底；法國戴高樂在倫敦發表廣播演說，號召法國人民抗擊侵略者，參加「自由法國運動」。

六月二十二日，法國貝當內閣向德國請求停戰，在康邊森林的火車上同德國簽訂停戰協定，法蘭西第三共和國滅亡。

海岸實施包抄，這就給了英法聯軍一個絕處逢生的機會。雖然三天之後，德軍就恢復了攻勢，但英法軍隊已布置了有效的防禦陣地，延遲了德軍的進攻，為主力部隊撤離敦克爾克贏得了時間。

早在五月十九日，根據法國北部戰局，英國戰時內閣已考慮撤退的可能性，指示海軍部制定了一個英國遠征軍撤退的計畫，代號為「發電機行動」。計畫集中三十艘渡船、十二艘掃雷艦，用於必要時從法國沿岸的加萊、布倫和敦克爾克三個港口撤退英國軍隊。但至五月下旬，英國海軍部下令執行「發電機行動」之際，形勢惡化，原計畫使用的法國三個港口中，布倫與加萊港都被德軍占領，只剩下敦克爾克港可以利用了。

五月二十六日，英國海軍下令實施「發電機」撤退行動。在德國飛機和大砲的猛烈轟炸下，英法聯軍開始通過海灘登船撤退。但是由於海軍軍艦吃水深，無法靠近海灘，而又缺少小型船舶，不能迅速將人員從海灘接送到停泊在近海的大型船隻，撤退速度十分緩慢，至二十七日，只撤出了七千多人。英國政府只得通過廣播呼籲平民提供一切可用的船隻，調集所有能抽調的業餘水手和私人船主，加入敦克爾克前線的撤退救援行列。於是，多佛爾海峽上一時出現了壯觀的「萬船」競渡的景象。

五月二十八日，英法聯軍主體部分乘夜色跳出德軍的合圍，撤至灘頭陣地，組成一條「逃避走廊」，一邊與猛攻的德軍展開激戰，一邊陸續登船

敦克爾克撤退後海灘上到處留下聯軍士兵的屍體和破損的裝備

撤退。五月二十九日至三十一日，在陸上圍攻的同時，德國空軍不斷加強對敦克爾克灘頭地區的轟炸，嚴重威脅著撤退。英國皇家空軍將可以動用的戰機都投入敦克爾克上空的戰鬥，儘管損失慘重，但有效掩護了撤退的進行。

六月二日，英法聯軍的防線越來越小，由於德軍逼近敦克爾克海灘，白天的撤退被迫停止，改為夜間進行。在其後三天內，聯軍利用夜色的掩護，將剩餘的英軍和六萬多法軍撤離敦克爾克。六月四日，德軍攻克敦克爾克，擔任後衛來不及撤離的法國軍隊約四萬人被俘。敦克爾克大撤退結束。

從五月二十六日至六月四日，敦克爾克大撤退歷時九天，英法聯軍約三十四萬人渡海峽撤到英國，其中英軍約二十一．五萬人，法軍約九萬人，比利時軍約三．三萬人。儘管大撤退中，英法聯軍遺失大量的裝備和軍需物資，但卻保留下堅持戰爭的一批最珍貴的有生力量，正如邱吉爾所說：「我們挫敗了德國消滅遠征軍的企圖，這次撤退將孕育著勝利！」

相關連結

西歐、法國的崩潰

1940年5月10日，希特勒下令實施修訂的「黃色方案」，向以法國為主的歐洲西線發動進攻。5月15日，荷蘭投降。28日，比利時投降，盧森堡不戰而亡。法軍統帥部錯誤判斷德軍的主攻方向在北面，將主力大舉開進比利時，導致後方空虛，為德軍中路突破提供了有利條件。德軍裝甲部隊快速穿越阿登山區。15日，大批德軍坦克部隊乘虛而入，突入法北平原，直逼英吉利海峽。英、法、比聯軍四十餘萬人被圍困在敦克爾克海岸地區。

希特勒和德軍統帥部擔心孤軍深入，遭到側翼攔擊，因此在指揮上遲疑不決，幾次下令暫停進攻，使聯軍主力得以絕處逢生。英國政府不失時機，從5月26日至6月4日，在敦克爾克地區組織渡海營救，將近34萬聯軍成功撤到英國。

6月5日，德軍全面突破法軍防線，兵臨巴黎。10日，墨索里尼趁火打劫，派軍自阿爾卑斯山地區進攻法國。14日，德軍不費一槍一彈占領巴黎。隨之，馬奇諾防線被突破。17日，剛剛成立的貝當政府宣布停止抵抗，向德國請求談判。6月22日，在康邊森林的一節火車車廂內，法德談判簽訂停戰條約，法國整體上處於德國的控制之下。在此之前，法國國防部副部長戴高樂將軍流亡倫敦，在英國支援下，組織「自由法國」運動，開展抗德鬥爭。

英、德空中「電子戰」

一九四〇年八、九月間，在大不列顛，英、德之間的大空戰正在激烈進行著。在一輪又一輪的慘烈空中較量中，來勢洶洶的德國空軍不僅遭到慘重損失，而且一再遇到讓他們惱火和疑惑的「怪事」：德軍機群不論是明來還是暗往，幾乎一進入英國海岸線，就被英軍及時發現，並遭遇擺脫不掉的英國戰機的攔截和阻擊；而依據指令轟炸英國重要戰略目標的炸彈，也常常莫名其妙地遠遠偏出目標而無法命中。

德國飛行員怎麼也料想不到，他們遭遇的是半個世紀之後，在各個局部戰爭中令人眼花繚亂的「電子戰」的序幕。

從二戰爆發、英德戰爭打響以來，雙方在調集、投入大批戰鬥機、轟炸機等空戰軍力，周密組織運籌常規空戰戰略戰術、正面展開空中強強對壘的同時，還在暗中針鋒相對地開始了以「電子戰」為中心的軍事科技較量。

早在二戰之前，為提供早期預警，對付戰時德軍的空襲，英國就投入很大力量，進行預警雷達的研製與改進，並陸續在東南沿海建立了二十個對空情報雷達站。由於掌握和使用了先進的預警雷達防空技術，同時，在空戰打響之前又屢屢成功破譯了德國空軍的密碼。因此，一九四〇年夏天，當德軍先後以二千六百架戰機對英國進行猛烈空襲時，便每每被英國早早發現，遠在一百七十多公里之外的德軍戰機，尚在進行進入英國領空前的戰術編隊調整，就已一覽無餘地進入英國雷達的視線，從而為防空部隊和空軍戰鬥機司令部提供了足夠的預警時間，及時而有效地組織實施防空攔截。結果英國空軍以不到七百架飛機的代價，擊落了德軍一千四百多架飛機，創造了反空襲戰鬥的輝煌戰例。

一九四〇年

七月十日，德空軍開始轟炸英國港口。

七月十六日，希特勒下令實施準備在英國登陸的「海獅」作戰計畫。

八月十三日，德空軍集中轟炸英國軍事設施（「鷹日」）。

九月七日，德空軍夜襲倫敦。

十七日，希特勒決定無限期推遲「海獅」計畫。

預警雷達的神奇功效立刻引起雙方科學家和軍方的高度重視。如何有效地干擾敵方雷達，降低其作戰效能？如何破解敵方干擾，保證己方雷達的戰鬥能力？英、德雙方迅速展開了研究，並將研究成果迅速運用於戰場。

英國以地面干擾電臺對德國偵測雷達施放干擾，迫使德軍關閉雷達。但德國很快就研製出頻率調諧技術，並很快實現了寬帶調諧，提升了雷達抗干擾能力。當英國再次實施干擾時，德國則通過交替變換不同的工作頻率，成功地避開了英國的干擾，保證了雷達的正常使用。

在德機轟炸中驚恐萬分的倫敦兒童

二戰爆發時，德國的飛機還沒有裝配獨立的機載導航設備，在空戰中，飛行員主要靠地面無線電進行定向信標導航。為此，英國進行針對性研究，很快研製出系列的「梅康」電臺，專門用於截獲德軍電臺發出的信號，然後將其放大，再從其他地方分別發射出去，從而使德國的地面無線電導航系統半聾半啞，形同虛設，致使德國的飛機要麼被引入歧途，要麼被「請君入甕」。

時隔不久，英、德間的這種較量又有了新發展。當德軍使用一種無線電「射束」非常準確地將轟炸機機群引向目標上空時，英國也相應地建立起一批專用電臺，利用「分裂射束」技術來干擾和破壞德軍的無線電「射束」，從而使德國轟炸機投擲的炸彈偏離目標。正是通過這種對抗，英國有效地減弱了德國空襲所造成的損失。戰後，連德軍主持無線電射束研究的馬蒂尼也不得不承認，德國過低地估計了英國進行電子對抗的能力。

在英德大空戰中的「電子戰」對抗中，英國占得先機。於是，英國在空戰和防空戰的絕大多數時間內，甚至每時每刻，都能及時地使自己處於最有利的位置。英國的戰機也如同預先精確計算好了一樣，按照與越過英吉利海峽的德機遭遇的時間，適時從機場起飛，抵達預定空域。而久經訓練的德國飛行員，明明是根據地面指令按時飛行、準確轟炸的，卻偏偏有五分之四的炸彈無法命中目標，被投向遠遠的荒山、曠野。

相關連結

不列顛大空戰

第二次世界大戰中，法西斯德國對英國倫敦及重要工業城市進行了大規模連續空襲和轟炸。1940年7月至10月，德國空軍受命殲滅英國空軍，對英國本土進行了兩個多月的大規模的連續空襲。德軍共動用了2,500多架飛機，飛行4.6萬多架次，投擲了6萬噸炸彈，英國也投入飛機近750架。自1940年8月12日至9月7日，為空戰的最高潮時期，德國空軍傾全力空襲英國東南部的機場和飛機工廠。

德國的空襲給英國造成重大損失。首都倫敦破壞嚴重，形勢嚴峻。英國軍民在邱吉爾政府的領導下，團結一致，奮力抵抗。皇家空軍充分利用本土上空作戰的優勢，使用剛發明的雷達實施早期預警，取得輝煌的戰果。

由於英國軍民的頑強抵抗，德軍無法實現進入英國的戰役目的，因而德國既定的入侵英國的「海獅」計畫被無限期推遲。10月7日起，德國空軍轉入夜襲，不列顛空戰接近尾聲。

此次空戰是第二次世界大戰中規模最大、時間最長的空戰。英國自衛戰的勝利，使希特勒征服全西歐的軍事冒險遭到嚴重的挫敗，有力地鼓舞了世界各國人民的反法西斯鬥爭。

女英雄卓婭

在蘇聯衛國戰爭期間，蘇聯各族軍民同仇敵愾，浴血奮戰，湧現出一批批著名的衛國英雄，書寫下一曲曲反法西斯鬥爭的正義之歌。其中，在莫斯科保衛戰中，有一位人們耳熟能詳的女英雄——卓婭。

卓婭，一九二三年九月十三日出生於唐波夫州一個名叫「山楊小林」的村子裡。一九三〇年五月，卓婭一家遷居到莫斯科。在莫斯科，卓婭讀到了一本名叫《丹娘·索羅瑪哈傳略》的書籍，書中講述國內戰爭時期一位叫丹娘的女英雄的故事，這位女英雄在白匪軍面前英勇不屈、拒不招供，最後英勇犧牲，她的形象在卓婭幼小的心中留下了不可磨滅的印記。

一九四一年，卓婭還不滿十八歲，是一名正在讀高中的花季少女。蘇德戰爭爆發後，蘇聯人民踴躍參軍參戰，紛紛投入如火如荼的反法西斯戰爭。當年十月，在反法西斯鬥爭情勢的感召下，卓婭悄悄離開慈祥的母親，自願加入了游擊隊。她們從莫斯科郊外的奧布霍沃村出發，越過戰爭前線，深入敵後，開始了艱苦的游擊作戰。

十一月的莫斯科滴水成冰，卓婭和她的戰友們爬冰臥雪，克服重重困難和艱險，頑強地堅持著對敵鬥爭。

一九四一年十一月二十六日深夜，游擊隊在執行焚燒德寇後勤基地的戰鬥任務時，卓婭不幸被捕。

卓婭被捕後，遭到德軍無休止的嚴刑拷打和百般蹂躪。第一輪審訊結束後，卓婭赤足、穿著單薄的衣服被帶到一個名叫沃洛寧的農人家裡，交由德軍第三三二團團長留捷列爾中校親自審訊。面對敵人的刑訊逼供，卓婭想起了中學時代讀過的女英雄丹

一九四〇年

七月三十一日，希特勒正式宣布進攻蘇聯的決定。

巴巴羅薩計畫

德軍針對蘇聯制訂的軍事計畫。即集中大量兵力，以「閃電戰」從數個方向實施迅猛而深遠的突擊，占領蘇聯首都莫斯科、蘇聯第二和第三大城市列寧格勒和基輔等，把蘇聯紅軍的主力消滅在蘇聯西部地區。然後，向蘇聯腹地長驅直入，進抵阿爾漢格爾斯克、伏爾加河、阿斯特拉罕一線，並用空軍摧毀烏拉爾工業區，從而最終擊敗蘇聯。

娘．索羅瑪哈的故事。於是，她以丹娘為榜樣，拒絕回答德寇的任何問題，拒絕洩露游擊隊的任何秘密。開始還一臉斯文的德軍團長，很快惱羞成怒，命令士兵用皮帶抽打卓婭，足足抽打了數百下，直打得卓婭渾身腫痛，但她仍咬緊牙關，隻字不說。後來，德軍團長和行刑的士兵們疲憊地去睡了，站崗的哨兵又將她拉到室外的雪地裡赤腳走了一個多小時……。

第二天清早，卓婭又被帶去受審，但德寇仍一無所獲。她原來所有的禦寒衣物全被德軍們分光，靴子也沒有了。當德國軍官讓女主人給卓婭穿長襪時，她的雙腿已被凍得腫脹，費了很大力氣才勉強穿上。德寇們在卓婭的胸前掛了一塊木牌，在木牌上寫有「縱火犯」的字樣，把她帶往廣場去處死。

臨刑前，卓婭對著圍觀的村民們高呼：「我們不只是我一個人，我們有兩億人，敵人不能把我們都絞死！人民會給我報仇的！德國鬼子們，你們現在投降還不算晚，最後勝利一定是我們的！」接著卓婭又向村民們發出號召：「大家要勇敢，要起來鬥爭！痛打法西斯，燒死他們，毒死他們！我這樣做死而無憾，為自己人民而死是幸福的！永別了，同志們！鬥爭呀，別膽怯！」

今天，在俄羅斯明斯克公路八十六公里標記處還聳立著一座紀念碑，它的底座上鐫刻著這樣一句話：「卓婭，萬古流芳的蘇聯女英雄。」在卓婭的故鄉

卓婭被執行絞刑後的情景

一九四一年

六月二十二日，德軍突襲蘇聯，蘇德戰爭爆發。蘇聯衛國戰爭開始。

九月八日，德軍圍攻列寧格勒。

九月三十日，德軍進攻莫斯科，莫斯科保衛戰開始。

唐波夫州的山楊小林村的教堂裡，卓婭的形象不帶一絲苦難痕跡，小卓婭被人們稱作是「小天使」，她無論何時都帶著天真的笑容。在人們心裡，卓婭永遠是個帶著笑容的「小天使」。

相關連結

莫斯科會戰

莫斯科是蘇聯首都，全國政治、經濟、軍事和文化中心，也是鐵路交通樞紐，具有極其重要的戰略意義。希特勒認為，一旦攻占莫斯科，就能擊敗蘇軍主力，達到結束對蘇戰爭的目的。為此，蘇德戰爭爆發後，希特勒便開始精心籌備進攻莫斯科的計畫。他調集了80個師180萬人，由包克指揮進攻。蘇聯集中了125萬人的兵力，由史達林坐鎮指揮。

1941年10月2日，德軍總攻開始。希特勒狂妄宣稱十天內要拿下莫斯科。他的宣傳部長戈培爾竟令柏林各大報留下10月12日頭版重要位置準備登載「特別重要消息」。蘇聯紅軍奮力抵抗。莫斯科市民緊急動員，45萬人參加修築首都周圍防禦工事320多公里，市民還紛紛組織國民警衛營、摧毀坦克組、巷戰班。至10月12日，德軍尚未接近市郊。10月14日，德軍北面只攻占加里寧城，南面只逼近土拉，中路只攻占波羅的諾，但旋即受阻。11月15日，德軍51個師發動新攻勢，企圖南北合圍，中間突破。蘇軍三個方面軍頑強抵禦，德軍最凸出的部隊進至距莫斯科30公里處。

12月初，莫斯科地區已是寒冬，氣溫下降到攝氏零下20至30度。希特勒對冬季作戰毫無準備，德軍無棉衣，無保暖設備，飛機和坦克的馬達無法發動，槍栓拉不開，武器失靈。而蘇軍已穿戴上保暖棉衣、皮靴和護耳冬帽，槍砲套上了保暖套，塗上了防凍潤滑油。12月6日，蘇軍開始反攻，不斷突破德軍防線。到1942年1月中，蘇軍共殲敵55萬人，擊毀和繳獲坦克1,500百輛。德軍向西敗退150至300公里。希特勒的對蘇閃電戰被徹底粉碎。

日本偷襲珍珠港

一九四一年十二月七日上午七時五十五分許，美國太平洋海空軍基地夏威夷珍珠港。靜謐的早晨，燦爛的陽光，如鏡的碧海……突然，一群群標有太陽圖案的戰鬥轟炸機從天而降，呼嘯而至，只見機關砲噴吐著火焰，炸彈飛蝗般落下來。「轟！」「轟！」「轟！」……隨著一陣陣迅雷般的爆炸聲，珍珠港瞬間陷入一片硝煙火海之中，島上停機場內，飛機殘片飛向空中，港灣裡的軍艦，紛紛傾斜、沉沒……。

這就是第二次世界大戰中，日軍偷襲珍珠港事件中的一組鏡頭。

日本偷襲珍珠港，挑起太平洋戰端，是美、日矛盾長期發展的必然結果。第一次世界大戰中，日本以對德宣戰為藉口，在亞太地區擴張，損害了美國在這裡的利益。戰後，美國通過華盛頓會議，特別是「門戶開放」政策，迫使日本放棄了一部分在中國的特權。三〇年代，日本通過發動對華戰爭，捲土重來。一九四〇年，日本在加緊侵略控制中國的同時，決定利用德國在西歐獲勝的局勢，實施「南進」策略，奪取和擴大亞太地區的權益。

一九四一年七月，在日本帝國御前會議通過的「帝國國策綱要」中，強調要加快「跨出南進的步伐」，盡快控制南太平洋，甚至聲稱為此「不惜對英美一戰」。

要實現向南太平洋地區的擴張，摧毀美國在太平洋上的海、空軍基地珍珠港，成為具有戰略意義的一步。珍珠港位於美國夏威夷州瓦胡島南岸，是美國海、空軍的主要基地之一，美軍太平洋艦隊司令部就駐紮在這裡。而夏威夷的檀香山地處太平洋中心，是太平洋海、空交通的樞紐和重要港口，被喻作「太平洋的十字路口」。因此，日本很早就開始密謀著偷襲珍珠港的計畫。

一九四一年

十一月十七日，美國駐日大使約瑟夫．格魯電告政府，日本可能襲擊美國。十一月二十日，日本大使野村和特使來棲向美國國務卿赫爾遞交最後通牒。

十二月七日，日本偷襲珍珠港。八日，美國對日宣戰，太平洋戰爭爆發。

一九四二年

六月四日，太平洋戰場中途島海戰，日軍遭遇重創。

為了實現偷襲計畫，以日本海軍聯合艦隊司令山本五十六為首的日本軍方，進行了長期周密的準備。日本不斷向夏威夷的檀香山派遣間諜，秘密收集珍珠港的各類情報，並據此分析研究，反覆修訂偷襲方案。同時，不惜財力物力，進行偷襲的軍事技術準備，選擇地形地貌近似於珍珠港的鹿兒島作為訓練基地，對航空母艦飛行員進行嚴格的針對性飛行和投彈訓練。

為保證偷襲的成功，日本還採取外交談判手段，施放和平煙幕以迷惑對方。從一九四一年春開始，日、美就不斷進行外交接觸，舉行各種談判。儘管談判沒有多少進展，但卻使日本爭取了準備偷襲的時間。直到事發前夕，日本駐美大使還在通過媒體反覆申明，日、美沒有直接開戰的可能，兩國之間存在的任何問題，都能夠和平友好地得到解決。

在日美外交談判和平煙幕掩護下，一方面是日本加緊完善偷襲作戰的各項準備，另一方面則是美國對日本軍事行動的錯覺。雖然美國對日本突襲行動的種種跡象有所察覺，但又因為種種錯誤的判斷，使他們沒能做出必要的應對準備。

一九四一年十二月七日凌晨，在北太平洋海面的夜幕和海霧中，由六艘航空母艦、二艘巡洋艦、二艘戰列艦、九艘驅逐艦、三艘油輪組成的日本艦隊正高速向南行駛，悄悄逼近夏威夷群島瓦胡島的珍珠港。

六時許，日本偷襲作戰指揮官淵田中佐率一百八十三架作戰飛機從六艘航空母艦上起飛，爬上三千尺雲層，完成空中編隊，而後撲向夏威夷。七時，瓦胡島美軍雷達基地的兩名值班士兵從雷達螢幕上發現有大編隊機群從東北方向飛來，立即報告給空襲警報中心。但值班軍官誤認為是正在執行偵察或演習任務的美國飛機，未作理睬，使美國錯過了應對日本偷襲的最後機會。

七時五十五分，日本第一波攻擊飛機抵達珍珠港，淵田中佐下達攻擊命令。日

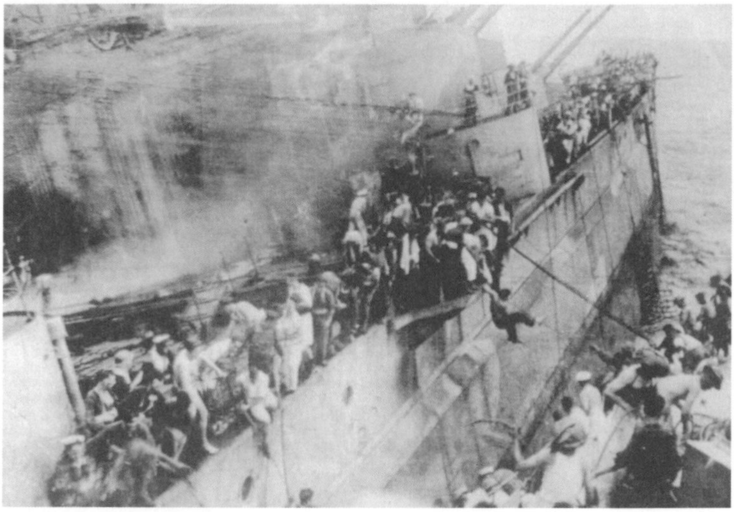
珍珠港遭偷襲後美軍官兵逃生情景

本轟炸機首先輪番轟炸掃射美軍的飛機場。霎時間，機場上濃煙翻滾，烈焰熊熊。短短五分鐘時間，美國空軍在瓦胡島上的戰鬥力就陷於癱瘓。接著，日本的大批魚雷機趕到美國軍艦航道上空，依次急劇俯衝到距海面二十公尺左右的空中，準確發射經過改裝的魚雷。瞬時，停泊在港內的美軍戰艦上，到處火光沖天，劇烈爆炸聲彼伏此起。

八時五十五分，日本一百七十架飛機再次飛臨珍珠港，發起第二波攻擊的轟炸。至九時四十五分許，空襲結束，日機全部撤離。

日本偷襲珍珠港作戰歷時一百一十分鐘，美國太平洋艦隊遭遇到滅頂之災。港內八艘戰列艦被擊沉或重創，十一艘驅逐艦、巡洋艦等艦隻被炸傷、炸沉，一百八十八架飛機被擊毀，美軍官兵死傷四千五百多名。日本僅僅損失二十九架飛機和數艘袖珍潛艇。

珍珠港事件震驚了美國朝野，震驚了世界！十二月八日，美國對日宣戰。太平洋戰爭隨之爆發。

相關連結

太平洋戰爭的爆發

第二次世界大戰期間，日本為了排擠美、英在太平洋地區的勢力，奪取遠東殖民地，獨霸亞洲，伺機擴大侵略戰爭。1941年12月7日，日本突然偷襲美國海軍太平洋艦隊在夏威夷的海、空軍基地珍珠港，同時轟炸威克島、關島、馬尼拉、新加坡、香港等地。第二天，美國、英國、加拿大、荷蘭、東印度、澳大利亞、紐西蘭、南非、法國等對日宣戰，太平洋戰爭由此爆發，第二次世界大戰範圍擴大。

從1941年冬天至次年夏季，日軍先後侵占了馬來亞、新加坡、緬甸、菲律賓、印尼、關島、威克島、新幾內亞一部分、阿留申群島以及太平洋上其他許多島嶼。在日軍占領的許多地區，人民群眾發動了民族解放鬥爭。1943年，美國及其同盟英、法、荷、澳、紐西蘭在太平洋上開始反攻，實施島嶼爭奪戰。直至1945年美軍轟炸日本本土，日本被迫投降。

太平洋戰爭捲入國家多達37個，涉及人口超過15億，交戰雙方動員兵力在六千萬以上，歷時三年多，傷亡和損失難以統計。它是第二次世界大戰的主要戰場之一，是民主力量與法西斯勢力在全球最廣闊海域的大衝撞，其驚天動地的氣勢堪稱戰爭史上的絕筆。

蘇聯蜂農捐飛機

一九四三年，蘇聯取得史達林格勒保衛戰的偉大勝利。此戰是蘇聯紅軍不怕犧牲、英勇奮戰的結果，但離不開蘇聯各族人民的無私奉獻與大力支持。戰爭期間發生了很多感人至深的生動故事，其中，蜂農戈洛瓦特傾盡所有，為軍隊捐獻飛機的故事就是典型的代表。

史達林格勒戰役打響之後，前線緊張激烈的戰事，時時牽動著後方人民的心，人們不約而同地掀起了支援前線紅軍作戰的活動。

戈洛瓦特是蘇聯薩拉托夫一個以養蜂為生的農民，已經五十多歲了，又患有心臟病，不能上前線打仗，但受衛國戰爭偉大事業的感召，他一直總想著為國家、為紅軍做點什麼。

戈洛瓦特常常收聽前線戰況的消息，根據史達林格勒保衛戰的進展情況，他越來越感到現代戰爭中，空中打擊是最為有效的殺敵手段。紅軍要是能擁有更多更好的飛機，那就太好了。

有一天，戈洛瓦特突然對妻子說：「孩子他媽，我準備為前線捐一架飛機，你看好不好？」

戈洛瓦特一家十餘口人，他的兩個兒子和一個女婿都在衛國戰爭中犧牲了，他是全家唯一的壯勞力，戰爭環境之下，他憑藉養蜂，勉強維持著全家人的生活，但基本沒有多餘的積蓄。

聽了戈洛瓦特的話，妻子一愣，然後不禁埋怨道：「老頭子，你這不是在發神經吧？咱們家孩子、大人，窮得連衣服都沒得穿了，你卻還想捐什麼飛機？」

一九四二年
七月十七日，史達林格勒保衛戰開始。
十一月十九日，史達林格勒蘇軍反攻（蘇軍砲兵節）。

一九四三年
二月二日，史達林格勒地區被包圍德軍投降。

戈洛瓦特見妻子不太理解他，先是苦口婆心地幫她分析了一通戰爭局勢，說出了自己的主張和見解。最後說道：「我們的日子是很苦，但可以熬過去！現在前線急需我們的幫助和支援。如果德國人攻下了史達林格勒，我們都得完蛋。」

戈洛瓦特勉強說服了妻子，便開始為捐飛機攢錢了。他打聽到每架飛機的售價約為十萬盧布，這在當時雖然不是小數，但也還不是天文數字。那時，一公斤蜂蜜能賣到一千盧布。他集中了近年自己養蜂所得的全部收入，又突擊出售了手頭採集的所有蜂蜜。盤算了一下，還是不夠。為了湊錢，他又忍痛賣掉了家中僅有的兩頭牛。當終於湊足了購買飛機的最後一戈比時，戈洛瓦特家中已經分文不剩了。

第二天，戈洛瓦特拎著錢袋子，興匆匆徑直來到薩拉托夫飛機製造廠。他走進飛機廠廠長萊溫的辦公室，把錢袋子放在桌上，略帶靦覥地說：「我想為前線捐一架飛機。這是錢，您數一數。」

廠長萊溫一愣。他接受過無數集體捐贈的訂單，但來自個人的，尤其是農民的訂單，這還是頭一份。他一時不知如何處理，只好撥電話向州委書記請示。州委會知道這個「特殊」情況後，又立即向莫斯科空軍總參謀部報告。很快，莫斯科回電，對戈洛瓦特的愛國主義創舉表示衷心感謝，並要求州委與飛機製造廠做好協調，盡快選撥一架雅克－一轉交前線空軍。

州委會認為戈洛瓦特的愛國行為很值得宣傳推廣，就建議他給史達林寫信，表達自己的心聲。史達林很快給戈洛瓦特回了電報：「戈洛瓦特，謝謝你對紅軍及其空軍部隊的關心。紅軍不會忘記你傾盡所有積蓄為我們製造戰機，請接受我的致敬。」

一九四二年十二月，蘇聯紅軍第三十一殲擊航空團團長伯里斯．葉廖明按照空軍司令部的命令，從史達林格勒前線趕到薩拉托夫飛機廠，挑選並直接駕駛蜂農戈洛瓦特捐贈的飛機雅克－一。按戈洛瓦特的要求，這架飛機機身噴上了「斯達漢諾夫農莊戈洛瓦特獻給史達林格勒前線」字樣。

後來，戈洛瓦特得知他捐的雅克－一「光榮退役」後，馬上致信史達林，請求「用全家人辛勤勞動所得」為紅軍購買最新的戰機雅克－三。葉廖明駕駛它一直戰鬥到衛國戰爭勝利。在史達林格勒戰役及後來的戰事中，戈洛瓦特捐贈的兩架飛機一共擊落了二十三架敵機。

相關連結

史達林格勒保衛戰

史達林格勒保衛戰，又稱史達林格勒會戰，是二戰中蘇、德雙方進行的具有重大戰略意義的戰役，也是人類歷史上最為血腥和規模最大的戰役之一。1942年德軍在圍攻列寧格勒不久，又於7月17日，進攻史達林格勒。在這危急的時刻，蘇聯軍民在史達林的號召下進行了英勇的抵抗。為了打敗法西斯，蘇聯人民付出了重大的犧牲，在參戰期間，無論男女老少，人人都是戰士，到處都是戰場。希特勒的軍隊陷入人民戰爭的汪洋大海中，久戰而不勝。

德軍的士氣一天天低落下去。嚴寒的冬季終於來到了，毫無過冬準備的德國士兵陷入饑寒交迫之中，很多士兵被凍死。德軍的戰鬥力一天天衰弱下去，戰爭的形勢逐漸開始變化。1943年2月2日，堅持了六個月的史達林格勒大會戰終於結束了。史達林格勒會戰給德國法西斯以致命的打擊，德軍再也無力進行大規模的反攻。而蘇聯紅軍則開始大反攻，陸續收復了失地，並攻入德國本土。

史達林格勒城下飢寒交迫的德軍

蘇聯人民和全世界人民都從史達林格勒保衛戰的勝利中看到了勝利的希望，也堅定了徹底打敗法西斯的信心。因此，史達林格勒戰役，是蘇德戰爭的轉捩點，也是第二次世界大戰的轉捩點。

「三巨頭」和平會晤

一九四三年，世界反法西斯戰爭捷報頻傳，特別是蘇聯在史達林格勒的勝利，使整個第二次世界大戰的進程實現了根本性的轉變，有力地鼓舞了全世界人民的反法西斯鬥爭。為了研討盟國之間的協同作戰問題，加強各盟國在各戰場的合作，促進勝利形勢的發展，一九四三年十一月二十八日至十二月一日，蘇、美、英三國首腦史達林、羅斯福、邱吉爾，在伊朗首都德黑蘭舉行了二戰中重要的「三巨頭」會議。這個歷史性的會晤，自始至終充滿著和平與合作氛圍。

為了開好德黑蘭會議，在「三巨頭」會晤之前，一九四三年十月底，在莫斯科舉行了一次三國外長預備會議。作為本次會議「半個」東道主，蘇聯對整個會議特別是安全問題，進行了精心的準備。當羅斯福一行抵達德黑蘭時，考慮到羅斯福的安全，史達林非常友好地建議，讓羅斯福搬到更為穩妥的蘇聯大使館居住，並指令由蘇聯警衛和便衣人員負責羅斯福的安全；另外，還精心安排邱吉爾就近住在英國使館。

在與史達林進行非正式的首次見面時，羅斯福取消了美方的在場翻譯，而是指名讓史達林的翻譯帕夫洛夫擔任翻譯。羅斯福說：「不為別的，這是表示我的信任和毫不猜疑的一個態度。」羅斯福握著史達林的手說：「見到你我很高興。我早就想見到你了。」史達林說，由於軍務繁忙，遲遲未能實現，感到很抱歉。羅斯福感謝史達林把主要客房讓給他住，並向史達林祝賀蘇聯紅軍取得的偉大勝利。

德黑蘭會議開始之前，舉行了一個「贈劍」儀式。邱吉爾從倫敦給史達林帶來了一柄「史達林格勒」之劍，以示對史達林格勒戰役和蘇聯紅軍功績的嘉獎。儀式簡短而動人。一位年輕的英國上尉高擎著那柄修長筆直的寶劍，邱吉爾作了一席感情充沛

一九四三年

五月十三日，德軍非洲軍團在突尼斯投降，北非戰役結束。

七月十日，美、英盟軍在義大利西西里島登陸。

九月二日，英美盟軍在義大利南部登陸；三日，義大利與英美簽訂停戰協定；二十九日，義大利宣告無條件投降。

十一月二十二日，邱吉爾、羅斯福、蔣介石舉行開羅會議，討論對日作戰問題。

十一月二十八日，羅斯福、邱吉爾、史達林在德黑蘭舉行第一次三國首腦會議。

十二月一日，美、英、中三國發表「開羅宣言」。

的簡短發言，史達林用俄語致了答謝詞。接著，邱吉爾莊嚴地雙手托劍，把它贈交史達林；史達林接過寶劍，俯首吻了一下精美的劍柄，緩緩把劍從鞘中抽出一段，然後又迅速插入，把它交給伏羅希洛夫。

邱吉爾、羅斯福和史達林在雅爾達會議上

儀式結束後，羅斯福還特意仔細地看看寶劍，並將寶劍掂在手中，高高舉起，在空中猛劈下來，雪亮的鋼刃發出一道寒光。「真是登峰造極的傑作啊！」羅斯福高興地說。

在德黑蘭會議的第一次會談中，史達林、邱吉爾一致推舉羅斯福總統主持會議。羅斯福說，他很高興把蘇聯人作為「家庭小圈子裡的新成員」來歡迎，並相信這次會議將始終像老朋友們的聚會那樣，充滿完全坦誠的氛圍。

德黑蘭會議先後討論了一系列軍事問題和錯綜複雜的政治問題。由於「三巨頭」性格特徵迥異，又要不可避免地分別從各自國家的立場和角度來理解和認識問題，所以，會晤討論中，常常發生激烈辯論與爭執，有時甚至到了要崩盤休會的地步，但通常又是在羅斯福的調解之下，化「干戈」為「玉帛」。

例如，在開闢第二戰場的議題上，邱吉爾使盡辯論家的藝術，百般推諉、拖延，辭令動聽，委婉得體；但史達林卻直來直去，對他老練的對

一九四五年

二月四日—十一日，邱吉爾、羅斯福、史達林在雅爾達舉行三國首腦會議，簽訂「雅爾達協定」。

雅爾達會議

一九四五年初，為協調戰略計畫，盡快結束戰爭，並安排戰後國際事務，美、英、蘇三國首腦羅斯福、邱吉爾和史達林在雅爾達舉行會議。會議主要內容有：戰後處置德國問題；關於德國賠款問題；關於遠東問題，史達林同意參加對日作戰等。會議簽署了「雅爾達協定」。此次會議鞏固和維護了三國戰時聯盟，對協調盟國對德、日作戰，加速反法西斯戰爭的勝利進程和促進戰後和平穩定局面的形成起

手的躲躲閃閃、弄虛作假毫不留情。在這種情況下，羅斯福則不慍不火，居中調解，發揮公認的會議「主持人」作用。最後，終於確定盟國在一九四四年五月開闢第二戰場。

十一月三十日，會議在完成主要議題接近結束之際，恰逢邱吉爾六十九歲壽辰，為此，會議舉行了一個熱鬧的生日宴會，使幾天來和諧會晤、真誠合作的氛圍達到高潮。在英國使館的大餐桌旁，蘇聯人、英國人和美國人，親密無間、無拘無束地坐在一起，大家點燃蠟燭、切割蛋糕、饋贈禮物、相互祝酒——羅斯福還親自配製了馬丁尼酒，分給大家品嘗，更增添了喜興歡快的氣氛。

「三巨頭」德黑蘭會晤，其和諧、合作的誠意，必將對世界的和平與人類的前途帶來深刻影響。正如「德黑蘭宣言」中所說：「我們完全承認我們以及所有聯合國家負有至上的責任，要創造一種和平，這和平將博得全世界各民族絕大多數人民大眾的好感，而在今後許多世代中排除戰爭的災難和恐怖。」

到重要積極作用，為聯合國的建立奠定了基礎。

相關連結

開羅會議與德黑蘭會議

1943年，世界反法西斯戰爭各主要戰場形勢發生根本轉折，盟國已經取得戰略進攻的主動權。為商討協同作戰、加速戰爭進程和戰後世界的安排問題，美、英、蘇三國首腦決定舉行國際首腦會議。在蘇聯的堅持下，會議地點定在德黑蘭；美國總統羅斯福的本意是召開美、英、蘇、中四國首腦會議，由於史達林反對，只得變更計畫。經與中、英磋商，決定在德黑蘭會議之前後，單獨舉行中、美、英三國會議，會址定在開羅。

1943年11月22日至26日和12月2日至7日，美、英、中首腦羅斯福、邱吉爾和蔣介石在開羅分兩段舉行開羅會議，目的是加強同盟國之間在軍事和政治上的協調行動，制定聯合對日作戰計畫和解決遠東問題。會議首先討論了中、美、英聯合對日作戰的計畫問題。會議的另一重大問題是戰後如何處置日本。三國很快取得一致意見並簽署了「開羅宣言」，其中主要內容是：日本在第一次世界大戰以來占領的臺灣、澎湖列島等領土必須歸還中國。

1943年11月28日至12月1日，在開羅會議的間隙，羅斯福和邱吉爾飛往德黑蘭，同史達林舉行三國首腦會晤。會議由羅斯福主持。會議主要內容包括：開闢歐洲第二戰場問題，決定盟軍於1944年5月在法國北部開闢第二戰場；就戰後成立維護世界和平與安全的國際組織問題交換了意見；就戰後如何處置德國的問題進行了初步討論，三國提出不同的分割方案；蘇聯對日作戰問題，蘇聯表示在歐洲戰爭結束後參加對日作戰等。會議簽署了「蘇、美、英三國德黑蘭宣言」和「蘇、美、英三國德黑蘭協定」。此次會議是反法西斯三大盟國首腦在第二次世界大戰中的首次直接會晤，對維護和加強盟國間的團結與合作，協調軍事戰略行動，加速反法西斯戰爭的勝利起了重要作用。

玩具「蟋蟀」立戰功

人們都熟知黑褐色身體、觸角很長、後腿粗大、善於跳躍的昆蟲——蟋蟀，特別對它那音量不大不小、音色美妙動聽的「吱吱」的鳴叫聲耳熟能詳，印象深刻。但人們可能不清楚，就是這蟋蟀的鳴叫聲，在著名的諾曼地登陸戰役中發揮奇效，立下「戰功」。

一九四四年春，諾曼地登陸作戰正在緊張有序地準備著。為保證戰役準備與實施的隱蔽性和突然性，英美盟軍統帥部和上下指揮人員對戰役的每一個細微環節都進行縝密推敲、反覆論證，解決了許多可能遇到的各種軍事技術難題。

五月間，美軍統帥部收到美國一〇一空降師師長麥斯威爾・泰勒發來的一封急電，內容是反映這個師在登陸空降模擬演習中遇到的一個細節問題：空降部隊在夜間條件下降落著陸後，如何既安全、又及時迅速地進行聯絡？

泰勒的電報引起統帥部的高度重視，立即召集專家開會，專門商議解決這個「難題」。討論中，不經意間大家從一個幼兒園的小玩具中得到有趣的啟發，想出了一個妙計。

不久，泰勒收到來自華盛頓統帥部的回電，告知他注意查收一批專用的「玩具」。泰勒正為登陸作戰的難題煩躁不安，見到這封電報，心中非常惱火：「開什麼玩笑！我這裡是槍林彈雨的登陸戰場，可不是哄孩子玩兒的幼兒園！活見鬼！」他順手將電報丟在一邊。

在諾曼地登陸戰役詳細方案最後敲定，一〇一空降師領受實施空降作戰具體任務之際，泰勒收到了一批由美國發運來的木箱包裝加急機密郵件。師部作戰參謀們紛紛

一九四一年

四月初，羅斯福致函邱吉爾、史達林建議開闢第二戰場。

六月十八日，邱吉爾赴美國，與羅斯福協商開闢第二戰場等問題。

七月十八日，史達林致函邱吉爾，要求英國開闢第二戰場。

八月十二日，邱吉爾訪問莫斯科，同史達林討論第二戰場等問題。

一九四三年

五月十一日，邱吉爾赴華盛頓，同羅斯福討論開闢第二戰場問題。

打著哈哈，猜測著郵件裡所裝的東西。泰勒喊道：「少說廢話，趕快打開！」作戰參謀們一番折騰，打開了嚴密包裝的木箱，結果，裡面裝的是數千隻小巧的玩具蟋蟀。這是做什麼用的？參謀們你看看我，我看看你，如入五里霧中，百思不得其解。

泰勒一邊看著參謀們，一邊順手拿起一隻玩具蟋蟀，在手中掂了掂，輕輕捏了幾下。「吱！」「吱吱！」只聽蟋蟀發出了細微、清晰的叫聲。泰勒和參謀們頓然醒悟：這不就是我們想要的夜晚聯絡工具嗎？「妙！」「實在妙啊！」大家不禁為統帥部專家們的獨具匠心而拍案叫絕。

一九四四年六月五日深夜時分，英美盟軍按計畫實施諾曼地登陸戰役。盟軍的空軍首先對諾曼地德軍海灘陣地實施猛烈的轟炸，然後，兩個空降師迅即實施空降。一○一空降師擔負空降第一梯隊。他們的空降實施之後，立即遭到德軍防空火力的瘋狂攔擊，致使部隊無法實現相對集中降落，全師主力部隊被迫分散降落於一個長四十三公里、寬二十四公里的窄長形地域之內。

這時，天色漆黑一團，伸手不見五指。按照常態，在這麼大的著陸地帶、這樣的環境下，要在短時間內收攏上千人的部隊，簡直難以想像！然而，令人奇異的事情發生了：在空降部隊著陸後不久，就從著陸地各處傳出了一陣陣「吱」、「吱吱」的「蟋蟀」叫聲，那「蟋蟀」叫聲忽東忽西、忽南忽北，由分散而集中。空降部隊在不為人察覺的「蟋蟀」聲導引下，迅速收攏集中起來，然後，按照預定方案迅捷地投入到奪占和開拓登陸場的戰鬥了。

一九四四年

六月六日，英、美、加盟軍在法國北部諾曼地海岸實施登陸作戰，歐洲第二戰場開闢。

相關連結

諾曼地登陸戰役

為加強盟國的協同作戰，加速打敗納粹德國，在1943年的德黑蘭會議上，做出了盟軍於1944年在西歐大陸實施登陸、開闢第二戰場的決定。經過權衡論證，盟軍選擇登陸地域為法國北部的諾曼地。

1944年春，戰爭形勢的發展為盟軍實施登陸、開闢第二戰場提供了有利條件。盟軍正式任命艾森豪將軍為總司令，加快登陸戰役的準備。盟軍陸續集結了288萬軍隊、15,700架飛機和一萬餘艘各類艦船。

1944年6月6日凌晨，英美盟軍實施登陸戰役。盟軍三個空降師首先在諾曼地德軍防線後方實施空降著陸，以牽制德軍並開闢和控制對岸登陸場。接著在海上和空中強大火力的掩護之下，先頭部隊五個師分別向五個登陸灘頭突擊登岸。德軍統帥部對盟軍登陸主攻方向判斷失誤，又沒有及時投入援軍，登陸盟軍很快站穩腳跟。到12日，盟軍各個灘頭陣地，連成一片，登陸盟軍主力部隊達到32萬6500多人，超過了德軍防禦的主力人數。

7月下旬，盟軍在與德軍激烈爭奪灘頭陣地並進一步集結後續部隊和物資給養的基礎上，發起大規模攻勢，殺出諾曼地地區，迅速攻入法國腹地，並於8月下旬乘勢解放巴黎。

諾曼地登陸戰役的成功實施，宣告了歐洲第二戰場的開闢，使納粹德國陷入兩面作戰、腹背受敵的困境，加速了法西斯德國的崩潰和第二次世界大戰的進程。諾曼地登陸戰役也成為迄今為止世界歷史上規模最大的、最為經典的一次兩棲登陸作戰。

盟軍在諾曼地搶灘登陸

法西斯惡魔的末日

一九四五年四月三十日，下午三時三十分左右，「砰！」從納粹德國總理府地下避彈室的元首套間內傳出一聲沉悶的槍響。少頃，等候在門外的總理府侍從們破門而入。元首套間內的情景映入眼簾：德國元首希特勒側面趴在浸透了鮮血的沙發上，後腦和口中湧出的血，從耳根流向頸部，一支冒著青煙的瓦瑟手槍滾落在腳下的沙發上。在他的右邊，躺著他「新婚」妻子愛娃．勃勞恩，她的口中散發著一股淡淡的劇毒藥物的苦杏仁味……這就是德國法西斯魁首、現代人類惡魔希特勒末日的最後定格。

一九四五年四月初，蘇聯紅軍和英美盟軍從東西兩線攻入德國。十六日，蘇軍開始進攻柏林，四月二十五日，蘇聯紅軍完成了對柏林的包圍，並與英、美聯軍會師。隨即紅軍突入市區，開始了激烈的巷戰。納粹德國大勢已去。惡魔希特勒開始在極度驚恐、絕望之中度過自己的餘生。

四月二十日，適逢希特勒五十六歲生日，但幾乎無人喝彩。這一天，蘇軍開始以猛烈砲火砲擊柏林，柏林陷入一片火海，成為一座無奈的孤城。希特勒曾計畫離開柏林到上薩爾斯堡去指揮他的最後決戰。但已經出不去了。希特勒只好躲在總理府地下十八尺深的避彈室裡「指揮」已經失控的德軍。

幾天之內，希特勒身邊的一批親信、幫兇紛紛離他而去，包括納粹秘密員警頭子希姆萊、帝國元帥戈林。希姆萊說是去南方視察戰局，其實是背著希特勒去探討與盟軍投降的條件。戈林偷偷坐上裝滿財寶的汽車溜之乎也。奉命奔往柏林南郊組織反擊蘇軍的黨衛軍將軍施坦因納，不僅沒有實施反擊，連他本人也不知去向了。眾叛親

一九四五年

四月十六日，蘇軍進攻柏林戰役開始。

四月三十日，蘇軍攻占柏林國會大廈。希特勒自殺。

五月二日，蘇軍攻克柏林。

五月八日，德國在柏林城郊卡爾斯霍爾斯特與盟軍簽署無條件投降書。杜魯門、邱吉爾宣布歐洲戰爭結束（歐洲勝利日）。

七月十七—八月二日，杜魯門、史達林、邱吉爾（二十八日後由新任首相艾德禮接替）在波茨坦舉行三國首腦會議。

七月二十六日，美、英、中三國發表「波茨坦公告」，敦促日

離，氣得本來就歇斯底里的惡魔如同發瘋的獅子一般，時不時地狂吼、大叫，痛罵不止！

被迫躲進地下避彈室以來，惡魔終日惶恐不安。雖然每晚都要吃安眠藥，但仍然整夜整夜地失眠。每天充其量只能睡上三、四個小時，而且極不穩定、毫無規律。常常凌晨四、五點鐘以後才躺下，不到十點就起床了。

四月二十三日，希特勒最後做出了決定。他在同身邊侍衛者談話時表示，他與愛娃將在地下室內自盡。為了防止屍體落到敵人手裡，他布置衛隊長盡快準備兩條毛毯和足夠焚燒兩具屍體的汽油放到他的臥室內備用。待我們自殺成功之後，用毛毯把我們裹起來抬到地面上焚燒掉……。

四月二十八日，蘇聯紅軍逼近離總理府只有一條街的波茨坦廣場。陷入絕望的希特勒口述了兩個遺囑，一個是政治遺囑，任命海軍上將鄧尼茨為他的「繼承人」；一個是生活遺囑，宣布他決定與情婦愛娃・勃勞恩結婚。

二十九日凌晨，惡魔匆匆忙忙和情婦愛娃・勃勞恩舉行了結婚儀式。之後，在陰鬱沉悶的氣氛中，希特勒與他的秘書和留下來的將領們舉行了婚宴。

當天，傳來噩耗：墨索里尼於前一天被游擊隊抓獲並立即處決，屍體被運往米蘭，吊在洛雷托廣場上。這個消息，既引起希特勒的無比恐慌，又堅定了他自我了結的決心。他開始認真地進行自殺的準備。他用自己心愛的德國阿爾薩斯種名犬進行了毒藥的試驗，又槍殺了他餵養的其他兩條狗。叫來自己最寵愛的兩位秘書查找殘存的各類文件和重要的東西，並全部燒毀。

四月三十日上午，希特勒在例行戰況通報會議上聽取了有關柏林形勢的最新報告。蘇軍已經占領動物園，到達波茨坦廣場，距離總理府只有一兩個街區了。惡魔木然地聽著，似乎沒有什麼反應。

本無條件投降。

八月二日，蘇、美、英「波茨坦協定」簽訂。

波茨坦會議

德國投降以後，為了解決處置德國和戰後歐洲的一系列問題，三國首腦於一九四五年七月十七日—八月二日在柏林附近的波茨坦舉行會議。會議討論的內容有：處置德國問題。規定要解除德國全部武裝，摧毀一切軍事工業和納粹組織，懲辦戰犯，實行政治生活民主化，經濟上消滅過分集中現象，實現分散化。會議還討論了對日作戰、賠款等問題，並作了規定。蘇聯在會上重申按時參加對日作戰。波茨坦會議是三大國首腦在戰爭期間召開

中午一時許，希特勒在書房與秘書們共用了最後一頓午餐。午餐氣氛憂鬱而又索然無味。結束之際，希特勒宣布：「我已經決定，約兩小時後告別人世。」秘書們面面相覷，沮喪地看著希特勒。

午後不久，希特勒叫來愛娃，一起再次同他的部下戈培爾、鮑曼以及其他留在避彈室的人訣別，然後回到自己套間的書房。

稍頃，本文開頭的情景發生了。愛娃服劇毒藥物而亡，而希特勒則是先服藥物再以瓦瑟手槍補射斃命。隨後，侍從們按照希特勒事前的指示，用毛毯包裹起兩具屍體，抬至總理府露天花園裡，澆上汽油燒掉了。

惡魔得到了他應該得到的末日懲罰。

的最長的一次會議，也是最後一次會議。它對於奪取反法西斯戰爭的最後勝利具有重大意義，為建立戰後新秩序打下了基礎，對戰後國際關係的發展產生了重大影響。

相關連結

攻克柏林

1945年4月16日至5月2日，蘇聯紅軍對德國法西斯發動最後的一擊——攻克柏林的戰役。此役，蘇軍投入兵力250萬、坦克625輛、飛機7,500多架、各類火砲4萬2,600門。德國集中百萬餘眾、1,500輛坦克、3,500架飛機和上萬門火砲，構築三道防線，負隅頑抗，垂死掙扎。

4月16日凌晨，蘇軍發起進攻。在140多盞大功率探照燈照射下，上萬門火砲開始猛烈轟擊，接著轟炸機在德軍陣地上傾瀉下如暴雨一般的航空炸彈。蘇軍分三路突擊，至18日，全線突破德軍的奧德河、尼斯河防線。25日，完成對柏林的包圍，並在柏林西南易北河畔的托爾高地與美軍勝利會師，德軍防線被切成南北兩半。26日，蘇軍猛攻柏林。27日，突入市區，展開激烈巷戰。4月30日下午3點30分，在德國總理府地下避彈室內，希特勒的情婦愛娃服氰化鉀毒丸自殺，隨後希特勒吞入兩粒毒丸後，用手槍對著自己的太陽穴開槍，雙雙斃命。傍晚，蘇聯紅軍攻入德國國會大廈，幾經爭奪之後，蘇軍紅旗於5月1日清晨迎風飄揚在德國國會大廈主樓的圓頂上。2日，柏林守軍投降，柏林戰役勝利結束。5月8日，在柏林近郊，德國代表簽署了無條件投降書。

蘇軍占領柏林

「曼哈頓計畫」

大家知道這幅圖是什麼場景吧？它就是原子彈爆炸時的情景。確切地說，這是二戰結束前，美國投放到日本廣島那顆原子彈爆炸時的情景。它有多大的能量？請看下面的資料：該原子彈在離地面六百公尺處爆炸，方圓四十二平方公里內的城市瞬間被摧毀，廣島全市房屋毀壞率達百分之七十以上，直接導致十四萬人死亡。據日本有關部門統計，迄今為止，因廣島原子彈轟炸而死去的人已達二十二萬餘人。

人類為什麼要研製這種滅絕人性的殺人武器？它又是如何誕生的？這還要從第二次世界大戰說起。

二十世紀三〇年代，法西斯國家在世界各地相繼點燃侵略擴張的戰火，並於一九三九年悍然發動了反人類、反人性的第二次世界大戰。他們到處揮舞屠刀，濫殺無辜，全世界陷入戰爭恐怖之中。更令人擔憂的是，法西斯國家為了戰爭的需要，在緊鑼密鼓地進行各種新式武器的研製。

廣島原子彈爆炸情形

不久，美國被告知：德國正在製造原子彈！原子彈是什麼武器呢？美國「原子彈之父」奧本海默面對核爆炸的巨大威力，曾這樣表達自己的感受：「它是可以毀滅一切的武器，一旦被法西斯掌握，將後患無窮。遏制像希特勒這樣的戰爭狂人的唯一辦法，就是反法西斯國家搶在德國之前製造出原子彈。」

科學家們心急如焚，他們認為只有直接將建議交給羅斯福，才有可能盡快開始原子彈的

一九四〇年

六月十五日，美國羅斯福下令製造原子彈。當年，美國分離出鈾—二三五同位素。

研製工作。為了增加說服力，他們一致決定推舉愛因斯坦為代表。愛因斯坦馬上在建議報告上署上了自己的名字，但這份報告並未引起羅斯福的重視。負責轉交信件的羅斯福的科學顧問薩克斯為說服羅斯福，向羅斯福講述了拿破崙因為沒有採納新發明的蒸汽船，沒能建立起先進的海軍艦隊，最終被英國打敗的歷史。沈默良久的羅斯福終於表態：「我不會成為第二個拿破崙。」

於是，美國開始醞釀研製原子彈的計畫。該計畫的研究實施先後由美國軍事工程部的馬歇爾和領導修建美國國防部五角大廈的格羅夫斯上校負責。因為馬歇爾的總辦公室最初設在紐約城，於是他們把工作的新管區命名為「曼哈頓」，即「曼哈頓工程區」（或簡稱為「曼工區」）。不久，整個核研究計畫就被命名為「曼哈頓計畫」。

一九四一年十二月六日，美國政府正式批准了代號為「曼哈頓」的絕密計畫。羅斯福總統賦予這一計畫以「高於一切行動的特別優先權」。為了確保研製的高效率，一九四二年六月，羅斯福批准把全部的研製和生產管理移交給軍隊。

曼哈頓計畫很快成為美國科學的大熔爐。在「曼哈頓」工程管理區內，匯集了以奧本海默為首的一大批來自世界各國的科學家。到一九四五年時，發展到擁有二千多名文職研究人員和三千多名軍事人員，其中包括一千多名科學家。在某些研究部門，帶博士頭銜的人甚至比一般工作人員還要多，其中不乏諾貝爾獎得主。「曼哈頓」工程在頂峰時期曾經起用了五十三．九萬人，總耗資高達二十五億美元。

為保證研究計畫能夠順利實施，在奧本海默的建議下，美國建立了一個快中子反應和原子彈結構研究基地，即後來聞名於世的洛斯阿拉莫斯實驗室。奧本海默憑著他的才能與智慧，就任洛斯阿拉莫斯實驗室主任。在這裡，奧本海默高效地開展工作，解決了核理論與核工程技術上的一系列難題，為計畫的完成做出重大貢獻，因此，他在日後贏得美國「原子彈之父」的稱號。

一九四五年

七月十六日，美國第一顆原子彈試爆成功。二十四日，杜魯門下令對日使用原子彈。

八月六日，美國向日本廣島投擲第一顆原子彈。

八月八日，蘇聯對日宣戰。

八日九日，美國向日本長崎投擲第二顆原子彈，蘇軍進入中國東北對日作戰。

八月十五日，日本裕仁天皇發布停戰詔書（和錄音講話），宣布無條件投降。

九月二日，日本在東京灣美國軍艦「密蘇里」號上簽署無條件投降書，第二次世界大戰結束。

在「曼哈頓計畫」實施過程中，最初，很少有人知道他們工作的具體內容和全盤計畫，更不了解這些工作的目的與實際意義。因此，也就不可能使他們對工作發生真正的興趣，缺少工作熱情和積極性。後來，一個年輕人透露了內情，使參與計畫的人們知道了自己所從事的工作。之後，人們煥發了積極性，形成工作的高潮，許多部門常常有大批工作人員自願留下來加班。經過全體人員的艱苦努力，曼哈頓計畫的技術與工程難題，被一個一個攻克。

一九四五年七月初，曼哈頓計畫最終完成，被稱作「大男孩」、「瘦子」和「胖子」的三枚原子彈成功誕生。七月十六日凌晨五點三十分，世界上第一顆原子彈「大男孩」試驗成功。八月六日和九日，美國分別在日本的廣島和長崎投下原子彈，加快了第二次世界大戰的結束。

相關連結

原子彈轟炸廣島、長崎

1945年7月29日，日本正式拒絕了同盟國有關投降條款的最後通牒。8月2日，美國總統杜魯門正式批准對日本使用原子彈。

8月5日下午，在美國西太平洋的提尼安島海空基地，代號為「瘦子」的原子彈被掛裝在「埃諾拉·蓋伊」號B-29型轟炸機的彈艙內。6日凌晨2時45分，第509混合大隊蒂貝斯上校駕機飛向日本廣島。上午8時15分，投彈手費雷米少校將瞄準鏡的交叉線對準廣島市中心標誌的相生橋，按下投彈按鈕。45秒鐘後，原子彈在距地面約600公尺的空中爆炸，一個高達萬公尺的蘑菇雲緩緩生成，方圓42平方公里的廣島城市瞬間化為烏有。

8月8日晚間，在蘇聯對日宣戰的同一刻，第二顆名為「胖子」的原子彈被推出提尼安島機場的武器庫，裝進B-29轟炸機的彈艙。9日拂曉，由斯威內少校駕駛的轟炸機起飛。轟炸目標指定了兩個：日本小倉和長崎。由於氣候原因，當飛抵小倉上空時，發現不能進行目視投彈，於是轟炸機轉飛長崎。9日上午9點1分，「胖子」被投向有27萬人口的海港城市長崎。隨著蘑菇雲的升騰，長崎市44%的地區被炸毀，3.5萬人死亡，6萬人受傷。

第二天，日本裕仁天皇不得不接受「波茨坦公告」。8月15日，日本天皇向全世界發布了投降詔書。至此，二戰以反法西斯國家的最終勝利告終。

梅汝璈雄辯東京庭

一九四六年至一九四八年，在東京國際審判法庭上，常常可以看到一位英姿勃發、氣宇軒昂的中國法官，針鋒相對、義正詞嚴、據理力爭，激烈舌戰歐美各國法官的場面，而每每交鋒的結果，都以傲慢的歐美法官的理屈詞窮、不得不做出讓步而結束。這位舌戰群雄的法官就是中國代表梅汝璈。

梅汝璈，一九〇四年出生於江西南昌，自幼聰穎好學，勤奮苦讀。一九二四年從清華學校畢業後即赴美遊學。一九二六年，以最優等生的成績畢業於史丹福大學。他精通多國語言，法律知識淵博，後在芝加哥大學法學院攻讀博士學位，被外籍教師評價為既精通法學理論、善於雄辯，而又頭腦冷靜的奇才。當被任命為遠東國際軍事法庭法官時，年僅四十二歲。

一九四五年八月，二戰結束後，根據國際公約的規定，決定成立遠東特別國際法庭，對在第二次世界大戰中犯下嚴重戰爭罪行的、以東條英機為首的二十八名日本戰犯進行國際審判。法庭由中、美、蘇、英、法、印、澳等十一國指派的十一名法官組成。通過審慎選擇，中國政府選派學識淵博、經驗豐富、人品高尚的梅汝璈代表中國出任遠東國際法庭法官，「在侵略者的國度對侵略者實行正義的審判」。

開庭前，各國法官針對法庭座次的排列展開第一回合的較量。最初，梅汝璈看好了庭長左手的第二把交椅，然而，幾個西方國家的法官欺負中國國敝民窮，以種種理由，要把第二把交椅給英國。傾聽良久，梅汝璈終於不動聲色地說道：「個人的座次，我本人並不介意，只因與各位同仁一樣，是代表了各自的國家來的。眾所周知，中國受日本侵略最深，抗戰的時間最長，付出的犧牲最大，審判的又是日本戰犯，故

一九四五年

六月二十六日，五十一個國家在「聯合國憲章」上簽字。十月二四日「聯合國憲章」生效，聯合國宣告正式成立。

聯合國的成立

一九四五年四月二十五日，在美國舊金山市召開了聯合國家國際組織會議，以便成立國際組織——聯合國和通過「聯合國憲章」。早在一九四四年八月二十一日至十月七日，蘇、美、英以及中國的代表，在華盛頓敦巴頓橡樹園開會，擬定了聯合國憲章的草案。後來在雅爾達會議上，又討論了相關問題。參加舊金山市會議的有五十一

我提議，法官的座次按受降國簽字的順序排列最為合理。」日本受降儀式上各簽字國的順序是：美國、中國、英國、蘇聯、澳大利亞等。對於梅汝璈的提議，幾個西方國家代表儘管心有不甘，卻也提不出令人信服的否定理由。於是，法庭座次問題似乎已經解決了。

然而，到了開庭前一天的開幕預演時，庭長韋伯宣布的位次順序，竟仍然把英國排在第二位。原來，前期討論之後，韋伯禁不住西方大國的壓力，又臨時作了改變。梅汝璈早已作好應對「萬一」的準備，他立即脫下法官袍，對韋伯說：「我的按受降國簽字順序排列的建議，那天你沒有表示異議，各國同仁也沒有反對意見，為什麼不照此辦理？我正式要求，馬上對我的建議進行表決……。」由於梅汝璈的據理力爭，開庭當天，中國法官終於落落大方地坐在了庭長左邊的高背椅上。較量首戰告捷。

審判進行到後期，圍繞對日本戰犯的量刑問題，各國法官發生很大分歧和激烈爭辯。法國法官以文明與死刑的矛盾為由，反對死刑。梅汝璈舉起一個杯子說道：「如果說杯子代表人類，水代表文明……。」梅汝璈順勢將杯子丟落在地，杯子摔碎，水濺到地上。梅汝璈繼續說道：「文明是人類創造出來的，可如果人的生命都被無情地毀滅，那文明還從何談起呢？」

接著，印度法官巴爾以佛教慈悲為由反對施用死刑。梅汝璈說：「巴爾先生，我再次提請您注意，您是一個法官！法官的職責是什麼？是對罪行進行審判和認定！然後根據法律給罪犯以懲罰！我不知道您為什麼要來做法官，您具有一個佛教徒的偉大情懷，但卻在縱容犯罪，這決不是一個法官應該有的立場！如果您要堅持這樣，那您沒有資格坐在審判席上，您應該回到印度的寺廟裡去！」

梅汝璈面對法庭提高了聲調：「死刑是什麼？死刑是法律對犯罪最嚴厲的懲罰！為了掠奪別國的資源為了擴張自己的領土為了占領亞洲甚至全世界，日本幹了什麼？他

國的代表。一九四五年六月二十六日，代表們簽署了「聯合國憲章」。董必武作為中國代表之一在憲章上簽了字。一九四五年十月二十四日，聯合國正式宣告成立，總部設在美國紐約。「聯合國憲章」規定：「維持國際和平與安全」、「發展國際間以尊重人民平等權利及自決原則為根據的友好關係」、「促成國際合作」是其宗旨。

一九四六年

十月，紐倫堡國際軍事法庭審判。

一九四八年

十一月，遠東國際軍事法庭審判（東京審判）。

們殺中國人、殺朝鮮人、殺菲律賓人、殺新加坡人、殺美國人、殺英國人，殺無數無數無辜的平民！他們搶劫、他們強姦、他們放火、他們殺戮……難道這些不足以讓他們受到法律最嚴厲的懲罰嗎？」梅汝璈引用大量證據證實日軍的種種暴行後，強調說：「如果法律不給日本戰犯以最嚴厲的懲罰，誰敢保證日本有一天不會再次挑起戰爭？誰敢保證日本不會再侵略別的國家？誰敢保證日本軍國主義的幽靈不會再次復活？在座哪位先生敢作這樣的保證？」

在梅汝璈的慷慨陳詞和據理力爭之後，十一名法官就死刑問題進行表決。結果以六票對五票的微弱優勢，通過了死刑的量刑，並將土肥原賢二等七名日本主要戰犯送上了絞刑架。

相關連結

東京審判

在世界反法西斯力量的聯合打擊下，日本天皇於1945年8月15日，發布停戰詔書，宣布日本戰敗，接受「波茨坦公告」。同年12月，蘇、美、英三國外長在莫斯科通過了「莫斯科會議協定」，規定盟國駐日最高統帥部應採取一切必要措施，以促使「日本投降及占領和管制日本」諸條款一一實現。經中國、蘇聯、美國、英國、法國、澳大利亞、加拿大、紐西蘭、荷蘭九國磋商，達成協定，決定將日本首要戰犯交上述九國代表所組成的國際軍事法庭審判。此後，印度和菲律賓也加入這個協議，因此遠東國際軍事法庭最終由11國代表組成。

1946年1月19日，根據「莫斯科會議協定」的規定，盟軍駐日最高統帥麥克阿瑟發布特別通告，宣布在東京設置遠東國際軍事法庭，並於當天批准「遠東國際軍事法庭憲章」。法庭有權審理三種犯罪：（甲）破壞和平罪；（乙）違反戰爭法規及慣例罪；（丙）違反人道罪。國際軍事法庭主要審理甲級戰犯。

1946年5月3日開庭審判，1948年11月12日宣判25名被告有罪。其中，東條英機、廣田弘毅等7人被判處絞刑，木戶幸一、小磯國昭等16人判處無期徒刑。7人絞刑於1948年12月23日在東京巢鴨監獄執行。其餘被押戰犯，除病死者外，從1950年起，陸續釋放出獄。此次審判工作基本為美國操縱，並不能代表所有受侵略國家人民的意願。

後記

二〇〇七年末，中華書局編輯李洪超先生向我談了本書的設想，並徵求我的意見，能否主持編寫。由於該書角度新穎，對我們這些常年從事傳統史學工作的人來說無疑是極具挑戰性的。我當即答應接手這一任務，並開始就編寫此書進行準備工作。

經過一年多的努力，該書終於可以同讀者見面了。在寫作過程中，我們著力遵循出版社的立意，盡力凸出以下兩個特點：

一是線索性與立體性相結合。該書遵循我國史學界對世界歷史分期的共識，以上古（包括尼羅河文明、兩河流域文明、印度河流域文明、古希臘文明和古羅馬文明）、中古（包括西歐中世紀早期、西歐中世紀中期、西歐中世紀晚期和其他地區中世紀歷史）、近代（包括封建制解體時期的歐洲、英美法資產階級革命、十八—十九世紀中葉的世界和十九世紀中晚期的世界）、現代（止於二戰結束，包括第一次世界大戰、一戰後的世界、二戰前的世界和第二次世界大戰）等四個大的歷史時期或歷史主題為縱向線索，兼顧世界各主要文明和地區的歷史發展進程。每個大的歷史時期都由主題概述和主題內容組成。主題概述對各個時期世界歷史的發展概況分別進行簡要描述，以使讀者對其線索、空間範圍和發展規律有所了解。主題內容主要由大事年表和歷史故事組成。大事年表概述了對歷史進程有影響的歷史事件的時間、地點、人物及簡要經過等內容。歷史故事則選取大事年表中相關歷史事件、歷史人物或歷史現象的細節加以表述，以豐富的歷史座標點構建盡可能真實、生動和客觀的世界歷史發展框架。同時輔以「相關連結」、「歷史常識」等，並插入相關歷史圖片，凸出該書點、線、面、體相結合的立體性特點。

二是學術性與普及性相結合。史學工作的基本任務無非是兩大層面：一是為傳承文化而進行的學術研究；二是為提高民族文化素質而進行的社會普及工作。為達這一目的，我們除了認真校對史料，提供盡可能準確的資料，使讀者既能從總體上把握世界歷史發展的基本脈絡，又能找到相對確切的史實依據。在普及性方面，我們在文字表述、體例安排、史實細節等方面做了大量嘗試性工作，努力提高該書的可讀性和趣味性。

在本書撰寫過程中，馬世力負責總體框架設計與統稿工作，陳光裕負責組織、校對和部分內容的編寫工作。參加本書編寫工作的還有劉容箏、潘巍、韓淑靜、韓秀霞、黃慧、呂春梅、周照偉、黃順娟、王靜、耿瀟等。

由於學術水平所限，書中難免會有錯漏之處，敬請讀者匡正。

馬世力　陳光裕

二〇〇八年十二月

一本就通：世界史

2010年3月初版　　定價：新臺幣360元
2017年10月初版第十三刷

編著者	馬世力
	陳光裕
叢書主編	簡美玉
校對	陳龍貴
封面設計	黃暐鵬

出版者	聯經出版事業股份有限公司	總編輯	胡金倫
地址	台北市基隆路一段180號4樓	總經理	陳芝宇
編輯部地址	台北市基隆路一段180號4樓	社長	羅國俊
叢書主編電話	(02)87876242轉211	發行人	林載爵
台北聯經書房	台北市新生南路三段94號		
電話	(02)23620308		
台中分公司	台中市北區崇德路一段198號		
暨門市電話	(04)22312023		
郵政劃撥	帳戶第0100559-3號		
郵撥電話	(02)23620308		
印刷者	文聯彩色製版印刷有限公司		
總經銷	聯合發行股份有限公司		
發行所	新北市新店區寶橋路235巷6弄6號2F		
電話	(02)29178022		

行政院新聞局出版事業登記證局版臺業字第0130號

本書如有缺頁，破損，倒裝請寄回台北聯經書房更換。　ISBN 978-957-08-3556-4 (平裝)
聯經網址 http://www.linkingbooks.com.tw
電子信箱 e-mail:linking@udngroup.com

本書中文繁體字版由中華書局（北京）授權出版

國家圖書館出版品預行編目資料

一本就通：世界史/馬世力、陳光裕編著．
初版．臺北市．聯經．2010年3月(民99年)．
392面．17×23公分．
ISBN 978-957-08-3556-4（平裝）
[2017年10初版第十三刷]

1.世界史

711 99002089